켈트인, 그 종족과 문화

박 영 배

저자 **박영배(朴榮培)**

◇ 약력: 1945년 서울에서 태어나 서울대학교 사범대학(영어과)을 졸업, 동대학원에서 박사학위를 받았다. 오스트레일리아정부 장학생, 영국 런던대학 SOAS의 방문학자, 캐나다 토론토대학 중세연구소 연구기금교수 시절을 거치면서 30년 넘게 고대 및 중세영어 통사 변화, 영어 어휘의 역사적 변천, 룬문자의 기원과 고대영어 비문 해석에 관한 논문들을 국내외에 발표해왔다. 충북대와 전남대 교류교수를 지냈고, 한국영어사학회, 한국중세영문학회 및 한국영어영문학회의 회장을 역임했으며, 일본영어학회 편집자문위원을 지냈다. 현재 국민대학교 명예교수.

◇ 저서:《영어의 통사변화 - 고대 및 중세영어연구 -》,《영어사》,《앵글로색슨족의 역사와 언어》,《고대 영어문법》,《영어사 연구》,《영어 이야기》,《영어사연구의 방법과 응용》,《영어어휘변천사연구》,《영어의 세계속으로》,《영어학의 이해》(공저),《세계 영어의 다양성》(공저) 등 다수.

◇ 역서:《언어학 입문》,《영어사 서설》,《언어학사》,《영어사》신영어학 주석 시리즈 (2) 등 다수.

켈트인, 그 종족과 문화

초판 1쇄 인쇄 2017. 12. 28.
초판 1쇄 발행 2018. 1. 5.

지은이   박 영 배
펴낸이   김 경 희
펴낸곳   (주)지식산업사
　　　　　본사 ● 10881, 경기도 파주시 광인사길 53(문발동)
　　　　　　　　전화 (031) 955-4226~7 팩스 (031) 955-4228
　　　　　서울사무소 ● 03044, 서울시 종로구 자하문로6길 18-7
　　　　　　　　전화 (02) 734-1978 팩스 (02) 720-7900
　　　　　영문문패 www.jisik.co.kr
　　　　　전자우편 jsp@jisik.co.kr
　　　　　등록번호 1-363
　　　　　등록날짜 1969. 5. 8.

책값은 뒤표지에 있습니다.

ⓒ 박영배, 2017
ISBN 978-89-423-9037-3(93920)

이 책을 읽고 저자에게 문의하고자 하는 이는
지식산업사 전자우편으로 연락 바랍니다.

켈트인, 그 종족과 문화

박영배

지식산업사

책을 펴내면서

기원전 10세기 후반 그리스어와 라틴어 고전 작가들이 켈토이(Keltoi) 또는 갈리(Galli)로 불렀고 줄리어스 시저(Gaius Julius Caesar)가 《갈리아 전기戰記》(*Gallic War*)에서 기록한 고올인(Gauls), 그리고 영국사에서 흔히 부르는 켈트인(Celts)은 과연 누구였을까? 서유럽에서 이들이 누린 문화 – 청동기 시기의 고분 문화, 기원전 13세기 도요지 문화, 철기시기의 라떼느 및 할슈타트 문화 – 는 어떠했으며, 한때 로마를 초토화시키고 이탈리아는 물론 발칸반도, 소아시아를 공략하고 보헤미아, 실레시아 상류 및 헝가리에 정착하였으며 멀리 이베리아 반도까지 영토를 확장, 정착한 켈트이베리아인(Celtiberians)이 되는 과정은 어떠했고, 그들의 종교와 신화, 용맹한 전사(戰士)와 여성은 켈트부족 사회에서 어떤 위치에 있었을까?

이러한 많은 의문에 대해 궁금증이 생기기 시작한 때는 필자가 30여 년 전 런던대학(SOAS)의 방문 학자로 연구하던 1980년대 중반으로 거슬러 올라간다.

1986년 가을 학기에 필자는 당시 유럽의 저명한 역사언어학자인 바이넌(Th. Bynon) 교수에게서 한 학기동안 역사언어학 강의를 들으면서, 영국에 오기 전 영국 레딩대학의 게르만어학과 인구어학 교수인 록우드(W. B. Lockwood)의 《인구어학》(*Indo-European Philology*)을 이미 읽은 터였으므로, 인구어비교언어학(印歐語比較言語學)에 대한 넓은 안목을 다시금 정리할 수 있는 기회를 가질 수 있었다.

런던대학의 방문학자로 마지막 해를 보내고 있던 1987년 5월의 어느 날, 필자는 바이넌 교수의 추천으로 영국 캠브리지대학에서 열리는 역사영어학 국제학술회의(4차)에 참석하였다. 귀국 직전에 처음으로 역사영어학(English Historical Linguistics)이라는 영어사 분야의 더 넓은 세상을 엿볼 수 있었고 여러 분야의 학자들을 두루 만날 수 있었던 시간이었다.

귀국한 뒤 얼마 지나지 않아 캠브리지대학의 저명한 고고학자인 렌프류(Colin Renfrew) 교수가《고고학과 언어》(1987)라는 책을 출판하였다는 소식을 듣게 되었다. 인도유럽어에 관심이 있던 내 부탁으로 당시 캠브리지대학에서 연구하고 있었던 김민자 선생(서울대 언어학과)이 보내준 그 책에서 인도유럽어에 관한 그의 새로운 학설 가운데 '켈트인의 기원'에 관한 부분을 읽으면서 인도유럽어에서 켈트인의 언어와 그 기원에 관해 막연하게나마 점점 더 많은 흥미를 느끼게 되었다.

캠브리지 학회를 계기로 필자는 영어사 또는 역사영어학 전반에 대한 새로운 안목을 갖게 되었고, 귀국한 뒤에도 스코틀랜드와 영국의 여러 대학을 비롯하여 유럽의 몇몇 나라(핀란드, 폴란드, 독일, 이탈리아, 스페인 등)에서 2-3년에 한 번씩 열리는 역사영어학 국제학회에 빠짐없이 참석하였다. 그럴 때마다 '켈트인'에 관련된 자료나 연구서를 꾸준히 수집하였다. 필자의 전공분야의 하나인 '영어사'에서 선사(先史) 시기의 역사에 빠짐없이 등장하는 민족인 '켈트인'에 관한 역사와 문화는 한국에서 고조선의 역사만큼이나 중요한 부분을 차지할 정도로 사료로서의 비중과 가치가 높기 때문이었다.

1990년대 중후반 필자는 전공분야인 영어사 특히 고·중세 영어학에 대한 새로운 연구의 필요와 이 분야의 최신 연구 자료를 섭렵하고자 영국 옥스퍼드대학의 저명한 고대영어 분야의 미첼 교수(B. Michell)와 일본 도쿄대의 중세영어 문헌(필사본) 연구의 독보적인 학자였던 구보우치 교수(久保內端郎 T. Kubouchi)의 추천으로 연구기금을 받아 캐나다 토론토대학 중세연구소(CMS)의 연구기금 교수로 가게 되었다〔두 분은 이제 모두 고인(故人)이 되었다〕.

토론토 대학에서는 로바츠 도서관(Robarts)과 대학 소속 중세연구소와 인접한 교황청 소속 중세연구소(PIMS)의 고문헌실에 각각 작은 연구실(carrel)과 컴퓨터를 마련해 주었다. 필자는 이곳에서 《영어사》 (1998) 및 《앵글로색슨족의 역사와 언어》(2001)를 집필하면서 이 두 권에 적은 분량이나마 각각 켈트인의 기원과 문화에 관한 내용을 이미 서술하였던 터이었기에 귀국한 다음 언젠가 집필할 것을 염두에 두고 풍부한 자료를 갖춘 이곳의 문헌실에서 선사 영국의 선주민인 켈트인(《피터보로 연대기》에 Bryttas로 기록되고 Celtic Britons를 일컬음)과 관련된 여러 주제를 좀 더 보강하려고, 각종 자료(역사, 언어, 종교, 문화, 신화, 전설 등)와 연구서를 읽어가는 한편으로 필요한 자료를 귀국 전까지 틈틈이 모으기 시작하였다.

1998년 8월 연구생활을 마치고 영국 맨체스터 대학에서 열리는 역사영어학 국제학술회의에 참석하려고 토론토 국제공항에서 대기하고 있을 때, 필자의 작은 가방이 순식간에 도난당하는 불운을 맞았다. 그 가방에는 여권과 지갑, 비행기표를 포함하여 '켈트인'에 관련된 광범위한 자료뿐만 아니라, 고대 및 중세영어 전반에 걸쳐 애써 모아 놓은 고문헌에 관한 해제와 주석을 포함하여 귀국한 뒤에 집필하려고 수집한 여러 권에 해당하는 각종 귀중한 자료가 들어 있었다. 우여곡절 끝에 백응진 교수(당시 토론토대학 동아시아학과 학과장으로 재직. 후에 정년함)의 도움으로 임시 여권을 급히 만들어 영국으로 날아가서 국제학회에 참석하고 다시 토론토 공항으로 와서 귀국하기는 하였으나, 그동안 애써 찾아 놓은 자료에 대한 아쉬움은 늘 마음 한구석에 남아 있었다. 처음부터 다시 시작하는 수 밖에는 다른 방법이 없었다.

필자는 정년을 맞이하기 전후하여 여러 해 동안 국내외에서 '켈트인'에 관한 연구 자료를 다시 모으면서 켈트인의 기원과 초기 역사에서부터 원고를 써내려가기 시작하였으며, 켈트인과 관련된 연구 논문이나 참고 도서를 꾸준히 구입하여 부족한 부분을 보충해 나갔다.

이 분야(켈트어학)에 대한 해외의 연구는 지금까지 주로 고고학적인 연구(Cunliffe, 1997)가 주류였으며 켈트어 자체에 대한 연구는 극소수 학자들의 영역으로 활발하지 못하였다. 그 후 켈트어와 영어의 관계에 주목하기 시작한 것은 1995년 9월 중순 독일 포츠담대학의 골름 캠퍼스에서 '켈트영어'라는 주제의 국제학술대회가 처음으로 열리면서부터였다. 이 학회는 콜로키엄 형식의 학술회의로 진행되었는데, 이곳에 모인 학자들은 독일, 캐나다, 아일랜드, 잉글랜드, 핀란드는 물론 스코틀랜드, 웨일즈, 콘월, 맨섬 등 켈트어 기층(基層)을 지닌 고장 출신이었다. 이들은 켈트어 자체보다는 켈트어의 기층을 간직한 영어 곧, 켈트영어(방언)가 먼 옛날 켈트어가 쓰인 나라 또는 지역에서 오늘날 영어의 한 방언으로 쓰이고 있다는 점에 주목하였다.

그 뒤 이들의 연구 결과물이 1997년부터 계속 출간되면서 그동안 소홀히 다루어져 온 켈트어학 및 켈트영어 분야는 유럽은 물론 북미 학계의 언어학자 또는 역사영어학자들의 비상한 주목을 받고 또 오늘날까지 꾸준히 계속하여 켈트어 학술대회가 열리고 있다. 국내에서는 인문학 분야 가운데 영국사 전공 학자들이 펴낸 개론 수준의 저서 또는 영어사학자의 관련 저서나 번역서에 잠깐 등장하는 켈트인에 관한 짤막한 서술 말고는 켈트인과 켈트어 전반에 걸친 주제, 특히 우리에게는 생소한 켈트영어방언 분야에 관해 오랫동안 천착(穿鑿)해 온 전공 학자들의 연구(서)는 아직 초보적인 수준에 머물러 있는 것이 학계의 현실이다.

필자는 켈트인에 관한 단순한 호기심을 넘어서 이들에 관한 역사와 언어는 말할 것도 없고, 켈트인의 독특한 사회 구조, 종교, 문화를 포함하여 신화와 전설에 이르는 여러 관련 주제가 선사시기의 영국 및 고대 영어사를 이해하는 데 매우 중요한 한 부분을 차지한다는 생각에는 예나 지금이나 변함이 없다. 따라서 오랫동안 준비해온 사료에 바탕을 두고 2001년 저서에서 짧게나마 언급한 적이 있는 켈트인에 관한 서술의 연계 후속편으로 이번에 켈트인에 관한 상세한 연구서를 펴내게 된 것이다.

이 책에서는 유럽에서 켈트인의 행적과 초기 역사를 통해 그들의 정체성을 조명해 보는 작업에서 시작하려고 하였다. 그리하여 켈트인이 유럽대륙에서 누린 찬란했던 할슈타트 문화(Hallstatt culture)가 어떻게 하여 이들에게 부(富)와 풍요를 가져다주었고, 당시 그리스 교역상을 통해 수입한 그리스 예술품에 자극을 받아 새롭고 활기에 넘치는 예술 표현이 가득한 찬란한 문화의 경지에까지 이르게 되었는가를 소개하려고 하였다.

사실 기원 후 4세기에서 16세기에 이르는 긴 기간에 걸쳐 선사 영국의 선주민이었던 켈트인의 존재는 유럽 역사는 물론 영국의 역사에서 거의 잊혀진 민족으로 사라졌다. 5세기 중엽 브리튼에 들어온 게르만족(앵글로색슨족)이 정복자로 선주민이었던 켈트인을 변방으로 쫓아낸 것은 그들이 피정복자로 전락했기 때문이다. 15세기 말 무렵 로마의 역사가인 타키투스의 《아그리콜라》(Agricola) 필사본이 로마인의 손에 들어왔고 그로부터 5-10년이 지난 뒤 이것은 밀란(Milan)에서 인쇄 형태로 발간되었다. 한편, 시저의 유명한 《갈리아 전기》는 16세기 초 베니스에서 발간되기에 이르렀다.

18세기 중엽 이후 유럽에서 언어학자들의 역사언어학연구가 활발해지면서 인도유럽어에 켈트어군이 포함되고, 19세기에 들어와 유럽 고고학 분야가 괄목할 만한 성과를 드러내자 고고학상으로도 켈트인의 존재와 그들의 문화에 대한 명백한 증거가 나타나면서, 켈트인은 '잊혀진 민족'이 아닌 고고학자와 언어학자의 본격적인 '관심의 대상'으로 마침내 역사에 등장하였다.

20세기에는 유럽의 철기시대의 것으로 드러난 켈트인의 매장지에 대한 발굴 작업이 진행되고 그들의 고분과 부장품으로 인해 켈트인과 관련된 새롭고 놀라운 발견이 계속 이어지면서, 켈트인과 켈트 사회가 역사의 한 가운데로 성큼 들어서게 된 것이다.

켈트인의 유물 발굴의 고고학 성과로 드러난 켈트 문화의 새로운 양상인 라떼느 문화(La Tène culture)의 매장 의식에서 엿볼 수 있는 마차와 수레 제작기술은 유럽의 어느 다른 민족과도 견줄 수 없는 켈트인의 놀랍고도 정교한 공학 기술이었다. 이것이 로마인에게 전수된 것은 켈트인의 뛰어난 우수성을 보여주는 한 단면에 지나지 않았다.

이 책에서는 켈트인의 신화와 전설, 그들의 독특한 사회제도와 종교를 조명하는 한편, 한때 유럽의 문화와 문명의 강국이었던 로마제국을 약탈한 켈트인 전사(戰士)와 용맹한 켈트 여성, 그리고 켈트어의 계보(系譜), 특히 오늘날에도 먼 옛날 켈트어를 사용한 조상의 후예가 거주하고 있는 나라 또는 지역에서 그들의 입김이 면면이 서려 있는 켈트어 기층을 지닌 켈트영어(방언)가 오늘날 어떤 모습으로 쓰이고 있는지에 대해서도 자세하게 서술하려고 하였다.

영어의 긴 역사에서 잠시 스쳐 지나가듯 서술되고 있는 켈트인은 유럽의 북서쪽 변방에 위치한 섬나라와 여러 지역에 들어오기 훨씬 이전 선사시기의 유럽 전역에 광범위하게 퍼져 살고 있었다. 이들은 영토 확장과 교역을 위해 이베리아 반도에서 지중해를 넘어 이집트, 소아시아에 이르는 광대한 지역에 걸쳐 그들 나름대로 독특하고 풍요로운 켈트 문화를 끊임없이 계승하고 발전시켜 왔다. 이들은 한때 고대 유럽세계에서 가장 위대한 제국의 중심이었던 마케도니아를 초토화하였고, 가장 신성한 지역인 델피아를 약탈했으며, 로마를 침공하여 로마인의 간담을 서늘하게 한 호전적인 민족이었다. 영원불멸과 내세를 믿었고 자연과 조화롭게 사는 것이 이상적인 삶의 방식임을 알았으며 선(善)을 지고(至高)의 원리로 받아들이는 켈트인의 사상은 훗날 아일랜드 문학에 스며들어 오늘날까지도 생생하게 살아

숨 쉬고 있다.

이 책에서는 켈트인의 역사와 문화뿐만 아니라 이들이 사용한 켈트어 기층에 바탕을 둔 이른바 '켈트영어'가 다른 유형의 영어와 달리, '켈트어'로서 특별한 언어적 속성을 지니고 있는 점, 고대 및 중세영어에 끼친 켈트어의 영향이 예상과는 달리 그리 많지 않았던 점, 그리고 오랫동안 켈트어 기층이 영어에 스며들어 또 하나의 다른 유형의 영어로 발전한 켈트영어가 쓰이고 있는 아일랜드와 스코틀랜드에서의 언어상황과 일부 다른 지역(웨일즈, 콘월, 맨섬 등)에서 켈트어가 어떤 위상으로 국가 정책으로 보존되며 유지되고 있는지, 그리고 20세기에 들어와서 정치 및 경제적인 이유로 현대영어(주로 영미영어)에 잠식당해 오다가 오늘날 일부 지역에서 쇠락의 위기에까지 이르게 되었는가를 살펴보았다.

이 책에는 그리스 및 로마인의 인명을 포함하여 수많은 켈트어 인명과 지명이 라틴어와 그리스어는 물론 아일랜드어와 웨일즈어 또는 스코티시 게일어로 소개되어 있어서 다양한 발음과 철자가 독자들에게 언뜻 생경하게 느껴지고 때로는 전반적인 내용을 이해하는 데 장애가 될 수도 있다. 발음은 될 수 있는 대로 원자료에 나타난 원음(原音)을 찾아 쓰려고 하였고, 각주에 상세하게 표기하였다. 한편 각 장의 내용을 이해하는 데 조금이라도 도움이 되도록 각 장의 말미에 상세한 주석(註釋)이나 필요할 때에는 해제(解題) 또는 출처를 붙여 놓았다. 이 책을 이해하는 데 많은 도움이 되기 바란다.

이 책을 준비하는 과정에서 필요한 참고문헌과 자료를 얻는 데 오랜 시간과 많은 어려움이 있었다. 지난 5년여에 걸쳐 이 책을 집필하는 동안 유럽 및 일본 등 해외 학자들이 보내온 자료가 아니었더라면 이 책을 완성하기는 어려웠을 것이다. 집필에 도움이 되는 자료를 복사해서 보내 준 이들에게 이 자리를 빌어 감사의 뜻을 전하려고 한다. 이들 덕분에 토론토공항에서 순식간에 잃어버린 자료의 거의 대부분을 복원하게 된 것은 매우 다행한 일로 여기고 있다. 다만 복사한 자료를 읽고 정리하는 데 3년이란 세월이 더 필요하였다.

난삽(難澁)한 원고를 처음부터 끝까지 꼼꼼하게 읽고 적절한 조언과 함께 오(誤)·탈자(脫字)를 지적해 준 장근철, 강혜경 두 선생의 노고가 초고에 반영되었음을 여기에 밝혀 둔다.

이 책이 선사시기에 야만인으로 알려진, 그러나 실제로는 고도로 조직화된 사회제도와 높은 수준의 공학 기술 그리고 정교한 예술문화를 누리고, 한때 유럽을 제패(制覇)했던 영국의 선주민 켈트인의 역사 그리고 그들의 문화와 사회 및 언어를 올바로 이해하고, 오늘날 사라져가는 켈트어의 보존과 (켈트어에 기층을 둔) '켈트영어'에 대한 체계적인 연구가 향후 국내 학계에서도 활발하게 논의되는 데 도움이 되길 바란다. 이 책에 포함되지 않은 일부 주제(우주관, 건축, 의술 등)는 머지않아 보완할 수 있는 시기가 오길 기대한다.

끝으로 영국에서 영어가 쓰이기 훨씬 이전에 영국에 살던 선주민 켈트인과 그들 언어(켈트어)와 문화의 중요성을 인지하고 이 책의 출판을 흔쾌히 허락해 준 지식산업사 金京熙 社長 및 원고를 꼼꼼하게 읽고 유익한 조언으로 원고 수정에 많은 도움을 준 편집부 여러분에게 진심으로 고마운 마음을 전한다. 독자 여러분의 질정(叱正)과 편달을 기다린다.

2016년 丙申年 깊어가는 초겨울에
社稷寓居에서 朴 榮 培

12

차 례

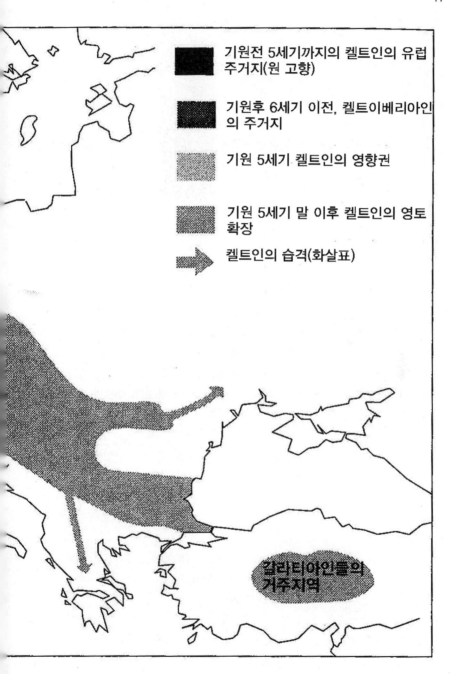

기원전 5세기까지의 켈트인의 유럽 주거지(원 고향)

기원후 6세기 이전, 켈트이베리아인의 주거지

기원 5세기 켈트인의 영향권

기원 5세기 말 이후 켈트인의 영토 확장

켈트인의 습격(화살표)

갈라티아인들의 거주지역

일러두기

1. 로마 시대의 인명과 지명은 라틴어 명칭을 표기하는 것을 원칙으로 하고 괄호 안에 영어 명칭을 넣었다. 예: L. Livius(E. Livy)
2. 라틴어 지명의 경우, 괄호 안에 그리스어 명칭을 넣었고 추가 설명이 필요할 때에는 미주에 고대 그리스어 또는 현대 그리스어 및 철자를 넣어 독자의 이해를 돕고자 했다. 예: 사이클롭스(Cyclops) 고대 그리스어로 Κύκλωψ, Kuklōps
3. 라틴어 인명이 다른 언어에서 다른 철자로 전해 내려온 경우, 미주에 어원과 역사를 밝혔다. 예: 쿠노벨리누스(Cunobelinus): Cynfelyn(웨일즈어), Kymbelinus(중세 라틴어), Cymbeline 등.
4. 같은 지명인데 철자가 다른 것은 원 지명을 쓰고 괄호 안에 영어 명칭을 넣었다. 예: 밀라노(Milano 영어 명칭 Milan)
5. 켈트어에서 내려온 아일랜드 인명과 지명, 켈트부족 명칭은 영어 철자와 발음과는 크게 일치하지 않는 경우가 많아서 될 수 있는 한 원어의 발음을 넣으려고 하였다. 예: 세자르(Cesair)는 현대 아일랜드어로 Ceasair로 쓰고 영어로 Kesair로 씀.
6. 아일랜드어 또는 웨일즈어로 쓰여진 이야기에 나오는 명칭은 아일랜드어 또는 웨일즈어 발음으로 표기하였다. 예: 루(Lugh), 러으(Lleu), 쿨흐(Culhwch)
7. 아일랜드 지명을 지칭하는 철자의 발음이 모호한 경우, 미주에 발음기호를 표기하였다. 예: 베르(Birr) 〉 베르['bɜːr]로 읽음. 아일랜드어로는 Biorra로 쓴다.
8. 힌두교와 관련된 법전(Law of Manu)의 경우, 미주에 산스크리트어를 넣고 보충 설명을 붙였다. 예: 마누법(Law of Manu): 산스크리트어로 मनुस्मृति. Manu Smriti를 지칭하며 Manusmriti로도 씀.
9. 갈라티아, 갈라시아, 갈라디아는 모두 동일한 명칭으로 지명 및 인명에는 원 명칭인 갈라티아로 표기하였으나, 신약성서에 나오는 그것은 기존의 명칭인 갈라디아서(Galatians)를 그대로 사용하였음.

제1장 켈트인의 기원

1.1. 그리스인들의 세계관과 '켈토이'의 등장

   '만일 하늘과 땅이 네 부분으로 나누어져 있다면, 인도인이 동풍이 부는 땅을 차지할 것이고 에티오피아인이 남풍이 불어오는 곳의 지역을, 켈트인이 서쪽을 그리고 스키타이인이 북풍이 부는 땅을 차지할 것이다.' 이는 기원 4세기 초반에 30권으로 된 위대한 저작인 《세계사》(*Universal History*)를 쓴 고대 그리스의 역사가인 사이미의 에포러스(Ephorus of Cymae)가[1] 지녔던 세계관이다. 에포러스가 쓴 원본은 현존하고 있지 않으나, 위에 인용한 구절은 그리스의 역사가이며 지리학자, 철학자인 스트라보(Strabo: 64/63 BC − c. 24 AD)가 거의 3세기가 지난 뒤에 편찬한 그의 《지리》(*Geography*)에 기록한 것으로 오늘날까지 남아서 전해지고 있다.

   당시 교육받은 그리스인들의 세계관은 에포러스가 이해한 세계관과 동일하였다. 유럽은 두 부류의 주요한 민족이 차지하고 있었다. 곧, 동쪽으로는 흑해의 북쪽과 서쪽 해안 주위에 거주하면서 아마도 다뉴브강의 중부 지역 − 오늘날 헝가리 대평원까지 뻗어 있는 곳에 거주한 스키타이인들과 이들의 거주 지역 서쪽에 정착해서 살아온 켈트인들이었다. 스트라보는 저서의 다른 부분에서 에포러스가 켈티카(로마 정복 이전의 고올 지역)가 너무 광활하여 이베리아

〈자료 1〉 스페인 남서부에 위치한 카디즈(Cadiz)

대부분과 카디즈(Cádiz: 스페인 남서부의 항구 도시. Gades로도 씀)까지도 포함한 영토라고 여겼다고 기록하고 있다. 스트라보는 아마도 헤로도토스(Herodotos of Halicarnassus)의[2]《역사》(*History*)에 나온 구절을 인용한 듯하다. 스트라보에게 켈트인들은 마치 헤라클레스의 기둥(Pillars of Hercules)[3] 너머의 사이네트족(Cynetes/Conii: 이베리아 반도에 거주한 친로마 민족의 하나)과 경계를 이루면서 오늘날 남부 포르투갈을 차지하는 유럽의 서쪽 끝에 정착한 민족이었던 것이다.

기원전 6세기가 시작될 무렵 그리스의 상인이며 탐험가들이 이른바 켈토이(Keltoi)로 부르게 된 사람들을 만났을 때 켈트 민족은 이미 유럽 전역에 광범위하게 퍼져 있었으며 여전히 빠르게 영토를 확장해 가고 있던 터였다. 헤로도토스에 따르면, 기원전 630년 무렵 아프리카 해안을 따라 무역을 하던 사모스(Samos)[4] 출신의 상인 콜라이오스(Colaeus)가[5] 조수와 바람 때문에 항로를 벗어나서 오늘날 스페인 남부의 과달키비르강 어구에 있는 항구 도시인 타르테수스(Tartessus or Tartessos)에 상륙했다. 그는 이곳에서 풍부한 은광산을 채굴하는 켈토이 부족을 발견하게 되었다.

기원전 약 600년 무렵 중앙 그리스의 포시스(Phocis: 그리스어로 Φωκίδα, 고대 그리스어로는 Φωκίς[pʰɔːkís]. 중앙 그리스의 행정구역 가운데 하나) 출신의 상인들이 이들 켈토이 부족들의 은(銀)과 상인들의 상품교역을 위한 조약을 체결하였다. 켈토이 부족의 왕

은 아르간토니
오스(Arganto-
nios)[6]이며, 헤로
도토스에 따르면
켈토이 부족왕
의 이름은 그리
스인들 사이에
서는 장수(長壽)
를 뜻하는 별명

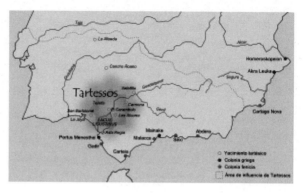

〈자료 2〉 스페인 남부의 타르테수스

으로 불리었는데, 기록에 따르면 그는 스페인 남부 안달루시아의
고대 타르테수스를 80년 동안 다스리며 장수를 누리다가 120세에
죽었다.

　그렇다면 그리스인들은 어디에서 '켈토이'란 이름을 얻어 냈을까?
극지에 사는 사람들을 일컬어 에스키모(Eskimo)란 말이 생겨난 것
처럼 그리스인들이 자기네들과 본질적으로 다른 북쪽의 야만인들
을 집합적으로 가리키는 말로 널리 쓰인 일반적인 명칭이었을까? 이
명칭에 대한 해답은 줄리어스 시저가 쓴 《갈리아 전기》(Gallic Wars:
De Bello Callico)[7]의 서두에 나타나 있다. 《갈리아 전기》는 시저가 로
마 지배에 항거한 고올 지역의 켈트군과 맞서 싸운 9년 동안에 일
어난 전투와 음모, 계략을 3인칭 내러티브로 기술한 라틴어로 된
책으로, 시저가 이 책에서 언급한 '고올'은 오늘날의 프로방스 지역인
로마의 속주 갈리아 나르보넨시스를 제외한 고올 지역 전체와 오
늘날의 프랑스의 다른 지역, 벨기에 및 스위스를 포함하는 지역을
가리켰다. 또 다른 경우 시저는 로마인들에게 고올인(Gauls)으로 알
려진 켈트인들이 거주한 지역만을 '고올'로 지칭하기도 하였다(〈자
료 3〉 참조).

　시저는 기원전 1세기 중엽 프랑스 지역의 고올인들에 대해 언급할
때 켈트인(Celts)으로 불리는 사람들을 고올인으로 일컬으면서 그들이

〈자료 3〉 기원전 1세기의 고올 지역

고유의 언어를 쓰고 있다고 서술하였다.

시저의 서술에서 논리상 알 수 있는 것은 '켈트'라는 명칭은 켈트인들이 그들 스스로를 부르는 명칭이었을 것으로 짐작된다. 이로부터 200년이 지난 기원 2세기 그리스의 여행가이며 지리학자인 포사니아스(Pausanias: 그리스어로 Παυσανίας c. AD 110 – c. 180)는 '켈토이'(Keltoi)는 '고올인'(Galli)보다도 훨씬 더 오래된 고대 명칭이었음을 강조하였다. 다른 작가들도 *Keltoi/Celtae*, *Galli/Galatae*를 서로 바꿔가면서 쓸 수 있는 명칭으로 사용하였다.

만일 그렇다면 지금까지 에포러스에서 시저를 거쳐 포사니아스에 이르는 역사가와 정치가의 저술에 등장한 이 모든 명칭은 켈트인을 이해하는 데 어떤 의미를 나타내고 있는 것일까?

가장 단순한 해석은 적어도 기원전 6세기 초부터 스스로를 켈트인(Celts)이라고 일컫는 범상치 않은 민족이 나타나서 시저 시기에 대략 지롱드강(Gironde)과[8] 세느강 사이에 있는 고올 중앙부를 차지하였다는 점이다. '낯선 사람' 또는 '적'을 의미하는 *Galli/Galatae*는 다른 부족들이 북쪽의 야만인들을 지칭하는 일반적인 명칭으로 사용했는데, 이들 야만인 가운데에는 켈트인들도 있었다. 그러나 모든 *Galli/Galatae*가 스스로를 켈트인으로 여겼는지는 전혀 알 수 없다.

켈토이(Keltoi)의 어원에 대해서는 지금까지 여러 가지 가설이 제기되어 왔다. 그 가운데 한 가지 가설은 '고매한' 이란 의미를 지닌 인도유럽어의 어근 quel-을 들 수 있다. 이 어근은 라틴어에서는 celsus, 리투아니아어에서는 kéltas로 쓰이는데 고대 아일랜드어의 cléthe에 해당한다. 그리하여 켈트인들은 스스로를 '고귀한exalted', '고매한elevated' 또는 '고결한noble' 민족으로 묘사했다.

그러나 모든 가설 가운데에서 오늘날까지 가장 믿을 만한 것으로 받아들여지고 있는 가설은 인도유럽어에서 '숨어있는, 감추어진'이란 뜻의 어근 kel-에서 유래한 것이라는 설이다. 이 어근은 오늘날까지 계승되어 켈트인의 후손이 사용해 온 고대 아일랜드어 celim 'I hide' 및 고대 웨일즈어인 celaf 에 남아 쓰이고 있다.

켈트인들은 이른바 '감추어진 민족'이었다. 그것은 아마도 그들이 축적한 방대한 양의 지식을 그들이 믿는 종교상의 이유로 인해 자신들의 언어로 기록해 놓지 못한 운명을 지녔기 때문에 붙여진 명칭이었는지도 모른다. 시저는《갈리아 전기》에서 이 말의 의미를 그들의 종교인 드루이드교를 인용하여 다음과 같이 쓰고 있다.

드루이드교인들은 그들의 가르침을 글로 남기는 것을 자신들의 종교에서 허용하지 않고 있다고 믿고 있다. 그러나 공적 또는 사적인 의견이나 판단과 같은 다른 목적으로 쓰일 경우에 켈트인들은 그리스 알파벳을 사용하였다.

고대 및 현대 아일랜드어에서 celt라는 말은 '(무엇을) 감추는 행위'라는 의미로 여전히 쓰여지고 있으며 외부 생식기를 '감추거나' '숨기기' 위해 만들어진 옷이나 덮개의 형태를 지칭하는 말로 사용되기도 하는데, 오늘날 영어에서는 kilt로 알려져 쓰이고 있다. celt라는 말이 담고 있는 여러 가지 다양한 고대 명칭들은 아마도 그 민족의 배경을 확인시켜주는 명칭이라고 볼 수 있다. 가령, 고올 부족 전체를 다스리는 종주권을 가지고 있었던 베르킨게토릭스(Vercingetorix: c.

〈자료 4〉 왼쪽부터 테오크리투스, 버질, 오비드

82 - 46 BC. 라틴어 발음으로는 [werkiŋ'getori:ks]로 읽음)의 아버지 켈틸루스(Celtillus)는 '고귀한' 인물로 널리 알려졌어야 할 지도자였음에도 아일랜드 신화에서는 얼스터 영웅의 이름답지 않게 '덮개' 또는 '숨김'을 지칭하는 의미로 쓰였다.

그리스 출신의 로마 역사가인 아피안(Appian: 그리스어로 Ἀππιανός Ἀλεξανδρεύς Appianós Alexandreús, 라틴어로는 Appianus Alexandrinus: c. 95 - 165 AD)은 켈토스(Keltos)와 갈라스(Galas)라는 두 명의 켈트인 왕들에 관해 기술하면서 켈트인들의 기원과 부족의 명칭을 설명하려고 애썼다. 그런데 켈토스와 갈라스는 사이클롭스(Cyclops)[9] 폴리피무스(Polyphemus)[10] 및 그의 아내 갈라테아(Galatea)의[11] 아들들이었다. '하얀 우유milk white'를 의미하는 갈라테아('우유'를 뜻하는 그리스어 galak에서 유래)는 테오크리투스, 버질 및 오비드에 의해[12] 시조의 이름을 딴 조상으로 쓰였다.

켈트인들이 그리스로 쳐들어가서 델피아 신전을 약탈하는 동안 그리스인들에게 심어준 강한 인상 때문에 갈라테아가 그리스와 로마 문학에 실제로 등장했다는 얘기가 있다. 이로 말미암아 그리스의 작가들은 그들의 작품에서 켈트인들의 '우유빛 하얀' 피부에 대해 자주 언급하였다.

할리카르나수스의 디오니시오스(Dionysius of Halicarnassus)는[13] 헤라

클레스(로마식으로는 Hercules)의 아들로 묘사한 켈토스와 아틀라스
(Atlas)의 딸인 아스테로페(Asterope: 그리스 신화에 나오는 플레이아데
스의 일곱 딸 가운데 하나)에 관한 이야기를 기록하고 있다. 또 다른
그리스의 역사가인 시실리 태생의 디오도루스(Diodorus Siculus: c. 60
- 30 BC)는 켈트인이 갈라테스, 곧 그 부모가 헤라클레스이며 고올
지역의 왕의 딸에서 비롯된 것으로 서술하였다.

그리스 상인들이 맨 처음 켈트인들을 마주쳤을 때 그들이 누구
냐고 묻자 켈트인들은 단순하게 '겉으로 모습을 드러내지 않는 민
족'(hidden people)이라고 대답했는데 그리스인들은 이 말을 그들의
언어인 켈토이(χελτοι; 라틴어 celtae)로 받아들였다. 초기 그리스어로
기록된 문서가 나타나기 이전까지는 켈트인에 관한 문서 기록이 없기
때문에 기원전 6세기 이전에 존재했던 켈트인에 대해 언급한다는
것은 옳지 않다고 주장하는 학자들도 있다. 그러나 인구어 비교언어
학과 고고학상의 증거를 사용함으로써 기원전 처음 천 년 동안에 켈
트인의 생활을 합리적으로 그려볼 수 있다고 주장하는 또 다른 학
자들도 있다.

1.2. Celtic의 여러 의미

지금까지 그리스와 로마의 역사가, 정치가, 고고학자 및 역사언
어학자들이 전한 '켈트인'은 과연 어떤 민족이었으며 이들이 사용한
언어의 명칭은 어떤 변화를 거쳐 지금까지 내려 왔을까?

헤로도토스의 사후 약 사반세기가 지난 뒤 북부 이탈리아를 침략한
야만인들(켈트인)을 로마인들은 갈리(Galli, 고올인)라고 불렀는데,
그로부터 2세기가 지난 뒤 폴리비우스(Polybius)가 그의 책에서 이들
을 Galatae라고 지칭하면서부터 그리스 작가들이 이 말을 널리 사용하

였다.

그러나 디오도루스, 시저, 스트라보와 같은 이들은 Galli와 Galatae
는 *Keltoi/Celtae*를 나타내는 말과 동의어로 보았고, 시저는 그의
시대에 살던 *Galli*인은 그들 스스로 *Celtae*인이라고 불렀다고 기록하고
있다. 디오도루스는 이들 여러 명칭을 구분하지 않고 사용하였으나,
*Keltoi*가 이들 부족의 명칭을 가리키는 데에는 더 정확한 말이라고
생각하였다(Powell, 1980: 18).

영국의 고고학자인 렌프류(C. Renfrew 1987: 214)는 인도유럽어족
의 기원에 대한 새로운 학설을 처음으로 제시하여 당시 고고학계와
언어학 및 고문헌학계에 격렬한 논쟁의 불씨를 일으킨 인물로도 널리
알려져 있다. 그는 저서 《고고학과 언어》에서 'Celtic'이라는 용어는
우리에게 분명히 많은 것을 시사해주고 있으며, 이 용어가 실제로
쓰이는 경우 적어도 8가지 의미를 지니고 있음을 다음과 같이 정리하
고 있다.

1. 로마인들이 그러한 명칭으로 켈트 민족을 지칭하려고 사용하였다는 점.
2. 켈트인들이 자신들의 민족이나 민족을 부르는 명칭으로 사용하였다
   는 점.
3. 현대 언어학에서 정의를 내리기 위한 수단으로 하나의 언어군(a lan-
   guage group)을 지칭하고자 사용했을 수 있다는 점.
4. 프랑스 북동부의 마른강(the Marne) 유역의 문화에서처럼 많은 수의
   고고학상으로 정의된 문화를 포용하는 중앙 서유럽의 고고학적 문화
   복합체에 부여하려고 이러한 명칭을 사용했다는 점.
5. 하나의 예술 스타일(an art style)을 지칭한 명칭일 수 있다는 점.
6. 그리스나 로마의 고전 작가들이 호전적이고 독립정신을 지닌 켈트인
   을 서술하려고 흔히 썼다는 점.
7. 기원후 최초의 천 년 동안 아일랜드의 정교한 예술을 'Celtic'으로
   언급한 것은 흔한 일이라는 점. 켈트 교회를 언급할 때에도 이와 똑
   같은 의미로 사용한다는 점.

8. 현대사회에서는 켈트 유산의 특질(qualities) 또는 특성(features)을 지칭하기 위해 이 용어가 넓은 의미로도 사용될 수 있다는 점.

켈트인이 사용한 언어인 '켈트어(Celtic)'라는 명칭은 19세기 후반에 이루어진 역사언어학 연구 성과에 힘입어 등장한 것으로, 대륙의 야만 민족들, 곧 알프스 산맥 북부와 서부 및 동부가 고향이며 영토 확장의 욕망을 충족시키려고 지중해 연안의 여러 민족을 반복해서 공격하여 괴롭혔던 이들을 지칭하기 위해 중세 이전의 시대, 특히 그리스와 로마 시대에 사용된 말로서, 언어와는 특별한 연관이 없는 말이었다. 제10장에서는 켈트영어를 서술하면서 켈트어의 기층에 관해 좀 더 상세하게 서술하겠다.

기원전 4세기 초까지는 기후가 온화한 유럽에 거주한 켈트인들에 관한 직접적인 지식은 매우 한정되어 있었다. 그 시기부터 지중해 세계는 켈트인들을 무엇보다도 먼저 관찰할 수 있는 기회를 충분히 갖게 되었다. 가장 먼저 지중해 세계에 비친 켈트인들의 모습은 이주민, 침략자, 용병의 모습을 띠고 있었고 그 가운데 일부는 알프스산맥을 넘어 포(Po)강 계곡에 정착하거나, 그 너머에 있는 이탈리아를 공략하였고, 다른 이들은 다뉴브강 중부에서 발칸 반도와 그리스, 그리고 소아시아로 이동하였다.

그 뒤 로마인들이 켈트인들을 대면하게 된 것은, 그들 영토에 들어온 본토인으로서 로마군대가 이베리아 반도로 들어가 고올 지역을 건너 다뉴브강 상류와 중부지역으로 진군할 때 정복해서 지배해야 할 민족으로 부딪치면서부터였다. 이처럼 지중해 세계는 다양한 모습 특히 대부분 호전적인 모습으로 켈트인들을 만나게 되고, 또 대규모로 이동하는 켈트인들을 근접한 병영(막사)에서 자주 만나게 되면서 켈트인을 주목하게 되었다.

선사 유럽의 마지막 단계를 뛰어넘어 마침내 기록된 역사 속으로 출현한, 알프스 북부에 거주한 최초의 유럽 민족이 된 켈트인들은 다른 동료 유럽인들과는 이들이 사용한 언어로 구별되었다. 이들의 언어는 오늘날 역사언어학자들의 연구로 밝혀져 우리가 인도유럽어에 속하는 언어군의 하나인 '켈트어Celtic'라고 부르는 언어가 되었다.

스코틀랜드 태생의 역사가인 뷰캐넌(George Buchanan: 1506 – 1582)은 현존하는 여러 켈트어끼리의 관계를 연구한 최초의 인물 가운데 한 사람이었다. 켈트 민족이 맨 처음 역사의 기록 문서로 나타날 때쯤 이들은 이미 다양한 방언을 사용할 정도로 여러 갈래의 부족으로 나누어져 있었다. 그리하여 우리는 그 당시 켈트어를 사용한 부족들이 사회 구조와 종교 그리고 물질문화의 관점에서 켈트인들 사이에 공통되는 유대관계를 유지하고 있었음에도 여러 개의 켈트어가 이미 켈트 부족사회에 존재하고 있었음을 알 수 있다.

이들 켈트어는 인도유럽어족에서 독자적인 계보를 유지하였다. 인도유럽어족은 유럽에서 쓰이는 대부분의 언어를 포함하고 있으며, 이 어족에 포함되지 않는 언어들은 바스크어, 핀란드어, 에스토니아어, 헝가리어가 있다.

아주 오랜 옛날 유럽과 아시아 일부 지역에서 쓰인 하나의 조상 언어(조어parent language)가 있었는데, 역사언어학자들은 연구의 결과를 토대로 이 언어에 '인도유럽어(Indo-European)'라는 명칭을 부여하였다. 이 언어를 사용한 여러 민족이 원래의 거주지에서 유럽의 각 지역으로 이동하게 되면서 지역에 따라 다양한 방언이 생겨나게 되었고, 이렇게 해서 생겨난 방언들은 오늘날 헬레니아어계(그리스), 이탈리아어계(라틴어, 오늘날의 로만스어계), 켈트어계, 게르만어계, 슬라브어계, 발트어계, 인도-이란어계, 인도-아리안어계(산스크리트어 포함), 아르메니아어계, 아나톨리아어계, 토카리아어계, 히타이트어계 등 유럽의 주요 언어그룹과 인도 북부에서 쓰인 여러 언어의 조상이 되었다.

오늘날 현존하는 모든 인도유럽어에는 다른 언어에서는 나타나지 않는 공통된 구조와 어휘 형태가 쓰이고 있다. 간단한 예를 들어보면, 'name'이라는 어휘는 매우 심오하면서도 오래된 개념을 포함하고 있는데, 인도유럽어에 속한 여러 언어에서는 거의 변하지 않고 오늘날까지 내려오고 있다. 언어별로 다양한 어형을 소개하면 다음과 같다.

영어: 앵글로색슨어(고대영어)인 *nama*에서 유래. 고트어(Gothic): *namn*, 도이치어: *name*, 프리지아어(Frisian): *noma*, 라틴어: *nomen*, 노르웨이어: *namn*, 네덜란드어: *naam*, 그리스어: *onoma*, 산스크리트어: *namman*, 아일랜드어: *aimn*, 고대 웨일즈어(old Welsh): *anu* 등

켈트어를 연구하는 아일랜드인 역사학자 가운데 하나인 딜론(Myles Dillon: 1900 - 1972)의 주장에 따르면, 켈트어계의 조상인 켈트 방언은 기원전 2천 년이 시작될 무렵 인도유럽어 조어에 등장하기 시작했다. 특이한 점은 수천 년에 걸쳐 수천 마일이나 멀리 떨어진 채 발달해 온 아일랜드와 베다 산스크리트, 두 개의 문화 사이에 친밀한 유사관계, 곧 친근 관계(Verwandschaft)가 엿보인다는 점이다.

19세기에 인도유럽어끼리의 친근 관계를 면밀하게 연구하던 역사 언어학자들은 고대 아일랜드어와 산스크리트어가 이들 언어의 인도유럽어 조어(祖語)와 친밀하게 연결되어 있음을 알고 놀라움을 금치 못하였다. 이것은 언어학에서뿐만 아니라 법과 사회 관습, 신화, 민속 관습 그리고 전통 음악 분야에도 적용되었다.

다음에 산스크리트어로 된 마누[14] 베다법전(Vedic Laws of Manu)의 언어와 브리혼법(Brehon Laws)으로 더 널리 알려진 아일랜드어로 된 법전, 페네쿠스법(Laws of Fénechus)과의 유사성을 어휘로써 다음과 같이 비교해 보기로 한다.

산스크리트어	고대 아일랜드어
arya 'freeman'	*aire* 'noble'
naib 'good'	*noeib* 'holy'
badhira 'deaf'	*bodhar* 'deaf'
minda 'physical defect'	*menda* 'a stammerer'
names 'respect'	*nemed* 'respect/privilege'
raja 'king'	*ri* 'king'
vid 'knowledge'	*uid* 'knowledge'

위에 제시한 예에서 *arya*는 Aryan이란 단어와 흔히 혼동되기도 한다(Aryan 또는 Arian은 인도유럽어족이 조상어를 사용한 선사시대의 민족 Indo-Iranian을 의미함). 고대 아일랜드어 *noeib*는 현대 아일랜드어에서 *naomh*(성인聖人이란 뜻)로 쓰인다. 아일랜드어 *bodhar* 'deaf'는 18세기에 영어로 차용되면서 'bother'란 어휘가 되었다. 곧 남을 괴롭히게 되면 문자 그대로 소리가 들리지 않아 귀가 먹먹해진다는 뜻에서 사용되는 말이다. *vid*라는 말은 '지식'이란 뜻 이외에 '(남을) 이해하다'는 뜻으로도 쓰이는데 베다(Veda)에[15] 뿌리를 두고 있다.

베다 문헌은 Rig Veda, Yajur Veda, Sama Veda, Atharva Veda 등 힌두교의 가장 성스러운 4권의 힌두교 문헌으로 이루어져 있다. 그런데 이와 똑같은 뿌리가 켈트 지식인의 사회세습제도, 곧 카스트제인 드루이드교인(Druids)을 일컫는 말인 druvid에 엿보인다. 이 말은 '철저하고 완벽한 지식'을 뜻하는 어휘라는 것이 일부 언어학자와 역사언어학자들의 주장이다.

1.3. 켈트 신화와 신들의 명칭

켈트인의 기원을 언급할 때 빼놓을 수 없는 부분이 켈트 신화이다.

그것은 켈트 신화에 등장하는 수많은 명칭이 뒤에 아일랜드어와 웨일즈어에 기층이 된 켈트어로 기록되어 후세에 전해 내려오게 되었기 때문이다.

기독교가 당시 사회를 지배하는 상황에 이르렀을 때 기록관(필경사)들은 켈트인들의 신화에 등장하는 신과 여신들의 이야기에서 적절하지 못하다고 판단되는 부분을 삭제하고 켈트인들의 상징적 표현과 그 의미를 왜곡시켜 놓았다. 켈트인들이 창조 신화를 포함하여 생동감 넘치고 풍요로운 기독교 이전 시기의 신화를 지니고 있었다는 것은 기독교의 신앙으로 만들어진 이야기에서뿐만 아니라 고전 작가들이 쓴 작품에서 켈트인들의 신화에 대한 여러 암시로 찾아볼 수 있다. 그럼에도 불구하고 고전 작가들 대부분은 이들 이후에 등장하는 기독교인 작가들처럼 켈트인들의 신화와 신들을 그들 자신의 문화적인 특질이나 기풍에 맞추어 포함시키려는 경향을 보였다.

고대 아일랜드 문서에서 엿볼 수 있는 아일랜드 신화의 상당 부분과 웨일즈의 일부 신화에 등장하는 테마, 이야기 그리고 심지어 인도의 베다 경전에 나오는 영웅이야기조차도 켈트 신화와 굉장히 닮았다. 따라서 켈트 신화는 그들 나름의 문화적인 전통이 놀라우리만치 보수적인 성격을 띠고 있었음을 알게 된다. 이들 주제들을 비교해 보면 고대 아일랜드어로 Danu(때로는 Anu로도 씀)와 웨일즈어의 Dôn 그리고 대륙의 켈트인들의 비문碑文에 남아 현존하는 것은 어머니 여신(mother goddess)이었다. 이 여신은 '신성한 물'로서 태초의 혼돈이 일어날 때 지상으로 급히 내려와 신성한 너도밤나무인 빌러(Bíle)를 양육하고 그로부터 신들과 여신들이 태어났다. 이 여신의 수면은 다누비우스(Danuvius), 곧 오늘날의 다뉴브의 물길을 형성하였다. 이 이야기는 최초의 위대한 켈트인의 신성한 강인 다누비우스와 관련되어 있는데, 아일랜드의 여신 보안(Boann)에서 온 보인강(Boyne) 그리고 여신 시오난(Sionan)에서 온 샤논강(Shannon)에

〈자료 5〉 보인강(The River Boyne)

관한 신화와 유사한 점들이 많다. 더욱 중요한 것은, 이 이야기가
인도의 갠지스강의 신성(神性)인 여신 강가(Ganga)의[16] 이야기와
매우 닮았다는 점이다. 켈트인과 힌두교인은 신성한 강들을 숭배
하였고 그곳에서 신에게 제물을 바쳤다. 다누의 베다 신화에서는
여신 '강가'가 힌두교 신화에서 신성으로 존재하기도 하는데 이른바
'대양의 휘몰이'라는 유명한 대홍수 이야기에도 등장한다.

　켈트 창조신화의 메아리는 아일랜드의 역사 및 중세시기까지
세계 창조를 아일랜드어로 기록한 《아일랜드 정복사》(*Leabhar Gab-
hála*)에 현존하고 있다.[17] 이 책에 따르면, 비트(Bith)와 그의 아내
비렌(Birren), 이들의 딸인 케사라(Cesara)와 그의 남편 핀탄(Fintan),
그리고 그들의 아들 라라(Lara)와 그의 아내 발마(Balma)는 대홍수의
시기에 아일랜드에 도착하였다. 또 다른 대홍수 신화에 대한 흔적
으로는 '파도 호수'로 일컫는 리온-리온호(Lyon-Llion)의[18] 범람에
대한 웨일즈인의 이야기가 있는데, 모든 인간이 홍수에 휩쓸렸으나
드위반(Dwyvan)과 드위바흐(Dwybach)만이 유일하게 살아남아 이른
바 웨일즈인의 방주(Nefyed Nav Nevion)로 불리는 거대한 배를 만들
어 모든 살아 있는 생물을 짝을 지어 이 방주에 함께 넣었다고 전해
지고 있다. 전설에 따르면 대홍수는 이 호수에 사는 괴물 아당크
(Addanc, Afanc라고도 씀)가 만들어낸 것이다.

켈트인의 신화에서 중요한 것은, 켈트인들이 *Dis-Fater*(간단히 Dis)에서[19] 창조 신화가 유래한 것으로 주장하고 있는데 이것은 드루이드교에서 지켜져 내려온 전통이라는 점이다. 뒤에 아일랜드 켈트인 왕들은 이들의 조상이 신으로부터 내려온 것으로 주장하였으나, 시저는 풍요와 지하세계를 다스리는 로마인의 신에서 유래한 것이라고 기록하고 있다. 그리하여 켈트인 신화에 대해 연구해 온 학자들에게 켈트인 신화 이야기는 시저 이후 여러 가지 혼란을 초래하였다.

인도의 오래된 경전인 베다 경전(the Vedas)에는 하늘의 신을 디아우스(Dyaus)라고 하는데, 라틴어의 데우스(Deus), 아일랜드어의 디아(Dia), 슬라브어의 데보스(Devos)에 해당한다. 이 말은 의미상 '밝은 것'을 나타내며 태양의 신을 지칭하는 것으로 알려져 있다. 이 경전에서 디아우스는 디아우스-피티르(Dyaus-Pitir), 곧 '하늘의 아버지'(Sky Father, 또는 Father Dyaus)로 칭한다. 그리스어에서 이 말은 제우스(Zeus, father god)가 되었고, 라틴어에서 디아는 '신'을 나타내는 말이 되었는데, 로마 신화에서는 주피터(=Jove)로 변하여 신들의 신, 하늘과 천둥의 신이 되어 로마 최고의 신이 되었다.

그리하여 시저가 언급하는 켈트인의 하늘의 신 *Dis-Fater*는 부와 지하세계의 신이 아니라 로마 신화의 주피터(Jove)에 해당한다. 아일랜드어에서 말하는 켈트인의 Dis-Father는 아일랜드 신화에 등장하는 중요한 신이고 아버지의 형상을 한 켈트 부족의 보호자로 전능의 신(Ollathair, All-Father god)이며 켈트인의 선조로 알려져 있다. 그는 하늘의 신이다. 아일랜드어에서는 루(Lugh: 현대 아일랜드어에서 Lug 로 표기. 원래 명칭은 Lugh of the Long Hand)가 흔히 이 역할을 수행하며 웨일즈어에서는 러으(Lleu)로 나타난다.[20] 중요한 점은 이 명칭이 산스크리트어에서와 같이 '찬란한 것'을 의미한다는 것이다.

고전 작가들의 기록을 그대로 받아들인다고 가정하면 고대 켈트인들은 자신들이 육체적으로는 '하늘의 신'에서 내려온 민족이라는

〈자료 6〉 로마신화에 등장하는 신들의 왕 주피터와 삽화에 나오는 Lugh의 마술의 창

민음을 가지고 있었으며, 이 신은 다누(Danu '神水 신성한 물')에서 생겨난 것으로 여겼다. 그러나 오늘날 우리는 켈트 민족의 기원에 대해 좀 더 다른 관점에서 역사를 거슬러 올라가 살펴보지 않으면 안된다.

다뉴브강과 라인강 그리고 론강 상류 지역인 오늘날의 스위스와 독일 남서 지역에 켈트 민족이 그들만의 독특한 문화를 누리며 역사에 출현하기 시작한 것은 자료나 기록에 따른 증거와 언어학적인 증거 및 고고학 성과에서 입증되고 있다.

먼저 기록(자료)에 따른 증거는 그리스 초기의 역사가인 헤카타이오스(Hecataeus of Miletus: c. 550−476 BC)와 헤로도토스로부터 시작되었고, 로마화한 켈트인들을 포함하여 이후에 등장한 많은 평론가들에 의해서도 입증되었다. 역사의 아버지로 일컫는 헤로도토스는 '다뉴브강은 켈트인들 사이에서 발원하면서 유럽 전체를 관통하며 흐르고 있다…'고 기록하였다. 그러나 그는 켈트인들이 헤라클레스의 기둥(땅의 끄트머리) 너머 유럽에 거주하는 모든 민족 가운데에서 서쪽 끝에 사는 사이네시족(Cynesii)의[21] 이웃이 되어 거주하고 있다는 말을 덧붙임으로써 현대 학자들의 비웃음을 샀다. 아마도 헤로도토스 자신이나 그의 기록을 전사한 이들이 '또한'이란 애매한 표현을 기록에 남겼을 것으로 여겨지는데, 헤로도토스가 켈트인에 관해 기술하던 당시 켈트인들은 다뉴브강 상류뿐만 아니라 스페인 남부의 항구 도시인 타르테소스(Tartessos. 그리스어로 Ταρτησσός)에 이미 정착하고 있었기 때문이다.

1.4. 켈트어 명칭

스위스와 남부 독일에 산재한 켈트어 지명은 언어학상의 증거를 제공해 주고 있다. 오늘날까지도 강과 산, 삼림, 일부 마을의 명칭을 포함하여 세 개의 커다란 강 이름은 원래 켈트인들이 사용했던 명칭을 그대로 보존하고 있다. 다뉴브강 또는 다누비우스라는 명칭은 켈트인의 여신 다누(Danu)에서 유래한 것이다. 론강(Rhône)은 로다누스(Rhodanus)라는 명칭으로 맨 처음 기록된 것으로 켈트어의 '큰, 위대한'이란 뜻의 접두사 *ro*가 붙어 만들어진 여신의 명칭이다. 그리고 세 번째 큰 강인 라인강(Rhine)은 원래 고대 아일랜드어 *rian*에서 발견된 바닷길을 나타내는 켈트어인 레누스(Rhenus)로 기록된 명칭이다.

켈트인 연구로 명성을 쌓은 앙리 위베르 박사(Henri Hubert: 1872 –1927)는 켈트어를 사용한 민족이 완전히 사라진 이후에도 오랫동안 켈트어 지명 상당수가 남아 쓰이게 된 것은 켈트어 고유의 형태와 오랜 관습 때문이었음을 주장하면서 다음과 같이 기술하고 있다.

켈트어 명칭은 켈트어 고유의 것이거나 적어도 매우 오래된 명칭이라는 사실을 믿어야 할 이유가 충분하다. 그 이유는 켈트어 명칭 가운데 강과 산을 지칭하는 명칭이 매우 많기 때문이다. 고을 지역에는 그러한 명칭이 거의 드물게 나타난다. 프랑스어로 된 강과 산의 명칭 상당수는 이탈리아 북서부의 주인 리구리아(Liguria)에서 온 것으로 리구리아인들은 고대 인도유럽 민족이었다. 이들은 켈트어와 가까운 리구리아어를 사용했다. 오늘날 이탈리아에 엿보이는 켈트어 명칭과 자연 특징은 가장 오래 살아남아 쓰이는 지명이 되었다. 한 국가를 맨 처음 차지한 민족은 항상 자신들이 사용한 지명을 후손에게 물려주는 법이다.

위베르 박사의 주장에 동조하는 이유로 우리는 브리튼 남동쪽에 정착한 고대시기의 영국인들을 떠올릴 수 있다. 이 지역은 기원 5세기에 잉글랜드가 되었는데, 이곳에 들어온 앵글로색슨족은 켈트인을 몰아낸 뒤 켈트인이 사용해 온 본래의 지명 상당수를 받아들여 사용하였다. 강 이름(Aire, Avon, Axe, Dee, Darwent, Dart, Derwent, Don, Exe, Quse, Severn, Stour, Tees, Thames, Trent, Wye)을 비롯하여 구릉과 삼림(Barr, Brent, Cannock, Chevin, Creech, Crich, Lydeard, Malvern, Mellor, Penn, Pennard), 도시나 마을을 나타내는 지명(London, Carlisle, Dover, Dunwich, Lympne, Penkridge, Reculver, York), 그리고 지역 명칭(Kent, Thanet, Wight, Craven, Elmet, Leeds)은 켈트어에서 오늘날까지 내려오면서 영어에 쓰이고 있는 켈트인의 흔적들이다. 오늘날 스위스와 독일 남서부에 남아 있는 상당수 켈트어 지명은 켈트 민족이 역사의 기록으로 등장하던 때 이미 이 지역에 오랫동안 거주하고 있었음을 나타내주는 증거가 된다.

1.5. 고고학의 성과와 대륙 켈트인의 문화

켈트인의 기원에 대한 세 번째 증거는 고고학의 성과에서 찾을 수 있다. 고고학자들은 켈트인들이 만든 예술품과 정착 패턴, 토지사용

등 여러 가지 관점에서 켈트인들이 거주하던 이 지역에서 나타난 켈트인 문화의 두 가지 뚜렷한 시기를 확인하였는데, 하나는 할슈타트(Hallstatt)이고, 다른 하나는 라떼느(La Tène)이다. 고고학상의 증거로 드러난 성과에 따르면 켈트민족은 청동기 시대 고분문화(c. 1550 - 1250 BC) 및 도요지문화(c. 1200 BC)의 혼합 문화에서 생겨났다. 켈트문화를 연구한 한 고고학자는 1940년대 켈트인의 문화를 처음으로 '원시-켈트 문화'라는 명칭으로 서술하였다. 켈트학자인 코코란 박사(Dr John Corcoran)는 〈켈트인의 기원〉이란 글에서 켈트인들의 후손들이 할슈타트 문화를 누린 것과 달리, 이들 켈트인들이 철기를 사용한 것 이외에 이 둘을 거의 구별할 수가 없기 때문에 초기 켈트인들이 도요지문화를 누렸다는 사실(史實)에 동의하였다.

고고학자들은 오늘날 켈트인들이 누린 할슈타트 문화가 기원전 1200년에서 475년까지 계속되었다고 보고 있다. 이들은 이전까지만 하더라도 할슈타트 문화가 기원전 750년부터 시작된 것으로 추정하였으나, 새로운 출토물이 발견되면서 연대를 수정하기에 이르렀다. 켈트인 문화가 충분히 발달한 것은 켈트인들이 당시 철기를 사용한 경제활동으로 말미암아 비로소 유럽세계에 알려지게 되었고, 오스트리아 북부 고지 지방에 위치한 잘츠카머굿(Salzkammergut)에 있는 할슈타트 호수 인근에 다른 민족과 구별되는 맨 처음 정착한 지역 가운데 한 지명의 이름을 따서 그들이 누린 문화의 명칭을 지었기 때문이다. 그리하여 켈트인의 문화는 도요지 문화를 누린 그들의 선조로부터 이어져 내려왔으며, 주로 기하학을 바탕으로 만든 공예품으로 확인되었다. 이들 공예품은 '왕자들'의 무덤에서 출토되었는데, '왕자들'은 찬란하게 장식된 멍에와 마구(馬具)가 달린 사륜마차 위에 누워 있었다. 발견된 무덤들은 고분 아래 넓은 방 여기저기에 널려 있었는데 마차와 전차는 당시 켈트인들이 수준 높은 기술을 사용했음을 증명하였고, 이와 동시에 도로 건설에 대한 복잡한 지식

〈자료 7〉 2016년 할슈타트 전경(저자 촬영)

을 갖추고 있었음을 암시하였다.

　도요지 문화를 누린 켈트인 선조들은 쇠를 녹이는 기술은 물론 다른 금속을 사용하는 법도 알고 있었다. 쇠로 만든 도구와 무기들로 인해 켈트인들은 다른 이웃의 부족들보다 뛰어난 민족이 되었기 때문에 기원전 처음 천 년이 시작될 무렵 유럽 전역에서 갑자기 등장하게 된 것은 의심의 여지가 없었다. 고고학자들의 연구에 따르면 유럽에서 온 켈트 부족들은 지중해 세계와 교역을 진행하고 있었는데, 이들의 무덤에서 그리스, 에트루리아 그리고 카르타고에서 사들인 가공품이 발견되었다. 켈트인의 찬란한 무덤에서 켈트인 '귀족' 상당수가 발견되었을 때에는 아직 로마 문명이 시작되기 전이었다.

　할슈타트 시기는 결국 새로운 문화의 출현으로 끝났는데, 고고학자들은 스위스의 노이샤텔 호수(Lake Neuchâtel) 북동쪽 끝에 있는 여울에서 발견된 켈트인들의 출토품에 따라 라떼느 문화라는 명칭을 부여하였다. 이곳은 켈트인의 우상숭배가 이루어진 곳으로 켈트인들이 만든 수많은 가공품이 신에게 바치는 제물(번제)로 호수에 던져졌다. 기원전 5세기에서 1세기에 이르는 라떼느 시기에는 새로운 장식을 한 예술 형태가 나타났으며, 빠르게 움직이는 이륜 전차와 다른 수송 수단이 등장하였다. 이제 켈트인의 생활수준은 놀라울 만큼 높아졌다. 켈트인들은 처음에는 무엇보다도 경작을 하거나 소나 양을 치며 생활하는 노련한 농부로, 여기서 나오는 소출과 가축에 의지하여 생활해 나가는 경제에 기반을 두었다. 이들이 정착한 포강 계곡을 따라 잘 발달된 수로시설은 켈트인의 수리공학 능력을 잘 보여주었다. 이들의 또 다른 공학 능력은 도로 건설과 수송체계에서도 잘 드러나고 있다. 켈트인들은 매우 중요한 생산품인 소금을 채굴하였으며, 더 나아가 금과 은, 주석과 납 그리고 철을 포함하여 그들이 정착한 땅의 자연자원을 이용하는 데까지 확장하였다. 켈트 장인들은 높은 품질의 도구와 무기, 가전제품 그리고 개인의 장식품을 만드는 일에 뛰어났다. 켈트인들은 아일랜와 브리튼에서는 돌을 사용하여 건축물을 지었으나, 유럽에서는 주로 나무를 써서 건축물을 지었는데 오래 가지는 못하였다.

무역에도 개방적이었던 켈트인들이 생산한 물품은 그리스와 이탈리아의 지중해 기후가 북쪽의 훨씬 거친 기후에 비해 한층 더 쉽게 생산한 사치품과도 교환할 수 있는 강력한 구매력을 켈트인들에게 제공해 주었다. 그리하여 켈트 사회는 고전 작가들이 상상하는 것보다 훨씬 더 풍요롭고 안정된 사회를 유지하였다. 켈트인들은 왕이 다스리는 부족으로 나누어져 있었고, 상왕은 여러 부족을 지배하는 권력을 가지고 있었다. 이들에게 '부족(tribe)'이라는 개념은 오늘날 우리가 생각하는 것과는 달리 2만 명에서 많게는 25만 명의 인구를 가진 사회를 구성하는 단위였다. 로마의 장군 시저는 그의 기록에서 고올 지역으로 이주해 온 헬베티 부족의 인구는 26만 3천 명이었다고 기술하고 있다. 이들 부족은 때로는 벨가이족과 브리간테스족의 경우처럼 대규모 연합 부족을 이루기도 하였다.

켈트 부족을 이끈 통치자들은 기원전 4세기 말에 그리스와의 접촉으로 말미암아 생겨난 것이긴 하였으나 로마보다 조금 앞선 화폐제도의 개념을 도입하였다. 금, 은 또는 구리와 정확하게 똑같은 무게 조각으로 나누어 준비된 점토로 틀을 떠서 화폐를 주조하였다. 그런 다음 이 조각들은 놀라운 디자인으로 만든 두 개의 스탬프 사이에 망치로 두드려 만들었는데, 이것은 아마도 켈트인의 신화나 종교적인 의미를 지닌 것으로 여겨졌다.

라떼느 시기는 켈트 민족이 유럽 대륙에서 영토를 가장 넓게 확장한 시기였다. 켈트어를 사용한 이들은 기원 전 7세기에 이르러 유럽 본거지에서 알프스 산맥을 넘어 포강 계곡까지 진출하였으며, 에트루리아 제국의 군대를 무찌르고 이들을 아페닌산맥 남쪽으로 밀어 내었다. 그 뒤에 '역전의 용사'란 별명을 지닌 켈트 부족인 세논족은 아페닌산맥을 넘어 로마 군단을 패배시키고, 당시 피케눔(Picenum: 고대 이탈리아 지역으로 로마인이 부여한 별칭)으로 불렸던 이탈리아 동부 해안에 정착하기 전 7개월 동안 로마를 점령 하였다.

켈트어를 사용한 민족은 기원전 9세기 무렵부터 이미 이베리아 반도(스페인과 포르투갈)에 정착하고 있었다. 이들은 얼마 지나지 않아 아일랜드와 브리튼으로 건너가게 된다. 한편 켈트인들은 오늘 날 벨기에(이들의 부족 이름인 벨가이Belgae에서 유래)로 부르는 곳에서 고올인의 땅(고올 지역)으로 알려진 현대 프랑스를 지나 남쪽에 정착하였다. 기원전 7-6세기 무렵 켈트어를 사용한 켈트 부족들은 파죽지세로 다뉴브강을 따라 동쪽으로 이동하면서 오늘 날의 체코와 슬로바키아 도시국가를 세웠다. 보헤미아는 켈트 부족인 보이족의 이름을 따서 지어졌다. 켈트족은 발칸반도를 거쳐 일리 리아(Illyria)에[22] 정착하고 멀리 흑해까지 진출하였다.

이들은 한동안 트라키아(Thrace)의 지배계급이었으며,[23] 그리스의 여러 도시국가로 이동하면서 멈추지 않고 동쪽으로 소아시아까지 진군하였다. 켈트인들이 오늘날 아나톨리아 중앙 고지대 지역인 갈라티아,[24] 곧 오늘날의 터키의 중앙 평원에 세운 도시국가는 켈트 인들이 그들의 도시국가를 어떻게 다스리는지를 보여주는 분명한

증거를 고대세계에 제공해 주었다. 그뿐만 아니라 켈트인 용병과
그 가족들은 로마에 의해 몰락할 때까지 셀루시드 왕들이 통치하는
시리아(Selucid)는[25] 물론 헤롯 왕의 이스라엘, 프톨레미 파라오
왕들의 이집트 그리고 카르타고까지 일하러 건너갔다. 켈트인
용병과 그 가족들이 일하러 간 지역은 실로 광범위하였다. 그리스의
역사가인 에포러스는 켈트인들이 인도 아대륙(亞大陸)의 크기만한
지역을 차지하고 있었다고 기술하였는데, 그의 동료 역사가인 스트
라보(Strabo)도 의문을 품을 정도였다.

기원전 2–1세기에 로마 제국의 성장과 함께 게르만족과 슬라브
족의 이동에 직면하면서 켈트인의 경계 지역은 여지없이 축소되기
시작하였다. 그리하여 정복자들은 그들의 입장에서 불가피하게 역사
를 새로 쓰기 시작하였고, 기독교시대가 시작되기 이전 강력한 자국
문학을 가지고 있지 못했던 켈트인들은 정복자들에 의해 호전적이고,
경박하며, 알코올과 음식을 지나치게 탐닉하는 민족으로 폄하되기에
이르렀다. 정복자들에 항상 따라 다니는 방식이기는 해도 그들이 정
복하려는 민족이나 부족들은 가능한 한 가장 나쁜 쪽으로 중상하여
표현하기 마련이다.

고전 작가들 가운데 그리스 작가들만이 켈트 세계를 아무런 편견
없이 서술하였다. 로마인들과 그들의 동맹국들은 대체로 그들 나름
대로의 아젠다, 곧 예정된 서술방식을 가지고 있었다. 가령 줄리어
스 시저는 정치적인 야망을 지닌 로마의 군인으로, 자신의 정치적인
세력 확장을 위해 로마 제국의 발굽 아래 켈트 세계 전체를 무너뜨
리려 한 장군이었다.

학자들은 시저를 마치 그가 대항해서 싸우고 있는 민족의 언어와
사회를 연구하면서 평생을 보낸 전문가인 것처럼 생각하는 경향이
있다(Ellis, 1998: 14). 그러나 학자들의 생각과는 달리 시저는 켈트
인과 켈트 세계에 관한 한 편견과 철저하게 부정확한 서술로 그가
기록한 사실(史實)에 정당성을 부여하려고 하였으며, 이러한 그의

〈자료 8〉 왼쪽은 5세기에 만들어진 버질의 전원시이며, 오른쪽은 버질의 초상화가 그려져 있다(Vergilius Romanus. Folio 14 recto).

시도는 후세에 누구도 침범할 수 없는 권위를 갖게 하였다. 라틴 문학의 융성기였던 아우구스투스 시대의 고대 로마 시인이었던 버질(Virgil: 라틴어 발음으로는 푸블리우스 베르길리우스 마로. 70 - 19 BC ; 〈자료 8〉 참조)은 '시간은 모든 만물, 심지어 인간의 마음까지도 휩쓸어 가버린다'고 그의 전원시(Eclogues. Bucolics라고도 함)에서 읊었다.

우리가 켈트인에 대한 고전 작가들의 평가에 의문을 던지는 것은 확실히 쉽지 않은 일이다. 이들의 평가나 해석은 이미 2천 년 전 또는 그 이전에 쓰여진 것이기 때문이다. 켈트인의 기원에 대해 편견을 가지지 않고 논의하기에는 이미 오랜 세월이 흘러 사람들의 마음이 이들에게서 멀리 사라져 버렸다.

로마가 켈트세계를 정복한 이후, 우리가 켈트인에 대해 상상할 수 있는 것은 찬란한 옷을 걸쳤거나 또는 전혀 옷을 걸치지 않는 켈트 전사들이 무리를 지어 방랑하면서 로마와 그리스의 '세련된' 중심가를 습격하거나, 술에 취한 채 무자비하고 살기등등하게 약탈할 고을을 찾아 헤매는 모습일 것이다. 그러나 이것은 상상 속의 켈트인이며 실제 모습이 아니라는 것은 켈트 학자들의 연구에서 입증되고 있다.

곧 로마 역사가들이 켈트인을 야만인으로 폄하한 서술은 당시 켈트
사회의 현실을 잘 알지 못한 데서 나온 것이다.

제1장의 주(註)

1. 에포러스(Ephorus of Cymae: c.400-330 BC.): Cyme로도 표기함. 사이미는 소아시아 북서부의 고대 지방의 아이올리스 시Aeolis로, 아이올리아인들은 소아시아 해안을 따라 위치한 12도시 가운데 사이미를 규모가 가장 크고 가장 중요한 도시로 여겼음.

2. 헤로도토스(Herodotos of Halicarnassus: c. 484-425 BC): 그리스의 역사가. 키케로가 역사의 아버지로 언급한 인물. 페르시아제국의 할리카르나수스에서 탄생(현재 터키의 보르둠). 할리카르나수스는 소아시아 남서안에 있는 고대 그리스의 도시로 헬레니즘시대에 번영을 누렸음. 영어로는 헤로도투스(Herodotus)로 읽음.

3. 헤라클레스의 기둥(Pillars of Hercules): 지브롤터 해협의 동쪽 끝에 해협을 끼고 솟아 있는 두 개의 바위 산을 지칭하는 표현. 유럽 측 북쪽에 솟은 것은 지브롤터의 바위(Rock of Gibraltar), 아프리카 모로코 북부 지브롤터 해협 동쪽 끝에 돌출한 바위산은 제벨 무사(Jebel Musa)로 불림.

4. 사모스(Samos): 에게해 동쪽에 있는 그리스 섬. 고대에 포도밭과 와인 생산지로 명성을 떨친 강력한 도시 국가였음.

5. 콜라이오스(Colaeus): 그리스어로는 Κωλαῖος. 탐험가이며 은銀 판매상. 켈트인들이 거주한 타르테수스에 맨 처음 들어간 최초의 그리스인.

6. 아르간토니오스(Arganthonios): 은과 돈을 뜻하는 인구어 *arg̑-에서 유래하며 은을 의미하는 켈트어 *arganto*에서 유래함.

7.《갈리아 전기》(Gallic War): 로마의 속주 총독(proconsul)인 줄리어스 시저가 로마정복에 저항했던 고올 지역의 게르만인과 켈트인 등 갈리아 부족들을 상대로 직접 체험하고 지휘한 전투 상황을 생생하게 서술한 갈리아 원정 기록임. 간단히 줄여서 *Bellum Gallicum*(영어로는 *Gallic War*)이라고 함. 《갈리아 전기》는 3인칭 내러티브로 쓰여진 것으로 여기서 시저가 언급한 '고올'은 현재 프랑스, 벨기에 및 스위스의 일부를 포함하는 갈리아 나르보넨시스의 로마 속주(오늘날 프로방스)를 제외한 고올의 전 지역을 지칭함. 《갈리아 전기》는 1-8권으로, 8권은 시저의

사후(死後) 아울루스 히르티우스가 썼음. 로마인들은 고올 지역의 토착
부족들과 멀리 북부에 거주한 부족에게 여러 차례 공격을 받았기 때문에
이 지역은 로마인들에게는 군사적으로 중요한 곳이었다. 갈리아(고올:
현재 프랑스) 전쟁의 승리로 로마는 라인강을 자연스럽게 경계선으로
확보할 수 있게 되었고 시저에게 로마공화국의 유일한 통치자가 되는
길을 터 주는 계기가 되었음. 시저가 라틴어로 쓴 *Commentarii de Bello
Gallico*는 갈리아 전투를 기록한 현존하는 가장 중요한 역사적인 기록임.
우리말 번역은 박광순(1990) 참조.

8. 지롱드강(Gironde): 프랑스 서부의 가론강과 도르도뉴강이 합류하여
생긴 삼각 강. 북서로 흘러 비스케이만에 흘러듦.

9. 사이클롭스(Cyclops): 고대 그리스어로 Κύκλωψ, Kuklōps. 그리스 신화에
나오는 이마에 외눈을 지닌 거인.

10. 폴리피무스(Polyphemus): 그리스어로 Πολύφημος이며 그리스 신화에
나오는 포세이돈과 투사의 거인 아들. 오딧세이에 묘사된 사이클롭스
가운데 하나임.

11. 갈라테아(Galatea): 그리스 신화에 나오는 연인 아키스(Acis)를 지키다
가 질투가 많은 폴리피무스에게 살해된 바다의 요정.

12. 테오크리투스(Theocritus): c. 270 BC 기원전 3세기에 널리 유행한
고대 그리스의 전원시의 시조. 버질(Virgil): 라틴어로는 Publius Vergilius
Maro. 고대 로마의 시인. 오비드(Ovid): 로마의 시인. 라틴어로는 Publius
Ovidius Naso.

13. 할리카르나수스의 디오니시오스(Dionysius of Halicarnassus): c. 60 BC
– after 7 BC. 그리스의 역사가, 수사학자.

14. 마누(Manu): 인류의 시조로 마누 법전을 제정한 인물.

15. 베다(Veda): 가장 오래된 산스크리트 문학과 가장 오래된 힌두교의
교리를 적은 문헌. 베다 산스크리트어로 쓰여짐.

16. 강가(Ganga): 힌디어 गंगा, 벵갈어 গঙ্গা, 산스크리트어 गङ्गा, 힌두스타니
어에서 ['gəŋgaː]로 발음함. 인도 갠지스강의 신성으로 여신.

17. 《아일랜드 정복사》(*Leabhar Gabhála*): 영어로는 *The Book of Invasions*
또는 *The Book of Conquests*라고 함. 11세기 익명의 작가에 의해 편집되었
으며, 아일랜드 정복의 역사를 시와 산문 내러티브 형식으로 기록함.

18. 리온-리온호(Lyon-Llion): 발라호(Bala Lake)라고도 칭함. 이

호수의 범람에 대한 웨일즈인의 이야기가 있는데 모든 인간이 홍수에 휩쓸렸으나 드위반(Dwyvan)과 드위바흐(Dwybach. 웨일즈 신화에서 성서의 노아(Noah)에 상응하는 명칭임. Dwyfan, Dwyfach로도 씀)만이 유일하게 살아남았다는 전설이 전해지고 있음.

19. *Dis-Fater*: Dis라고도 함. 단테의 《신곡》(Divine Comedy)에 나오는 명칭. 곧 저승의 신(지배자)으로 원래 풍요와 농업, 부의 신이었으나 뒤에 로마인들이 믿는 저승의 신과 같은 의미로 쓰임.

20. 러으(Lleu): 원래 명칭은 Lleu Llaw Gyffes. 웨일즈 신화의 영웅으로 'Lleu of the Skilful Hand'란 뜻. [ɬɜɨ ɬau gǝfes]로 발음함.

21. 그리스의 역사가인 스트라보는 헤로도토스가 말한 사이네시족은 이베리아 반도에 거주한 로마 이전의 민족인 사이네트족, 곧 코니족 (Cynetes or Conii)을 일컫는 말로 보고 켈트인들과는 구별하였음.

22. 일리리아(Illyria): 로마인의 시각에서 서부 발칸반도 지역을 지칭하는 명칭으로 기원전 168년 일리리아 전쟁이 끝난 다음 로마인들이 이 지역을 정복하고 나서 붙여진 명칭임.

23. 트라키아(Thrace): 발칸반도의 에게해 북동해안 지방. 고대 트라키아의 영토는 다뉴브강 유역에까지 미친 적이 있음. 현재는 마리차강Maritsa으로 그리스 령과 터키 령으로 나뉨.

24. 갈라티아: 트라키아로부터 고올 지역으로 이주한 고올인의 이름을 따서 붙인 명칭임.

25. 시리아(Selucid): 셀루시아(Seleucia)로도 알려진 오늘날의 시리아. 셀루쿠스 1세가 설립한 셀루시드 왕조가 통치한 그리스 문화 도시국가. 셀루시드 왕조가 통치한 헬레니즘 시대의 이 제국은 한때 황금기에는 중앙아나톨리아, 페르시아, 레반트 지역, 메소포타미아는 물론 오늘날 쿠웨이트와 아프가니스탄 및 파키스탄 일부를 포함하는 광대한 영토를 다스림.

제2장 켈트인의 초기 역사

2.1. 켈트인의 영토확장과 로마와의 전투

켈트인은 기원전 6세기 무렵 처음으로 역사에 등장한다. 이들은 초기에 페니키아인, 그리스인 및 에트루리아인들과 접촉하면서 교역을 하였는데, 켈트인과 접촉한 가장 초기에 알려진 장소는 남부 이베리아 반도에 위치한 타르테수스(Tartessus: 스페인 서남부 연안에 있는 고대 왕국)의 입구에 위치한 그리스 탐험가들과 무역상들의 상륙지인 것으로 보이며, 이곳에서 포키스(Phocis)에서[1] 건너온 상인 -교역상과 지역의 켈트 왕인 아르간토니오스(Arganthonios) 사이에 교역 협정이 이루어졌다. 헤로도토스의 기록에 따르면 아르간토니오스는 장수를 누리며 살다가 기원전 564년에 죽었다.

기원전 6세기를 거치는 동안 페니키아인, 그리스인 및 에트루리아인들과 지중해 서부에 거주한 켈트인 사이에는 활발한 교역이 이루어졌다. 그리스인들이 켈트인과 접촉한 지역에 관해 기술한 자료에서뿐만 아니라 고고학상의 증거로 미루어볼 때 켈트인들은 수세기에 걸쳐 원래의 거주지로부터 외부세계로 끊임없이 영토를 확장해 온 것을 알 수 있다.

마실리아(Massilia: 오늘날의 마르세유)는 기원전 600년 즈음 세고브리가이(Segobrigai)인의 영토에 세워졌는데, '세고브리가이'란 '전투력으로 대담하게'(*sego*), '웅비하는'(*brigia*)이란 의미를 지닌 말이었다. 켈트인들은 이미 포강(이탈리아 북부에 위치) 계곡을 건너 정착하기 시작하였으나, 기원전 5세기까지는 이 지역의 지배권을 놓고 에트루리아 제국과 갈등을 빚고 있던 터였다.

기원전 475년 무렵 켈트인들은 포강의 지류인 티치노강(스위스 중부에서 발원하여 남동부로 흘러 이탈리아 북부에서 포강에 합류함) 근처에서 에트루리아인 군대를 제패하였다. 로마의 역사가인 플리니(Pliny: AD 23-79)는 알프스 이남에 거주한 켈트인인 코넬리우스 네포스(Cornelius Nepos: c. 100-c. 25 BC)를 인용하여 에트루리아 제국에 대항하는 전쟁이 보이족, 인수브레족 및 세논족으로 이루어진 켈트인 연합군에 의해 진행되었다고 서술하고 있다. 이들 켈트인들 가운데에서 세논 부족(Senones)은 다른 두 켈트인과 달리 늦게 이탈리아 반도에 들어온 켈트 부족이었다. 그리하여 기원전 4세기가 시작될 무렵 에트루리아인들이 차지하던 아페닌산맥 북부지역은 대부분 켈트인의 손에 넘어갔다. 기원전 396년쯤 켈트인은 이탈리아 북부에 위치한 롬바르디의 주도(州都)인 밀라노(Milan) 서쪽의 멜조(Melzo)로 추정되는 도시 멜품(Melpum)이 자리한 에트루리아 제국에 두 번째 큰 패배를 입혔는데, 이것은 로마의 연대기에 두 번째로 기록될 만큼 가치를 지닌 사건이었다.

기원전 390년 세논 부족의 추장 브레누스(Brennus)가 이끄는 켈트족은 아페닌산맥 남쪽 클루시움의 에트루리아인 도시 외곽에 나타나서 아페닌산맥 북쪽에 정착할 땅이 없으므로 에트루리아인의 땅에 들어와서 평화를 누리며 살기를 원하였다. 이제 막 로마에 정복당할 처지에 놓인 에트루리아인들은 로마에 전령을 보내 켈트인들과의 협상에 도움을 요청하였다. 로마의 원로원 의원들은 귀족계급인 파비가문(the Fabii)으로 당파심이 강한 이들이었는데, 당시의 국제법을 무시하고 켈트인들과의 한판 전쟁에 에트루리아인들을 끌어들였다.

　브레누스와 그의 부족인 세논족은 로마의 원로원 귀족들이 국제법을 어긴 소식을 듣고 경악하여 로마에 파견대를 보내 보상을 요구하였으나, 오히려 로마가 켈트인들에게 경멸의 시선을 보내자 브레누스는 즉시 로마로 진군하였다. 기원전 390년 7월 18일 브레누스가 이끄는 세논족은 로마 북쪽 20킬로 떨어진 알리아(Allia)에서 로마의 정예군단에 대항하여 벌어진 전투에서 로마군을 완패시켰다. 그날 저녁 켈트인들은 로마시 외곽에 주둔하고 다음 날까지 로마 시로 진군하지 않았다. 로마의 원로원 의원과 군사 지도자들은 켈트인들에게 점령당하지 않은 유일한 곳인 로마의 카피톨(Capitol) 신전에 모여 있었다.

　그로부터 7개월 뒤 켈트인들은 로마 원로원으로부터 배상금을 받고 로마 시에서 철수하였는데, 이로 말미암아 로마는 파비가문의 오만함에 대한 댓가를 톡톡히 치른 셈이 되었다. 켈트인들이 로마 시로부터 철수하는 댓가로 받은 금액은 경이롭게도 자그마치 100파운드의 무게가 나가는 금이었다. 전투에서 살아남은 로마의 상급 장교였던 술피키우스 라구스(Sulpicius Lagus)는 켈트인들이 그들 스스로 금의 무게를 재는 것에 반대하고 나섰다. 이 소식을 들은 브레누스는 저울에 긴 칼을 내려치며 "패자에게 화(禍) 있을진저!"(*Vae victis!*)를 외쳤다는 유명한 일화가 전해 내려오고 있다. 이 말은 정복자들이 전용하는 표현이었던 것이다.

　브레누스가 이끄는 세논 부족의 손에 넘어간 로마의 패배는 로마의 역사가들을 항상 괴롭혔으며, 로마는 켈트인에게 패배한 수치심에서 빠져 나오고자 여러 차례에 걸쳐 로마사를 다시 쓰려고 애썼다. 그때부터 로마의 작가들은 켈트인들을 의도적으로 술주정뱅이에다가 유치한 야만인으로, 동물에서 겨우 한 걸음 정도 밖에 떨어지지 않은 부족으로 생생하게 분칠하기 시작하였다. 그리하여 켈트민족은 서서히 로마제국의 희생물로 전락하면서 로마의 편견에서 벗어나지 못하고 고통을 당하게 되었다.

〈자료 1〉 왼쪽부터 수비아코를 흐르는 아니오강, 티볼리의 폭포

그러나 실제로 로마가 이탈리아 반도에서 켈트인들을 정복하기까지는 200년이란 긴 세월이 필요하였다. 켈트인들이 로마와의 전투에서 승리를 거둔 이후 라틴어를 사용하는 주변의 도시국가들과 남부 이탈리아의 그리스 도시국가들은 켈트인들을 환영하였다. 시라쿠스(Syracuse)[2]의 디오니시우스 1세는 그의 군대에 많은 켈트인 전사들을 용병으로 고용하였다. 우리는 역사를 통해 켈트인 군대가 향후 50년 동안 로마 근교에 주둔하고 있었음을 알고 있다.

플루타크(Plutarch: 그리스의 역사가)에 따르면 기원전 377년 또는 374년에 아니오강(River Anio)[3]에서 벌어진 전투에서 로마군은 첫 번째로 그들을 정복했던 이 야만인들(켈트인)을 매우 두려워했다고 기록하고 있다. 그 공포가 얼마나 컸는지 로마의 사제들은 '켈트인과의 전투를 제외하고' 군복무를 면제한다는 법을 제정할 정도였으니까 말이다. 기원전 367년 로마는 다시 한 번 로마의 문전에서 로마를 에워싼 켈트군대와 접전을 벌이게 된다.

켈트인들이 남부 이탈리아의 그리스 도시 국가들과 연합전선을 편 일이 입증된 것은 바로 이 시기이다. 시라쿠스의 디오니시우스 1세는 자신의 군대에 켈트인들을 용병으로 받아들였을 뿐만 아니라 테베(고대 그리스의 도시)와 맞서 싸우는 전투에서 그의 동맹국 스파르타(펠로폰네소스 반도에 있었던 그리스 남부의 고대 도시)에서 일할 2천 명의 켈트인을 용병으로 파견했다. 이 전쟁의 마니네아(Maninea) 전투에서 켈트인 기병대는 결정적인 역할을 수행하였다. 그리스에서 켈트인들을 만나게 되는 것은 역사상 이것이 처음이었으나, 이 시기에 이르면 켈트인들은 이미 다뉴브강을 건너 동쪽으로 이동하면서 카르파티아산맥(유럽 중동부 체코슬로바키아 북부에서 루마니아 중부에 이름)에 이르기 시작하였다. 이와 동시에 그리스의 탐험가인 마실리아(현재 마르세유)의 피테아스(Pytheas)는 이미 브리튼과 아일랜드에 거주한 켈트인들과 접촉하였으며, 기원전 300년 무렵에는 키레네(Cyrene: 고대 그리스의 식민 도시)의 에라토스테네스(Eratosthenes: 그리스의 지리, 천문, 수학자)가 세계 지도에서 아일랜드의 위치를 정확하게 짚어내었다.

이 시기에 로마의 적이었던 유일한 켈트인들로 여겨진 세논족은 아드리아해에 면한 이탈리아의 중부 도시 안코나(Ancona)의 남부에서 이탈리아 북부 아드리아 해에 면한 항구 도시 리미니(Rimini)에 이르는 지역까지 이탈리아 반도의 동부 해안선에 있는 피케눔(Picenum)에 이미 정착하고 있던 터였다. 이들의 주요 도시는 세니갈리아(Senigallia)로, 세논 고올인들의 거점 역할을 한 도시였다. 따라서 켈트인들이 안코나를 차지하려는 그리스인들과 연합하여 시라쿠스의 주요 교역 식민지로 이 도시를 이용하려는 사실이 확인된 셈이었다.

기원전 361-360년 무렵 한 켈트인 군대가 다시금 로마 근교까지 쳐들어 왔는데 로마인들은 이들과 맞서 싸울 준비가 전혀 되어 있지 않았다. 기원전 340년 로마의 집정관 티투스 토르콰투스(Titus Manlius Imperiosus Torquatus)는 로마의 사령관들에게 켈트인들과의 단독 전투에 참전하지 말 것을 금지한 상태였는데, 켈트인들은 로마의 사령관이나 지도자들과 한판 승부를 벌여 문제를 해결하려고 하였다. 기원전 349년에 이르러 로마는 켈트인들과의 전투에서 처음으로 승리를 거두게 된다. 이어서 기원전 344년 로마는 마침내 켈트인 세논족과 조약을 체결하였다. 그럼에도 켈트인들의 침략에 대한 로마인들의 공포심은 오랫동안 지속되었고, 켈트인들이 로마를 공격할 것이라는 소문은 로마군을 무장시켜 켈트인들의 주둔지로 보낼 정도였다. 이러한 공포심은 신경질적인 것으로 변하여 마침내 켈트인들에 대한 인종적 반감으로 번졌다.

다뉴브 계곡을 따라 동쪽으로 이동하는 켈트인들의 영토 확장은 이제 흑해를 향해 뻗어나가고 있었다. 더욱이 켈트인의 정착은 크리미아해 인근에 있는 아소브(Asov)해 주위의 동쪽 해안 너머에서도 찾아볼 수 있게 되었다. 다른 지역에 거주한 켈트인들의 정착촌은 남부 폴란드, 러시아 및 우크라이나에서도 찾아볼 수 있었다. 기원전 335-4년 마케도니아의 알렉산더는 다뉴브 강둑에서 상당수의 켈트인 추장을 만났으며, 알렉산더가 동방을 정복하려고 출정하는 동안 켈트인들이 그가 통치한 제국의 북부 변경지대를 침범하지 않게 하려고 그들과 조약을 맺었음이 분명하였다.

알렉산더 왕이 죽은 뒤 켈트인들은 영토 확장을 다시 시작하여 몰리스토모스(Molistomos)라는 켈트인 지도자가 일리리아인[4] 가운데 가장 규모가 큰 안타리아인(Antariate)들을 대규모로 추방하려고 하였고, 이들 민족은 그가 진격하여 쳐들어오기 이전에 탈출하지 않으면 안 되었다. 기원전 300년에 이르러 켈트인들은 오늘날의 모라비아(Moravia: 체코슬로바키아 중부 지방)로 불리는 곳에 정착하였고, 수년 뒤에는 트라키아(Thrace)를 점령하고 그곳에 켈트인의 명칭이 들어간 켈트 왕조를 세웠다. 이들 켈트 왕 가운데 첫 번째 왕은 캄바울레스(Cambaules)였다.

2.2. 로마의 반격

이탈리아에서는 로마의 영토 확장으로 인해 켈트인들과 에트루리아인들이 로마에 대항하고자 연합전선을 형성하는 계기가 되었다. 로마인들과의 주요 전투가 벌어지면서 삼니움인(Samnites: 이태리 중남부의 옛 국가인 삼니움 민족)들이 이들 연합전선에 합류하였다. 기원전 298년 켈트-삼니움 연합군은 로마의 북동쪽 140킬로미터에 위치한 카메리움에서 로마에 승리를 거두었다. 로마의 스키피오 장군이 켈트인 세논족과의 전투에서 패한 것은 기원전 390년 알리아에서 켈트인들이 로마에 대승을 거둔 것과 같이 로마인들에게는 충격적이었다. 군단 전체가 섬멸되었고 나머지 로마군도 도망치는 신세가 되었다. 그러나 그로부터 3년 뒤 로마인들은 형세를 역전시켜 센티움에서 켈트인과 삼니움인들에게 승리하였다. 이 전쟁은 그 뒤로도 계속되어 켈트인은 기원전 284년 다른 주요 전투에서 승리하는 한편 아레티움(Arretium)에서 로마의 집정관인 루키우스 카이실리우스(Lucius Caecilius)가 이끈 로마군을 격퇴시켰다. 로마의 사령관이었던 그는 이 전투에서 살아남지 못하였다.

그 다음 해 로마인들은 켈트 세논족에 대항하고자 로마 군단을 모두 동원하여 피케눔에 주둔한 세논족의 영토로 쳐들어갔다. 이 전투에서 세논족은 패배하였고 로마의 사령관 쿠리우스 덴타투스(Curius Dentatus)는 세논족의 마을을 불태우고 약탈하였다. 포강 계곡에 정착한 또 다른 켈트 부족이 역사에 등장하는데, 로마에 대항한 에트루리아인들과 연합한 이들이었다. 보이족은 로마에서 북쪽으로 65킬로미터 떨어진 티베르강 근처에 있는 오늘날 라고 디 바사노(Lago de Bassano)로 불리는 바디모 호수(Vadimo Lake) 먼 남쪽까지 진군하였다. 그러나 이곳에서 로마군은 돌라벨라(Publicius C. Dolabella)의 지휘 아래 에트루리아인들이 연합군의 도움을 얻으려고 진군하면서 켈트인들 편으로 돌아서기 전에 에트루리아 군대의 절반을 무력화시켰다. 이 전투에서 켈트인들은 저지당하고 후퇴하였으나 다음 해 다시 벌어진 전투에서 결국 로마와 평화조약을 체결하게 되었다.

　보이족과의 협정이 어떤 것이었던지 간에 로마는 이제 아리미눔 (리미니)까지 켈트 세논족의 모든 영토를 차지하게 되면서 켈트인 거주자들의 마을을 제거하기 시작하였다. 로마인들이 켈트 세논족에 대해 '민족 청소'를 하고 이전에 독립국이었던 에트루리아인들과과 삼니움인들의 나라에 요새와 식민지를 건설하려는 것은 이탈리아 북부의 켈트인들에게는 하나의 경고로 받아들여졌다. 머지않아 로마는 아페닌산맥을 넘어 켈트인들의 영토로 진격해 들어가려고 할 참이었다.

2.3. 켈트인과 그리스 약탈

　그리스의 왕 피로스(Pyrrhus of Epiros: 318~272 BC)가 그리스 도시국가의 요청을 받아들여 로마의 제국주의 모험에 대항하여 도시 국가들을 보호할 목적으로 이탈리아 남부에 상륙했을 때 포강 계곡의 켈트인들은 그와 운명을 함께 할 처지에 놓여 있었다. 켈트인들은 피로스왕을 잘 알고 있었는데 왕은 자신이 지휘하는 그리스 군대에 켈트인들을 고용한 적이 있었던 것이다. 피로스는 켈트인들의 전투 능력이 뛰어난 것을 높이 평가하였다. 기원전 280년 헤라클레이(Heraclea: 고대 그리스의 식민지) 전투와 기원전 279년 아스쿨룸(Asculum: 이탈리아 중동부 지방의 마을) 전투에서 로마군을 무찔렀을 때 포강 계곡의 켈트인들의 분견대가 피로스왕이 이끄는 그리스군에서 활약한 적이 있었다. 켈트인들은 피로스왕이 로

마와 전투를 끝내고 그
리스로 귀환했을 때에
도 피로스왕과 함께 그
리스로 돌아왔으며, 피
로스왕의 군대와 그리
스의 다른 도시국가의
상비군에도 여러 해 동
안 남아 있었다.

〈자료 2〉 기원전 530년에 열린 파나테나이아
축제에서 주자들의 모습을 묘사한 그리스 화병

켈트 민족 가운데에
서 다른 여러 켈트 부족
들은 동쪽으로 영토를 확장하였으며 그리스인들과 동맹을 맺는 것에
불안을 느끼지 않았다. 기원전 279년 세 개의 사단으로 구성된 막
강한 켈트군대는 마케도니아의 북쪽 변경에 집결하였다. 볼기오스
(Bolgios)가 지휘하는 제1사단은 전투 직전 알렉산더 제국을 분할한
마케도니아 군대를 무찔렀으며 마케도니아 왕 프톨레미 세라우노
스(Ptolemy Ceraunos)는 살해되었다. 그는 알렉산더의 최정예 장군
가운데 한 명이었다. 브레누스와 아키코리오스가 지휘하는 제2사단
의 켈트군대는 그리스로 들어가 마케도니아를 지나서 테살리아
(Thessaly)에서[5] 모에로클레스의 아들 칼리푸스(Callipus)가 이끄는
아테네군을 격파하였다. 켈트인들은 그 여세를 몰아 산길을 지나
델파이(Delphi)로[6] 들어가 이 신성한 장소를 약탈하였다. 그리스는
켈트인들의 승리에 황폐화되었고 고대 아테네에서 연례행사로 열
리던 파나테나이아(Panathenaea) 축제는 기원전 278년에 취소되었다.[7]

그즈음 신성한 델파이를 약탈한 켈트인들 사이에서 브레누스가
신성모독을 한 것에 크게 놀라 자살했다는 소문이 퍼졌다. 그러나
그것은 사실이 아니었다. 브레누스가 이끈 켈트군은 남부 그리스인들
로부터 아무런 군사적인 패배를 당하지 않고 델파이 신전의 보물과
함께 철수하였다.

케레트리오스(Cerethrios)가 이끄는 제3사단의 켈트군은 이미 동부 마케도니아를 점령하였으나, 결국 마케도니아의 새로운 왕인 안티고나투스 고나타스(Antigonatus Gonatas)에게 패배당했다. 대규모의 켈트 침략군이 오늘날 불가리아, 알바니아 및 루마니아가 된 북부 지역으로 다시 철수하는 동안 다른 켈트족들은 마케도니아에 그대로 남아 새로운 왕의 위협적인 존재가 되었다. 고나타스는 그리스 왕들이 켈트인들을 용병으로 고용할 수 있도록 하고 켈트군을 자신의 군대에 고용하였다. 기원전 277-276년 켈트인 용병 4천 명이 이집트 왕 프톨레미 2세를 섬기고자 이집트로 건너갔다.

2.4. 소아시아로 들어간 켈트인

더욱 중요한 것은 소아시아에 있는 켈트인 도시를 발달시키려고 2만 명의 켈트인들이 가족과 함께 소아시아로 건너갔다는 점이다. 이들은 톨리스토보이 부족, 텍토사지 부족 및 트로크미 부족에서 모여든 켈트인들이었으며, 이 부족들을 이끈 추장은 레온나리오스 및 리타리오스였다. 이들 대규모의 켈트인들은 셀레우코스 왕조의 시리아 왕인 안티오코스(Antiochus)에 대항하고자 비티니아(Bithynia: 소아시아 북서부의 흑해에 면한 옛 왕국)의 니코메데스(Nicomedes) 왕의 초청으로 건너간 것이었다.

이집트로 들어간 켈트인들은 서력기원 시기가 거의 시작될 때까지 이집트 프톨레미 왕조에서 일어나는 여러 사건에 관여하였다. 기원전 217년 14,000명의 켈트인들은 라피아(Raphia) 전투에서 이집트 왕 파라오 4세의 군대에서 주요 역할을 수행하였다. 라피아 전투는 시리아의 왕 안티오코스에 대항하여 벌어진 전투였다. 이 전투는 켈트인들의 용맹성으로 말미암아 이집트의 승리로 끝났다. 알렉산

드리아의 남동쪽에 위치한 하드라(Hadra)에
서 켈트인의 무덤이 발견되었다. 그 무덤에
서는 묘비뿐만 아니라 켈트인의 이름이 새
겨진 도기(陶器 pottery)도 나왔다. 호루스
(Horus: 매의 모습을 한 태양신)의 예배실
에서, 세티왕 1세(Seti I)의 무덤에서 그리고
카르나크[8](Karnak: 이집트 동부의 나일강변
의 마을. 고대 도시유적)의 대신전에서 켈
트인들의 유명한 그림문자(graffiti)가 발견되
었다. 그림문자에 켈트인의 모티프가 새
겨진 이집트 주화도 함께 출토되었다.

〈자료 3〉 아비도스에 있는
신전에 새겨진 세티왕
1세의 모습

이로부터 40년이 흐른 뒤 이집트 왕 파
라오 군대에 켈트인들이 근무했다는 기록이
나타났고, 유명한 클레오파트라 7세(69-
30 BC)가 300명의 켈트인 전사 가운데 한 명을 정예 호위병으로
두었다는 기록도 발견되었다. 옥타비우스 시저(뒤에 아우구스투스)가
승리를 거두었을 때 그는 헤롯왕(Herod, the Great)에 대한 로마인의
감사와 우정의 징표로 이 호위병에게 명령하여 헤롯왕을 섬기게 하
였다. 헤롯왕이 기원전 4년에 죽자 그의 켈트인 호위병은 왕의 매장
식에 참석하였다.

〈자료 4〉 세티왕의 무덤에서 나온 상형
문자

소아시아로 들어온 켈트인들은
니코메데스왕 휘하에서 근무하였
다. 이들은 전투를 벌인 지 1년이
채 되지 않아 바타니아왕의 적들
을 무찌르고 한동안 온 소아시아를
떠돌다가 오늘날의 터키의 중앙 평
원에 정착하게 되었다. 터키는 이들
의 이름을 따라 갈라티아(Galatia)

로 불리게 되었다. 켈트인들의 정착은 부족의 영역 안에서 이루어졌다. 켈트부족의 하나인 텍토사게스인들은 안키라(Ancyra: 현재 앙카라) 마을을 그들의 수도로 정하였다.

톨리스토보이족은 고르디움(Gordium: 알렉산더가 그 유명한 매듭을 푼 곳)을 빈디아로 개명한 반면, 트로크미족은 할리스강(Halys: 흑해로 들어가는 터키의 강으로 키질 이르마크강의 옛 명칭임)의 동쪽으로 이동하여 정착하였다. 갈라티아의 켈트인들은 그들 스스로 그리스인들이 '갈라티아 연방'으로 불렀던 존경받는 하나의 도시국가를 설립하였다. 이들의 독립심과 명성은 기원전 261년 갈라티아인들이 에베소(Ephesus: 소아시아 서부의 이오니아의 옛 도시)에서 안티오쿠스 1세가 이끄는 막강한 시리아군을 무찌르고 전투하다가 왕을 살해한 사실로 확인되었다. 갈라티아의 켈트인들은 페르가뭄(Pergamum)[9)]과 같은 주변의 여러 그리스 도시국가에 대해 일종의 대군주로서의 세력을 행사하였는데, 머지않아 페르가뭄의 아탈로스 1세가 기원전 241년 카이오크강 상류에서 켈트인들을 물리침으로써 페르가뭄은 갈라티아에 조공을 바치지 않을 수 있게 되었다.

2.5. 포에니 전쟁과 텔라몬 전투

로마가 아페닌산맥에서 반도의 남쪽에 이르기까지 이탈리아의 지배력을 확보하여 제국의 세력으로 출현했을 때 이들의 주요 교역 및 군사의 경쟁 상대는 카르타고(Carthage: 아프리카 북부의 고대 도시국가)인 듯이 보였다. 로마와 카르타고 사이의 분쟁이 일어나리라는 것은 분명하였다. 기원전 263년 서부 지중해의 지배를 둘러싸고 로마와 카르타고의 1차 포에니전쟁(the first Punic War)이 시작되었는데,[10] 이 전쟁에서 안타로스(Antaros)의 지휘 아래 3천 명의 켈트인들이 카르타고를 위해 싸웠다. 켈트인들은 '용병'이라는 이름으로 싸웠으나, 그들의 주된 적이었던 로마의 세력을 차단하고자 그들 나름대로의 일정을 지니고 전투에 임하였다. 만일 그들이 싸우기로 협력한 세력이 동맹의 지위를 바꾸려고 할 경우 켈트인들은 이들 세력에 대한 지지를 철회하였다. 그리하여 켈트인들은 로마로부터 유리한 제의를 거절하였던 것이다. 이탈리아의 켈트인들은 그들의 주적(主敵)이 누구인지 잘 알고 있었다. 실제로 안타로스는 249년 카르타고와의 동맹이 그들의 목적을 충족시키지 않은 줄 알고 카르타고에 대한 지지를 철회하였다.

기원전 259년 이집트 프톨레마이오스 2세의 켈트군은 이집트를 장악하려고 시도하였으나, 프톨레마이오스는 켈트군의 쿠데타를 진압하고 켈트군은 나일강변의 한 섬으로 쫓겨나서 그곳에서 모두 죽음을 맞이하였다. 그러나 프톨레마이오스왕은 그 뒤로도 다른 켈트인들을 용병으로 활용하는 것을 멈추지 않았다.

로마와 카르타고가 평화를 누리고 있을 때 로마는 피케눔에 잔류한 세논족들을 제거하기 시작하였고 포강 계곡의 켈트인들에게도 관심을 기울였다. 한편 카르타고는 이탈리아 반도의 영토를 확장할 수 없게 되자 군대를 이베리아반도로 보내 그곳에 있던 켈트인 부족들을 정복하고 이들을 식민지로 만들기 시작하였다. 기원전 약 260년 즈음 이베리아반도(스페인과 포르투갈)에 거주하는 켈트인들을 가리켜 '켈트이베리아인'(Celtiberians)이란 명칭을 처음으로 사용한 사람은 티메오스(Timaeos)였다.[11]

포강 계곡의 켈트인들은 로마인의 영토 확장을 놀란 눈으로 바라보았고, 알프스산맥 북쪽에 있는 그들 동족에게 도움을 요청하고자 하였다. 이들은 공격이야말로 방어보다 더 나은 것으로 생각하였다. 포강의 보이족과 인수브리족은 가이사타이(Gaesatae), 곧 전문 켈트 전사들을 모집하여 그들과 합류시켜 투린 지역(Turin: 토리노지역.

이탈리아 북서부 포강에 면한 피에몬테 주의 주도)에 거주한 타우리니족과 함께 로마가 북쪽으로 군대를 이동하기 전 아페닌산맥을 넘었다. 아네로에스테스와 콘콜리타누스는 5만 명의 보병과 2만 명의 기병을 지휘한 반면에, 로마군은 70만 명의 보병과 7만 명의 기병을 갖추고 있었다.

기원전 225년 클루시움 근교에서 켈트군은 대규모 로마군과 대치하여 교전을 벌였다. 폴리비우스(Polybius: 그리스의 역사가)에 따르면 6천 명의 로마군이 이 전투에서 죽고 나머지 로마군의 상당수는 도망쳤다고 기록하고 있다. 그러나 단 한 번의 승리로 켈트군이 로마군대를 이긴 것은 아니었다. 로마군은 켈트군 쪽으로 급히 이동하였는데, 한 쪽은 북쪽에서 배를 타고 해안으로 접근하고 다른 한 쪽은 남쪽으로부터 산 넘고 들을 건너 육로로 이동하였다. 켈트군은 이탈리아 반도 서쪽 해안선에 있는 마을인 텔라몬(Telamon)에서 로마군과 대치하고 있었다. 이 전투는 켈트인 역사상 가장 참혹한 전투 가운데 하나로 켈트군은 이 전투에서 대패하였다.

로마는 기원전 224년 이후 처음으로 아페닌산맥을 넘어 포강 계곡으로 해마다 군사훈련을 실시하기 시작하였다. 로마 집정관인 퀸투스(Quintus Fulvius)와 티투스(Titus Manlius)는 처음으로 실시하는 작전훈련 기간에 켈트인 보이족의 영토를 약탈하고 초토화시켰다. 기원전 223년 집정관 가이우스(Gaius Flaminius)와 푸블리우스(Publius Furius)는 이탈리아의 남동쪽과 밀란(Milan: 현재 Milano)을 수도로 거주하고 있던 켈트 부족의 하나인 인수브레족의 영토에 관심을 가졌다. 로마군은 작전기간 동안 켈트인들과 전투를 벌였고 번번히 승리하였다.

다음 해인 기원전 222년, 로마는 켈트군에 대한 또 하나의 치명적인 군사작전을 준비하고 있었는데, 켈트족의 왕들은 사절을 로마 집정관들에게 보내 평화 협상을 제의하기에 이르렀다. 그러나 스키피오(Gnaeus Cornelius Scipio) 장군과 마르켈루스(Marcus Claudius

Marcellus) 장군은 켈트 왕이 제의한 평화 협상을 거절하고 켈트인을 전멸하기 위한 전쟁에 대한 의도를 분명하게 내비쳤다. 포강 계곡의 켈트인들은 세논족이나 다른 켈트족과 달리 호전적인 사람들이 아니었다. 고고학상으로 드러난 증거에서는 이들이 전원생활을 즐기고 농업을 주로 하는 농경사회를 이루고 있었다고 기록하고 있다.

켈트인들은 로마군의 공격에 대비하여 다시금 알프스 산맥 북서 지역에 거주한 다른 켈트 부족들에게 도움을 요청하였고, 3만 명의 동족인 켈트인들이 로마군과의 전쟁에 맞서고자 참가하였다. 이때 비리도마루스(Viridomarus: '위인'이란 뜻)라 일컫는 추장 또는 왕이 민첩하고 통찰력을 지닌 켈트연합군의 지도자로 등장하였다. 로마인들은 켈트 연합군과 벌인 전투에서 쉽게 승리를 거두지 못하였다. 전투가 시작되기 전 비리도마루스는 인수브리 부족의 병력을 클라스티디움으로 안내하고 (켈트인들이) 강 계곡의 평화로운 정착을 위협하는 로마 집정관이 이끄는 로마군에 맞서 로마 주둔군을 포위하고 공격하였다. 마르켈루스와 그의 군단이 도착했을 때 비리도마루스는 마르켈루스에게 평화 정착문제를 결정하려고 단독 결투라는 도전장을 냈다. 마르켈루스는 비리도마루스의 뜻밖의 제안에 놀란 표정을 지었으나 이를 받아들였다. 이 결투에서 로마의 집정관이었던 그는 투창용으로 쓰는 창을 휘두르며 접근하는 비리도마루스와 싸워 그를 죽이고 켈트군은 무너졌다.

로마인들은 포강 계곡을 황폐화시켰다. 폴리비우스에 따르면 기원전 222년은 포강 계곡에서 로마군이 켈트인들과 교전한 이른바 켈트인의 전쟁('Celtic War')에 종지부를 찍은 시점으로 기록된다. 로마인들은 이 전투를 끝으로 포강 계곡에 영구적인 군사 요새를 세우고 교역을 위한 영토를 개방하고자 식민지를 만들기 시작하였다.

2.6. 한니발의 등장과 켈트인의 참여

한편 켈트인들이 정착한 이베리아 반도에서 일어난 몇 가지 사건들은 로마가 카르타고 정복을 늦추는 데 한 가지 역할을 하였다. 카르타고(Carthage: 아프리카 북부의 고대 도시국가)는 오늘날 스페인 영토가 된 켈트인이 차지한 영토의 상당수를 줄이고 새로운 카르타고인의 식민지, 곧 카르타고나(Cartagena)를 행정 수도로 세우는 데 성공하였다. 그럼에도 켈트인들의 영토는 카르타고인들에게 손쉽게 넘어가지 않았다. 기원전 221년 켈트인의 영토를 차지했던 정복자 하밀카(Hamilcar)가 실제로 한 켈트인에게 암살당하는 일이 벌어졌다.

그러자 새로운 사령관인 카르타고의 한니발(Hannibal)이 등장하였다. 어린 시절부터 한니발의 주적(主敵)은 로마였다. 한니발은 켈트인들이 자신처럼 로마를 적으로 생각하고 있는 점을 지적하면서 켈트인들에게 구애를 보내기 시작하였고, 켈트인들을 그의 군대에 기용하였다. 한니발은 고올 지역에 거주한 켈트인들에게 전령을 보내 로마와 전쟁을 치르려는 자신의 계획을 알려 주었다. 켈트인들은 이베리아 반도는 물론 남부 고올, 알프스 계곡과 포강 계곡의 켈트인들까지 한니발을 도와 로마와의 전쟁에 참가하기로 하였다.

알프스 산맥 지역에 사는 켈트인들이 아니었다면 한니발과 그의 유명한 코끼리부대가 이탈리아로 넘어가는 일은 성공하지 못했을 것이다(한니발은 기병대와 코끼리부대를 써서 피레네산맥을 넘고 고올을 통과, 다시 알프스 산맥을 넘어 이탈리아 북부로 침입함). 실제로 포강 계곡에 이르렀을 때에 한니발 군대에는 켈트인이 50퍼센트가 넘었고, 약 만 명의 켈트인이 한니발 군대에 참여하였다. 켈트인들은 기원전 218-201년에 이르기까지 한니발이 이탈리아에서 로마군과 접전하는 동안 뛰어난 역할을 맡게 되었다.

켈트인들은 한니발 군대의 주력 보병의 위치를 차지하면서 기원전

〈자료 5〉 왼쪽부터 이탈리아 카푸아의 도시국가에서 발견된 한니발의 흉상과 알프스를 넘는 한니발과 군대.

216년 칸나이(Cannae: 이탈리아 남동부 아풀리아 지역의 고대 마을) 전투에서 대승을 거두었다.[12] 역사가들은 로마와 치른 여러 전투 가운데에는 로마에 재앙을 가져온 것들도 있기는 하나, 한니발의 전투를 서술하면서 로마와 포강 계곡의 켈트인 사이에 일어난 갈등을 무시하려는 경향을 보이고 있다. 이를테면 기원전 215년 로마의 집정관이었던 알비누스(Lucius P. Albinus)는 25,000명이나 되는 2개 여단과 비전투군을 이끌고 보이족의 영토로 행군해 들어갔다. 리타나(Litana: '넓은 들'이란 뜻)라는 곳에서 켈트군은 잠복해 있다가 그 군대를 전멸시켰다. 알비누스는 휘하의 장군들과 함께 죽임을 당했다.

그러나 오랫동안 끈질기게 로마와 전투를 벌였음에도 한니발은 켈트인들이 자신보다 150년이나 이른 시기에 로마를 침략했던 것처럼 로마로 진격하여 점령하려고 전혀 하지 않았다. 아마도 그는 소수 병력의 한계를 잘 알고 있었을 것이고 로마군을 직접 전멸시키기보다는 로마에 속한 여러 동맹 도시국가들이 장차 로마에 반기를 들고 반란을 꾀하기를 더 바랐을 것이다. 마침내 로마는 한니발의 본거지인 이베리아에 군대를 보내 이베리아를 정복하고 승리를 거둔

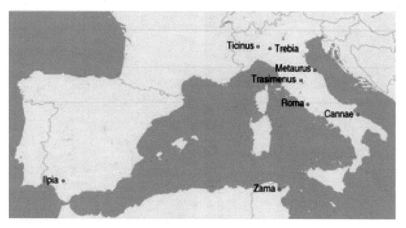

〈자료 6〉 제2차 포에니전쟁이 일어난 자마. 카르타고 인근이다.

뒤 북아프리카로 건너가 카르타고 본국을 공략하기에 이르렀다. 카르타고는 한니발을 소환하여 카르타고를 방어해 줄 것을 요청하였다. 켈트인과 켈트이베리아인들도 카르타고를 지키고자 그곳으로 건너갔다.

기원전 203년 우티카(Utica)에서 카르타고인의 완패를 막아 로마가 승리하지 못하게 한 것은 전적으로 켈트인들의 놀라운 전술전략 때문이었다. 이들은 또한 로마의 젊은 장군 스키피오에 대항하여 북아프리카의 자마[13](Zama: 카르타고 남서쪽에 있는 고대 도시. 2차 포에니 전쟁[14]에서 스키피오가 한니발을 격파한 곳)에서 치른 최후의 유명한 전투에서 중심 전선을 구축하였다. 역설적이게도 포강 계곡의 켈트인들도 이와 같은 시기에 또 다른 로마군을 격파하였다.

2.7. 로마의 켈트인 정복과 켈트인의 저항

카르타고 제국을 무너뜨린 로마는 포강 계곡의 켈트인들을 정복하는 데 온 힘을 집중하였다. 이와 함께 로마는 식민지 정복자로서 이베리아에서의 카르타고의 역할을 넘겨받았다. 그리하여 이베리아의 켈트 부족들은 로마의 위협에 직면하게 되었다.

만일 로마인이 이탈리아 북부의 켈트 부족들을 정복하는 일이 용이하다고 생각했다면 그렇게 할 수도 있었을 것이다. 그러나 로마가 포강을 따라 거주한 켈트인들의 저항을 막아내고자 치열한 전투를 벌이기까지는 10년이 넘게 걸렸다. 리비우스(Livy. 라틴어명 Titus Livius 로마의 역사가: 59 BC - AD 17)에 따르면, 켈트 부족의 하나인 보이족은 기원전 193년 로마와의 단 한 번의 전투에서 사망 14,000명, 1,092명의 포로, 721마리의 군마, 3명의 족장 그리고 212개의 군기(軍旗) 및 63대의 마차를 잃었으나 흔들리지 않고 빠르게 회복되는 듯이 보였다. 로마인들은 켈트인들이 패했을 때 그들을 명예롭게 다루지 않았다. 기껏해야 켈트인들은 노예로 팔려 나가는 것이 전부였다. 기원전 192년 보이 부족의 족장이 로마의 집정관 플라미니우스(Titus Quintius Flaminius)에게 나아가 아내와 가족과 함께 항복했다. 플라미니우스는 그의 친구를 즐겁게 해주려고 켈트 족장과 그의 가족들을 의식에 따라 학살하였다.

기원전 191년 포강 계곡의 고대 갈리아 알프스산맥의 남동 지역은 마침내 로마인이 정복한 최초의 켈트인 본거지가 되었다. 로마의 정책은 로마와 전쟁을 벌여온 켈트 부족들, 보이족, 인수브리족, 타우리니족, 케노마니족 등 여러 부족을 몰아내고 베네티족과 다른 켈트 부족들과는 상호협력 조약을 맺는다는 것이었다. 그리하여 켈트족에 대한 대규모 식민지 정책이 시작되었다. 켈트인들은 이제 로마화될 운명에 처해 있었으며, 이 지역에는 새로운 로마인 마을이 세워지고, 전쟁으로 황폐화되었던 시골은 로마인에게 넘어가서 로마를 위해 농산물이 제공되는 곳으로 바뀌었다. 이것이 곧 로마제국이 품은 야심의 주요 행정(行程)이었다.

이와 때를 같이하여 이베리아 반도의 켈트인들은 이들처럼 무자

비하기 이를 데 없는 로마와
의 전쟁을 치루고 있었으며,
이미 로마의 장군 아에밀리우
스(Aemilius Paullus)에게 승리
를 거둔 적이 있던 터였다. 기
원전 179년 티베리우스 그라
쿠스(Tiberius S. Gracchus:
163-133 BC)는 정책을 바꿔
켈트인과 조약을 맺고 켈트인

〈자료 7〉 현대식으로 지은 누만티아 성벽

들에게 로마의 식민 군대에 지원할 것을 종용하였으며, 켈트인
족장에게는 지휘권을 주었다. 로마가 켈트인과 맺은 조약은 피정
복민들에게 세금 부담을 다소나마 경감시켜 주려는 것이었다.

켈트 부족들 상당수는 로마의 지배에 따른 평화, 즉 팍스 로마나
(*pax Romana*)에 여전히 대항하였다. 기원전 152년 누만티아(Numantia)[15]
의 성채를 포위한 로마군이 켈트인들에게 쫓겨나서 거의 전멸할
지경에 처했다. 다음 해인 기원전 151년 로마는 누만티아와 조약
을 맺으려고 하였으나, 새로운 로마의 사령관인 갈바(Galba)가 도착
하면서 이 조약은 즉시 파기되었다. 켈트인들을 학살하고 노예로 삼
으려는 갈바의 활동은 로마에서 그의 전 사령관인 카토(Marcus Porcius
Cato)의 비판에 직면하였다. 기원전 148년 켈트인들은 복수전을 벌여
로마 총독과 그가 이끄는 군대는 패배하고, 몇 년 뒤에는 로마의 집
정관과 그가 이끄는 군대가 켈트인에게 굴복하게 된다. 이들 두 로마
군에 저항하면서 싸워 승리로 이끈 켈트군 추장은 비리아토스(Viriathos)
였다. 전투에서 적을 물리칠 수 없다고 하면 다른 한 가지 방법은
암살(暗殺)이다. 실제로 켈트인 반역자가 매수되어 비리아토스는 자
다가 살해당했다. 그의 죽음은 이베리아 반도에 거주한 켈트인들이
로마에 대항하는 데 치명타가 되었다. 그럼에도 전투는 계속되었다.
기원전 136년 로마의 사령관 만키누스(Mancinus)는 팔란티아의 켈트

인 요새를 진압하려고 하였으나 후퇴할 수 밖에 없었는데, 켈트인
들은 그의 후퇴를 놀라운 전술로 무찌르고 2만 명이나 되는 로마군의
항복을 받아냈다.

기원전 134년 스키피오 장군은 이베리아 정복을 위해 파견되었
다. 그에게 마지막으로 켈트인을 전멸시키라는 임무가 주어짐에 따
라 켈트인 저항의 중심으로 여겨지는 누만티아에 로마군을 집중 배
치하였다. 당시 누만티아의 사령관은 켈트인 추장 아바로스(Avaros)
였다. 스키피오는 로마군을 켈트인의 성채로 이동시키고 거대한 성
채 도시를 포위하기 시작하였다. 누만티아는 서서히 굶주림으로 허
덕였다.

켈트인들은 소수의 추장과 함께 레토게네스(Rhetogenes)를 그들의
사령관으로 뽑아 로마군의 포위망을 깨뜨리고 전력을 증강하려고
하였다. 그러나 이러한 시도는 결국 실패로 끝나고 400명의 부하들이
방해물로 여겨지는 오른쪽 손이 모두 잘린 채 포로가 되어 마을
앞을 행진하였다. 8천 명의 켈트인 남녀노소 및 어린이들이 6만
명이나 되는 로마군에 대항하면서도 의연히 대처하였으나, 굶주림과
질병으로 말미암아 마침내 켈트인들의 정신은 무너져 버렸다. 켈트
인들은 모두 로마의 노예가 되어 팔려나갔다. 예외가 있다면 로마로
보내진 50명의 켈트인 족장들은 승리의 예식을 치르면서 희생물로
제단에 바쳐졌다는 사실이었다.

이베리아 반도의 켈트인들이 기원전 1세기 중반에 이르기까지
모두 '팍스 로마나'를 받아들인 것은 아니었으나, 로마는 켈트인들
에 대해 또 다른 승리를 거두었다. 기원전 81년에서 73년까지 로마
의 장군 세르토리우스(Sertorius: 123-72 BC)의 통치 아래 켈트인
왕들과 족장들의 어린이를 위한 학교가 세워지고 라틴어가 교육받은
계급의 언어가 되었으며, 옛 켈트인의 문명이 남긴 흔적은 빠르게 사
라져 버렸다.

갈라티아(소아시아 중부에 있던 고대 국가)의 켈트인들은 주변에

있던 그리스 도시국가들의 적대감에도 불구하고 한동안 그들 나름의 독자적인 생활방식과 전통을 유지해오고 있던 터였다. 그런데 페르가뭄(소아시아 북서부의 고대 도시: 현재 이탈리아 북서부의 베르가모)의 아탈로스(Attalos)는 기원전 218년 유럽의 켈트인들인 아에고사게스족(Aegosages)을 자신의 군대에 용병으로 기용하였으나, 이들 부족

〈자료 8〉 프루시아스 왕. 대영박물관에 소장된 고대 그리스의 4 드라크마 은화

은 다음 해 비티니아의 그리스 왕인 프루시아스(Prusias: 243-182 BC)[16]에게 곧바로 학살당하였다.

2.8. 로마의 소아시아 평정과 갈라티아의 켈트인

갈라티아의 통치자들은 정치력을 발휘하여 그리스의 여러 왕국으로부터 독립하려고 하였으며, 한때 페르가뭄에 대해 대군주력을 발휘하여 시리아의 안티오쿠스 3세와 동맹을 맺고자 애썼다. 그러나 이것은 그들을 파멸로 이끈 원인이 되었다. 로마가 시리아의 안티오쿠스왕에게 전쟁을 선포했기 때문이다. 그리하여 기원전 191년 켈트인들은 마그네시아(Magnesia: 중앙 그리스의 테살리아 남동 지역)에서 불운한 기운이 감도는 안티오쿠스 지휘 아래 군대의 중심이 되는 주축부대를 이루었다.

마그네시아는 결국 로마의 승전 장소가 되었다. 로마인들은 페르가뭄의 왕 유메네스 2세(Eumenes II: 197-159 BC까지 통치)의 도움을 받았으며 이 전쟁에서 승리를 이끈 장군은 스키피오(Lucius

C. Scipio)였다. 그 동생은 카르타고에서 한니발을 누르고 승리를 거둔 인물이었다. 한니발은 안티오쿠스에게 선전포고를 한 로마에 대항한 정치적 동지관계였던 안티오쿠스 3세에게 피난처를 구했었다. 로마는 비티니아 왕에게 한니발을 넘겨줄 것을 요구했고, 한니발은 그가 자신을 로마군에게 넘겨주기로 결정했음을 알고 독약을 마시고 자살하였다.

로마는 이제 소아시아를 평정하고 자신의 권력 아래에 예속시키려는 데 관심을 나타냈다. 로마인들은 이 과정에서 가장 두려운 존재가 다름 아닌 갈라티아의 켈트인들이라고 결정하고, 로마의 집정관 만리우스 불소(Gnaeus Manlius Vulso: f. 189 BC)에게 기원전 189년 갈라티아의 켈트인 소탕 원정대를 이끌 것을 명령하기에 이른다.

로마 집정관 만리우스가 켈트인들의 영토에 침입한 이후 켈트인들은 몇 개 주요 전투에서 패배를 맛보았다. 톨리스토보이 부족과 과 트로크미 부족은 페시누스 도시 인근의 올림푸스산에서 벌어진 전투에서 만리우스군에게 패배를 당했다. 로마의 역사가 리비우스에 따르면, 만리우스 장군이 마가바라는 언덕에서 안키라(Ancyra: 역사적으로 불린 명칭. 현재 터키 수도 Ankara) 인근에 있던 텍토사게스 부족을 꺾고자 진군하기 전에 비전투원인 켈트인 여성과 어린이 및 노인들이 대량 학살된 것으로 기록하고 있다. 만리우스 장군은 갈라티아를 켈트인의 동맹 도시인 페르가뭄의 예속 영토로 만들었는데, 갈라티아인들은 주로 소아시아의 북부 중앙 지역에 거주한 켈트인들로서 브레누스의 지휘 아래에 마케돈을 침략한 대규모 켈트인 이동의 한 축을 이룬 민족이었다. 갈라티아에 정착한 원주민 켈트인들은 기원전 278년 레오타리오스(Leotarios)와 레오노리오스(Leonnorios)의 영도 아래 트라키아를 거쳐 들어온 민족이었다. 리비우스는 이처럼 이곳에 정착한 갈라티아인들(켈트인)에게 로마의 냉혹하고 무자비한 모습을 보여주려는 의도가 숨어있었다고 전하고 있다.

오르타기온(Ortagion)이라는 켈트인이 이제 켈트인들을 이끌 미

〈자료 9〉 기원전 280-64년 고대 아나톨리아, 곧 소아시아 지역.

래의 지도자로 등장하였다. 그는 톨리스토보이족(Tolistoboii)의 족
장이었는데, 지도력을 발휘하여 갈라티아에서 살아남으려고 이곳에
거주한 세 부족, 곧 텍토사게스족, 트로크미족 및 톨리스토보이족을
하나로 묶은 최초의 인물이었다. 그리스 역사가인 폴리비우스는 오
르온의 아내 키오마라(Chiomara)가 사르디스(Sardis: 페르시아 제국의
중요 도시 가운데 하나인 리디아의 고대 왕국 수도)에 있을 때 그녀를
직접 만나서 얘기를 나눌 수 있었다고 기록하고 있다.

　소아시아가 명목상 로마의 종주권 아래에 있는 동안 로마는
소아시아의 정치 발전에 크게 간섭하지 않았다. 갈라티아인 지도자
들은 어느 정도 자치권을 누리고자 갈라티아에 대해 권위를 행사하려
했던 폰투스(Pontus: 흑해 남부 해안 지역을 일컫는 그리스의 역사상의
지명)의 파르나세스 2세를 축출하려고 예전의 적(敵)이었던 유메네스
2세와 동맹을 맺었다.

　비티니아의 프루시아스 2세와 맺은 동맹으로 말미암아 켈트인들
은 페르가뭄의 군주권을 무너뜨릴 수 있게 되었다. 카파도키아에

대항하여 로마와 맺은 동맹관계는 갈라티아인들의 자치권을 증대
시켜 기원전 123년 갈라티아 주는 다시 한 번 독자적으로 강력한 도
시가 되었다. 그러나 갈라티아에는 새로운 위협이 생겨나고 있었으니,
그것은 다름 아닌 폰투스의 왕 미트리다테스 5세(Mithridates V: 120
−63 BC)의 계략이었다. 그는 흑해의 연안 지역을 포함하는 광대한
제국을 이루었을 뿐만 아니라 북부 해안으로는 크리미아 및 드니스터
강(Dniester)[17] 어귀 주위의 지역을 포함하는 영토까지도 확보하였다.

　기원 88년 미트리다테스왕은 식사를 하며 자신의 계획을 논의하려
고 60명의 갈라티아 켈트인 족장을 그의 궁정으로 초대하였다. 만찬
장에는 어느 누구도 무기를 가지고 들어갈 수 없는 것이 켈트인들의
문화였으며, 미트리다테스왕도 이 사실을 알고 있었다. 그들이 식사
를 시작하려고 하자 왕의 병사들이 갑자기 나타나서 켈트인 족장들을
죽여 버렸다. 오직 세 명의 족장이 왕의 초대에 참석하지 않았는데,
왕은 자객을 보내 이들을 처치할 것을 명령하였다. 병사들은 이들
족장 가운데 단 한 명만 죽일 수 있었다. 만찬장에 참석한 켈트인
족장 가운데에서 오직 한 명만이 살아남아 피신하였으니 그는 톨리
스토보이족의 데이오타루스(Deiotarus)로서 고올 지역의 켈트족인
아에두이(Aedui) 부족의 족장 아들이었다.

　데이오타루스는 이제 갈라티아(켈트인) 저항군을 이끌고 미트리다
테스왕에 대항하여 기원전 74년 마침내 미트리다테스왕이 갈라티아
의 총독으로 임명한 주마추스(Zeumachus)를 몰아냈다. 미트리다데스
는 로마에 선전포고를 한 잘못을 저질렀으므로, 데이오타루스는
이제 나무랄 데 없는 갈라티아의 왕으로 등장하였다. 그는 재빨리
로마와는 우정과 동맹의 조약을 맺었다. 미트리다테스는 실각했고
추방당했으며 역설적이게도 켈트인의 손에 죽음을 맞았다.

　데이오타루스는 폼페이 및 키케로와 친구가 되었고 심지어 갈라티
아에 있는 그의 여러 성채로 줄리어스 시저를 초대하여 환대하였다.
그러나 유감스럽게도 그는 시저를 암살하려 했다는 죄목으로 로마에

서 궐석 재판을 받았는데, 이것은 순전히 날조된 것으로 기원전 47
년 키케로(Marcus Tullius Cicero)가 그의 변호를 맡아 진행했다.
다행히 그는 살아남아 장수를 누리다가 세상을 떠났다. 그의 아들
데이오타루스 2세는 그의 뒤를 이어 왕이 되었으나 고작 몇 년을 통
치하는 데 그쳤다. 아민타스(Amyntas)는 갈라티아의 마지막 독자적
인 왕이 되었는데, 로마가 갈라티아를 넘겨받아 로마의 속주로 다
스리려고 결정했기 때문이다.

2.9. 로마의 새로운 속주, 나르보넨시스

로마는 지중해 서부의 그리스 상인 도시들, 특히 마실리아(Massilia:
프랑스의 도시 마르세유의 라틴어명)와 몇 가지 조약을 맺은 상태였
다. 기원전 125년쯤 켈트인 살리스족(Salyes: 살루비족Salluvii으로도 불
림)은 두 번이나 마실리아를 공격했고 로마는 마실리아를 보호하고자
끼어들었다. 그러나 켈트인 살리스족과 알로브로게스 부족(Allobroges:
고올과 제네바 호수 사이에 위치한 고대 고올 지역의 고올 부족)을
모두 무찌르고 마실리아를 손아귀에 넣게 된 로마는 고올 남부지역을
넘어 알프스에서 마실리아에 이르기까지 영토를 확장할 수 있었다.
더 나아가 기원전 118년 로마는 이 새로운 속주(프로방스)를 고올의
톨로스토보이족 거점 도시인 톨로사(Tolosa: 현재 프랑스 남서부
가론강가의 도시 툴루즈Toulouse)에 이르는 먼 서부 지역까지 형식상
영토를 확장하였으며, 이 새로운 속주를 갈리아 나르보넨시스(Gallia
Narbonensis)라고 불렀다. 그리하여 로마는 켈트인들의 영토를 희생
하면서까지 제국을 확장하였다.
오늘날 루마니아로 불리는 곳에 거주한 켈트인과 다키아인(Da-
cians)은[18] 기원전 109년 무렵 그들 영토에서 로마가 영토 확장을

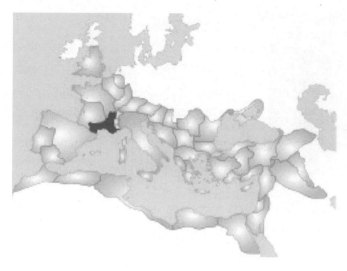

〈자료 10〉 로마제국 통치 때 갈리아 나르보넨시스 속주

꾀하려는 것을 알고 동맹을 맺었다. 이와 같은 시기에 갈리아 나르보넨시스에서는 켈트인들이 로마인들을 몰아내려는 최후의 방어선을 폈다. 킴브리족(Cimbri)과 튜튼족(Teutones)으로 불리는 켈트 부족들은 로마인의 영토를 급습하여 로마 군대를 패퇴시켰다(역사가들은 이들 부족을 게르만 부족으로 서술하고 있음). 투그르니족(Tugurni)의 족장인 디비키오(Divicio)는 또 다른 로마 군대를 무찔렀다. 톨로사의 로마인 성채는 켈트인에 의해 포위되고 마실리아 북부에 위치한 카이피오와 만리우스 장군의 로마군을 포함하여 로마 병력의 패배가 잇달았다. 기원전 102년 카탈루스(Catalus)의 군대는 후퇴하지 않으면 안 되었다.

로마인들은 켈트인의 파상 공격에 자신들의 운명이 거꾸로 간다고 여겼음에도 불구하고, 카이우스 마리우스 장군(Caius Marius: 157-86 BC)의 지휘 아래 군을 재정비한 뒤 기원전 101년 이탈리아 북서부 도시인 베르첼라이(Vercellae: 기원전 600년 즈음 세워진 가장 오래된 도시 가운데 하나임. 현재 Vercelli)에서 12만 명의 켈트인을 무찌르

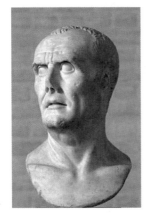

〈자료 11〉 가이우스 마리우스의 흉상

고 대승을 거두었다.

이제 켈트인들에게는 북쪽으로부터 게르만 부족, 동쪽으로부터는 슬라브 부족들의 압박이 다가오고 있었다. 다키아(그리스인들은 다키아인을 게타이인Getae으로 묘사함) 왕국의 부레비스타왕(Burebista)은 기원전 60년 켈트인과 합병 전쟁을 선포하고 보헤미아의 보이족(Boii)을 무찔렀다. 32,000명의 보이족은 보헤미아를 떠나 또 다른 켈트족인 헬베티족(Helvetii)과 합류하였다.

〈자료 12〉 켈트 부족의 거주지를 보여주는 기원전 1세기 고올지역

2.10. 헬베티족과 비브락테의 전투

오르게토릭스(Orgetorix)와 그의 사위인 아에두이족의 둠노릭스가
이끄는 헬베티족은[19] 게르만족과 슬라브족을 피해 연합전선을 형성
하여 서쪽으로 이동하려는 대규모 계획을 세웠다. 이러한 켈트인들
의 이동은 게르만 부족과 슬라브 부족들이 켈트인 영토에 대한 압박
을 하게 되면서 한동안 일어나는 일이곤 하였다. 줄리어스 시저는
헬베티족들의 야영지에서 대규모 연합 이동계획이 그리스 문자로
상세하게 쓰여진 문서를 찾아내었다. 이 계획에는 368,000명의 이동
계획이 들어 있었고 그 가운데 92,000명이 켈트인 전사(warrior)들이
었다. 헬베티족은 263,000명, 투린기족은 36,000명, 라토비키족은
14,000명, 라우라키족은 23,000명 및 보이족은 32,000명이었다.

켈트인들은 자신들의 본거주지에서 일어나는 이민족들의 끊임
없는 습격을 필사적으로 피하려고 하였다. 로마는 다른 생각을 가지
고 있었다. 알프스 이남의 고올 지역을 다스리는 총독에 임명된 줄리
어스 시저에게 이전 총독이 예상 밖에 죽자 갈리아 나르보넨시스,
곧 고대 갈리아의 알프스 산맥 북서지역을 차지할 기회가 찾아온
것이다. 헬베티족과 연합 켈트인들의 대규모 이동 소식이 시저에게
들어왔다. 아에두이족의 새로운 지도자가 된 둠노릭스에게 로마를
편드는 형제가 있었는데, 이 형제는 둠노릭스의 영토가 연합 켈트인
들의 대규모 이동으로 말미암아 로마군에게 파멸당할 경우에 대비
하여 로마 편에 설 것을 둠노릭스에게 설득하였다. 그리하여 시저는
이것을 구실로 삼아 기원전 58년 고올 본토 자체의 갖가지 문제에
개입하였다. 헬베티족은 시저가 이끄는 로마군과의 정면충돌을
피하려고 하였으나, 비브락테(Bibracte)의[20] 전투에서 무참히 패배하
였다. 이 전투에서 켈트인에 대한 대규모 학살이 자행되었고 이동한
켈트인구의 삼분의 일만이 살아남아 오늘날 스위스로 불리는 곳으

〈자료 13〉 비브락테 전투가 일어난 곳과 비브락테의 위치

로 쫓겨나는 신세로 전락하였다. 이 지역은 오늘날까지도 헬베티카
(Helvetica)로 불리고 있다.

2.11. 시저의 브리튼 정복과 후퇴

고올 지역에 로마군을 배치한 시저는 자신의 내밀한 야심을 드
러냈다. 로마도 마찬가지였다. 시저는 본격적으로 고올 지역 정복에
나섰다. 로마인들은 고올 지역의 켈트 부족들을 하나씩 차례로 정
복하여 그 세력을 뻗어 나가면서 마침내 영국 해협의 해안가에 이
르렀다. 로마인들은 게르만 부족을 라인강 동쪽 해안에 그대로 둔
상태에서 이들 부족의 침입을 저지하였다.

기원전 55년 시저는 원정대를 이끌고 영국 해협을 건너 브리튼
(Britain)에 상륙하여 월머(Walmer)[21] 인근에서 칸티 연합 부족(Cantii)[22]
을 무찔렀으나, 새로 정복한 지역의 고르지 못한 날씨와 불안감마
저 밀어닥쳐 고올 지역으로 후퇴하지 않으면 안 되었다. 한편으로는
점령지에서 진압해야 할 여러 유형의 폭동이 일어난 것도 시저가 브
리튼에서 후퇴하게 된 요인이 되었다. 그러나 시저는 다음 해인 기원

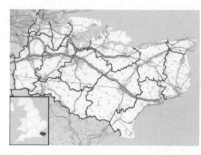

〈자료 14〉 왼쪽부터 켄트 주 월머(walmer)의 위치, 켄트 주 딜(Deal)의 위치

전 54년 브리튼으로 들어갈 2차 원정대를 조직하여 내륙으로 행군하였다. 브리튼에 거주한 부족들은 카시벨라우누스(Cassivellaunus)에게 지휘권을 넘겨주었고, 시저는 가는 곳마다 전투에 승리하여 마침내 허트포드셔 주(州), 세인트 올번즈 시 구역에 있는 마을인 위텀스테드(Wheathampstead)에 진입하는 데 성공하였다. 브리튼 부족들과 조약을 위한 협상이 진행되는 동안 이번에도 불순한 날씨로 인해 시저는 브리튼에서 고올로 후퇴하지 않을 수 없었다.

고올로 다시 들어간 시저는 그곳에서 한 명의 켈트인 지도자를 중심으로 켈트인들의 저항이 한층 더 거세어지고 단합되어 있음을 알게 되었다. 그가 다름 아닌 트레베리 부족의 지도자 인두티오마루스(Indutiomarus)였으며, 로마의 볼모로 잡혀 있던 아에두이족의 둠노릭스를 로마가 학살한 다음 나타난 켈트인의 중심 지도자였던 것이다. 어쨌든 인두티오마루스에게는 고올 군대가 핵심 정책을 내세워 창립된 것은 분명 감사할 일이었다. 그러나 고올군을 지휘하던 그 지도자는 얼마 되지 않아 살해되었다.

이제 고올 지역의 켈트군을 이끌 새로운 총사령관은 아르베르니족(Arverni)의 베르킨게토릭스(Vercingetorix)였다. 그는 게르고비아(Gergovia)[23]에서 벌어진 전투에서 시저가 이끄는 로마공화국 군대에 심각한 패배를 안겨 주었다. 그러나 기원전 52년 시저는 알레시아에서 베르킨게토릭스 군대를 포위하였으며, 마침내 고올 부족의

〈자료 15〉 프랑스 끌레르몽 페랑에 있는 베르킨게토릭스 동상

왕인 베르킨게토릭스는 켈트인들이 누만티아에서 기아에 허덕였던 것을 상기하며 그의 부족들을 굶주림에서 구하고자 시저에게 항복하였다. 그는 사슬에 묶인 채 로마로 압송되어 투옥되었고 기원전 46년 마침내 로마인들이 치르는 승리 의식의 하나로 희생되어 살해되었다.

2.12. 고올 켈트인의 반란과 폭동

그럼에도 고올 지역은 팍스 로마나(*pax Romana*)의 기치 아래 여전히 불안하였다. 벨가이족인 코미우스(Commius)와 아르테바테스(Artebates)는 고올 지역을 떠나 브리튼 남부에 이미 정착한 아르테바테스인들 가운데 섞여 정착하기로 결정하였다. 브리튼은 독립을 지켜 나갈 수 있었다. 한편으로 고올 지역의 켈트인들은 일련의 반란과 폭동을 일으켜 독립을 쟁취하려는 노력을 계속하였다. 기원전 46년에는 벨로바키(Bellovaci)족이 봉기하였고, 기원전 44년에는 알로브로게스(Allobroges)족, 기원전 33년에는 아퀴타니족(Aquitani)과 모리니족(Morini)이 반란을 일으켰다. 기원전 25/7년에는 고올 남서 지역에서 더 많은 반란과 폭동이 일어났다. 심지어 기원후 1세기에 들어오면서 로마로부터의 독립을 다시 세우려는 켈트인들의 반란이 잇달아 일어났다. 기원후 67년 무렵 고올인의 봉기를 지지하는 고올 지역의 드루이드교의 움직임이 나타났는데, 타키투스(Tacitus: 로마의 역사가, 정치가, AD 56-117)는 그의 역사서에서 켈트인들의 선조가 한때 로마를 공략하여 점령했음을 로마인들에게 상기시키고 있다.

기원전 42년 알프스 산맥의 남동쪽 지역의 고대 갈리아가 공식적으로 로마의 도시 국가의 일부가 되면서 갈라티아(Galatia: 아나톨리아〔현재 터키〕의 로마제국의 속주)는 기원전 25년에 로마의 속주가 되었는데, 그해에 로마가 인정한 최후의 왕 아민탁스(Amyntax)가 살해되었기 때문이다. 그 후임에 롤리우스(M. Lollius)가 갈라티아 속주의 첫 총독으로 부임하였다. 갈라티아의 켈트인들은 비유대인 민족으로 맨 처음 새로운 기독교를 받아들이게 되었다. 사도 바울이 갈라티아인들에게 보낸 서한(신약성서의 갈라디아서)은 다름 아닌 이들 켈트인 기독교 공동체 사회에 보낸 것이었다. 성 제롬(St. Jerome: c.347-420)에 따르면,[24] 기원 4세기에는 켈트어가 갈라티아에서 여전히 쓰였으나, 4세기 이후 여러 세기가 지나는 동안 켈트어는 사라져 버렸는데, 아마도 9세기에 이르러 완전히 쓰이지 않게 된 것으로 짐작된다. 켈트어를 사용하는 이들이 기원전 5-6세기에 갈리시아(Galicia)와[25] 아스투리아스(Asturias)[26] 지역에 다시 정착하기는 했으나, 이베리아 또한 로마에 정복되어 라틴화하였다. 한때 유럽의 한쪽 끝에서 다른 쪽 끝까지 그리고 그 너머에 이르는 지역에

광대한 영토를 가지고 있었던 켈트 세계는 빠른 속도로 축소되어
가고 있었다.

2.13. 로마의 브리튼 정복과 브리튼인(켈트)의 저항

이 시기에 로마의 영역 밖에 우뚝 선 곳은 오직 브리튼과 아일랜드
뿐이었다. 브리튼은 기원전 55년과 54년 시저가 벌인 두 번의 짧은
브리튼 침공에서 벗어났다. 기원전 2세기부터 브리튼 남부의 왕들이
화폐를 주조하고 이들 부족들의 왕국과 유럽 대륙 사이에 교역이
활발해지면서 카시벨라우누스(Cassivellaunus)와 그의 후예들은 대군주
로서의 왕권 아래 여러 부족의 왕국을 하나로 연합한 것으로 전해
지고 있다. 브리튼 왕인 쿠노벨리누스(Cunobelinus)는[27] 기원 10-40년
까지 이들 부족의 군주 가운데서 가장 잘 알려진 인물이 되었다. 스
트라보(Strabo: 그리스의 역사가, 철학자, 지리학자)는 앞에서 보았
듯이 로마가 브리튼을 정복하려는 전략을 세우는 것보다는 차라리
브리튼과 교역을 하면서 재정상의 이득을 더 많이 취할 수 있었을
것이라는 글을 남겼다.

로마의 황제들은 스트라보의 권고를 받아들이지 않았다. 기원 43년
클라우디우스(Claudius) 황제의 통치 아래에 있던 로마는 로마의 정치
가이며 장군인 아울루스 플라우티우스(Aulus Plautius)의 지휘 아래 브
리튼에 대한 전면전을 감행하였다. 브리튼 남동부에서 브리튼인들의
저항을 분쇄하는 데 9년이란 기간이 소요되었으며, 마침내 쿠노벨리
누스의 아들인 카락타쿠스(Caractacus) 상왕과 그의 가족을 포획하기
에 이르렀다. 브리간티아(Brigantia) 왕국의 켈트족인 브리간테스족
왕비인 카르티만두아(Cartimandua)의 배반으로 항복하게 된 카락타쿠

스는 사슬에 묶여 로마로 압송되었으며, 그의 달변(達辯)이 그나마 참수를 면하게 해주었을 뿐이었다.

그러나 브리튼 전역이 로마에 정복당한 것은 아니었다. 로마는 브리튼 북부에 교두보를 확보하지 못하였고 다른 브리튼 지역에서 로마가 행사하는 규범 또한 미약하기 짝이 없었다. 로마의 브리튼 정복 이후 수세기에 걸쳐 전개되는 역사는 브리튼인들의 반란과 폭동으로 점철되었다. 그리하여 마침내 기원 410년 조시무스(Zosimus)는[28] 로마의 관리들이 브리튼에서 쫓겨 나서 로마로 돌아가고 브리튼에는 원주민의 새로운 정부가 세워졌다는 소식을 전하고 있다.

3세기에 걸친 로마의 통치에서 살아남은 옛 켈트인 지도자들은 마치 2세기에 걸친 영국의 통치에서 살아남은 인도의 왕자들이 그랬던 것처럼 다시금 등장하였다. 인도의 경우와 다른 점이 있다면 영국으로부터 독립한 인도에서는 옛 시절 반독립된 공국과 왕국들이 주정부에 모두 이양되었지만, 켈트인 왕자들은 로마가 철수한 뒤의 독립된 브리튼 부족에 다스릴 군주를 세워 다시 한 번 일으켜 세울 책임이 있었다. 그리하여 기원 425-450년 무렵 브리튼 남부 통치자가 된 인물은 '대군주'란 의미를 지닌 보티전(Vortigern)이었다.

그런데 브리튼 남부의 켈트인들은 이제 로마보다도 더 새롭고 한층 더 무자비하고 두려운 적에 직면하게 되었으니, 그들은 다름 아닌 대륙의 게르만족인 앵글로색슨인(Anglo-Saxons)들이었다. 이들 부족은 브리튼 본토의 켈트인들을 브르타뉴, 갈리시아와 아스투리아스 그리고 아일랜드와 같은 곳에 대규모로 이주시킴으로써 이전에 켈트인들의 영토였던 브리튼에 마침내 '잉글랜드'(England)라는 명칭을 깊이 새긴 민족이 되었다. 다른 지역으로 이주하지 못한 켈트인들은 앵글로색슨족에게 완전히 학살되었다.

2.14. 아일랜드의 켈트인 전통과 아일랜드어

아일랜드에서는 켈트인들이 로마제국의 위협에도 상처를 입지 않고 살아남아 그들 고유의 법과 문학, 그리고 학문을 발전시켰다. 그리스어와 라틴어 다음으로 아일랜드어(Irish)는 유럽에서 세 번째로 쓰이는 문학 언어이며 기원 6세기부터 초기의 구전(口傳)을 기록한 문헌이 현존하기는 하나, 6세기 이전의 아일랜드 역사는 기록이 남아 있지 않다. 역사가들 가운데에는 켈트인들이 로마가 이베리아 반도를 정복한 이후 기원전 200년쯤까지는 아일랜드에 도착하지 않았다고 믿고 있다.

아일랜드는 기원 1세기에 이르러 로마 세계에 알려지게 되었다. 로마의 역사가 타키투스는 이런 상황에 대해 다음과 같이 기록하고 있다.

'토양과 기후, 그리고 거주민들의 개성과 문명이 어우러진 환경에서 아일랜드는 마치 브리튼을 꼭 닮았다. 아일랜드로 통하는 길과 여러 항구는 이제 그곳에서 교역을 하는 상인들을 통해 (바깥 세계에) 한층 더 잘 알려지게 되었다...'

우리는 이러한 타키투스의 기록에서 고고학으로써 교역의 경로들에 대한 증거를 확실히 알 수 있게 되었다. 타키투스는 또한 아일랜드의 한 왕자가 기원 80년 즈음 브리튼에 도착한 반란군에게 '그의 고향, 아일랜드'로 쫓겨 났으며, 아그리콜라(Julius Agricola: 365-421. 서로마의 정치가, 후에 집정관이 됨)는 브리튼에 들어온 침략자들이 브리튼 침략을 위한 구실로 이 사건을 이용한 것으로 생각하였다고 기록하고 있다.

아일랜드 전통을 기록한 《레이바 가발라》(*Leabhar Gabhála*, '침략의 서')에 나오는 이야기는 다음과 같다. 아일랜드의 전설에 따르면 아일랜드에 정착한 마지막 주민의 전설적인 인물인 밀 에스페인(Mil

Espáine 또는 Mil Espáne '스페인의 병사'란 뜻)은 그의 민족을 스페인으로부터 아일랜드로 이끈 게일인들(Gaels)의 조상이었다. 아일랜드의 다른 장소 가운데에서도 아란섬(Aran Islands)에 있는 둔 아온가사(Dún Aeng(h)us. 아일랜드어로는 Dún Aonghasa)의 슈보 드 프리즈(chevaux-de-frise)[29] 요새에 새겨진 내용들이 고고학적으로 인용되고 있다.

이 요새와 유사한 건축물이 스페인과 포르투갈에서도 발견되고 있다. 그러나 아일랜드의 전통과 아일랜드 왕들의 계보 및 왕의 목록은 아일랜드의 주요한 왕실 계보가 시작된 연대를 기원전 1015년으로 계산하고 있다. 이 왕실 계보는 골람(Golamh)과 밀(Míle)의 아들들인 에레몬(Eremon)과 에베르(Eber)의 계보이다. 이것은 곧 고고학자들이 인정하는 연대보다 700-800년 전 아일랜드에 들어온 밀의 아들들이 아일랜드에 도착한 것을 확인해준 셈이 된다.

우리가 확실히 알고 있는 것은, 아일랜드에 거주한 최초로 알려진 정착민은 기원전 6천 년 전의 인류였으며 농업 공동체가 형성되었다는 점이다. 기원전 1500년 전 무렵 아일랜드의 청동과 금 세공이 실제로 유럽으로 전해지고 있었다. 그리하여 이 시기에 이르러 인도유럽어의 한 방언을 사용하는 이들이 아일랜드에 들어왔다는 것이 가능할 수도 있다. 그렇다면 기원전 1015년쯤 아일랜드에 들어온 새로운 한 무리의 민족이 아일랜드의 문학전통에 대한 자료를 제공한 사람들이었을까?

사실 고고학자들은 기원전 1200년 이후 아일랜드에 '변화의 바람'이 불기 시작한 것에 주목하기 시작하였다. 이 '변화'는 길데어 주에 위치한 비숍스랜드 교구에서 한 대장장이가 쓰던 여러 도구가 발굴되면서 세상에 드러나게 되었다. 여기에 묻힌 도구들은 모루, 물건을 단단히 조이는 기계, 그리고 소켓처럼 구멍에 끼우는 도끼 머리, 조각칼(끌) 및 청동제로 만든 납작한 도끼 등이었다. 이러한 도구들은 켈트인들이 독일 남부에서 발달시킨 것들과 유사하였다. 물론

〈자료 16〉 슈보 드 프리즈(chevaux—de—frise)

아일랜드에 들어온 최초의 민족이 대규모로 침략한 것을 입증하기
에는 그 숫자가 충분한 것이 아니었으나, 이와 유사한 유물들이 리머
릭 주의 로흐 구어(Lough Gur) 교구와 아마 주의 안스보로(Annesborough)
교구에서 발견되었다. 그러나 당시 아일랜드에 대규모의 '침략'이
있었는지를 살펴보는 것이 고고학자들의 일이라고는 해도 이보다 덜
극적인 '발달' 이론 또한 고려해 보지 않으면 안 될 것이다. 다시 말해
사회에서 일어나는 여러 변화는 외부의 문화에서 오는 침략에 의해
초래된다고 볼 필요는 없다는 것이다.

그리하여 맨 처음 켈트어를 사용한 일단의 민족은 아일랜드의
문학 전통이 생겨난 바로 그 시기에 아일랜드에 들어왔다고 보는
것이다. 그것은 아마도 소규모의 집단들이 이전의 인도유럽 인구와
결혼으로 맺어지고 아일랜드 전역에서 켈트어를 발달시키던 시기에
아일랜드가 마침내 기록을 지닌 역사 속으로 등장하게 되었다고
보는 것이다. 기원전 1세기 말에 이르는 이때까지만 해도 아일랜드는
여전히 로마인의 정복을 피해 빠져나온 대륙의 켈트인들에게는 피
난처와 같았을지 모른다. 이 시기에 아일랜드는 자국의 문화를 한층

더 강력하게 발전시켜 나갔을 것이다.

《아일랜드와 웨일즈: 역사-문화 관계》(1924)란 책을 쓴 세실 오라힐리(Cecile O'Rahilly: 1894-1980. 아일랜드의 켈트어 학자)는 선사시기부터 중세시기를 거치면서 소규모의 집단들이 아일랜드와 브리튼 사이에서 끊임없이 이동하고 있었다는 증거를 보여주었다. 세실은 이 책에서 브리튼 켈트인들로 이루어진 집단이 로마와 앵글로색슨족의 정복을 피해 아일랜드로 들어와 정착했다는 것을 보여주었다.

기원전 3-2세기에 이르러 아일랜드에는 라떼느 문화(La Tène culture)가 들어왔다. 이러한 문화의 흔적은 아일랜드 북부의 반을 차지하는 지역에서 발견되었다. 현존하는 고고학상의 자료로 보면 대규모의 켈트인 이주가 있었다는 믿을 만한 증거는 제공하고 있지 않다. 그러나 실제로 아일랜드는 가장 초기에 언급한 적이 있는 아비에누스(Postumius Avienus: 기원 4세기에 활동한 로마의 작가이며 집정관)[30]의 〈*Ora Maritima*〉('해변Sea Coasts'이란 뜻의 시) 작품에서 나타나듯이 켈트어가 사용된 땅이었다. 이 시(詩)는 기원 4세기부터 현존해 내려오고 있으나 이 시에는 이보다 더 이른 시기인 기원전 5세기 그리스인들의 원정 항해에 근거하여 만들어진 자료를 포함하고 있는 것으로 알려져 있다. 스트라보는 그의 유명한 저작인《지리》(*Geography*)에서도 아비에누스의 시에서처럼 '아일랜드'에 대해 언급하고 있다.

우리는 기독교 시대가 시작되는 바로 그 시점에서 고대 켈트인들의 세계가 어떠했는가를 분명하게 알 수 있게 되었다. 오늘날 켈트 세계는 유럽의 북서쪽 변방에 거주한 600만 명의 인구로 줄어들었다. 그 가운데서 오직 250만 명의 인구가 아직도 켈트어를 사용하고 있다. 이들이야말로 한때 유럽 전역에 걸쳐 고대 켈트인들의 문명을 광범위하게 누려온 이들의 후손들이며, 3천 년 동안 독특하고 풍요로운 켈트 문화를 끊임없이 계승하고 발전시켜온 후계자들인 것이다.

제2장의 주(註)

1. 포키스(Phocis): 그리스 중부 코린스만에 면한 고대의 지역. 델피아의 신탁소의 소재지.
2. 시라쿠스(Syracuse): 이탈리아의 시실리 섬 남동부의 항구 도시.
3. 아니오강(River Anio): Aniene라고도 함. 이전에는 Teverone로 불리움. 이탈리아 라지오에 있는 62마일의 강. 트레비 엘라지오의 산맥에서 발원하여 서쪽으로 흐르다가 수비아코, 비코바로, 티볼리를 지나 티베르로 흘러들어감.
4. 일리리아인(Illyrians): 서부 발칸반도의 일부 및 이탈리아반도의 남동 해안, 아드리해 동쪽에 거주한 인도유럽 민족. 이들이 거주한 영토는 그리스와 로마 작가들에 의해 '일리리아'로 알려졌고, 이전의 유고슬라비아 및 알바니아 일부 지역에 해당하는 영토임이 확인됨. 고대 그리스어로 Ἰλλυριοί, 라틴어로는 Illyrii 또는 Illyri로 씀.
5. 테살리아(Thessaly): 그리스 중동부의 에게해에 면한 지방. 테르모필레의 주요 전투(Thermopylae: 480 BC)에서 스파르타군이 페르시아군에 대패한 그리스의 산길.
6. 델파이(Delphi): /dɛlfaɪ/ 또는 델퍼/'dɛlfi/의 두 가지로 발음함. 그리스어로는 Δε λφοί로 쓰고 [ðel'fi]로 읽음. 고대의 고전 세계에서 중요한 결정이나 자문을 구하던 신탁소로 쓰인 신성한 장소. 아폴로 신전에 있던 그리스의 파나수스산 남쪽 사면에 있는 고대 도시. 고대 그리스인들이 지구의 중심이라고 여긴 돌, 곧 옴팔로스(Omphalos)가 있었음.
7. 파나테나이아(Panathenaea) 축제: 고대 그리스 아테네에서 기원전 566년 이후 4년마다 열렸으며, 이 축제에는 종교행사, 상금이 걸린 의식, 체육, 문화행사 등이 포함되었음.
8. 카르나크(Karnak): 이집트 동부의 나일강변의 마을. 고대 도시유적.
9. 페르가뭄(Pergamum): 소아시아 북서부의 고대 도시이자 그 수도. 현재

이탈리아 북부 롬바르디주의 도시.

10. 1차 포에니전쟁: BC 264-241년에 카르타고와 로마 사이에 벌어진 첫 번째 전쟁. 카르타고에 온 켈트인 용병 3천 명이 카르타고를 위해 싸웠음. 지중해 패권을 놓고 벌인 이 전쟁에서 로마가 승리하고 카르타고 와 불평등조약을 체결함. 이후 로마는 팽창을 거듭하여 지중해 대부분을 장악하였고 고대 지중해의 소유권이 아프리카에서 유럽으로 넘어감.

11. 티메오스(Timaeus): 고대 그리스어로는 Τιμαῖος로 씀. c. 345 BC – c. 250 BC. 고대 그리스의 역사가로 시실리에서 태어나서 아테네로 이주했으며 소크라테스 제자로 수사학을 공부했음. 40권 분량의《역사서》 (the Histories)를 집필하여 뒤에 키케로의 애독서가 됨.

12. 칸나이 전투(Battle of Cannae): 기원전 216년 카르타고의 한니발 군대는 이탈리아 남동부 아폴리아 지역의 고대 마을인 칸나이에서 한니 발의 전술로 8만 명이 넘는 로마군을 괴멸함. 켈트인은 이 전투에서 한니발군의 주력 보병의 위치를 차지함. 이 싸움은 역사상 유명한 전투로 손꼽히고 있음.

13. 자마(Zama): 카르타고 남서쪽에 있는 고대 도시. 2차 포에니 전쟁에서 스키피오가 한니발을 격파한 곳.

14. 2차 포에니전쟁: 한니발 전쟁(라틴어로 Bellum Hannialcum)이라고도 함. BC 218-201년에 로마공화정과 카르타고 사이에 벌어진 일련의 전쟁. 카르타고의 장군 한니발이 전쟁에 패하면서 로마는 지중해 서부의 패권을 차지함.

15. 누만티아(Numantia): 현재 스페인 북부에 있던 켈트족의 고대 도시. 고대 켈트이베리아인들의 거주지로 현재 그 유적이 소리아Soria 시 북쪽 7km에 있다. 스페인어로는 누만시아Numancia라고 함.

16. 프루시아스(Prusias): 243-182 BC. 비잔틴제국과 전쟁을 벌여 니코메데스 1세가 보스포러스를 넘어 초청한 갈라티아인들을 무찌름.

17. 드니스터강(Dniester): 러시아 우크라이나 공화국의 카르파티아 산맥 북사 면에서 발원하여 동남쪽으로 흘러 흑해로 들어가는 강.

18. 다키아인(Dacians): 트라키아인의 일부로 인구어민족. 카르파티아

산맥과 다뉴브강 사이의 고대 왕국. 뒤에 로마제국의 속주가 됨.

19. 헬베티족(Helvetii): 기원전 1세기 로마공화국과 접촉하던 시기에 스위스 고원의 대부분을 차지한 고올 부족임.

20. 비브락테(Bibracte): 아에두이족의 수도로 고올 지역 언덕 위에 세워진 가장 중요한 성채 가운데 하나. 현재 프랑스 부르고뉴Burgundy 지방. 고대 고올인(켈트인)의 문화를 해석하는 중심지로서 세계적으로도 중요한 발굴지로 주목받으며 유럽 고고학연구 성과의 초점이 되는 지역. 유럽의 여러 대학(셰필드, 킬, 부다페스트 및 라이프치히)의 고고학 팀에 의해 발굴이 진행되고 있는 곳이기도 함.

21. 월머(Walmer): 영국 켄트 주, 도버 구역에 위치한 마을 또는 딜(Deal: 켄트 주에 위치한 마을. 시저가 처음 도착한 마을로 알려짐).

22. 칸티 연합 부족(Cantii): Cantiaci라고도 함. 영국의 남동쪽에 위치한 오늘날 켄트 지역에 거주한 철기시기의 민족.

23. 게르고비아(Gergovia): 고올에 있는 아르베르니 부족의 요새 마을. 현재 프랑스 중앙 남부 라로슈 블랑 타운 언덕에 위치한 마을.

24. 성 제롬(St jerome: c.347-420): 라틴어역 성서와 히브리어로 된 복음서해설을 펴낸 고대 로마의 4대 교부(敎父) 가운데 한 사람. 가톨릭교회, 루터 교회, 영국 국교회의 성인으로 불림.

25. 갈리시아(Galicia): [gə'lɪsɪə] 또는 [gə'lɪʃə]로 읽음. 이베리아 반도 북서부의 대서양에 면한 지역으로 중세시기에는 왕국이었음. 중석기 시기에 맨 처음 인류가 거주한 지역으로 Gallaeci에서 현재의 지명이 됨. 기원전 마지막 천 년 동안 두로(Douro)강 북부에 켈트인들이 거주하였음. 갈리시아는 기원전 19년 칸타브리아 전쟁(Cantabrian Wars)이 끝난 뒤 로마 제국에 합병되어 기원후 3세기에 로마의 속주가 되었음. 칸타브리아 전쟁은 기원전 29-19년 2세기에 걸쳐 일어난 로마의 히스파냐 정복의 마지막 단계로 Cantabrian and Asturian Wars(*Bellum Cantabricum et Asturicum*)라고도 함.

26. 아스투리아스(Asturias): 스페인 북서부의 현재 오비에도(Oviedo) 주에 해당하는 옛 왕국. 서쪽으로 갈리시아와 접경을 이루고 있음.

27. 쿠노벨리누스(Cunobelinus): Cunobelin/Cunobeline이라고도 씀. *cuno-*
   'hound' + *Belenos* 'Belenus 신'의 합성어. 그리스어 Kynobellinus,
   Κυνοβελλίνος에서 유래하며 라틴어를 거쳐 영어에서 쿠노벨린(Cunobelin)
   이 됨. 기원전 1세기 말에서 기원후 40년대까지 로마시기 이전의 브리튼
   인들의 왕으로 불림. 브리튼인의 전설에서 Cynfelyn(웨일즈어), Kymbelinus
   (중세 라틴어), Cymbeline 등으로 나타나는데, 1610년에 초연된 셰익스피
   어의 낭만극인 〈심벌린〉에 나오는 브리튼왕이 곧 그 인물임.

28. 조시무스(Zosimus): 490s-510s. 로마의 역사가. 그리스어로는
   Ζώσιμος['zosimos]; 라틴어명인 Zosimus Historicus, 곧 "Zosimus the
   Historian"으로도 알려져 있음. 비잔틴제국의 황제인 아나스타시우스
   (Anastasius: 490-518)의 통치시기에 콘스탄티노플에 거주하였으며
   그리스어로 쓴 6권의 New History(*Historia Nova*)가 있음.

29. 슈보 드 프리즈(chevaux-de-frise): cheval de frise의 복수형. 문자
   그대로의 의미는 '프리지아인의 말〔馬〕'임. 프리지아인들은 전투가 벌어질
   때 기병대가 아닌 반기병대의 장애물에 크게 의존하였는데, 곧, 요새
   위나 벽에 깨진 유리조각이나 시멘트, 석회, 모래를 섞은 모르타르를
   박아 넣어 적의 침공을 막아냈음.

30. 아비에누스: 기원 4세기에 활동한 로마 작가. 그의 이름은 포스투미누
   스 루피우스 페스투스/아비에누스(Postumius Rufinus Festus/Avienus)로
   원래 에트루리아 출신이었으며 두 번씩이나 로마의 집정관으로 임명되기
   도 함. 그가 쓴 〈해변〉은 여행자가 아닌 독자들을 위해 쓴 시로,
   이 시에는 Ierne(아일랜드) 및 Albion(브리튼)섬에 관해 언급되어
   있고, 소문에 따르면 이들 섬 주민들은 오늘날 지중해에서 바라볼 때
   '땅끝'(Finis terrae)에 해당하는 포르투갈의 영역인 '극서부'(Extreme
   West)란 의미의 오이스트레미니스(Oestremionis)의 이름을 붙여 오이스
   트레미니인이라고 불렀음.

제3장 대륙의 켈트인과 켈트 문화

3.1. 청동기 시기의 유럽과 도요지 켈트인

기원전 3세기 즈음까지 유럽의 청동기 사회는 놀라울 만큼 정적이고 보수적이었다. 유럽문화는 점차로 청동과 금으로 만든 세공을 개량하고 전투를 발전시켜 나가고 있었다. 그러나 기원전 1200년 무렵 일어난 일련의 사건으로 말미암아 지중해 세계와 유럽 본토에서의 생활의 템포는 일시적으로 중단되었다. 당시 사회의 대변동의 원류(源流)는 지금까지 정적인 민족들을 자극시킨, 러시아에서 건너온 유목민들의 대이동이었다.

지중해는 바다를 건너온 전쟁 집단으로 넘쳤다. 이집트는 한동안 야만인 통치자들이 점령하였으며, 이러한 사건이 일어나면서 아나톨리아 지역에 있던 힛타이트인[1]의 거대한 제국은 붕괴되기까지 하였다. 힛타이트 제국의 몰락은 광범위한 반사적 영향을 미쳤는데, 그 가운데에는 오랫동안 힛타이트 제국이 독점하고 있었던 철기제품의 비법(秘法)의 보급이 포함되어 있었다. 한편 그리스의 전헬레니즘 문명의 중심지였던 미케네가 흔들리면서 이윽고 희랍의 암흑시대로 접어들었으며, 거친 필리스틴(불레셋)인이 팔레스타인을 침략하였다.

유럽 본토는 지중해의 재난으로 세 가지 면에서 이득을 얻었다. 우선, 야만인들은 청동을 두드려 술잔과 방패를 만드는 새로운 생산기술을 배웠다. 다음으로, 야만인의 유럽은 포도주 맛을 즐길 수 있는 기호가 생겨났으며 지중해와 교역을 가능하게 하는 문호를 개방함으로써 이곳으로부터 발효시킨 술이 나타나게 되었다. 마지막으로, 유럽과 지중해의 두 지역 사이에 상호교류가 이루어지면서 무거운 청동 검이 발달하게 되고 서로 더 이상 침략하지 않게 되었다.

이처럼 새로운 기술혁신의 이득을 주로 얻게 된 청동기 시대 유럽인들은 역사에 나타나는 켈트인의 직계 후예들이었다. 고고학에서는 이들을 타협을 모르는 도요지인(urnfielder)이라는 명칭으로 부르고 있다. 그들은 죽은 자를 항아리에다 넣어 봉분(封墳)이 없는 평평한 무덤에 묻었으며, 기원전 1200-700년 무렵에는 동유럽의 원거주지로부터 퍼져나가 프랑스, 스위스, 독일, 그리고 이탈리아까지 그들의 문화[2]를 퍼뜨렸다.

도요지인들은 아마도 초기 켈트어를 사용했을 것이며 뒤에 켈트인과 연관될 많은 특징을 발전시켰다. 이들 선사민족은 유럽에 성채(hillfort)를 세운 최초의 민족이었으며, 정교한 갑옷과 무기 그리고 방패를 갖춘 발달된 전사(戰士)들의 사회를 최초로 이룩하였다. 이들은 윤작(輪作, crop rotation)의 혁신으로 말미암아 전임자들보다 더 성공한 농부들이었으며 생활수준 또한 유럽의 어느 민족보다도 더 높았으나, 이들이 소유하지 못한 것은 그 뒤에 등장한 켈트 사회에서는 이용 가능했던 철(iron)이었다.

청동기 시대의 후속인 철기 시대에 들어와서는 그리스인들이 철기를 다루는 기술을 두 지역의 공으로 돌렸다. 그 가운데 한 지역은 힛타이트 제국의 터전인 아나톨리아(Anatolia)라는 곳이며, 다른 한 지역은 호머(Homeros)의 시에 등장하는 세계의 서쪽 끝에 있는 코카사스산맥 북쪽에서 온 키메르인(Cimmerians)[3]의 나라로, 이들의 조상은 수세기 전에 지중해를 소란케 한 민족과 섞인 사람들이었을 것으로 짐작된다. 이들과 기원전 8세기 무렵 유럽에서 들어온 다른 유목민들이 도요지에 철기세공을 도입한 장본인들이었다.

키메르인들은 유럽을 휩쓸면서 항가리 평원을 넘어 스위스호반으로 들어갔으며 멀리 남부 프랑스와 벨기에까지 쳐들어갔다. 도요지문

화를 누린 켈트민족은 이들 키메르인들로부터 철을 야금하는 기술뿐
만 아니라 승마술까지 받아들였다. 기원전 700년부터는 체코슬로바키
아와 다뉴브 상류에서 독특한 매장식(burials)을 거행하였는데, 죽은
사람을 사륜마차 위에 눕혀서 나무로 만든 시체 안치소에 넣어 두
는 의식이었다. 때로는 죽은 자와 함께 견인용 말들도 넣었으며
현존하는 유골에서 대초원지대에서 생활하던 조랑말의 특징을 지
니고 있음을 엿보게 된다. 유럽은 이제 최초로 거대한 켈트 문화를
잉태하고 있었던 것이다.

3.2. 켈트문화의 발상지: 할슈타트

켈트문화 발달의 첫 무대로 알려진 곳은 오스트리아의 잘츠카머굿
(Salzkammergut)에[4] 있는 조그만 마을의 이름을 따서 붙인 할슈타트
(Hallstatt)이다. 중앙 유럽에서는 소금 채광이 새로운 산업은 아니
었다. 기원전 천 년 이전 선사시대에 이미 소금이 널리 이용되고
있었다는 것은 그 중요성을 반영해주는 *Halle, Hallein, Hallstatt*와 같은
지명에서도 엿볼 수 있다. 기원전 7-5세기에 이르러 할슈타트는 매우
활기찬 곳으로 전성기를 맞이하였다.

이곳에서는 상당수의 소금 광산과 관련된 초기 묘지가 성행하였
는데, 뒤에 고고학자들의 노력으로 이곳에 있는 켈트인의 초기 매
장지에서는 200개가 되는 그들의 무덤이 발굴되는 성과가 있었다.

당시 소금(salt)은 철과 마찬가지로 할슈타트문화를 지닌 켈트인
들이 부와 권력을 가늠하던 통화로 사용되었다. 기원전 7세기 할슈
타트에서는 24개나 되는 소금 생산지가 생겨나서 소금을 광석으로
서뿐만 아니라 소금에 간을 맞춘 고기나 생선의 교역이 이루어지고
있었을 것으로 짐작된다. 방부제로서의 소금의 특성으로 말미암아
당시 할슈타트 소금광산에서 일하던 광부들이 현대적인 채염(採鹽)

〈자료 1〉 활슈타트 및 라떼느 문화의 분포지. 짙은 노란 색은 활슈타트 영역의 발상지(800 BC)이고 엷은 노란색은 영향권 지역(500 BC). 짙은 녹색은 라떼느 문화의 발상지(450 BC)이고 엷은 녹색은 그 영향권 지역(50 BC).

기술이 출현하기 전 혹독한 상황에서 채염을 한 모습을 그들의 발굴된 시체에서 엿볼 수 있게 되었다.

　소금과 철은 켈트인들에게 부(富)를 가져다 주었으나, 켈트인들의 경제를 지배한 것은 여전히 농업이었다. 새로운 금속 도구가 만들어지면서 숲은 급속도로 개간되었고 농작물은 더 능률적으로 수확할 수 있게 되었다. 농업은 점점 더 생산적으로 되어 갔으며 인구가 팽창하면서 이상하게도 전투심이 형성되었다. 족장(chieftain)과 전사(warrior)를 상층에 둔 피라밋 사회가 농업과 산업으로 유지되었으며, 들이 숲에서 잘려나가 개간할 땅이 점차로 부족해지면서 켈트인들은 새로운 지역을 찾아 침략해 들어가서 급기야 영국 해협을 건너 브리튼까지 쳐들어가기에 이르렀다.

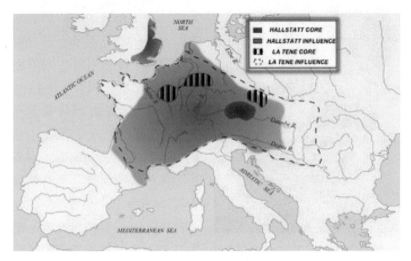

〈자료 2〉 유럽과 브리튼에 퍼져있던 할슈타트 및 라떼느 문화

3.3. 할슈타트 켈트인의 전성기

한편 할슈타트 족장들은 산업이 발전하고 농업 기술이 향상되면서 번영을 누리게 되어 새로운 시장의 가능성을 찾게 되었다. 암흑시대에서 벗어난 그리스세계는 그 영역을 넓혀 나가면서 먼 지중해의 지역에 전초기지를 세우려 하고 있었다. 기원전 6세기에 이르러 아드리아해의 포케아(Phocaea)에서[5] 온 그리스인들은 남부 프랑스의 항구도시인 마실리아(Massilia: 오늘날의 마르세유)에 정착 기지를 세우고 최초의 포도밭을 일구었다. 이곳에서부터 프랑스 동부에서 지중해로 흐르는 론강(Rhône)을 따라 남서 독일까지 강변 교역로가 개척되었다.

기원전 6세기에는 할슈타트 세력의 중심이 상부 다뉴브, 상부 오스트리아 및 체코슬로바키아에서 라인강 상류와 남서 독일, 스위스

〈자료 3〉'빅스의 공주' 무덤에서 발굴된 빅스의 단지

및 부르고뉴(Burgundy)로 이동하였고, 이들 새로운 지역은 곧 그리스의 교역상들이 가져온 사치품으로 이득을 얻기 시작하였다. 아티카 양식의 풍부한 채색 술잔이며 청동으로 만든 물주전자, 그리고 이들 잔을 채울 포도주는 켈트인의 축제를 장식하고자 북부로 보내졌으며, 켈트인들에게서는 소금 제품과 철 그리고 아마도 노예를 그 대가로 받았을 것으로 짐작된다.

이처럼 켈트인과 그리스의 무역상인 사이의 교역에서 얻은 혜택의 하나는 이른바 '빅스의 공주'(Princess of Vix)라고 불리는 30세 초반가량의 켈트인 여인의 무덤이었다. 빅스는 프랑스 동부를 흐르는 론강의 지류인 손강(Saône) 서안 지방인 부르고뉴 북쪽에 있는 마을로, 이 지역 인근에 기원전 500년 즈음으로 거슬러 올라가는 이 무덤이 있다.

이 무덤은 약탈당한 적이 전혀 없었으며 상당량의 보석류와 그리스에서 수입한 것으로 보이는 빅스 단지(Vix Krater: 고대 그리스와 로마에서 포도주와 물을 섞는 데 사용한 단지)를 포함하여 놀라울 정도로 풍부한 부장품이 출토되었다. 또한 이 무덤에는 수레도 함께 매장되었는데 바퀴를 분리해서 무덤 옆에 놓았으며 마차 위에는 여인의 시신을 눕혀 놓았다. 마차 옆에는 이탈리아 남부에서 수입한 것으로 보이는 뚜껑이 닫힌 커다란 청동 항아리가 놓여 있었고 주변에는 은잔 한 개, 그리스제 컵 두 개, 그리고 에트루리아산 술병이 놓여 있었다.

이 여인의 무덤은 고대 유럽의 무덤에서 발견된 것 가운데 가장 큰 것이어서 부유하고 권력을 지닌 켈트인 여인의 무덤임을 한눈에 알 수 있으며, 이 여인이 당시 얼마나 중요한 인물이었는지를 가늠케 한다. 영구차로 운반되는 여인을 보려고 여기저기에서 모여든 많은 켈트인들과 함께 장례식이 치러졌을 것으로 짐작된다.

'빅스의 공주' 무덤에서 나온 보물은 그 유명한 그리스제 컵뿐만 아니라 음료를 담는 여러 가지 용기도 출토되었는데, 이보다 한층 더 중요한 것으로 거대한 청동 단지 또는 포도주와 물을 섞어 담는 주발이 나왔다. 이것은 높이가 1.63미터나 되는데 현존하는 고대 그리스 예술 가운데 가장 뛰어난 보물의 하나가 되었다. 켈트인들은 그리스 교역상에게서 수입한 그리스 예술품에 자극을 받아 새롭고 활기에 넘치는 예술 표현을 만들어내기에 이르게 된 것이다.

기원전 540년 포케아 그리스인은 카르타고인과 지중해 서부 지배권을 놓고 이탈리아 해안에서 떨어진 알라리아(Alalia)에서 해전을 벌였다. 카르타고인이 승리를 거두자 그리스인의 교역은 봉쇄되었다. 반세기가 지난 뒤에 다시 교역이 재개되었을 때 켈트 세계는 전과는 다른 많은 변화가 일어났으며 켈트 문화는 이전과 견주어 더 진보하였고, 세력의 중심도 론강 중류와 마른강(Marne)으로 바뀌었다.

3.4. 후기 철기시기의 켈트 문화: 라떼느 문화

켈트 문화의 새로운 양상은 흔히 고고학에서 라떼느(La Tène)라고 부르는 문화로, 이것은 스위스의 노이샤텔(Neuchâtel) 호수 위에 있는 지명을 따서 붙인 것이다. 라떼느는 문자 그대로의 의미로는 '여울(shallows)'이란 뜻인데, 경건한 켈트인이 신을 숭배하고자 제물을 던진 것으로 간주되는 호수의 일부였다. 이 제물이 1906-17년 발굴되자 유럽의 다른 곳에서는 견줄 수 없는 켈트인의 유물로 골동품 연구가들에게 제공되었다. 라떼느에서 발견된 유물 가운데에는 쇠로 만든 많은 검과 다른 무기들, 일상생활용구로 쓰인 철제품, 목제품 그리고 인골이 포함되어 있었다.

라떼느 문화를 누린 켈트인들은 매장의식의 변화로 구분이 된다. 엘리트층은 거친 4륜 마차(wagon)에 실어 매장하는 대신 훌륭하게 만든 2륜 전차(chariot) 위에 무기와 갑옷 그리고 내세의 축제에 쓰일 필수품을 함께 매장하였다. 기원 5세기 무덤에서 발견된 켈트인의 2륜 전차에 보이는 켈트인 마차 목수와 수레 목수 그리고 제철공의 솜씨가 모든 면에서 수레를 만드는 유럽의 어느 다른 민족과 견줄 수 없을 정도로 우수함을 입증하였다.

지중해로부터 수입한 물품의 공급은 켈트인의 교역을 촉진하였으며 이 시기에 교역의 주요 루트는 알프스를 넘어 중앙 유럽으로, 남쪽으로는 프랑스까지 진출하였다. 수입품은 그리스인들로부터 온 것이 아니라 이탈리아 세계에서 온 것으로, 문명이 발전하면서 그 중심지가 이탈리아 중서부의 에트루리아(Etruria)에서[6] 로마로 이동하고 있었기 때문이었다.

기원전 5세기부터 라떼느 켈트인들은 고전 작가들의 작품에 그 윤곽을 드러내기 시작한다. 이들은 선사 유럽의 마지막 단계를 훌쩍 뛰어넘어 마침내 역사의 첫무대로 화려하고 찬란하게 등장하였다. 이들이 지닌 기술은 대부분 문명화한 그리스인과 로마인의 기술에 필적하였으며 어떤 면에서는 그 이상으로 우수하였다. 이들은 술을 즐기고 허풍을 떨기도 하며 엉성한 조직을 가지고 있었으나, 용맹스럽고 정력이 넘치는 민족으로 영토를 넓히려는 그들의 야망은 그칠 줄 몰랐다. 이윽고, 라떼느 켈트인은 이들의 선조인 도요지 및 할슈타트 켈트인이 차지하고 있던 지역을 넘어 그 영향력을 행사하였으며, 문명 그 자체에 영향을 미치게 되었다. 헤카타이오스(Hecataeus)와[7] 헤로도토스(Herodotos)와 같은 그리스 및 로마의 사가(史家)들이 켈트인에 관해 언급함으로써 이제 켈트인의 영토 확장에 관한 연대기는 고고학의 관점에서뿐만 아니라 고전세계의 관점에서도 서술이 가능하게 되었다.

3.5. 켈트인의 영토 확장 연대기와 흥망성쇠

켈트인이 영토를 확장하면서 맨 처음 희생의 제물이 된 문명인은 이탈리아 북부에 있던 에트루리아인(Etruscans)이었다. 이들이 거주하던 마을은 기원전 5세기에 프랑스 동부와 독일 및 스위스에서 온 켈트인에게 약탈당했다. 야만인이던 켈트인은 약탈을 계속하며 포강 계곡(Po valley: 이탈리아 북부에 있음)으로 진출하여 이곳에 정착하였으며 역사상 처음으로 그 이름을 갖게 되었다. 켈트인 전사들은 모험을 감행하여 이탈리아 남쪽으로 내려가 아풀리아(Apulia)로, 그리고 시칠리아 해안까지 진출하였다.

기원 387년 알리아 및 로마전투에서 켈트인의 세력에 정복당한 로마의 여러 지역은 기원전 6세기에 에트루리아의 한 촌락으로 세워진 것으로 이들에게 이미 약탈당한 적이 있는 곳이었다. 고전 작가들이 언급한 많은 켈트 지도자들 가운데 한 사람인 브레누스(Brennus)의 지휘 아래 켈트인들은 '영원의 도시'로 불리는 로마에 진군하였으며, 의기양양한 브레누스는 긴 칼을 휘두르며 오만무례한 어조로 "패자(敗者)는 무참하도다(Vae Victis!)"를 외쳤다. 그는 정복이 아닌 약탈을 위해 로마로 쳐들어온 것이었다.

이탈리아는 단지 켈트인이 약탈대상으로 삼은 한 곳에 불과하였다. 기원전 4세기에 켈트인들은 유럽 중부의 카르파티아산맥을 습격하였다. 알렉산더 대왕은 다뉴브강 유역의 켈트인이 보낸 사절을 받았다. 그리고 얼마 되지 않아 켈트인은 불가리아와 마케도니아(그

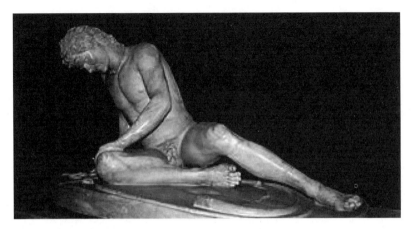

〈자료 4〉 로마 카피톨 박물관에 있는 '죽어가는 고울인' 대리석

리스의 북부지방)를 습격하였다. 이제 켈트인은 발칸반도에는 당할 자가 없었다.

켈트인은 하나의 세력으로 이탈리아에 남아 있었으나, 로마의 세력이 다시금 커지면서 켈트인(세논족)과 에트루리아인으로 이루어진 연합군이 기원전 295년 로마인에게 결정적으로 패배하여 북쪽으로 밀려나는 수모를 겪었다.

기원전 279년 나중에 갈라티아인(Galatians)으로 불리우며 소아시아에 정착하게 된 켈트인은 고작 반세기 전만 해도 고대세계에서는 가장 위대한 제국의 중심이었던 마케도니아를 초토화하였고 가장 신성한 지역인 델파이(Delphi)를 약탈하였다. 그들은 계속해서 그리스 동부 지방인 테살리아(Thessaly)를 뚫고 들어갔으며 테르모필레(Thermopylae)에서는 페르시아인이 수세기 전 그랬던처럼 아테네인들을 만났다.[8] 기원전 270년 켈트인은 앙카라 근처의 지역을 차지하였으며 이것이 갈라티아, 곧 고울 왕국이 되어 기독교 시대까지 존속하였다.

기원전 225년 마침내 로마군은 북부 이탈리아로 의기양양하게 진군하여 벌어진 에트루리아의 텔라몬(Telamon) 전투에서[9] 켈트

연합군을 패퇴시켰다. 기원전 222년 로
마는 켈트인인 수브레족의 수도인 메디
올라눔(Mediolanum: 현재 밀라노)을[10]
함락시키면서 전쟁을 종결지었다.

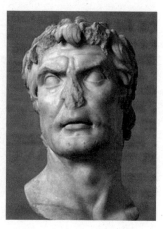

기원전 191년 켈트 보이족은 마지막
으로 로마에 항복하였다.

동부 지중해에서 자행된 켈트인의
테러행위는 기원전 244년 마케도니아와
터키에서의 패배로 끝났다. 이들의 몰
락은 헬레니즘 조각 가운데 걸작품의
하나로 기록되어 부조(浮彫)로 남아 현
존하는데, 그 가운데에서 가장 유명한

〈자료 5〉로마의 장군이자
정치가인 술라

것이 로마의 카피톨박물관(Capitoline Museum)에 보관되어 있는
'죽어가는 고올인'(Dying Gaul: 실제로는 갈라티아인)이다. [11]

기원전 82년 독재자 술라(Sulla)의[12] 통치시대에 이르러 북부 이탈
리아는 로마에서 바라볼 때 알프스 남쪽인 고올 지역으로 정해졌
으며, 켈트인의 오랜 전성기는 마침내 종지부를 찍었다.

대륙에서의 켈트세계는 기원전 3세기부터 줄어들기 시작하였다.
기원전 2세기에 켈트인과 로마인은 킴브리(Cimbri)로 알려진 유틀
랜드 북부에서 내려온 또 다른 야만인인 게르만인의 위협을 느꼈다.
게르만인은 켈트 튜튼족과 세력을 규합하여 켈트인의 땅을 약탈
하였다. 이들은 기원전 107년과 105년 이태리반도로 밀고 내려갔으
나, 102년 로마의 마리우스 장군이 이들을 격퇴하여 불안한 평화가
계속되었다.

기원전 1세기 전반기에 걸쳐 로마군은 켈트인의 영역을 무자비하
게 침략하였으며, 기원전 58년에 이르러서는 옛 왕국들이 몰락하고
신생 부족들이 출현하면서 고올에는 일련의 정치적인 위기가 조성
되었다. 이런 혼란은 줄리어스 시저에게 고올을 정복할 절호의 기회

〈자료 6〉 시저에게 항복하는 베르킨게토릭스

를 제공하였다. 시저와 연합할 준비가 되어 있었던 켈트 부족들의
도움으로 시저는 오늘날 스위스로 알려진 곳에 있는 헬베티(Helvetti)
를 정복하고 아리오비스투스(Ariovistus)가[13] 지휘하는 게르만인을
라인강을 가로 건너 밀어냈다. 고올 부족들은 탁월한 영도자인 베르
킨게토릭스를 중심으로 동맹을 맺고 시저군에 대항하였으나, 기원전
52년 알레시아 전투에서 패해 시저군에게 항복하였다. 〈자료 6〉은
시저에 항복하는 고올 부족의 영도자 베르킨게토릭스의 모습을 보
여주는 그림이다.

시저의 양자인 아우구스투스가 로마의 첫 황제가 된 시기에 이르
러 켈트인이 거주하던 고올은 네 개의 로마 속주인 나르보넨시스,
아퀴타니아, 루그두넨시스 및 벨기카로 나누어져 있었다. 고올 문화
는 점차로 로마의 영향을 받게 되었으며 로마제국이 몰락하였을 때
이 지역에서 유일하게 사용된 언어는 고올어(Gaulish)였다.[14] 고올의
변경을 벗어난 켈트문화는 중앙 유럽에 여전히 남아 있었으나, 로마
문화에 서서히 희석(稀釋)되어 갔다.

제3장의 주(註)

1. 힛타이트인(Hittites): 기원전 1600년 무렵 아나톨리아 북-중앙부의
   하투사(Hattusa)에 중심을 둔 제국을 세운 고대 아나톨리아 민족.
   힛타이트 제국은 기원전 14세기 중엽 수필루리우마 1세(Suppiluliuma I)
   치하에서 북부의 레반트(Levant: 지중해-에게해 동해안 지역) 및 상류
   메소포타미아의 일부 지역뿐만 아니라 아나톨리아 대부분을 포함한
   지역을 에워싸면서 절정에 달하였다. 본문에 언급된 거대한 힛타이트
   제국의 붕괴는 기원전 1180년쯤 청동기 시기가 끝나면서 제국이 여러
   개의 독립된 신-힛타이트 도시국가들로 갈라지면서 일어났다.

2. 도요지 문화(urnfield culture: c. 1300 - 750 BC): 켈트인의 후예가
   누린 중앙 유럽의 청동기 시기 후반의 문화를 지칭함. 이에 관한 자세한
   내용은 Barry Cunliffe(1997: 42-47)를 참고하기 바람. 고고학자인
   컨리프에 따르면 고분문화(Tumulus culture)에 이어 도요지 문화가 등장
   하고 이를 할슈타트 문화가 계승하였으며 언어학상으로 이 지역의 민족이
   켈트어의 초기 형태, 아마도 본래 원시 켈트어(pro-Celtic)를 사용했을
   가능성이 있었다고 주장함.

3. 키메르인(Cimmerians): C대신 K로 Kimmerians로도 씀. 그리스어로는
   ΚιμμέριοιKimmerioi라고 함. 아씨리아인(Assyrian) 기록에 기원전 8세기
   후반에 처음으로 언급된 고대 민족. 이들은 러시아 남부, 중앙아시아의
   흑해 대초원 지대에서 시작하여 코카서스산맥으로 침입해 들어와서
   기원전 714년쯤 신아씨리아 제국을 조건으로 아나톨리아 북동쪽에
   도시국가인 우라르투 왕국(Kingdom of Urartu: 성서에 등장하는
   아라라트 왕국(Kingdom of Ararat). 아르메니아 고지대에 있는 반 호수에
   위치)을 습격함. 뒤에 터키의 카파도키아에 정착한 것으로 알려지고
   있음.

4. 잘츠카머굿(Salzkamergut): 오스트리아에 있는 휴양지. 잘츠부르크
   시에서 동쪽으로 오스트리아 쪽의 알프스 전방 및 북부 석회암 알프스를

따라 닥슈타인산맥 봉우리로 이어지면서 상류 오스트리아, 잘츠부르크 그리고 스티리아(Styria: 오스트리아 남동부의 주)의 여러 연방주에 걸쳐 있음. 유네스코 세계유산으로 지정된 곳. 이 명칭은 문자 그대로 '소금 출납을 담당하는 공무집행실의 토지'란 뜻으로 당시 합스부르크 입헌 군주국의 귀중한 소금 광산을 운영하는 '군주국의 소금 집행관실'이란 말에서 유래함.

5. 포케아(Phocaea): Phokaia라고도 쓰고 그리스어로는 Φώκαια라고 함. 오늘날 터키의 포사(Foça). 아나톨리아 서부 해안에 있는 고대 이오니아인의 그리스 도시. 포케아에서 온 그리스 식민주의자들은 기원전 600년 마실리아(현재 프랑스의 마르세유) 식민지를 세웠고, 기원전 575년에는 오늘날 스페인의 카탈로니아에 엠포리온(Emporion: 현재 Empúries)을, 그리고 기원전 540년에는 이탈리아의 캄파니아에 엘레아(Elea: 현재 Velia)를 세웠다. 헤로도토스에 따르면 포케아인들은 긴 항해를 감행한 최초의 그리스인으로 아드리아 해안과 티레니족(에트루리아인의 별칭) 및 스페인을 발견함.

6. 에트루리아(Etruria): 그리스 및 라틴어 문헌에는 티레니(Tyrrhenia)로 언급되어 있으며 오늘날 투스카니, 라지오 및 움부리아 일부를 포함하는 지역에 위치하고 있었음. 이 고전적인 명칭은 19세기에 에트루리아 왕국으로 다시 돌아와 투스카니에서 1801 - 1807년까지 존재하였음.

7. 헤카타이오스(Hecataeus 영어로 헤카티우스): c. 550 - c. 476 BC. 초기 그리스의 역사가, 지리학자. 켈트 민족을 맨 처음 언급한 고전 작가 가운데 한 사람.

8. 기원전 480년 스파르타의 장군 레오니다스가 인솔하는 그리스군이 페르시아군과 싸워 전멸한 고사(古史)를 일컬음. '테르모필레'라는 지명은 유황온천과 연관되어 있어서 영어로는 'hot gates'로 번역되는데, 그리스 신화에서는 저승(지옥 Hades)으로 통하는 동굴 입구로 묘사하고 있음.

9. 텔라몬 전투(Battle of Telamon): 기원전 225년 로마공화국과 고올인 연합군(켈트인) 사이에 벌어진 전투. 이 전투에서 집정관 가이우스 레굴루스(Gaius Atilius Regulus)와 루키우스 파푸스(Lucius Aemilius Papus)가

이끈 로마인이 고올 연합군을 무찌르고 북부 이탈리아까지 그들의 영향력을 확장함.

10. 메디올라눔(Mediolanum): 원래 켈트 부족의 하나인 인수브레족의 수도인 고대 밀란(Milan)은 뒤에 이탈리아 북부에서 중요한 로마 도시가 됨. 인수브레족은 기원전 600년쯤 이 도시를 세워 인수브리아(Insbria)라고 명명하고 이 지역에 정착하였으며 로마가 이 도시를 정복한 다음에는 서유럽 기독교 신앙의 중심지 및 서로마제국의 수도가 되었다. 유스티아누스 1세 치하의 동로마제국(일명 비잔틴 제국)과 이탈리아의 동고트 왕국 사이에 벌어진 고트 전쟁(Gothic War: 535-554)의 참화로 말미암아 569년 이탈리아 북부에 침입한 게르만족의 하나인 롬바르디아족이 이 지역을 차지하면서 이탈리아 왕국의 수도는 티키눔(Ticinum)이 되었음. 기원 200년 고대 도시인 밀란이 막시 무스 황제(286-305)의 통치시기부터 서로마제국의 수도가 되었을 때 인구가 4만 명이었으나, 그 뒤 10만 명으로 증가하면서 로마 통치 아래의 이탈리아에서 가장 큰 도시 가운데 하나가 되었음.

11. 죽어가는 고올인: The Dying Gaul이라고 하며 The Dying Galatian(이탈리아어로는 Galata Morente)이라고도 함. 이 유명한 대리석 조각상은 원래 청동으로 만들어진 잃어버린 그리스식(헬레니즘 양식)의 조각 작품을 고대 로마의 대리석으로 옮긴 복제품임. 원본은 기원전 230-220년 사이에 고대 그리스 도시인 페르가몬의 아딸루스 1세(Attalus I of Pergamon)가 아나톨리아(현재 터키) 지역의 갈라티아인들, 켈트인 또는 고올인을 격퇴시킨 것을 기념하고자 만들게 한 것으로 알려져 있음. 이 조각상의 원본을 만든 조각가는 페르가몬 왕조의 궁정 조각가인 에피고누스(Epigonus)로 알려져 있음. 이 조각상의 복제품은 흔히 '죽어가는 검투사(The Dying Gladiator)'로도 알려져 있는데, 로마의 원형극장에서 싸우다가 부상을 입은 검투사의 모습을 형상화한 것이라는 가정에 근거함.

12. 술라(Sulla): 원명은 Lucius Cornelius Sulla Felix(c. 138 BC - 78 BC). 술라로 알려진 로마의 장군이며 정치가, 로마 공화국의 독재자. 국내외

수많은 전투에서 적을 물리치고 로마공화국의 최고 훈장(일명 Grass Crown)을 받은 노련한 인물이며 전략가.

13. 아리오비스투스(Ariovistus): 로마제국시기에 게르마니아(Germania)에 거주한 일단의 게르만인 집단인 수에비족(Suebi, Suevi, Sauvi)의 지도자. 그는 군대를 이끌고 주적(主敵)인 아에두이족(the Aedui)을 무찌르려고 고올지역에서 전투를 벌여 그들을 격퇴시킨 그와 추종자들은 대규모로 고올 지역과 알사스 지역에 정착하였다. 그러나 그는 기원전 58년 줄리어스 시저에게 보쥬 전투(Battle of Vosges)에서 패하여 라인강 너머로 쫓겨났다(cf. 보쥬(Vosges, les)는 프랑스 동북구의 산맥을 지칭함). 훗날 시저가 *rex Germanorum* 'King of the Germans', 곧 '게르만인의 왕'으로 부른 인물.

14. 고올어(Gaulish): 좁은 의미로는 로마제국 말기 유럽의 여러 지역에서 쓰인 고대 켈트어로 고올(오늘날 프랑스, 벨기에 및 이탈리아 북부)의 켈트인 거주자들이 사용한 언어를 지칭함. 넓은 의미의 고올어는 중앙 유럽의 상당 지역, 발칸반도의 여러 지역 및 소아시아의 광범위한 지역에 걸쳐 쓰인 다양한 켈트어를 가리킴. 고올어는 약 800년 즈음 장례 기념비나 달력, 신에게 바친 헌정사, 동전 등에 새긴 비문이나 명각에 단편으로 발견되었다. 고올어로 된 텍스트는 맨 처음 남부 프랑스에서 그리스 문자 및 이탈리아 북부의 고대 이탈리아어 문자로 쓰여졌는데, 로마가 이들 지역을 정복한 뒤에는 서체가 라틴어로 바뀌었음.

제4장 선사시기의 브리튼과 켈트인의 도래[※]

4.1. 구석기시대의 브리튼과 인간의 흔적

이 장에서는 구석기시대부터 청동기시대에 이르기까지 브리튼에 거주한 선사민족과 그들의 언어를 고고학과 인류학의 성과를 토대로 하여 먼저 살펴보고, 청동기시대에 유럽대륙에서 브리튼에 건너온 마지막 민족인 켈트인에 관해 차례로 서술하기로 한다.

로마의 역사가 타키투스(Tacitus)[1]는 기원 1세기 말에 쓴《아그리콜라》2편(*Agricola* II)에서 다음과 같이 썼다.

> 브리튼에 살던 최초의 거주인이 누구였는지 - 그가 원주민이었든(대륙에서 건너온) 이주민이었든 간에 - 알 길이 없다; 한 가지 분명한 것은 (그들이) 야만인이라는 것이다.

또한 타키투스는 원주민이었던 브리튼인(Britons)이 (스코틀랜드에 살던) 사람의 특징인 붉은 머리에 긴 팔다리를 가진 것으로 보아 게르만족의 신체적인 특징을 지녔으며, (웨일즈 남서 지방에 살던) 부족의 가무잡잡한 얼굴과 곱슬머리를 지녔다고 기술했다. 그리고 스페인과 반대편에 위치하고 있다는 사실에서 고대시기에 스페인 사람들이 바다를 건너 영국으로 들어온 것이 아닌가하는 추측을 낳게 하나, 이것은 모두 타키투스의 추측에 지나지 않는다.

브리튼인을 묘사한 또 다른 사람은 다름 아닌 시저(Julius Caesar)
이다. 그는 기원전 55-54년에 영국을 정복하려고 들어왔을 때 실제로
브리튼인을 만났으며, 이때 받은 인상을 다음과 같이 적고 있다(Caesar,
De Bello Gallico V. 12).

　내륙에는… 선주민이라고 주장하는 사람들이 살고 있었다. 해안의 여러
　곳에는 이곳을 약탈하려고 벨기움에서 바다를 건너 영국으로 쳐들어온
　침략자들이 살고 있었으며, 이들은 전투가 끝나자 곧 그곳에 정착하여
　경작에 종사하였다…

우리가 브리튼(영국) 최초의 원주민으로 부르는 브리튼인은 이른
바 'Swanscombe Man'(여성일 수도 있음)을 칭하는 것으로, 1935년 저
지대에 위치한 템즈 계곡에 있는 Swanscombe의 채석장에서 두개골이
발견된 이후 붙은 명칭이다. 고고학자들은 이 사람(남성 또는 여성)
은 호모 사피엔스(*homo sapiens*)와는 전혀 다른 인종으로, 아마도 네
안데르탈인(Neanderthal man)이었을 것으로 추정하고 있다(Morrison,
1980).

기원전 3,500년과 2,000년 사이의 어느 시기에 고대 인구어를
사용한 언어공동체가 붕괴되면서 일련의 대이동이 일어나서 인구어
민족이 동쪽과 서쪽으로 흩어지게 되었다. 이 무렵, 브리튼에는 짧고
땅딸막한 키에 이마는 좁고 낮은 턱을 지닌 구석기 시대의 인간이
살고 있었던 것으로 추정되고 있다(Barnett, 1966:74).

그가 어떻게 해서 폭풍이 심한 브리튼 해협을 건너 브리튼으로
들어오게 되었을까? 수백만 년 전 선사시대에는 오늘날과 같은
영국 해협이 존재하지 않았으며 라인강과 템즈강의 지류로 주름을
이룬 낮은 하천의 벌판이 브리튼과 유럽 대륙을 이어주고 있었는데,
9,000년 전이 채 안 된 시기에 지구의 표면이 주기적으로 변하면서
지구 내부의 깊은 곳에서 지각변동이 일어나 평야가 서서히 가라앉

고 대서양과 북해 사이에 해협(channel)이 생기게 되었다. 그 뒤 수백
년이 지나면서 밀려드는 조수로 말미암아 양안(兩岸)에 있는 회백색
석회암으로 이루어진 절벽에 침식작용이 일어나서 해협이 점차로
넓어지게 되어 오늘날과 같은 모습이 된 것이다.

　브리튼(Britain)과 아일랜드(Ireland)가 오늘날과 같이 섬으로
분리된 것은 기껏해야 8,000년을 넘지 못한다. 그전에는 이 두 섬이
북서유럽의 일부로 붙어 있는 광대한 땅에 지나지 않았다. 25만
년 전으로 거슬러 올라가면 이 땅에 최초의 석기시대 사람이 살고
있었을 것으로 추정하나, 이들은 약 18,000 - 16,000년 전 빙하기가
진행되면서 브리튼에서 사라졌다(Campbell, 1977).

　후기 구석기시대에 영국에 사람이 살고 있었던 흔적은 가우어반
도의 파빌란드 동굴이나, 디본, 서머셋, 써폭 등지에서 발견되며,
영국과 웨일즈의 여러 곳에 흩어져 있는 동굴에서도 후기 구석기
시대(기원전 13,000년에서 대략 9,000년까지의 시기)의 존재를
알려주는 증거가 나타나고 있다. 특히 영국의 디본셔를 비롯하여
서머셋셔에 있는 멘디프 구릉지, 햄프셔, 헤러포드셔, 더비셔, 랑카
셔, 요크셔 및 북부 웨일즈와 남부 웨일즈의 여러 곳에 있는 동굴에
이러한 증거들이 산재하여 있다.

　이 사람들의 대다수는 크로마뇽인(CrôMagnon race)이었다(Hawkes,
1947:18). 이들은 뼈대가 굵고 둥근 얼굴에 키가 크고 체격이 건장
하게 생긴 모습에다 대체로 긴 두개골을 지닌 인간이었다. 이것을
가장 잘 나타내주는 것이 19세기 초에 남부 웨일즈에서 발굴된 Red
Lady라고 명명된 인간으로, 실제로 개인 부장품과 함께 당시 의식의
제물로 매장된 젊은 남자의 모습을 띠고 있었다.

4.2. 중석기 시대의 브리튼: 민족과 기후

브리튼은 중석기시대에 동쪽으로부터는 중석기시대 중기의 북유럽 문화인 마글레모제(Maglemosian)문화로 알려진 삼림문화를, 남쪽과 남서쪽으로부터는 이보다 더 순수한 미소석기(microlithic) 문화인 타르데노제(Tardenoisian)문화 및 아질(Azilian)문화를 지닌 민족을 받아들이게 되었다. 이들 문화를 지닌 민족은 후기 구석기시대로부터 영국에 살던 보잘것없는 토착인들을 점령하였을 것으로 짐작되며, 이들로부터 독립을 갈망하던 토착인들 가운데 일부는 수천 년이 지난 뒤에 아일랜드로 이주하였다. 마글레모제인들은 아마도 어부와 새사냥꾼으로 늪을 지나 나무로 만든 넓은 날을 단 카누의 노를 휘저으며 오늘날 북해에 해당하는 지역을 건넜을 것이다. 이들이 사용한 카누는 퍼스의 테이강(Tay)가에 있는 점토 밑에서 발견되었는데, 이것은 서유럽에서 가장 오래된 배로 알려진 증거가 되었다.

마글레모제인들은 약간 높은 구릉으로 이루어진 브리튼의 동쪽 해안에 닿자마자 그들의 생활방식에 적합한 강의 계곡과 낮은 평야를 차지하였다. 남자들은 모피동물의 사냥, 오리, 학, 거위 등 새 사냥, 그리고 긴 창과 미늘이 없는 뼈로 만든 낚시 바늘과 그물로 물고기 사냥을 하였다. 한편 여자들은 개암나무 열매로 독특한 맛과 향을 내는 음식을 만들었으며, 중석기 시대의 음식에 점차로 중요한 요소가 된 식용 조개를 모으는 일에도 열중하였다. 이들은 삼림문화인답게 물질적인 안락을 누리며 생활을 즐겼으나, 구석기의 예술적인 전통을 유지하는 일에는 소홀하였다.

이들 삼림민족에 견주면, 타르데노제인들은 분명치 않은 민족이었다. 이들이 누린 미소석기 문화는 아마도 북아프리카에서 유래하였을 것이며, 거기로부터 점차 활력을 잃고 다른 지역으로 그 범위를 확대하여 오다가 빙하기의 마지막을 맞이하게 되었다. 이들은 미소석기 문화를 서유럽의 넓은 지역에 전하였으며, 북부 프랑스와 벨기에로부터 브리튼에까지 이 문화를 가지고 들어오게 된 사실은 이들이 남긴 작은 부싯돌에서 입증되고 있다. 이들을 통해서 개가 인간의 주거지에서 처음으로 발견되었으며 당시 개는 아마도 사냥을 위해 사용되었을 것으로 추정된다.

아질인들은 프랑스 남부로부터 구석기시대 최후기인 마드렌기 (Magdalenian)의 미소석기 문화를 브리튼에 가져온 민족이다. 대부분은 스코틀랜드 남서쪽과 오반(Oban) 근처에 있는 두 개의 동굴 및 오론세이섬의 야영지에 거주하였으나, 일부는 웨일즈와 브리튼의 남서 해안을 따라 낚시와 새 사냥, 그리고 사슴이나 곰 및 작은 동물 사냥을 주로 하여 생활하였다. 기원전 약 6,000년 중석기 시대에 영국은 유럽 대륙과 떨어지게 되었는데, 소택지가 많은 이 땅에 북해를 건너 들어온 민족은 다름 아닌 마글레모제인들이었다.

중석기 시대가 끝나기 전 브리튼의 기후는 변하기 시작하였으며 해면의 변화가 기후 변화의 한 요인이 되었다. 빙하기 말 이후 영국은 대륙풍의 기후, 곧 건조하고 따뜻한 여름을 갖는 한편, 비가 자주 내리는 날씨에 대서양으로부터 비와 안개를 동반하는 남서풍이 부는 기후를 갖는 지역이 되었다. 습기가 높아지면서 삼림의 특성도 변하여 초기 빙하 시대에 삼림을 지배하던 소나무를 몰아내고, 습기 찬 떡갈나무 숲이 풍부한 오리나무와 더불어 영국 전역을 차지하게 되었다. 선사시대의 영국에서는 이들 나무숲이 변함없이 지속되었다.

〈자료 1〉 린도우습지에서 발굴된 린도우 맨(Lindow Man)

4.3. 신석기 시대의 브리튼: 민족의 특징과 언어

영국의 신석기시대는 기원전 3,500년이나 또는 이보다 조금 이르거나 늦은 시기에 시작되어 기원전 2,000년까지 지속되었다. 이 시기로 오면 이베리아반도의 스페인과 포르투갈로부터 일단의 모험가들이 대서양을 건너 브리튼과 아일랜드로 들어오게 된다. 그러나 이들 이베리아인 항해자들은 신석기 영국을 점령한 개척자들의 주류는 아니었다. 이들은 길고 가는 머리와 섬세한 용모를 지녔고 가냘픈 체격의 검은 피부를 가진 사람들로, 오늘날 남부 이탈리아인 가운데 순 혈통을 지닌 고대 지중해인의 모습을 그대로 간직하고 있었다.

바다를 건너 브리튼에 들어온 이들은 빠르게 고지대로 퍼져 나갔으며 링컨셔와 요크셔를 지나 스코틀랜드 저지대로, 그리고 얼마 지나지 않아 바다를 건너 아일랜드 북동쪽으로 진출하였다. 비로소 브리튼의 산허리에서는 최초로 경작지가 나타났고, 고지대에서는 양, 염소, 집오리, 새 등 짐승의 무리와 소, 돼지 등 가축의 무리를 방목하였다. 사람들은 비로소 처음으로 함께 모여 주거지를 만들고 무덤을 선정하는 일을 대규모로 하게 되면서 가장 초기의 인간의 활동을 보여주는 수공예품도 눈에 띄게 되었다. 신석기시대에 이들이 생활하던 선사 주거지는 디본에서 서섹스에 이르는 남부 잉글랜드에서 발견되며, 대부분 회백색의 연토질 석회암으로 된 언덕진 초원지대에 펼쳐져 있다. 이 주거지 가운데 가장 크고 가장 완벽하게 발굴된 곳은 윌트셔의 에이버리에 있는 윈드밀고지(Windmill Hill)로, 고고학자들은 이 지명을 따서 윈드밀고지문화, 윈드밀고지 민족이라고 부른다.[2]

윈드밀고지 민족과는 또 다른 갈래의 민족으로 피터보로 민족(Peterborough people)이 있었다. 이들은 대부분 영국의 중석기시대에 거주했던 부족의 후예들로서, 짐승을 사냥하고 가축을 모는 일 그리고 단순히 경작하는 일과 같은 신석기시대의 일을 하는 한편으로 사냥꾼과 어부로서의 옛 생활방식도 그대로 계속하였다. 이들이 주로 영국의 동부를 차지한 것과 달리, 윈드밀고지 민족은 영국의 남부와 서부에 집중되어 고지대보다는 강의 계곡과 습지대 그리고 해안가에서 생활하였다. 피터보로 민족의 주거지에 관해서는 알려진 것이 거의 없다. 그 이유는, 이들 부족이 습지에 흙을 쌓아 올려 만든 임시 주거지의 규모로 볼 때 공동체 사회에 대한 개념을 갖고 있지 못하였기 때문이다. 유일하게 알려진 이들의 주거지는 중석기시대의 선조들의 피난처 구실을 한 것과 같은 모양으로, 밑바닥은 지면 아래로 조금 내려가고 작은 나무가지로 엮어서 벽과 지붕을 만든 둥근 오두막이었다.

신석기시대에 브리튼에 살던 사람들의 주거지는 영국 문화의 발달에 자극제가 된 고도로 발달된 지중해의 문명과 브리튼 사이의 기나긴 접촉의 첫 시도가 되었으며, 나중에 영국사에 영향을 끼치게 되는 로마제국, 기독교 교회 그리고 르네상스에 버금가는 중요성을 띠고 있었다. 구석기와 중석기시대에 브리튼에 거주한 인구는 매우 적었으며 기껏해야 수백 명을 헤아리는 정도였다. 이들은 계절에 따라, 그리고 신선한 식량의 공급원을 찾아 한 지역에서 다른 지역으로 이동하였다.

이들 민족이 다양한 언어를 사용했을 것이라는 추측은 할 수 있으나, 실제로 어떤 언어를 사용했는지는 전혀 알 수 없다. 켈트어 학자인 존스(Jones, 1899)와 포코니(Pokorny, 1926-30)의 주장에 따르면, 웨일즈어와 아일랜드어는 각각 통사상의 특징을 많이 지니고 있는데, 이들 특징은 인구어(Indo-European languages)에 나타나는 일반적인 특징이 아니라 북아프리카의 햄어(Hamitic languages)[3] 특히, 고대이집트어 및 그 후예인 콥트어(Coptic)와 베르베르어(Berber)에 엿보이는 것과 놀라울 정도의 유사성을 보여주고 있다는 것이다.

이들은 여기서 한 걸음 더 나아가 당시 거주 인구에 나타난 켈트어 이전의 어떤 기층(stratum)이 스페인과 프랑스를 거쳐 북아프리카로 부터 영국에 전해졌을 것이라는 견해와 인류학적인 증거가 일치한다고 지적하고 있다. 따라서 이들이 내세우고 있는 두 언어의 특징은 선(先)켈트어와 햄어 기층에서 유래한다는 결론을 내렸다. 이것은 선(先)켈트어를 사용한 인구가 뒤이어 들어오는 켈트인과 섞이게 되면, 결과적으로 원래 켈트어이면서 다른 언어에서 들어온 다양한 통사상의 특징을 지니게 되는 혼합어가 된다는 것을 암시하고 있다. 예컨대, 앵글로-아일랜드어인 'I am after seeing him'이란 문장은 'I have seen him'이란 뜻으로, 영어 단어로 이루어져 있으나 실은 전형적인 아일랜드어의 복제판이며 웨일즈어이기도 한 문법상의 구문을 이루고 있다.

4.4. 비커족과 이베리아인의 출현

인류사에 엄청난 영향을 끼친 과학상의 진보는 인간이 금속, 특히 구리(copper)를 추출하고 이를 녹여서 물건을 주조하며 순 구리보다 더 단단하고 더 쉽게 주조할 수 있는 청동제품을 만드는 방법을 배우기 시작하면서 나타났다. 구리 및 청동제품을 브리튼에 도입한 이들은 기원전 1,900년쯤 초기 청동기시대에 대륙에서 브리튼에 들어온 이른바 비커족(Beaker Folk)인데,[4] 브리튼에 초기 청동기시대를 연 장본인이었다. 비커족이란 명칭은 도기로 만든 독특한 모양의 비커(컵) 또는 음료용 단지를 무덤에 두는 그들의 관습에서 붙여진 것이다.

비커족은 목축을 주로 하는 민족으로, 그들이 사용하는 주무기는 활과 끄트머리에 부싯돌을 칭칭 감은 화살이었다. 양(羊)은 이

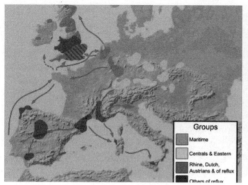

〈자료 2〉 왼쪽은 비커족의 유럽과 브리튼 이동 경로와 문화 분포이며, 오른쪽은 비커족이 만든 높이 13cm의 용기이다.

들의 주요 식량원이었으며 보헤미아에서 브리튼에 이르기까지 서유럽의 광범위한 지역에 퍼져 있었다. 비커족이 만든 도기는 서지중해 지역에서 초기 신석기시대의 도자기 전통으로부터 발달해온 것으로, 비커 문화(Beaker Culture)는 아마도 목축 경제를 지배한 신석기 유럽에 널리 퍼져 있었던 전통의 하나로 설명될 수 있을 것이다. 오늘날 웨일즈의 일부 지방에서는 선사시대에 브리튼에 들어온 비커족의 신체적인 특징을 그대로 물려받은 후예들이 아직도 생활하고 있다.

비커족은 네안데르탈인처럼 키가 크고 넓은 머리에다 강인한 골격, 건장한 체격을 갖추고 선이 뚜렷한 이마와 단호한 턱을 지닌 민족으로, 균형 잡힌 긴 머리를 가진 신석기시대의 선조들과는 뚜렷한 대조를 보여주었다(Hawkes 1947:52). 비커족의 흔적은 오늘날 디강(Dee)과 와이강(Wye) 등, 그리고 티위 계곡과 넓고 얕은 글라모건 계곡의 여러 곳에 산재하고 있다(Bowen, 1957:131-40).

브리튼에서 신석기 시대에 살던 인간이 어떤 언어를 사용했는지에 관해서는 기록이 남아 있지 않아서 알 길이 없다. 다만 청동기시대에 브리튼이 아닌 다른 세계 지역에서 살던 민족이 쓰던 언어에 관한 기록은 현존하고 있기 때문에 그 일부를 알 수 있을 뿐이다.

〈자료 3〉 Linear B에 새겨진 음절문자

가령 후기 청동기 시대에 미노스와 미케네 문명을 나타내는 이른바 'Linear B' 문자로 된 명판(tablets)에 새겨진 언어(C. 1500 - 1100 B.C.)[5]는 그리스어의 초기 형태를 보여주고 있다.

켈트인이 브리튼에 들어오기 훨씬 전인 기원전 5,000년 이후에 브리튼에 들어온 최초의 침입자는 신석기 문화를 지니고 지중해로부터 들어온 이베리아인(Iberians)으로, 영국에 들어온 이들은 구석기 시대에 거주한 인구를 몰아내고 정착하여 생활하였다. 이들은 유목생활을 하던 그들의 조상과는 달리, 호수가의 매끄러운 가장자리와 소택지대에 기둥으로 받쳐 높이 올려 지은 집[stilt-houses]을 짓고 생활하였다. 이들은 베를 짜며 도기를 만드는 법을 알고 있었고 사람이 죽으면 고분이나 무덤을 만들어 매장하였다. 이들은 피부나 눈, 그리고 머리칼이 검은 민족으로, 그러한 흔적은 오늘날 아일랜드와 웨일즈의 인구 가운데 검은 머리칼을 지닌 사람들을 발견할 수 있는 사실로도 입증되고 있다. 고고학자들은 오늘날 지구상의 어느 다른 언어와도 관련되지 않은 바스크어(Basque)[6]에 이들이 사용한 언어의 자취가 아직도 남아 있다고 믿고 있다.

청동기 시대에 브리튼과 서유럽 전체에서 사용하던 언어가 무엇이었는지에 관해서는 전혀 알려져 있지 않다. 다만 고고학자들의 연구에 따라 청동기시대에 유럽대륙으로부터 영국에 들어온 비커족이 사실상 켈트인이었다는 것과 이들이 영국에 구리와 청동을 도입하였고, 유명한 스톤헨지(Stonehenge)를 세운 민족이라는 사실만 밝혀졌을 뿐, 이들이 사용한 언어에 관해서는 아직까지 밝혀진 바가 없다.

4.5. 브리튼에 들어온 켈트인과 예술

그러면 이들 유럽의 켈트인과 그들의 문화는 어떤 경로를 거쳐 브리튼(영국)에 들어오게 되었는가?

켈트인의 브리튼 침입은 기원전 600년 무렵부터 시작되는데 대체로 세 가지 경로를 거쳐서 선사시대의 브리튼에 들어왔다(Oman, 1913:11—31). 우선 켈트인 가운데 바다를 건너 맨 처음 영국에 들어온 부족은 고이델인(Goidels)이었는데, 이들은 나중에 영국제도(British Isles), 곧 아일랜드에서의 어스어(Erse)[7]의 여러 방언, 스코틀랜드 고지에서 쓰인 게일어(Gaelic) 그리고 맨섬어(Manx) 등을 사용한 민족들의 조상이었다. 이들 고이델인은 영국의 청동기시대를 지배한 짧은 두개골에 고분 모양의 둥근 움막집[barrow]에서 거주한 원주민들을 정복한 다음 북쪽과 서쪽으로 밀고 들어가서 스코틀랜드 북부 및 북서부의 고지대와 아일랜드까지 진출하였으나, 끝내 정복당하였다. 그러나 이들 초기 고이델인은 점차로 그들을 정복한 부족과 섞여 생활하였으며, 정복자들의 신체 유형과 관습, 심지어는 그들의 언어와 종교에까지도 많은 영향을 미쳤다.

두 번째 이동한 켈트인은 중부 및 동부 고올에 거주한 대다수의 부족으로 이루어진 브리손인(Brythons)으로, 해협을 건너 영국으로 들어온 이들을 시저는 본토 켈트인이라고 불렀다. 브리손인들은 브리튼의 중부와 서부를 넘어 포스(Forth)와 클라이드(Clyde) 하구 그리고 멀리 아일랜드해까지 침입해 들어갔으며, 이들의 언어가 오늘날까지 쓰이고 있는 웨일즈어(Welsh)와 프랑스의 최서부에서 아직도 남아 있는 브르타뉴어(Breton) 그리고 오늘날에는 사어(死語)가 된 콘월지방의 언어인 코니시어(Cornish)로 나뉘어졌다.

이들은 맨 처음 브리튼에 들어와서 정착한 선켈트(pre-Celtic) 인구의 마지막 부족인 고이델인을 북쪽과 서쪽으로 몰아내었다. 고이델인의 일부는 브리손인에 동화되었으나, 여전히 많은 수를 차지한 고이델인은 아일랜드로, 스코틀랜드의 고지대로, 또는 북쪽과 서쪽의 멀리 떨어진 섬으로 피신하여 정착하였다.

고이델인이 거주한 지역에서는 켈트인이 지배 계급을 이루고 켈트인이 아닌 부족이 주로 예속 계급을 이루고 있던 것과 달리, 브리손인이 거주한 곳에서는 지배계층을 형성한 귀족사회가 브리손인들로 구성되어 있었다. 고이델인이 수세기 전에 정복한 초기 민족(비인구어민족)의 피가 어느 정도 섞인 고이델인이 농노(serf) 계층을 이루고 있었다. 영국과 아일랜드는 모두 켈트인들이 거주한 땅이었으나, 이들보다 먼저 들어온 비인구어족 원주민의 피가 이들 켈트인에게 섞였을 가능성도 배제할 수 없다. 브리손인들이 영국에 침입한 지 수세기가 지난 뒤에 비켈트어가 브리튼과 아일랜드에서 쓰이고 있었음을 입증하는 확실한 증거는 없다. 그러나 멀리 떨어져 생활한 고이델인의 주거지에서 비켈트인의 혈통이 어느 정도 존재하고 있었음을 부인할 수는 없다.

로마와 그리스의 사가(史家)들이 지적하고 있듯이, 금발 머리에 키가 큰 켈트인들 가운데 검은 머리에 작은 체구를 지닌 인종이 있었다는 것은 비켈트인의 피가 이들 민족에게 어느 정도 흐르고 있었다는 증거가 된다. 이러한 특징은 특히, 켈트 족장(chief)과 전사(warrior)의 외모에서 잘 나타나고 있다. 그러나 고이델인과 브리손인은 영국에 건너오기 전 대륙에 있을 때, 뒤에 영국에 들어와서 그들의 희생자가 된 부족과 유사한 인종인 단구(短軀)에다 피부가 검은 다른 민족을 정복함으로써 대륙에서 이미 어느 정도 그들의 종족을 뒤섞었을 가능성이 있다.

이들은 다뉴브와 라인강으로 전진하면서 농노와 하인들을 징발하였을 것이며, 영국 해협을 건너서 섬으로 들어왔을 가능성도 있다. 그러나 화장(cremation)을 하는 켈트인의 풍습으로 인해 그들의 왕과 족장 및 전사들은 흔히 불에 태워 버렸기 때문에 지배계급의 유골을 조직적으로 검사하거나 측정할 기회가 거의 없어, 그들의 혈통을 단정적으로 결론을 내리기가 어려운 실정이다.

브리튼에 들어온 세 번째 켈트인의 침입은 시저의 기록에 나와 있는 벨가이인(Belgae: [bɛlgaɪ]로 발음)[8]의 이동이다. 이들은 시저가 영국에 들어오기 훨씬 이전인 기원전 2세기와 아마도 기원전 2세기 중엽 북부 고올 지역과 벨기에(Belgium)에서 바다를 건너 브리튼으로 들어와, 비교적 짧은 기간에 서머셋셔(Somersetshire)에서 켄트에 이르는 영국의 남동부와 멀리 북으로는 템즈강 계곡의 변두리까지 주거를 정하고 정착하기에 이르렀다. 벨가이인들은 고이델인에 견주어 브리손인에 더 가까웠으나, 그들의 인척이 되는 이들 부족들을 무자비하게 정복하였으며 때로는 이 부족들을 북쪽 또는 서쪽으로 몰아내었다. 따라서 이들 켈트족이 브리튼에 침입하기 시작한 연대를 기원전 600년이나 조금 늦은 시기라고 보는 것은, 이들이 대륙에 있을 때 그들의 주거지로부터 다소 멀리 떨어진 이탈리아까지 침입해 들어간 시기가 기원전 540년으로 기록되어 있는 것과 그 괘를 같이 하기 때문이다.

벨가이인들은 시저의 시기와 클라우디우스(Claudius) 황제가 로마를 통치한 시기 사이에 브리튼 침입의 절정을 이루었다. 수많은 벨가이 부족과 각기 다른 왕조가 브리튼에 존재하고 있었고, 그들의 영향력이 브리튼의 저지대까지 미치고 있었음이 당시 사용된 동전에서 입증되고 있다. 이 시기에 벨가이인들은 로마세계와 활발한 교역을 펼쳤으며 켈트 문화가 유럽대륙에서 거의 사라져 갔을 때 섬나

라에서만 엿볼 수 있는 그들 나름의 정교하고 독특한 예술을 발전시
켰다.

영국에 들어온 이들 켈트인은 새로운 형태의 검(sword)을 브리튼에
도입하였으며, 이때부터 유럽 대륙의 다른 수입품과 같이 브리튼의
금속세공인들이 재빠르게 모조품을 만들어 내는 계기가 되었다.
특히 기원전 5세기부터는 켈트인들이 대륙과의 교역으로 할슈타트와
라떼느에서 제품을 끊임없이 수입해 옴으로써 브리튼에서 이 제품의
모조품과 개량 제품이 계속해서 나오게 되었다. 기원전 1세기에 이르
러서는 브리튼 전역에 라떼느 문화가 정착되었으며, 지역에 따른
라떼느 문화의 변형도 나타나게 되었다. 이 시기를 전후하여 대륙으
로부터 더 많은 켈트인들이 브리튼에 침입하게 되는데, 이들의 침
입은 역사적으로나, 고고학상으로도 잘 입증되어 있다.

4.6. 켈트사회의 구성과 로만 브리튼 시대

대륙의 켈트인들이 브리튼에 들어옴으로써 한편으로는 브리튼
남부에 켈트문화의 전성기를 이루었고, 다른 한편으로는 로마와의
접촉을 통해 교역로를 개방하였다. 후자는 나중에 로마가 영국을
정복하고 켈트시대의 잉글랜드와 웨일즈가 로마인의 브리타니아로
변하는 데 아무런 역할을 하지 못하는 결과를 초래하였다. 바로 이
시기, 곧 기원전 1세기에 이루어진 역사와 켈트인이 사용한 동전에서
입증되듯이 켈트인 부족들의 명칭이 비로소 역사책에 등장하게 되
었다.

브리튼 귀족사회에 높은 생활수준을 가져온 민족은 다름 아닌 벨
가이인들이었으며, 이들의 영향으로 거의 모든 마을에 매우 진보된
주거지가 발달하였다. 또한 이들의 후원 아래 금속 세공인과 도공(陶工)

들이 큰 업적을 이루었고, 철기시대의 브리튼에 켈트인들이 남긴 가장 훌륭하고 정교한 예술이 오늘날까지 전해졌으며, 기원 43년 로마인이 브리튼을 정복하기 전 150년 동안은 브리튼이 많은 면에서 가장 찬란한 켈트시대의 신기원을 이룩한 기간이었다.

켈트사회의 핵심 구성원으로서 드루이드교단은 드루이드교 사제, 음유시인(bards) 및 예언가(ouates)의 세 부류로 구성되어 있었다. 음유시인은 풍자가이며 찬미자로, 예언가는 제물을 드리고 예언을 행하며 삼라만상의 본질을 정관(靜觀)하는 일을 행하였다. 드루이드교에는 하나의 우두머리 사제(arch-druid)가 있어서 모든 드루이드 사제와 켈트인의 숭앙의 대상이 되었고, 이들이 만든 드루이드 교리는 나중에 고올지방으로 소개되기도 하였다. 시저 시대에는 드루이드 교리를 배우러 대륙에서 브리튼으로 많은 사람들이 건너오기도 하였다. 드루이드교 사제(druids)가 제신(諸神)의 숭배의식을 집행하는 한편으로, 부족과 개인의 모든 분쟁을 판단하고 해결하는 심판관 역할도 하였다. 드루이드 사제들은 전쟁에도 나가지 않았으며 세금도 내지 않는 특권을 누렸는데, 이들은 이러한 특권을 당연한 것으로 여겼다. 드루이드교를 따르려는 젊은 켈트인들이 수많은 시(verse)를 외우고 교리를 배우는 데 20년이 걸렸으며, 영혼은 소멸하는 것이 아니라 죽은 뒤에 한 육체에서 다른 육체로 옮겨가는 것이라는 교훈을 되풀이해서 배움으로써 켈트인의 용맹을 드러내 보이는 최선의 동기로 생각하였고 또한 죽음의 공포를 두려워하지 않았다.

켈트사회는 부족마다 가족단위로 이루어진 사회구성원이 모여 더욱 큰 부족의 구성원을 이루었으며, 드루이드교 사제계급, 기사계급(equites), 학자, 전사 또는 귀족 그리고 평민으로 이루어진 하위 계급(plebes) 그리고 최하층계급인 노예들로 조직되어 있었다. 왕과 부족의 우두머리인 여러 족장(chief)들이 이들 켈트인들을 다스렸다.

켈트족들은 응집력과 단결심이 부족하여 영토 확장과 정치상의 목적으로 이웃 부족들과 끊임없이 경쟁을 벌였으며, 시저가 기원전 55년과 54년 영국에 출정하기 직전에도 각 부족들은 서로 사소한 일로 싸우고 있었다. 그러자, 기원 43년 영국 남부의 아트레바테스 족(the Atrebates)이 그들의 가계(家系)를 클라우디우스 황제가 통치하던 로마인에게 팔아 버렸으며, 로마군의 전진기지가 이곳에 설치되었다. 이 부족의 지도자인 코지두브누스(Cogidubnus)는 가계를 팔아넘긴 대가로 로마로부터 엄청난 부(富)를 보상받았으며, 이것은 중세시기 또는 튜더시기까지도 이 부를 능가할 사건이 일어나지 않을 정도로 막대한 것이었다. 이로 인해 로마는 신속하게 영토를 확장해 나갔으며 로마군의 전차와 용맹한 영웅들을 당해낼 켈트 부족은 존재하지 않았다.

기원 47년, 영국은 험버강(the Humber)에서 브리스톨 해협에 이르는 경계선 남쪽이 로마의 지배 아래 들어갔으며 기원 60년대에는 웨일즈가 정복되고, 그 세기의 말에 이르러 뒤에 잉글랜드라고 불리게 된 지역과 웨일즈는 그 뒤 300년 동안 사실상 로마의 영토가 되었다. 이 지역에 거주한 대부분의 켈트인은 로마의 시민이 되었으며, 이들을 로마 지배하에 있지 않은 순수 켈트인들과 구분하여 로만 브리튼인(Romano-Britons)이라고 부른다.

제4장의 주(註)

※ 이 장의 내용은 필자의 저서《앵글로색슨족의 역사와 언어》, 지식산업사, 2001의 〈1장: 선사시대의 영국〉에서 일부를 발췌하고 내용을 보완한 것임.

1. 타키투스(Tacitus): c. AD 56 - and AD 120. 라틴어명은 Publicus(또는 Gaius): Cornnelius Tacitus. ['tæsɪtəs] 또는 고전 라틴어로는 ['takɪtʊs]로 읽음. 가장 위대한 로마 역사가 가운데 한 사람으로 알려졌고 로마제국 시기의 원로원 의원이며 역사가로 활동함. 현재 그의 두 주요 저술인

《연대기》(*the Annals*)와 《역사서》(*the Histories*)의 일부가 현존하고 있다. 기원 14년 아우구스투스 사망부터 기원 70년 1차 유대인-로마 전쟁 시기까지의 역사를 기록한 이 두 저술에는 로마 황제였던 티베리우스, 클라우디우스, 네로의 통치 시기의 역사도 포함되어 있음. 그의 다른 저서로는 《게르마니아》(*Germania*) 및 로마가 브리튼을 정복하는 데 기여한 로마 장군으로 그의 장인 아그리콜라(Agricola)의 생애를 기록한 *Agricola*가 있음. 이 책에 인용한 부분은 《아그리콜라》 2편에 수록된 내용의 일부임.

2. 윈드밀고지(Windmill Hill): 잉글랜드 윌트셔 주에 있는 신석기시기의 저습지에 흙을 쌓아 만든 둑길로 된 담(벽)으로, 주거지이다. 21에이커나 되는 지역을 둘러싼 울타리로는 브리튼에서 가장 큰 것으로 알려져 있음. 고고학상 기원전 3800년 즈음에 윈드밀고지 민족이 맨 처음 차지한 것으로 추정하고 있음.

3. 햄어(Hamitic): 성서(창세기 10장)에서 유래한 노아의 세 아들 가운데 한사람인 햄(Ham)에서 유래. 19세기가 시작되면서 학자들이 샘 인종과 함께 코카서스 인종의 하위군으로 분류하고 고대 이집트인을 포함하여 북아프리카의 원주민인 비(非)셈족(non-Semitic)을 함께 묶어 분류하였음.

4. 비커족(Beaker folk): 후기 신석기시기에서 시작하여 초기 청동기시기로 이어지는 선사시기 서유럽에 광범위하게 흩어져 있던 민족으로, 이들이 누린 '고고학상의 문화'를 Bell-Beaker culture, 줄여서 Beaker culture라고 함. '비커'라는 용어는 스코틀랜드의 고고학자인 존 애버크롬비(John Abercromby: 1841-1924)가 이 문화가 지닌 독특한 도자기로 된 음료용 단지를 근거로 만든 말임.

5. Linear B: 그리스어의 가장 초기 문자인 미케네 그리스어를 쓰고자 만들어진 음절 문자. 수세기에 걸쳐 그리스 알파벳보다 앞선 시기에 만 들어짐. 가장 오래된 미케네 문자는 기원전 약 1450년 무렵으로 올라가며, 이보다 더 오래된 Linear A에서 내려온 것으로 미노아어(Minoan language) 표기를 위해 사용된 해독되지 않은 초기의 문자임. Linear B는 약 87개의 음절 기호와 100개가 넘는 표의 기호로 이루어져 있으며, 음가(音價)는

없고 문장을 쓰는데 단어 기호로 쓰이는 일이 없음.

6. 바스크어(Basque): [bæsk] 또는 [bɑ:sk]로 읽음. 바스크어로는 Euskara, IPA: [euŝˈkaɾa]로 씀. 스페인 북부와 프랑스 남서부에 인접한 지역, 피레네 산맥 서쪽 끝에 거주하는 민족의 언어로 언어학상으로는 유럽의 다른 언어들과 무관하며 고립된 언어에 속함. 바스크어는 현존하는 선(先)인도유럽제어의 하나로 서유럽에서는 유일한 언어임.

7. 어스어(Erse): [ə:rs]로 발음. 역사상으로는 브리튼에서 아일랜드로 건너간 켈트인들이 사용해 온 인도유럽어족의 한 갈래로 고이델어계에 속하는 아일랜드어의 한 방언. 아일랜드 및 스코틀랜드 고지대의 켈트인들이 사용한 고대 켈트어로 오늘날 아일랜드 게일어(Irish Gaelic) 및 스코티시 게일어(Scottish Gaelic)가 되었음.

8. 벨가이인(Belgae): '벨가이'란 민족 명칭은 '분노/전투의 맹위 등으로 넘쳐나다'란 뜻의 원시 켈트어의 어근인 *beig- 또는 *boig-에서 유래하며, '매우 화가 난'이란 뜻의 네덜란드어 형용사인 gebeigd 및 '화가 나 있는'이란 뜻의 verboigen과 동계어이다. 별표(*)는 재구형(再構形 reconstructed form)을 의미함. 고대영어 동사인 beigan 'to be angry'(원시 게르만어인 *baigiz에서 유래) 또한 원시 인도유럽어의 어근(語根)인 *bheigh-('to swell, bulge, billow')에서 유래함. 시저가 고올을 정복했던 시기(58-51 BC)에 이 지역을 세 지역으로 나누어 서술하였는데, 남서쪽은 아퀴타니족(Aquitani), 중앙의 가장 큰 지역은 고올인으로 켈타이어(Celtae, 곧 켈트어)를 쓰고 북쪽으로는 벨가이인(the Belgae)이 거주한 것으로 기록하고 있다. 이들 세 부족은 각각 관습, 언어 및 법률이 서로 달랐다. 시저는 이들 세 부족 가운데 벨가이인이 가장 용맹한 민족이며, 고도로 발달한 로마 속주의 문명에서 가장 멀리 떨어져 있었고, 사치품 판매 상인들이 가장 적게 내왕했으나 라인강을 건너는 게르만인들에게는 가장 가까운 거리에 있던 민족이었다고 서술하고 있음.

제5장 켈트인의 종교와 드루이디즘[※]

5.1. 고대 켈트인의 종교: 다신교적 성격

앞에서 고대 켈트사회가 부족마다 가족 단위로 이루어진 사회 구성원이 모여 보다 더 큰 부족의 구성원을 이루고 여러 계급으로 이루어진 사회를 구성하였다고 기술한 바 있다. 이들 계급의 최상층부에 있는 조직이 곧 드루이드교 사제계급이었다. 켈트시대에 제신(諸神)의 숭배의식을 집행하며 부족과 개인의 모든 분쟁을 판단하고 해결해 주는 심판관 역할을 수행하기도 한 드루이드 교단은 켈트인들에게 어떤 종교였으며 켈트사회 전체에 어떤 의미를 지니고 있었을까? 이 장에서는 단순히 하나의 신화로만 볼 수 없는 고대 켈트인의 종교인 드루이드교에 관해 자세하게 살펴보기로 한다.

켈트인의 종교에 대해 언급할 때 우리는 흔히 기록으로 남겨놓은 켈트인의 신화를 얘기하는 경우가 많다. 그러나 비록 신화의 성스러운 전통이 제례의식과 축제에 관련된 신앙을 설명하는 일과 관련된다고 해도 종교는 단순히 신화가 아니다. 다만 종교와 신화 사이에는 미묘한 한계가 나타나는데, 이것은 곧 제신 숭배 및 이와 연관된 의식과 신앙을 의미하게 된다.

고대 켈트인들은 체계적인 형태로 그들의 신앙을 후세대에 기록으로 남기지 않았기 때문에 기독교 이전 시기의 켈트인이 지녔던 종

〈자료 1〉 런던 박물관(Museum of London) 소장 쿠노벨린 왕의 동전 2개

교를 그들의 무덤에서 새삼스럽게 끄집어내는 것은 불가능하다고 믿는 이들이 있었다. 그리하여 이들은 17-19세기에 유행했던 비현실적이고 허구적인 방법을 써서 고대 켈트인들이 행한 불가사의한 모든 형태의 종교 의식을 밝혀줄 연구를 기대해 왔다.

고대 세계의 거의 모든 종교가 그렇듯이 켈트인의 종교 또한 다신교적인 성격을 지니고 있었다. 켈트인이 신봉하는 신은 남신과 여신을 합쳐 400명이 넘었고 지역의 제신(諸神)이거나 또는 부족의 남신과 여신이 대부분이었다. 그러나 켈트세계 전체를 통해 찾아볼 수 있는 켈트인의 신은 수백 명이 더 있었다. 이처럼 신성(神性)의 상당 부분은 켈트인이 믿는 주요 신들이었다. 시저는 《갈리아 전기》의 주석에서 켈트인의 신을 로마의 제신(諸神)과 동등한 신으로 다루려고 하였으나 그 결과는 그의 주장대로 일치하지 않았다. 69명보다 적지 않은 켈트인의 제신이 켈트인의 거주지에서 출토된 비문에서 로마의 군신(軍神)의 명칭과 짝을 이루어 발견된 것이다.

고고학자들이 에섹스의 할로우(Harlow)에 있는[1] 철기시기의 로마-브리튼 신전을 발굴하고 있었을 때 철기시기 토대의 자갈에서 기원전 1세기 후반에서 기원후 40년대까지 로마침입 이전의 브리튼 왕이었던 쿠노벨린[2]의 동전이 출토되었다(cf. Cunobelin. 라틴어로 쿠노벨리누스Cunobelinus라고 함). 쿠노벨린은 '사냥개'(hound)란 뜻의 cuno- 와 '벨레누스 신'(god Belenus)을 뜻하는 Belenos가 합쳐진 복합어로 셰익스피어의 희곡에도 등장하며, 웨일즈어에서는 Cynfelyn, 중세 라틴어에서는 Kymbelinus 또는 Cymbeline으로도 불린다. 쿠노벨린왕은 브리튼 남동쪽의 상당한 지역을 통치하였고, 로마의 고전 역사가인 수에토니우스(Suetonius)[3]가 '브리튼의 왕' (Britannorumrex)이라는 명칭으로도 불렀다. 그는 당시 카물로두눔(트리노반테스족의 수도. 현재 콜체스터)과 카투벨라우니족의 수도인 베를나미온(후에 '베룰나미움'이란 로마의 작은 마을이 됨. 현재 St. Albans)에서 동전을 주조하였다.

출토된 동전 뒷면의 디자인은 의심의 여지없이 켈트인 성직자의 모습이었다. 동전의 한 쪽에는 벌거벗은 고위 성직자가 아마도 가죽으로 만든 앞치마를 두르고 잘라낸 인두(人頭)를 들고 있는 모습이 보이고, 다른 쪽에는 의식을 치르는 제단에서 왕이 홀(笏 sceptre)을 지니고 있는 모습이 보인다. 이것은 철기시기에 드루이드교 사제가 소름이 끼칠 정도로 제례 의식을 행하는 것을 상징적으로 보여주며, 만약 그렇다면 출토된 동전들은 이 시기의 상황을 묘사한 것이라고 볼 수 있다.

줄리어스 시저는 켈트인이 매우 종교적인 민족이라고 기술하였으며, 켈트인의 이러한 특징은 켈트인의 뒤를 이어 오늘날까지 내려온 후세대인 현대 민족들(아일랜드, 웨일즈, 스코틀랜드)에게도 여전히 전승되고 있다. 로마인이었던 시저는 켈트인의 종교를 때로는 신비스럽고, 때로는 낯설고 야만적인 것으로 보았다. 이들의 종교는 때로 기괴하기도 하고 때로는 현세적이며 그러면서도 종교의 상당 부분은 이해하기 어려운 수수께끼와 같은 측면을 지니고 있었다.

5.2. 드루이드교(인)의 전통과 종교의식

그렇다면 고전 작가들의 작품에서 켈트인의 종교와 최고 성직자인 드루이드교 사제들은 어떻게 묘사되었을까? 또한 고고학 성과에서 드러난 것과 같이 인간의 두개골, 나무로 만든 조상(彫像), 의식을 치르는 (땅의) 구멍들, 그리고 기묘하게 생긴 조각품, 이런 것들로부터 이끌어낼 수 있는 켈트인의 종교는 어떤 것이었을까?

우선 켈트인의 신에 관한 탐구의 출발점은 드루이드교라는 주제에 대해 서술한 시저의 책에 잘 나타나 있다. 그는 《고올의 정복》(*The Conquest of Gaul*: S. A. Handford 번역, 1951)에서 켈트인의 드루이드교에 관해 다음과 같이 서술하고 있다.

드루이드교 사제들은 신에 대한 경배 의식을 집전하고 공사(公私) 간에 산 제물을 관리하며 모든 종교적인 의문에 판정을 내린다. 많은 젊은이들이 드루이드교의 교육을 받으려고 사제들에게 몰려든다. 그리하여 사제들은 그들로부터 큰 존경을 받는다. 드루이드교 사제들은 사실상 부족 사이에 일어나는 것이든 개인 사이에 일어나는 것이든 간에 모든 분쟁의 심판관 역할을 도맡는다. 범죄나 살인이 발생하거나 상속이나 부족 사이의 경계 다툼이 일어나면 이 문제를 조정해주고 관련된 부족이나 당사자들이 서로 주고받을 보상을 정하게 된다. 드루이드 교리는 브리튼에 존재하는 것으로 알려졌으며 그곳에서 고올 지방으로 수입되었다. 오늘날까지도 드루이드교의 심오한 가르침을 배우려는 이들은 고올에서 브리튼으로 건너가는 것이 일반적이다. 드루이드교 사제들은 징집당하지 않으며 일반 시민과 달리 세금도 면제받는다. 이들이 누리는 이와 같은 중요한 특권으로 말미암아 많은 이들이 자발적으로 드루이드교의 신봉자가 되려고 하고, 한편으로는 그들의 부모나 친척이 보내기도 한다. 드루이드 교리를 배우려는 이들은 엄청난 양의 시를 외워야 하는데, 교리를 공부하려고 20년이나 걸리는 이들도

있다… 드루이드교 사제들이 공들여 가르치는 교리는, 영혼이 사라지는
것이 아니라 죽은 뒤에 한 육체에서 다른 육체로 이동한다는 것이다;
이것이야말로 용기를 자극하는 것이며 인간이 죽음의 공포로부터
벗어나는 것이라고 여기기 때문이다. 드루이드교 사제들은 천체와
그들의 이동, 우주와 지구의 크기, 현실세계의 물질 구성 그리고 신들의
힘과 속성에 대해 토론하기를 즐기며 젊은이들에게 이 모든 주제들을
가르친다.

드루이드교(인)의 전통을 다룬 대부분의 이야기는 위에서 다소
길게 인용한 시저의 글에 기원을 두고 쓰여졌다. 드루이드교에 관한
시저의 기록은 상당 부분 사실이기는 하나 잘못된 부분도 있다. 시저
자신이 막연하게 이해하고 있었던 것을 해석하려고 했다는 것과 당시
세련된 그의 독자들이 이해할 수 있는 말로 합리화시키지 않으면 안
되는 상황에서 이 글을 쓰려고 했다는 점 때문이다.

시저에 따르면, 드루이드교 사제들은 세력을 가진 이들로 종교적인
문제를 관장하고 그 세력을 넓혀 법적인 문제까지 장악하였다. 드루
이드교에는 한 명의 우두머리 사제(arch-druid)가 있었으며 드루이드
교에 관한 문제에서는 브리튼이 대륙에서 우월한 위치에 있었다.
그뿐만 아니라 젊은이들에게 드루이드 교리를 가르치는 학교도
있었는데 이것은 구전(口傳)으로 전승되었다.

그러나 드루이드교인들이 영혼의 환생을 믿었다는 점은 신빙성이
낮다. 이것은 아마도 켈트인들이 형태나 형질의 변환(transformation)
을 좋아했다는 잘못된 해석에서 나온 것이다. 다만 드루이드교인들은
영혼은 소멸되는 것이 아니라 사후(死後)에 한 육체에서 다른 육체로
옮겨가는 것이라는 교훈을 되풀이해서 배움으로써 켈트인의 용맹을
드러내 보이는 최선의 동기로 생각하였고, 또한 죽음의 공포를 두려
워하지 않았다.

켈트인의 문학에는 하나의 사물이나 동물을 다른 것으로 변형시
키는 기적과 같은 일들로 가득 차 있다. 시저는 드루이드교 사제들이

〈자료 2〉 왼쪽부터 드루이드교 사제들과 드루이드교의 우두머리 사제

고전세계에서 묘사한 대로 소박한 철학자들로서 천문과 이 세상의
물리적인 구조에 대해 논쟁을 벌였다는 것은 과장된 이야기라고 서
술하고 있다. 그러나 드루이드교인들은 천체와 그들의 운동, 우주 삼
라만상의 크기, 이 세상의 물리적인 구조, 신의 능력과 속성에 관해
드루이드교 사제들로부터 대화와 토론으로써 가르침을 받았다.

켈트인이 신봉하는 초자연적인 현상에 대해서는 인간의 희생을
부각시킨 드루이드교의 가르침 때문에 생겨난 것임을 강조한 고대
작가들이 많다. 그리스의 지리학자인 스트라보는 드루이드교 사제들
이 죽음의 고통으로부터 벗어나려고 예언을 하는 사이에 벌이는 제
례의식의 하나로 인간을 희생물로 하여 후방에서 찔러 죽이는 것에
관해 기술하고 있다.

한편 로마의 역사가인 타키투스는 브리튼의 드루이드 교단에서
치르는 종교의식의 경악할 만한 장면을 비교적 상세하게 기록하고
있다. 그의 서술에 따르면, 드루이드교 사제들은 포로로 잡은 이들의
피로 제단을 물들여 인간의 내장을 드러내어 보임으로써 그들의

신에게 고(告)하는 것이 켈트인에게 주어진 운명이라고 생각하였다. 켈트인들이 인간을 희생물로 신에게 바치는 행위는 기원전 3세기부터 문명이 발달한 고대 그리스와 로마권 국가들에서도 나타나는 전형적인 현상이었다. 그리스의 역사가인 디오니시우스, 로마의 지리학자인 폼포니우스(Pomponius Mela)[4] 및 웅변가인 키케로와 같은 이들이 모두 이런 현상을 언급하고 있어서 켈트인에게만 일어나는 인상적인 증거라고는 볼 수 없다.

5.3. 켈트인의 인골(人骨) 숭배 신앙

켈트인의 고고학 연구에서 절단한 인간의 머리는 때로는 조각에서, 때로는 예술에서, 그리고 때로는 발굴 현장에서 출토된 실제 해골의 형태로 되풀이해서 나타나는 주제, 곧 중심사상(*leitmotif*)으로 반복해서 등장한다. 만일 켈트인의 미신을 관통하는 단 하나의 신앙을 주장한다면 그것은 곧 절단한 인두(人頭)에 대한 숭배 제례이다. 여기에는 인간의 모습을 갖추게 한 모든 것이 들어있으며, 켈트인이 영혼과 동등한 자리라고 여긴 곳이 곧 '인두'였다. 이런 요인으로 말미암아 인두 사냥은 켈트문학에서 널리 다루는 주제가 되었고 절단한 인두는 오늘날까지 켈트 민속에 등장하고 있는데, 켈트인의 오랜 전통이 희미하게나마 살아있는 증거라고 할 수 있다.

켈트인이 인두에 집착하는 사례는 영국의 고고학연구 사례에서도 몇 가지를 인용할 수 있다. 이 사례들은 대부분 로마-브리튼 시기에서 온 것들인데, 이것은 로마 신전이 더 오래된 신앙에 거의 영향을 끼치지 못했다는 것을 암시하였다. 1946년 서머셋 주의 우키홀(Wookey Hole)[5] 동굴의 첫 번째 방과 세 번째 방 사이에서 로마-브리튼 시기의 도기(陶器)와 함께 세 구의 인골(人骨)이 발견되었다. 그뿐만 아니라 1947년과 1949년 사이에 로마−브리튼 시기의 것으로 추정되는 14구의 인골과 도기가 더 발견되었는데, 기원전 3세기부터 북부 고올 지역에 거주한 벨가이 부족의 모습을 띠고 있었다. 인골들은 하나를 제외하고 25-30세 가량의 부족으로, 그 가운데 두 개의 인골은 여성이었다. 인골은 윌트셔 주의 헤이우드의 한 우물에서 발견되기도 하였는데 이것은 로마−브리튼 시기의 도기 및 동물의 뼈와 연관되었다.

이교도인 켈트인의 인골 숭배의 모든 필수적인 요소들은 현대 스코틀랜드인의 조상인 스코트인(Scots)의 언어인 게일어로[6] 쓰여진 민속 설화에 구체적인 모습으로 잘 나타나 있다. 이 숭배 사상은 스코틀랜드(본토)에서 떨어진 헤브리디즈 제도의 바터사이섬[7](Vatersay island: 스코티시 게일어로 *Bhatarsaigh*로 쓰고 [vahtərsai]로 읽음)에서 기독교의 강한 영향을 받았음에도 수세기를 거쳐 오늘날까지 내려오고 있다.

스코트인의 민속 설화에서는 "인골들의 우물"에 나오는 세 명의 형제 살인에 관한 이야기를 들려주는데, 아버지가 이 형제들을 참수(斬首)하는 것과, 참수된 머리 하나가 선사시기의 거석(巨石)을 지나칠 때에 그 머리가 내뱉은 세 가지 예언에 대한 이야기이다. 그 머리는 다음과 같은 이야기를 들려주었다. 곧 잘려나가지 않은 부분의 살아 있는 자가 소녀를 임신시키고 태어난 아이가 자라서 어떻게 그의 삼촌들의 죽음에 복수하는가에 관한 것이었다. 예측한 대로 이 소년은 14세가 되었을 때 삼촌들을 살해한 살인자를 죽이고 그의 머리를 우물에 던져 버렸다는 내용이다. 이것이 곧 스코트인들의 민속 설화에 나오는 〈바터사이 이야기〉이다. 이 이야기에는 잘라낸 머리와 물의 성분뿐만 아니라 켈트인의 가르침에서 널리 알려진 다른 것들도 포함되어 있다. 또한 이 이야기에 나오는 세 가지 예언에서 '셋(three)'이란 숫자는 켈트인에게는 마술을 불러오는 숫자로, 중세 암흑시기의 웨일즈 문학과 아일랜드 문학에서는 세 가지의 서로 다른 주제로 된 이야기라든가 또는 세 가지의 서로 관련된 사건에서처럼 세 가지의 이야기를 만드는 것을 즐겼다.

두개골은 켈트인의 민담(民譚)에 등장하는 물의 신앙 및 우물과 항상 연관되어 있지는 않다. 켈트 전사들은 인골 사냥꾼으로 적들의 목을 쳐서 이를 전리품으로 간직했으며 성채 문 위에 걸어 전시하였다.

이런 그들의 행위는 브리튼에서도 발견된다. 요크셔 주 스탠

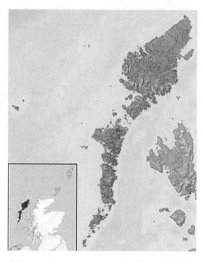

〈자료 3〉 Outer Hebrides제도의 바티 사이섬

위크에 위치한 켈트인의 거주지였던 요새의 발굴 현장에서 켈트인이 인골 사냥한 보기 흉한 모습의 유골이 발견되었다. 한 두개골은 세 군데에 상처를 지니고 있었는데, 그 중 한 군데는 치명적인 것으로 네 번째 척추골 밑에 있는 목 부분에서 떨어져 나갔다. 이것은 참수의 결과로 생긴 것이 분명하였고 막대에 세워 놓았거나 또는 성채 문 위에 전리품으로 둔 것이었다. 근처에서는 켈트인의 검(劍)과 검집이 발견되었는데, 아마도 켈트인 전사가 사용하던 한 쌍의 물건이었을 것이다. 전시된 두개골이 마침내 도랑에 던져졌을 때 피부는 여전히 두개골에 붙어 있었다. 1930년대 발굴 현장에서는 글루스터셔 주의 브레든 힐에서도 성채 문 위에 매단 것과 유사한 두개골이 발견되었다.

브리튼과 아일랜드에서는 돌에다 쪼아서 새겨넣은 인두(人頭)의 상당수가 출토되었는데, 인두의 대부분이 연대상으로는 로마-브리튼 시기에 만들어진 것들로서, 일부는 마포누스(Maponus/Maponos: '위대한 아들'이란 뜻)[8]와 같은 켈트인의 신을 나타내는 형상인 것으

로 보인다.

그러나 돌로 만든 인골들은 철기시대와 로마-브리튼 시기에만 발견되는 특이한 현상이 아니라 그 뒤에 등장하는 켈트인의 미신에서도 여러 가지 다양한 모습으로 나타나고 있다. 켈트인의 한 부족인 인 브리간테스족의 땅인 요크셔 주에서는 금세기까지 돌로 만든 인두들이 지역의 미신에 의한 우상 숭배에서 특별한 소유물로 쓰였던 것으로 여겨지고 있다.

20세기에 출토된 돌로 된 인두들은 2천 년 전에 사용된 것과는 조금 다른 스타일로 새겨진 것으로 고미술품 수집가들에게는 실망스럽게도 집이나 헛간의 벽 짓는 데 사용되는 것으로 나타났다. 그 밖의 다른 곳에서는 인두들이 재료로 드물게 쓰였는데, 상당수의 중세 교회를 장식했던 인두들은 장식용으로 섬세하게 꾸며 보는 이들을 즐겁게 한 것 이상의 흥미를 자아냈다. 이들 인두는 더 오래된 켈트 이교도들이 남긴 유물이었으며, 헤러포드 주의 킬펙(Kilpeck)에 있는 요란한 장식을 한 성모 마리아와 다윗 교회로 방문객을 불러들여 자신을 내어준 로마네스크 양식의 매춘부처럼 야만적인 모습을 띠고 있었다. 이교도의 미신 숭배 사상의 힘은 이성(理性)의 힘으로는 쉽게 없앨 수 없을 정도로 오랜 세월에 걸쳐 내려왔다.

로마-브리튼 양식의 인두는 하드리안 성벽(Hadrian's Wall)의[9] 바로 남쪽에 위치한 코브리지(Corbridge)의[10] 로마 요새에서 나타나며 아마도 북부의 신(神)인 마포누스를 지칭하는 것으로 여겨지고 있다. 높이가 17.8센티미터이고 인두의 꼭대기는 제물로 바치려고 비어 있는 돌로 된 이 인두는 두려울 정도로 경외심을 느끼게 한다. 부리부리하게 커다란 동공은 불쑥 앞으로 튀어 나오고 입은 옆으로 길게 찢어져 있으며 얼굴은 삼각형 모양을 하고 있다.

〈자료 4〉 칼라니시의 거석(Outer Hebridges)과 우드헨지에서 바라다 본 더링턴 성벽

5.4. 드루이드교의 상징물

드루이드교의 종교는 유럽의 선사시기의 안개 속으로 멀리 거슬러 올라간다. 청동기 시기의 브리튼에서 에이브버리(Avebury)와[11] 스톤헨지, 브로드가(Brodgar),[12] 그리고 칼라니시(Callanish)의[13] 거대한 제례의식 기념물 건립에 드루이드교의 최상층인 사제 계급이 주도적인 역할을 한 것으로 알려졌다. 그뿐만 아니라 신석기시기에 비롯되어 신석기시기의 부족들이 거주한 거대한 주거지인 윌트셔 주의 더링턴 성벽(Durrington Walls)으로[14] 상징되는 유형의 오래된 환상열석의 기념물 건립에도 이 사제단이 관여한 것으로 알려지고 있다.

켈트인의 종교에 등장하는 기본 요소들은 훨씬 이른 선사시기에 뿌리를 내린 것이라는 몇 가지 단서가 고고학상으로 입증되고 있다. 가령 인골 숭배사상은 켈트인에게 특이하게 나타나는 현상이 아니라 신석기 시기의 브리튼에서 발견된 인골을 포함하여 많은 부족 사회에 나타나는 현상이다. 청동기시기가 막 시작하는 때에 발견된 어린이 무덤에서는 전형적인 당시 부족의 얼굴을 새긴 세 개의 원통형 초크 용기가 발견되었다.

〈자료 5〉 왼쪽은 카안페플힐의 매장 고분, 오른쪽은 환상열석과 돌무더기

　　이들 용기는 이베리아 반도의 신석기시기의 무덤에서 나온 것들과 밀접하게 관련되어 있다. 청동기시기 후반의 어느 시점으로 올라가면 컴버랜드 주의 메클린 파크에 있는 고분(古墳)에서 한 구의 돌로 된 인골이 발견되었으며, 옥스퍼드셔 주의 웨이랜드 스미시(Wayland's Smithy: 신석기시기의 것으로 추정되는 긴 고분으로 매장실을 갖춘 무덤)에서 신석기시기에 매장실이 있는 두개골 무덤들이 나머지 인골들과 따로 분리되어 나타난 사례가 발견되었다.

　　철기시기에는 훨씬 이른 시기에 나타났던 종교적인 기념물들이 흔하지는 않으나 자주 재사용되었다. 철기시기의 스코틀랜드 저지대에서 신앙 숭배의 주요한 장소였을 것으로 여겨지는 웨스트 로디언 주(West Lothian)의 카안페플 힐(Cairnpapple)에서 대규모의 매장 고분이 나타난 것이 좋은 사례이다. 이 지역에 신석기시기의 열석, 청동기시기의 돌로 된 환상열석, 그리고 일련의 후기 청동기시기의 매장 무덤들이 나타나면서 그 뒤를 이어서 크기가 작은 석관으로 된 일련의 철기시기의 매장이 나타났다. 카안페플 힐은 19세기에 완전히 나무로 뒤덮여 있었으나, 1947-8년에 스튜어트 피곳(Stuart Piggott)이 이끄는 발굴팀이 신석기에서 청동기시기에 걸쳐 각 시기에 연속되는 일련의 종교숭배 기념물들을 발견함으로써 고고학적으로 역사적인 장소가 되었다.

　　고전 작가들은 너도밤나무가 드루이드 교단에서 특별히 신성하게

여기는 나무임을 강조해 왔다. 이런 숭배 사상은 다음에 인용한 글에
잘 묘사되어 있다(Ellis 1998: 53-4).

> 드루이드교에서는 너도밤나무만을 위해 너도밤나무 숲을 선택하였으
> 며, 그 나무의 줄기가 없으면 숭배의식을 전혀 행하지 않았다. 드루이드
> 교단은 너도밤나무에서 자라는 것이 무엇이든 그들의 신이 하늘에서
> 내려 보내준다고 생각하였다. 그러나 너도밤나무에서는 겨우살이를
> 찾아보기 힘들며 만에 하나라도 그것을 찾아낼 경우에는 상당한 의식을
> 치르고 나야 하며, 가능하면 달이 뜨는 여섯 번째 날에야 비로소 모을 수
> 있다고 생각하였다.

위에 인용한 글에 대해 로마의 작가이며 자연 철학자인 플리니
(Pliny the Elder: AD 23 - 79)[15]는 다음과 같은 설명을 덧붙였다. 그의
기록에 따르면, 겨우살이는 흰 옷을 입은 드루이드교 사제가 금으로
만든 원형의 낫으로 제거한 뒤에 두 마리의 황소가 제단에 바쳐져서
제례의식에 사용되었다. 드루이드 교단은 만일 겨우살이가 음료수로
쓰인다면 불임 동물이 변하여 다산(多産)할 수 있는 동물이 되며
독을 없앨 수 있는 치료제가 된다고 믿었다. 겨우살이는 독성이 있다
는 명성 때문에 이를 마시는 이에게 놀라우리만큼 세상의 고뇌나
비탄에서 벗어나 위안을 주었다.
　그리스와 로마의 고전 작가들은 켈트인의 신을 그들의 신과
동일하게 다루었으나 실제로는 그렇지 않았다. 철기시기 후반까지
켈트인들은 그들이 믿는 신의 형상을 인간의 모습으로 그리지 않
았다. 그리스의 역사가인 디오도루스(Diodorus Siculus)에 따르면,[16]
켈트인들이 그리스의 델피아 신전을 습격했을 때 이들을 이끌고 쳐
들어간 족장 브레누스는 그리스의 신들과 여신이 인간의 형상을 지
니고 있다는 생각에 코웃음을 쳤다고 전해진다. 디오도루스는 "브레
누스가 나무와 돌로 된 형상을 보고는 비웃고, 신이 인간의 형상을

지녔다고 믿는다면 인간은 나무와 돌로 그 형상을 세워야 할 것이라고 여겼다"고 기록하고 있다.

5.5. 켈트인의 신, 케르누노스

한편 시저는 켈트인들이 그들의 신은 자신들의 조상이었으며 그들을 창조한 창조자가 아니었다고 기록하고 있다. 그렇다면 그들의 조상은 실제로 인간의 모습을 하고 있었을까? 그런데 브레누스가 델피아 신전에 이르기 훨씬 이전, 알프스 중앙의 가장 큰 계곡 가운데 하나인 발 카모니카(Val Camonica)의[17] 파스파르도(Paspardo: 발 카모니카에 위치한 자치 행정구역)에서 발견된 케르누노스(Cernunnos)의 형상은[18] 기원전 4세기의 암각화에서 머리 밖으로 나온 뿔이 달린 모습을 하고 있음에도 불구하고 분명히 인간의 모습을 하고 있었다. 케르누노스는 확실히 켈트인의 주요한 신으로 아일랜드 왕들 사이에서는 수사슴의 가지친 뿔의 이미지, 곧 왕족을 상징하는 것으로 그려지고, 특히 6/7 - 10세기에 남부 아일랜드를 지배했던 카셀(Cashel)의 아일랜드 왕조였던 에오가나흐타(Eóganachta: 영어로 *Eugenians*) 왕조를 상징하였다. 고고학자들은 대륙의 켈트인과 브리튼에 들어온 켈트인들의 케르누노스(머리 위 양쪽에 뿔이 솟아난 신)는 다름 아닌 아일랜드 신화에서 중요한 신으로 추앙받는 다그다(The Dagda, '선한 신'the good god이란 뜻)라고 주장해 왔다.

Dagda라는 명칭은 궁극적으로 원시인구어 *Dhagho-deiwos*('빛나는 신성'이란 뜻)에서 유래하며 앞부분은 영어의 'day'에 해당하는데 아마도 '찬란함'과 같은 개념을 신격화하기 위한 별칭으로 보인다. 이처럼 Dagda의 어원인 해와 땅, 왕권과 탁월함이 Dagda의 신비스러운 연상과 완벽하게 조화를 이루고 있다. 한편 원시인구어의 '빛

〈자료 6〉 이탈리아 북부의 파스파르도와 케르누소스

나는 신성'은 원시 켈트어로 전해져서 *Dago-deiwos가 되었고 이로부터 원시 켈트어인 *dago-s('good')가 생겨났다.

　1711년 3월 프랑스 파리의 노트르담 대성당 아래에서 기원 14-37년쯤에 만들어진 것으로 보이는 장방형의 기둥으로 된 석조 기념물이 발견되었다. 기념물 주위에 고올(켈트)인과 로마인의 제신들이 얕은 돋을새김으로 부조(浮彫)되어 있었다. 이것이 유명한 뱃사람의 기둥(Pillar of the Boatmen: 프랑스어로 Pilier des nautes)이다. 이 기둥에 등장하는 켈트인의 신인 케르누소스는 수염을 기르고 수사슴의 가지친 뿔에 고올(켈트)인이 걸었던 목걸이를 걸고 있다. 그의 하반신은 없어지고 남아 있지 않으나, 아마도 결가부좌(結跏趺坐)의 모습을 하고 있던 것으로 여겨지고 있다.

　켈트세계에는 300명이 넘는 신들이 존재하는데, 케르누소스 신처럼 불교나 힌두교에서 흔히 볼 수 있는 고전적인 명상의 자세가 밀접하게 연상되는 모습을 취하고 있다. 이런 점에서 우리는 다시 한 번 인도유럽민족에게서 공통으로 나타나는 모습을 엿볼 수 있다. 그 유명한 군데스트룹 가마솥(Gundestrup Cauldron)에[19] 등장하는 케르누소스 신은 이따금 수사슴의 뿔을 한 뱀을 동반하는가 하면, 오뜨-마른 구역(Haute-Marne)에서[20] 발견된 부조의 한 쪽에는 이 뱀

〈자료 7〉 군데스트룹 용기(容器)와 끌레르몽-페랑 행정자치구

에게 먹이를 주고 있는 모습이 보인다. 다른 한 쪽에 새겨놓은 조각
에는 케르누노스 신이 배우자와 함께 있는 모습을 하고 있는데, 끌레
르몽-페랑(Clermont-Ferrand: 프랑스에서 가장 오래된 자치행정구에
속한 도시) 및 브장송(Besançon: 프랑스 북부에 위치한 프랑슈꽁테의
주도)에서 발견된 출토품에서는 케르누노스 신의 배우자인 왕족이
케르누노스 신과 마찬가지로 수사슴의 가지친 뿔로 장식을 하고
있다.

글루스터셔 주 동부에 있는 사이런시스터(Cirencester)에서[21] 크기
가 작은 석조 양각에 등장하는 브리튼의 신(神)은 두 다리가 스스로
수사슴의 뿔을 가진 뱀으로 변하여 혀를 앞으로 내밀고 뒷다리로
우뚝 일어서 있다. 신의 양 쪽에는 열려진 돈 지갑들이 보인다.
햄프셔 주의 피터스필드(Petersfield)에서 발견된 벨가이 레미(Belgic
Remi: 고올 북동쪽에 거주한 켈트족)족의 기원 20년쯤으로 추정되는
은화에도 케르누노스의 모습이 새겨져 있다. 이 은화에 나오는 수사
슴의 가지친 뿔 사이에는 신이 태양의 바퀴를 잡고 있는 모습이
새겨져 있다. 이 은화는 현재 대영박물관(British Museum)에 보관되어
있다.

5.6. 케르누노스와 힌두교 주신(主神)과의 유사성

켈트인의 신 케르누노스는 분
명히 켈트인의 신전에서는 중요한
신이다. 이 신은 동물의 일부로 표
현하는 수형신(獸形神)의 모습을
하고 있다는 점 때문에 학자들은
그가 "동물의 왕"(Lord of Animals)
이라고 주장하였다. 힌두교 신전에
서는 주신(主神)인 시바(Shiva) 또
한 '동물의 왕'을 뜻하는 파슈파티

〈자료 8〉 힌두교의 주신인 시바
(1820년 작)

(Pashupati: 산스크리트어로 पशुपति
Paśupati)로 불리고 있다.

한 고고학자가 인도 북서부에 있는 모헨조다로(Mohenjo-daro)에
서[22] 발굴작업을 하다가 문장(紋章)을 찾아냈는데 그 위에 파슈파티가
새겨져 있었다. 고고학자인 딜론(Myles Dillon) 교수는 "케르누소스
와 모헨조다로 문장 사이에 일반적으로 나타나는 유사성으로 인해
이들이 공통된 기원을 지니고 있었다는 것은 의심의 여지가 없다"고
주장하였다.

'선한 신'으로 일컫는 다그다(Dagda)는 한쪽에는 파괴할 수 있고,
다른 한쪽에는 생명을 되돌릴 수 있는 곤봉을 지니고 있다. 만일 이
'선한 신'이 케르누노스 신이고 시바신과 같은 계통이라고 한다면,
우리는 힌두교에서 '창조의 신'으로 일컫는 브라마(Brahma), 비슈
누(Vishnu: 대중적인 힌두교의 신성) 및 '동물의 왕'인 주신(主神)
시바가 막연하게나마 서로 유사한 점을 지니고 있음을 알 수 있다.

잉글랜드 남부에 있는 넓은 구릉에 높이 55미터로 성기(性器)를
세운채 곤봉을 휘두르고 있는 모습이 지상에 새겨져 있는 유명한

〈자료 9〉 파키스탄 신드지역에 있는 모헨조다로의 발굴 유적

썬 애버스 거인(Cerne Abbas Giant: [sɜːn æbəs]로 발음. 도셋 주의 썬 애버스 마을 근처에 있는 구릉 인간)이[23] 다름 아닌 케르누노스이며 그리하여 Dagda의 브리튼 켈트인에 해당하는 인물이라는 주장이 있어왔다. 이 거인은 오늘날 뉴카슬 고대유물 박물관의 코스토피툼(Corstopitum: 노섬벌랜드 콜브리지에 있는 로마 유적지의 현재 지명)에서[24] 복제품으로 찾아볼 수 있으며, 케르누노스의 모든 속성을 지니고 있다. 시바 또한 베다 종교(Vedic은 지식이나 또는 알고 있는 그 무엇의 행위를 뜻하는 veda에서 유래함)의 남성 생성력으로 여겨지고 있는데, 자연의 생식력을 상징하는 남근상(음경)을 지니고 있었다. 그리스와 로마인의 직관으로는 이것이 이들이 흔히 켈트인의 조상으로 보았던 헤라클레스(Heracles: 그리스 신화에서는 제우스의 아들로, 로마 신화에서는 허큘레스Hercules로 알려져 있음)와 같은 것으로 여겼을 것이다.

우리는 앞서 언급한 '켈트인의 기원'에서 켈트인들은 그들의 모체가 되는 여신인 다누(Danu: '하늘에서 내려 온 신성한 물'이란 뜻)에 그

〈자료 10〉 왼쪽부터 창조의 신 브라마, 힌두교의 신성 비슈누, 잉글랜드 도셋 주의 썬 애버스 거인

기원을 두고 있다고 믿었음을 보았다. 다누 신은 하늘에서 지상으로 떨어졌으며 그녀가 뿌린 물은 다뉴브강(Danube: *Danuvius*는 지금은 사라진 이란어파의 언어인 스키타이어 또는 고올(켈트)어에서 빌어온 차용어임)[25]을 창조하여 신성한 너도밤나무 빌레(Bíle)에 물을 공급하였다. 이곳으로부터 아일랜드어로 '여신 다누의 부족들'로 불리는 투아스 데 다난(Tuath(a) dé Dannn: Tuath Dé는 '신들의 부족'이란 뜻. 아일랜드 신화에서 초자연적으로 선택된 종족을 지칭함) 및 웨일즈 신화에서 '돈(Dôn)의 아이들'로 알려진 신들의 신전이 솟아올랐다.

확신할 정도는 아니지만 수메르인의 신화에 등장하는 하늘의 신 아누(Anu: 수메르어로 An은 'sky, heaven'을 의미함)는 대륙과 아일랜드 켈트어형에 모두 등장하며 다누 신과는 전혀 관련이 없었다. 10세기에 나온《사나스 코마익》(*Sanas Chormaic*)에는[26] 아누 신을 '아일랜드 신들의 어머니'(Mother of the Irish Gods)로 분명히 기술하고 있다.

중세 아일랜드어의 어휘를 설명해 놓은 어원 해설집인《코이르 안만》(Cóir Anmann)은 14세기부터 내려온 가장 초기의 어형을 모아놓은 목록이다. 아누 신은 먼스터와 아일랜드의 에오가나흐타(Eóganachta) 왕조(6/7-10세기에 아일랜드 남부를 지배한 왕조)의 풍요의 여신이며

〈자료 11〉 아누 신을 상징하는 두 개의 구릉(케리 카운티)

후원자였다. '아누의 땅'을 뜻하는 *Iath nAnann*이란 말은 에오가나흐타 왕조가 아일랜드 전국의 왕권을 강화하면서 아일랜드에 부여한 명칭이었다. 아일랜드 남서 지역에 위치한 케리 카운티(County Kerry. 아일랜드어로는 *Contae Chiarrai*)에는 아누 신의 두 가슴을 상징하는 *Dá Chich nAnann*('Paps of Anu')이라고 부르는 두 개의 낮은 구릉이 있다.

아누 신은 프랑스 남동쪽에 위치한 보끌뤼즈(Vaucluse) 현(縣)에 있는 명각(銘刻 inscription)에 등장한다. 보끌뤼즈라는 명칭은 라틴 어인 발리스 클라우사(Vallis Clausa '막힌 계곡'이란 뜻)에서 유래하는데, 존 리스경(Sir John Rhys: 1840-1915. 영국 옥스퍼드대학의 켈트어 학자. [ri ː s/rais]. 웨일즈어로는 [hri ː s, hri ː s]로 읽음)은 보끌뤼즈가 '아누의 전차'라는 의미의 여격형인 아노니레디(Anoniredi) 라는 형태로 나타난다고 주장하였다.

5.7. 인도유럽인의 특징: '셋(3)'의 신성함

켈트인의 주요 제신 대부분은 삼위일체 신과 여신들의 형태로 숭배되었다. 그리하여 세 가지 명칭으로 불리는 세 가지 측면을 지니고 있었으며 세 개의 얼굴과 세 개의 머리를 지니며 여러 가지 유형으로 나타났다. 드루이드교에서 가르치는 3인조 및 '셋'이란 숫자의 신성함은 인도유럽인의 전통에서 매우 중요하면서도 매우 흔하게 쓰이는 특징이기도 하다.

이처럼 신성(神聖)이 세 가지 유형으로 나타나는 것은 독일의 라이히링겐 마을에서 나온 기원전 4세기의 것으로 추정되는 야누스의 얼굴을 한 머리와 슈롭셔 주의 록시터 (Wroxeter) 마을에서 나온 3중 석두 (石頭) 그리고 프랑스의 랭스(Reims: 영어로는 [riːmz]로 읽음)에서 그 예를 찾을 수 있다. 숫사슴의 가지친 뿔을 지닌 케르누노스 신의 3중 이지도 좋은 예가 된다. 프랑스 동부, 부르고뉴 지방에 있는 자치시 에땅 쉬르 아루(Étang-sur-Arroux)의 신

〈자료 12〉 에땅 쉬르 아루의 신(프랑스)

으로 청동으로 만든 작은 조상(造像)은 아마도 케르누노스를 묘사한 것으로 추정되고 있다. 로마 이전 시기에 만들어진 북동부의 고올 지역의 벨가이족이었던 레미 부족(Remi 켈트인)의 동전에는 세 개의 머리를 가진 신성이 그려져 있다. 신성을 세 가지 형태로 나타내는 것은 켈트인에게 국한된 것은 아니고 인도유럽인의 여러 문화에 스며들고 있다. 힌두교 신앙에서 트리무어르티(Trimurti: 산스크

〈자료 13〉 왼쪽부터 켈트인 레미족의 금화1과 금화2

리트어로 त्रमूर्त trimūrti, "three forms")라는 개념은 우주의 기능을 창조(creation), 보존(maintenance) 및 파괴(destruction)라는 세 가지 형태로 의인화한 것으로, 브라마를 창조자로, 비슈누를 보존자로, 시바를 파괴자로 상징하고 있다.

고대 그리스인들은 이 세 가지 형태를 신성(神性)의 상징으로 사용하였고 그들 또한 제우스〔천상〕, 포세이돈〔바다〕 및 플루토/하데스〔지하세계〕라는 세 개의 형상을 가지고 있었다. 물론 이 밖에도 세 가지의 운명(Fates), 세 가지의 분노(Furies), 세 가지의 축복(Graces), 세 가지의 괴물(Harpy: 그리스신화에서 여자의 머리와 새의 몸을 가진 부정不淨하고 탐욕스러운 괴물을 지칭함)도 등장한다.

그뿐만 아니라, 고대 로마의 전설적인 마지막 왕이었던 루키우스 수페르부스(Lucius T. Superbus: d. 495 BC. 흔히 Tarquin the Proud로 불리움)가 고대 로마의 전설적인 여자 예언가로 무당이며 마법사이 기도 했던 시빌(Sibyl)로부터 사들인 것으로 전해지고 있는《시블레의 책》(*Sibylline Books*)[27] 또한 3의 3배수로 되어 있다. 이것은 고대 그리스 신화에 나오는 문학과 과학 및 예술을 맡은 아홉 명의 여신 뮤즈(Muses)와 같은 숫자이다.

아일랜드는 에이레(Éire), 반바(Banba), 포틀라(Fótla)라는 삼위일

〈자료 14〉 그리스신화에 나오는 아홉 명의 뮤즈 여신(프랑스 루브르 박물관 소장)

체의 여신으로 상징되는 곳이었으며, 아일랜드 신화에 등장하는 세명의 장인(匠人)의 신(神)으로는 대장장이의 신 고부누(Goibhniu: 현대 아일랜드어로는 Gaibhne), 목수의 신 루흐타(Luchta: Luchtaine로도 씀) 및 금세공의 신 크레이냐(Creidhne: 고대 아일랜드어로 Credne로 씀)가 있었다. 죽음과 전쟁의 여신인 모리구(Mórrígú: '위대한 여왕'이란 뜻. 복수형은 Morrigna. 현대 아일랜드어에서 Morrighan 또는 Mór-rioghain으로 씀)는 마흐(Macha: 전쟁, 기마, 통치권과 관련된 여신), 버이브(Badb: [bəɪb]로 발음. '까마귀'란 뜻. 까마귀의 형상으로 나타난 여신) 및 네만(Nemain: Neman. 현대 아일랜드어에서는 Neamhan, Neamhain으로 씀. 전쟁의 황폐를 의인화한 여신)으로 나타나며 초자연적인 세력 가운데 사악하고 끔찍한 것을 구현한다. '선한 신'으로 일컫는 다그다(Dagda) 자신 또한 삼위일체의 형상으로 숭배되었다.

　이러한 철학이 한층 더 깊이 들어갈 수 있었던 것은, 켈트인들이 호모 사피엔스(*Homo sapiens*: 인류를 분류하는 라틴어 학명으로 rational man as species란 뜻)를 육체와 영혼 그리고 정령(精靈)이 깃든 것으로 보았고, 이 세상을 땅과 바다 그리고 공기로 나누며, 대자연은 동물과 식물 및 광물로 구분하였으며, 기본이 되는 색은 붉은색과 노란색

그리고 푸른색으로 나누었기 때문이다.

또한 우리가 기억해야 할 것은 고올 출신 켈트인으로 쁘와티에의 주교였던 힐러리(Hilary: c. AD 315-367)가 기독교 운동에 철학적으로 탁월한 영향력을 발휘한 주교로 등장한 최초의 켈트인이었다는 사실이다. 힐러리 주교는 그의 위대한 작품《삼위일체에 관하여》(*De Trinitate*. 영어로 *On the Trinity*)에서 최초로 성삼위일체의 개념을 정의하기도 하였는데 오늘날 이 개념은 기독교 신앙의 핵심이 되었다.

5.8. 켈트인들의 유명한 신들

켈트 세계에서 현존하는 명각(銘刻)에 나타나는 켈트인의 주요 신성(deities)에 대해서는 앞에서 이미 언급하였다. 유럽 대륙에서 명각으로 된 유형과 Lyons, Léon, Loudan, Laon(이상 프랑스 지명), Leiden(네덜란드), Leignitz(실레시아), Lugo(갈리시아)와 같은 지명에서 찾아볼 수 있는 또 하나의 중요한 켈트인의 신은 루구스(Lugus)이다.

루구스 신은 도서(島嶼) 켈트어의 지명에도 나타나는데, 영국의 지명인 카알라일(Carlisle)은 원래 켈트어인 Luguvallium에서 유래한 것이다. 아일랜드어와 웨일즈어로는 루구스와 동계어인 루(Lugh[luɣ], 현대 아일랜드어로 Lú[luː])로 나타나는데, 먼 과거의 상왕(High King)으로 신화에 등장하는 아일랜드의 신성이다. 아일랜드의 Louth라는 현(縣 county)은 Lugh 〉 Lú에서 유래한 것이다.

루구스 신을 기념하는 축제는 수확 계절의 시작을 알렸으며, 이 축제의 명칭인 루그나사드(Lugnasad)는 현대 아일랜드어에서 루나사(Lúnasa), 맨섬어(Manx: 맨섬Isle of Man에서 사용되는 켈트어계의 하나임)에서는 루아니스틴(Lluanistyn), 그리고 스코티시 게일어에서는 루나사드(Lúnasad)란 명칭으로 8월을 일컫는 단어로 남아 쓰이

〈자료 15〉 파리에서 발견된 루구스 신(왼쪽)과 라임즈에서 발견된 루구스(세 개의 얼굴로 이루어짐)

고 있다.

아일랜드의 신인 루(Lugh)와 웨일즈의 신 러으(Lleu: [ɬəi]로 발음)는 모두 같은 신으로 도서 켈트인의 신화에 등장한다. 이 수호신은 밝은 빛을 내는 전사(戰士)의 신으로 그 모습을 드러내며 공예와 기능의 장인으로도 묘사되고 있다. 고올인들은 "모든 예술의 창시자"로 수성(水星 머큐리)을 숭배하였는데 줄리어스 시저는 고올인의 수성은 루구스 신이었을 것으로 기록하고 있다.

고올인들이 남긴 기념물과 명각에서는 수성이 풍요와 다산 및 번영의 여신을 자주 동반하였다. 또한 고올인의 수성은 흔히 왕권의 신으로 기능하였는데, 수성은 수염을 기르거나 또는 머리에서 불쑥 튀어 나온 날개나 뿔을 가진 신으로 묘사되었다. 이런 묘사는 고전적인 신을 표현하는 데에는 이례적인 것이었다. 더군다나 특이한 것은, 고올인의 수성은 양(羊)이나 수탉을 동반하며 그리스 신화에 나오는 헤르메스의 지팡이(Hermes: 그리스 종교와 신화에 나오는 올림피아 신. 두 마리의 뱀이 감겨 있고 위쪽에는 날개가 있음)를 들고 있는 모습으로 그려지고 있는 점이다.

아일랜드 신들의 지배자인 루아다(Luada)는 루(Lugh)에게 자신의

〈자료 16〉Mercury와 Rosmerta 부조(浮彫)

지배권을 이양한다. 루는 아일랜드 에서 루 라와더(Lugh Lámhfhada: '긴 팔의 루'란 뜻), 웨일즈에서는 러이 라우 거페스(Lleu Llaw Gyffes[ɬəi ɬaʊ gəfes]로 발음. '능숙한 손'이란 뜻)로 불린다. 힌두 신전에서 사비타 신은 리그 베다(Rigveda: 인도의 가장 오래된 시편으로 된 성전. 인도유럽 어인 산스크리트어로 쓰여진 가장 오래된 현존하는 텍스트 가운데 하 나)에서는 프르수파니(Prthupani '큰 손'이란 뜻)라고 부르고 있다.

루구스와 사비타는 모두 태양의 신이다. '위대한 손을 가진 신이 두 팔을 위로 들어 올리면 만물이 그에게 복종하느니라.' 큰 손을 가진 신은 인도유럽어에서 나온 개념으로 아일랜드와 스웨덴에서 인도의 펀잡(Punjab: 인도 북서부의 주)에 이르기까지 알려져 있다.

고올인의 수성(머큐리)을 상징하는 것으로는 새, 특히 까마귀와 수탉(오늘날 프랑스를 상징하는 동물), 말, 생명의 나무, 개와 늑대, 한 쌍의 뱀(헤르메스의 뱀 참조), 겨우살이, 신(shoes: 제화업자 조합에서 만든 것으로 루구스 신의 복수형인 Lugoves에게 바침. 스페인과 스위스에서 나온 명각에 Lugoves에게 바친 신〔제화製靴〕, 루구스에 해당하는 웨일즈의 신인 러으〔Lleu, Llew Llaw Gyffes〕는 웨일즈 문학의 3제시〔題詩〕에서는 브리튼 섬의 세 명의 귀중한 제화업자 가운데 하나로 묘사되어 있음), 그리고 돈 자루(bags of money) 등 다양한 아이콘이 포함되어 있다. 고올인의 수성은 흔히 창(槍)으로 무장하고 그의 동료인 풍요와 다산의 여신 로즈메르타 (Rosmerta)와 함께 나타난다. 고올인의 수성은 항상 젊음을 지닌 로마의 수성과 달리 때로는 나이 든 노인(老人)으로 현신(現身)하기도 한다.

아일랜드에서는 수호신인 루가 독(毒) 성분을 가진 눈의 괴물 발로르(Balor. 현대 철자로는 Balar)를 무찌르는 젊고 승리에 찬 젊은이로 사제로서의 왕권을 지닌 신의 모형이었으며, 그의 또 다른 명칭인 '긴 팔의' 라와더는 그의 권력을 멀리 확장하면서 원시인도유럽민족의 고귀한 왕권의 이미지를 수행하였다. 아일랜드에서 그를 기리는 축제, 곧 루나사드는 8월 1일에 개최되었는데, 로마의 황제 아우구스투스가 기원전 18세기에 루그두눔(Lugdnum)을 로마 통치 아래에 있는 고올 지역의 수도로 선포한 날은 공교롭게도 8월 1일이었다.

켈트인 신전의 또 하나의 신은 웅변과 문학 및 학문의 신이다. 대륙에서는 오그미오스(Ogmios)로, 브리튼에서는 오그미아(Ogmia) 그리고 아일랜드에서는 오그마(Ogma)로 나타난다. 브리튼에서 오그마는 리치버러에서 나온 도자기 조각에 나타나는데, 조각 밑에 이름이 새겨져 있고 긴 곱슬 머리칼에 머리로부터 뿜어져 나오는 광선을 가진 인물로 묘사해서 오검문자(Ogam script)의 탄생에 기여하였다.

그리스의 작가이며 수사학자인 루키안(Lucian: c. AD 125-after 180 AD. /ˈluːʃən, ˈluːsiən/으로 읽으며 고대 그리스어로는 Λουκιανὸς ὁ Σαμοσατεύς, 라틴어로는 Lucianus)은 아일랜드의 오그마는 다그다의 아들로 그리스 신들의 아버지인 제우스의 아들, 헤라클레스와 동일시했으며 그의 부계와 모험담 역시 여러 가지 면에서 헤라클레스의 그것과 비견된다고 서술했는데, 이것은 나중에 도서(島嶼) 신화 자원에서 확인되었다. 물론 제우스는 산스크리트어로는 디아우스 피트라(Dyaus Pitra: 힌두이즘에서 베다 신전의 고대 하늘의 신), 아일랜드어로는 '다그다'와 동계어임이 인도유럽어 연구에서 밝혀졌다.

카물로스(Camulus, Camulos) 신은 켈트세계 및 바 힐(Bar Hill:

 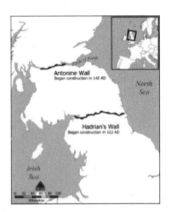

〈자료 17〉 그리스의 수사학자 루키안과 안토닌 성벽(위). 아래는 하드리안 성벽.

캠브리지 북서쪽, 구 로마인의 길을 따라 세워진 인구 4천 명의 계획 마을)에서 나온 명각으로 알려진 남성 신으로 스코틀랜드의 안토닌 성벽(Antonine Wall)에서도 나타난다.[28] 로마인들은 카물로스를 군신(軍神 Mars)과 동일시하였다. 그리하여 켈트인들에게 카물로스 는 전쟁의 신이었으며 초기 브리튼과 고올에서 중요한 신이었다. 특히 벨가이인과 랭스(Reims로 발음. Rheims로도 씀. cf. 147쪽 참조. 고올인들이 세운 도시로 로마제국시기에 주요한 도시가 됨) 근방에 위치한 오늘날 프랑스 북부 지역에 거주했던 고올(갈리아)어를 사용한 부족인 레미족 사이에서는 더욱 그러하였다. 로마에서 마인츠(Mainz: 기원전 1세기 말 로마인의 군사기지로 세워짐. 로마의 성채 도시로 로마제국의 북쪽 끝 변경의 일부를 차지함)까지 카물로 스 신을 기원하는 명각이 나타날 정도였다.

카물로스 신의 명칭은 그의 대중성으로 인해 브리튼의 트리노반 테스 부족의 주요 거점 도시에 붙여졌는데, 짧은 기간 브리튼 남부 로마 지역의 수도였던 오늘날 콜체스터로 불리는 카물로스 요새인 카물로두눔(Camulodunum)이 다름 아닌 바로 그 명칭이었다.

이 명칭은 요크셔 주의 아먼버리(Almonbury)의 원래 명칭이었으

〈자료 18〉 왼쪽의 핀머쿨(Fionn mac Cumhail)과 성녀 브리기트(St. Brigid of Kildare)

며, 스코틀랜드 남부에서는 "카물로스의 자리"라는 뜻의 카물로세사 (Camulosessa)라는 지명으로 쓰였다. 아일랜드에서는 신의 명칭이 저 유명한 핀머쿨(Fionn mac Cumhail[fɪːn məkuːl]로 발음)의[29] 아버지인 쿠말(Cumal)이라는 이름으로 쓰였는데, cumal이라는 말이 고대 아일랜드어에서 '전사' 또는 '챔피언'을 의미하였으므로 '전쟁의 신'이라는 이미지에 꼭 알맞는 것이었다.

가장 유명한 켈트 신들 가운데 하나는 풍요의 축제로 숭배되었으 며 오늘날까지도 내려오는 성 브리기트(St. Brigit)이다.[30] 이 성녀의 명칭은 '고귀한 인물'이란 뜻으로 켈트인의 모체가 되는 여신인 다누(Danu)를 의인화한 것으로 알려지고 있으며, '게일인의 마리아' 로 알려져 있다. 여신 브리기드(Brigid)와 같은 명칭을 지니고 있으며 원시인도유럽어인 *bherǵh-에서 기원하여 원시 켈트어인 *Briganti ('고귀한'이란 뜻)에서 유래하였다. 고대 아일랜드어로는 Brigit라고 쓰고 [bjrjiɣidj](브리기드)라고 읽으며, 현대 아일랜드어에서는 Brigid/ Brighid라고 쓰고 브리드([bjrjiːd])라고 읽는다. 이 철자는 1948년에 와서 Brid가 되었다. 현대영어에서는 Brigid, Bridget, Bridgit, Brid 등 다양한 철자가 쓰이고 있다.

성 브리기트는 로마의 여신 미네르바(Minerva: 지혜의 여신으로 예술, 무역, 전략의 후원자)에 해당하는 켈트인의 신이다. 이런 경우에 브리기트는 브리간티아(Brigantia)라는 명칭으로 비렌스(Birrens)에서[31] 나온 부조(浮彫)에서 발견되고 있다. 이 부조는 현재 스코틀랜드의 에딘버러에 있는 국립 고고학발물관에 보관되어 있는데, 미네르바가 착용하던 장비로 성 브리기트를 생생하게 표현하고 있다.

브리간티아는 브리튼에서는 주로 북부 지역에서 숭배의 대상이 되었다. 브리간테스 부족의 연합체가 브리간티아를 받아들인 것으로 보이며 이들 부족 연합체가 거주한 지역에서 7개의 기원 명각이 발견되고 있다. 오늘날 이 여신의 명칭은 두 개의 강 이름, 곧 미들섹스 주에 있는 브렌트(Brent) 및 앵글시에 있는 브레인트(Braint)라는 명칭으로 남아 전해지고 있다.

아일랜드에서 브리기트에 대해 말하자면 신화에서 두 자매를 거느린 다그다의 딸로 등장하며 브리기트라는 명칭으로 나온다. 여신 브리기트는 치료의 기술과 대장장이의 기능과 연관되어 있었고 시(詩)의 후원자였다. 무엇보다도 브리기트는 풍요의 여신이었다. 브리기트(c. AD 455-c.525)라는 이름을 지닌 기독교 성인은 전통적으로 봄에 시작하는 여신의 축제일을 계승했을 뿐만 아니라 풍요와 빛의 숭배를 가져왔다. 성 브리기트의 십자가를 유심히 관찰해보면 태양의 둘레를 나타내는 것으로, 이는 곧 인도유럽인의 문화에서 나타나는 행운의 표상인 동시에 힌두교 문화에서는 20세기 중반 독일의 나치당이 악용한 형상인 갈고리 십자(swastika, 卐)[32]임을 알 수 있다. 영어의 swastika는 베다 산스크리트어로 svastika인데 이것은 sú 'good'과 asti 'being'에서 유래한 것이다.

5.9. 켈트인의 두상(頭狀) 영혼 의식

설령 켈트 신전이 각기 다른 지역에 흩어져 거주한 켈트인 사이에 다양하기는 했으나 단 하나의 신전만이 존재했다는 것을 받아들인다고 해도, 켈트인들의 엄격한 구조체계를 확인할 방법이 없으므로 우리가 켈트신전에 관해 추측하는 데 어려움이 있다. 로마인들은 켈트인들이 적이건 아군이건 그들이 숭배하는 인물의 머리를 가져다가 보존하는 켈트인들의 의식에 심한 충격과 공포심을 나타냈다.

대부분의 고전 문헌에서는 켈트인들이 전쟁에 승리한 다음 적들의 머리를 가져가는 것으로 기록되어 있다. 켈트인의 한 부족인 세논족이 클루시움에서 로마의 군단(3,000-6,000명의 보병으로 편성됨)을 무찌른 뒤인 기원전 295년 초 역사는 이 사실(史實)을 다음과 같이 기록하고 있다.

켈트인들은 전쟁에서 살해한 적의 머리를 잘라 말의 목에 매달았다. 이들은 장단에 맞춰 의기양양하게 승리의 노래를 부르며 피묻은 전리품을 동료들에게 넘기고 노획한 약탈물을 실어 날랐다. 그리하여 켈트인들은 자신들이 전쟁에서 거둔 첫 열매(전리품)를 집집마다 내걸었다. 이들은 가장 뛰어난 적의 머리에 향나무 기름을 바르고 커다란 상자(궤)에 조심스럽게 보존하여, 이방인들에게 자신들의 선조나 아버지 또는 켈트인 자신 가운데 누구도 적의 머리를 요구하는 자가 있을 경우 아무리 많은 돈을 준다고 해도 그와 같은 제의를 단번에 거절했노라고 말하면서 상자에 보존한 적의 머리(들)을 자랑스럽게 보여주었다.

켈트인들은 머리〔人頭〕에 영혼이 깃들어 있다고 믿었다. 역사학자인 스트라보의 기록에 따르면 켈트인들은 인간의 영혼은 파괴할 수 없는 불멸의 것으로 믿었다. 그리하여 켈트인들에게 머리는 인간 영혼의 자원이며 힘으로 존경의 대상이었다. 이들이 존경하는 인간의 머리를 취하여 향나무 기름을 바르고 사원에 바치거나 소중한 소유물로 보존하는 것은 커다란 존경의 표시였다.

그러나 한편으로 켈트인들은 적의 머리를 간직하게 되면 자신들이 영혼도 함께 제어할 수 있을 것으로 여겼다고 주장하는 학자도 있었다. 리비(Livy. Livius의 영어 명칭)에 따르면 켈트 부족의 하나인 보이족은 기원전 216년 로마 집정관 알비누스(Lucius Postumius Albinus)[33]를 살해한 뒤 그의 머리를 켈트 신전에 가져갔다고 기록하고 있다. 또한 켈트인들은 기원의 제물로 머리를 성스러운 강물에 띄워 보내기도 하였다.

그러나 켈트인들이 이런 의식을 치렀다고 해서 켈트인들이야말로 "머리 사냥꾼"이었다는 증거로 내세우는 것은 옳지 않다. 켈트인들은 머리를 획득하고자 전쟁터에 나간 것은 아니었다. 목을 베는 행위는 싸움터에서 적을 살해하거나 적이 죽은 뒤 존경할 만한 가치가 있을 때에 비로소 일어난 행위였다.

머리를 신전에 바치는 켈트인들의 제물(祭物)에 대한 정보는 다양한 정보원에서 가져온 고고학상의 증거로도 뒷받침되고 있다. 가령 로끄뻬뛰즈 언덕(Roquepertuse: 켈트인의 역사상 종교 중심지)과[34] 나쥐(Nages: 프랑스 남부에 있는 자치행정구) 그리고 앙트레몽(Entremont: 프랑스 남동쪽, 오베르뉴−론−알프스 지역의 오뜨−사보아에 구에 있는 자치구)에 있는 켈트인 성지에서 다량의 두개골이 발견되었다.

프랑스 남부 프로방스에 있는 로끄뻬뛰즈 언덕에서는 기원전 4−3세기의 것으로 추정되는 두개골 포르티코(기둥으로 받쳐진 지붕이 있는 현관)가 있었다. 이 포르티코에 있는 두개골은 성인 남자의 것으로 대부분의 두개골에 입힌 상처와 칼의 손상이 말해 주듯이 전쟁에서 분명히 살해된 것들이었다.

기원전 6세기 초에 켈트인 성소가 세워졌으나 기원전 2세기에 로마군이 이 성소를 정복한 뒤 사용하지 않게 되었다. 살루비족(Salluvii: Salyes라고도 함)의[35] 수도인 앙트레몽에서는 하나의 조상(彫像)

파편이 발견되었는데, 복구한 결과 한 인물이 6개의 절단된 머리를 무릎 위에 놓고 결가부좌의 자세로 앉아 있는 모습을 보여주었다. 그 인물은 원뿔 모양의 군모(軍帽)를 쓰고 목의 둘레에는 (고대 고올인들이 걸었던) 목걸이 사슬을 두르고 있었다.

앙트레몽은 기원전 124년에 로마인들에 의해 파괴되었다. 이곳 성소에서 출토된 유물들은 이곳이 언덕의 가장 높은 곳에 위치하고 남녀 영웅들로 줄지어 늘어선 통로로 접근할 수 있는 곳임을 보여주었다. 이 성소 안에는 12개의 머리를 조각해놓은 커다란 기둥이 서 있었다. 앙트레몽은 절단된 두상 조각물이 큼지막하게 줄지어 늘어서 있어서 매우 주목해 볼 만한 모습의 유적지였다.

가장 흥미로운 절단 두상 조각 가운데 하나는 프랑스 중남부에 있는 부쉬 뒤 론(Bouches-du-Rhône) 현(縣)에 위치한 노베(Noves) 자치구에서 온 것으로 기원전 3-2세기로 추정되는 석조(石彫)이다. 이 석조는 뒷다리로 웅크리고 앉아있는 무시무시한 비늘모양의 야수의 모습을 하고 있었는데, 팔이 입에서 앞으로 돌출한 것으로 보아 인간을 잡아먹은 것이 분명해 보였다. 더욱이 앞발 밑에는 수염을 기르고 챙이 없는 모자를 쓴 것이 분명한 두 사람의 절단된 머리를 들고 있었다.

노샘튼셔 주 코스글로브(Cosgrove) 마을의 성소에서도 켈트인들에 의해 참수된 머리들이 출토되었고, 한편으로는 브리튼 왕이었던 쿠노벨리누스(Cunobelinus)의 동전에서 한 켈트인 전사가 전투가 끝난 뒤 잡은 인간의 머리에 칼을 휘두르는 모습이 새겨져 있음을 보여주고 있다. 구덩이에서는 두개골이 놓여있는 것 이외에 성벽 기둥에 고정해 두거나 관문을 넘어 들어가는 요새로부터 다량의 출토물이 발견되었다.

5.10. 켈트 지명과 켈트인의 외경심

런던의 템즈강에서는 월브룩강(Walbrook)이 흘러 들어가는 지점에서 켈트인이 살았던 시기에 나온 다량의 두개골이 발견되었다. 대부분의 강과 마찬가지로 템즈강은 신성한 강으로 여겨졌을 것이다. 그러면 어찌하여 켈트인들은 지하를 통해 템즈강으로 흘러 들어가는 월브룩 강어귀에 기원을 비는 제물을 바쳤을까?

게르만족인 앵글로색슨족이 런던에 입성했을 때 이들은 이 오래된 도시를 차지하는 대신 무어게이트(Moorgate)[36] 근방에서 북쪽으로 더 많은 도시를 세웠다. 월브룩이라는 지명에서도 드러나듯이 앵글로색슨족 이전부터 생활해 온 켈트인들은 '이방인들의 샛강'이란 의미를 갖는 고대 영어 *Weala-broc*의 현대 지명인 월브룩 지역에 강한 애착을 가졌다. '이방인'을 의미하는 '웰리시'(*Welisc*)라는 명칭은 앵글로색슨족이 브리튼 켈트인들에게 붙여준 이름이었다.

그렇다면 켈트인들이 이곳의 모든 지명에 애착을 가진 이유는 무엇이었을까? 그리고 그렇게 많은 두개골과 기원을 비는 다른 제물들은 어찌된 것이었을까? 말할 것도 없이 이곳은 켈트인들이 떠나기 싫은 성소(聖所)였음이 분명하였던 것이다. 매력적인 것은 런던 시에서 나오는 주요 관문은 템즈강으로 통하는 문인 빌레의 문(오늘날의 빌링스게이트Billingsgate)으로 불리었다. 빌레(Bíle)는 인간의 영혼을 지하세계로 나르는 사자(死者)의 신으로, 이 도시의 죽은 켈트인들이 마치 그들의 먼 조상이며 동료이었던 인도유럽인들이 사후에 매장의식을 치르고자 갠지스강으로 시체를 가져간 것처럼 템즈강에서 그들의 마지막 여행을 시작하려고 '빌레의 문' 밖으로 운반되었을 것이다. 아마도 영향력이 큰 시민들의 머리는 이 문을 지나 옮겨져서 오늘날 월브룩강으로 표시된 지성소에 안치되지 않았을까?

아일랜드와 웨일즈의 신화적 전통은 머리의 중요성에 대한 언급으로 가득 차 있었다. 머리는 한때 인간의 육체와 분리되어 그곳에 영혼이 머무르고 있다는 생각을 뒷받침이라도 하듯 생존할 능력을 부여받은 것이라고 여겼다. 가장 초기의 브리튼 산문 문학인 《마비노기온》(*Mabinogion* 영어로 [mæbɪnɔgjɔn]으로 읽음. 초기에는 구전으로 시작하여 중세 웨일즈 작가들이 12–13세기에 편집함)[37]에서 웨일즈 신화에 등장하는 거인으로, 브리튼의 왕인 브란 벤디가이드프란 (Brân Bendigeidfran. 문자 그대로의 뜻은 '축복받은 까마귀'임)은 독침을 맞고 죽음 직전에 이른다. 그는 부하들에게 독이 온몸에 퍼지기 전에 자신의 머리를 베어 브리튼으로 보낼 것을 명령한다. 이 긴 여행에서 왕의 머리는 부하들과 얘기를 나누고 농담을 하며 충고를 아끼지 않는다.

머리는 일단 몸과 떨어지게 되면 얘기를 하는 일이 자주 일어난다. 《거웨인 경과 녹색의 기사》에[38] 나오는 저 유명한 참수(斬首) 게임은 켈트 신화에 기원을 두고 있으며, 나중에 거웨인이 맡은 것으로 여겨지는 역할에서 쿠훌린(Cúchulainn. 영어로는 Cuhullin으로 씀)과[39] 전사 계급의 명칭인 기사단(Red Branch Knights)과 나누는 이야기에도 등장한다.[40] 쿠훌린은 양심의 가책을 느끼지 않고 적들의 머리를 벤 다음 디오도루스 시클루스가 언급한 것처럼 '켈트인들이 그렇게 해왔듯이 그들의 머리를 전차(戰車)에 매달고 용맹스럽게 앞으로 나아온다. 전차에 적들의 피 묻은 머리를 매달고서.'

이처럼 인두(人頭)에 대한 켈트인들의 외경심은 수세기 동안 그리스도 신앙에 의해서도 바꿀 수가 없었다. 아일랜드에 있는 로마네스크 양식으로 지어진 디저트 오디수도원(Dysert O'Dea Monastery) 및 클론퍼트 성당(Clonfert Cathedral)의 출입구 외부 아치에는 인두로 조각한 모습이 나타나 있다. 켈트인에 대해 깊이 연구한 영국의 한 고고학자(B. Cunliffe, 1997)는 기독교 이전과 기독교 시기의 켈트인의 인두 조각술을 구분하는 것은 불가능하다고 언급하고 있다.

교회에 사람이나 동물의 형상을 한 괴물의 조각과 도리나 들보의 받침나무 그리고 다른 장식물을 얹는 일은 특히 12-14세기에 이르기까지만 해도 '영혼은 인두에 거한다'는 켈트인의 믿음에서 나온 것이었다.

〈자료 19〉 디저트 오디 수도원에 조각된 인두 모습

5.11. 내세(來世)에 대한 켈트인의 영혼불멸 사상

켈트인들은 내세(來世)에 대한 믿음을 지니고 있었다. 고올 지역에 거주한 켈트인의 가르침은 영혼은 영원불멸하다는 것이었다. 디오도루스 시클루스에 따르면 '피타고라스 정리'가 고올인들 사이에 널리 퍼진 것을 맨 처음 언급한 인물은 폴리히스토르(Polyhistor: polymath의 고대 용어로, 복잡하고 특수한 문제를 해결하는 능력을 지닌 사람을 지칭함)라고 불리는 인물로, 이 명칭은 르네상스와 계몽주의 시대에 과학과 예술의 다양한 분야에서 탁월한 능력을 보여준 위대한 사상가들을 가리키고자 흔히 사용된 용어이다.

이탈리아의 르네상스시기에 활약한 레오나르도 다빈치(Leonardo da Vinci)나 갈릴레오(Galileo)와 같은 인물도 폴리히스토르 또는 폴리매스(polymath)란 명칭으로 불리었다. 헬레니즘 문화의 중심지인 알레산드리아에서 발달한 알렉산드리아 학파(문학, 철학, 의학 및 과학에서의 흐름을 집합적으로 나타내는 용어임) 가운데 특히 작가 집단은 켈트인들이 피타고라스 정리에서 영혼의 불멸성이나 영혼의 재생 또는 윤회(輪廻)의 원리를 깨달았는지 또는 피타고라스가 켈트인에게서 이러한 것들을 받아들였는지에 관해 오랫동안 논쟁을 벌여왔다.

그렇다면 켈트인들의 가르침은 어느 정도 근접하였을까? 물론 피타고라스는 켈트인들의 이러한 사상에 대해 쓴 적이 전혀 없었을 뿐만 아니라 기록조차도 남기지 않았다. 그러나 후세 작가들에게서 전해 내려오는 이야기를 종합해보면 피타고라스는 영혼이 영원불멸하며 육체에 내려와 깃든 신성(神性 divinity)임을 가르쳤다. 그리하여 영혼은 행위를 통해 인간이나 동물 또는 식물의 형태라는 것으로도 다시 태어날 수 있는지 결정하였다. 따라서 궁극적으로 영혼은 그 순수함을 유지하면서 속세의 온갖 환란과 근심에서 벗어날 수 있으며, 그렇기 위해서는 자성(自省)과 절제가 필요하다고 보았다. 이처럼 사후에 영혼이 다른 인체나 동물에 옮겨 다시금 태어나는 재생 또는 윤회 사상 이론은 당시 그리스의 철학 전통으로는 매우 생소한 이론이었다.

한편 인도유럽어계의 다른 문화, 특히 인도에서는 카르마(karma), 곧 인과응보(因果應報) 사상으로 인해 영혼은 하나의 생명에서 다른 생명으로 끊임없이 환생을 거듭하며 니르바나(Nirvana), 곧 불교에서 말하는 열반(涅槃)에 이르러서야 비로소 끝나게 된다고 믿었다. 니르바나는 극락의 상태가 일단 성취된 다음에는 죽음과 환생이 반복되는 주기에서 영혼을 자유롭게 놓아 주었다.

죽음은 이생에서 저승으로 장소를 옮기는 것에 지나지 않으며 이생이 아닌 다른 세상, 즉 사자(死者)의 세상, 놀라운 내세(來世)에서 온갖 형태와 선함으로 생명이 이어진다는 것이 켈트인들이 지닌 영혼불멸의 사상이었다. 인간이 저 세상에서 생명을 잃게 되면 그들의 영혼은 이 세상에 다시 태어나게 되고, 두 세계 사이에서 영혼은 끊임없이 왔다 갔다 하게 된다. 이생에서의 죽음은 영혼을 내세로 이끌고 내세에서의 죽음은 영혼을 이 세상으로 인도하게 된다는 것이 켈트인의 믿음이었다.

고대 그리스의 철학·수사학자로 궤변론자였던 필로스트라투스(L. Flavius Philostratus: c. 172 – 250)는[41] 켈트인들이 내세에서의 죽음에 대한 슬픔을 탄생으로 축하하며 죽음을 내세에서의 탄생에 대한 기쁨으로 여긴다는 사실을 정확하게 주목하였다. 그리하여 내세에 대한 켈트인의 믿음이 너무나 확고하였으므로 기원 1세기 초기에 막시무스(Valerius Maximus. 티베리우스 황제 통치 시기[14–37AD]에 활동한 라틴어 작가이며 수사학자)는 그의 저술에서 "켈트인들은 서로에게 빌린 돈은 내세에서 반드시 갚을 수 있다고 여겼고 인간의 영혼은 영원불멸하다는 것을 확신하고 있었다"고 언급하고 있다. 이러한 믿음으로 말미암아 켈트인들은 죽은 자와 함께 사자(死者)가 사용하던 귀중하고 풍요로운 부장품, 개인 소지품, 각종 무기류, 식량, 음료까지 함께 매장함으로써 내세의 멋진 삶을 다시금 시작할 수 있다고 믿었다.

켈트인들은 그리스인들에게 그리스 철학을 빌리지도 않았거니와 그리스인들도 켈트인들에게 그들의 철학을 가져오지도 않았다. 영혼의 불멸이라는 교리는 인도유럽 문화권의 여러 곳에서 함께 발달하여 다르게 진화해 왔으며 아마도 초기에는 공통된 믿음에서 기원하였을 것으로 학자들은 추정하고 있다.

우리는 이 장에서 죽은 자의 세계를 '내세(otherworld)'라는 말로 나타내었는데 그것은 이 말이 저승을 나타내는 용어로 널리 쓰이는 말이었기 때문이다. 그러나 섬나라 고대 영국에서 거주하던 켈트인들은 '내세'라는 말에 대해 상당히 많은 다른 명칭 – 완곡한 표현 – 을 사용하였는데, 켈트어는 이처럼 완곡한 어구(euphemisms)로 가득차 있는 언어이기도 하였기 때문이다.

켈트어에는 '태양'이나 '달'을 나타내는 표현도 각각 6개가 넘으며 이 표현이 언제 쓰일 수 없는지도 명시되어 있다. '내세'의 경우도 이와 마찬가지였다. 고대 및 중세 아일랜드어에서는 '이승(this world)'을 나타내는 말로 *cenntar*, '내세(otherworld)'를 나타내는 말로 *alltar*란 말이 쓰이고 있다. 아일랜드 신화만 하더라도 이 신화에 등장하는 '내세'를 나타내는 동의어 가운데에는 다음과 같은 것들이 있다.

- Tír na nOg(젊은이의 나라)
- Tír Tairnigiri(약속의 땅)
- Tír na tSamhraidh(여름의 나라)
- Magh Mell(행복의 평원)
- Tír na mBeo(생명의 땅)
- Magh Da Cheo(두 개의 안개 평원)
- Tír fo Thuinn(파도 밑의 땅)
- Dún Scaith(그림자 요새)

고대 영국 섬나라에서 이루어진 켈트 문학은 내세로 가는 항해나 여행으로 가득 차 있는데, 팔가섬(Hy-Falga)으로 가는 쿠홀린의 짧은 여행, 브란(Bran)이나 멜 두인(Mael Duin)의 항해, 그렇지 않으면 웨일즈 신화와 문학에 등장하는 디페드의 군주(Pwyll Pen Annwn)의 여행과 같은 것이 좋은 예이다. 켈트 문학에서 내세에 머무는 가장 유명한 이야기 가운데 하나는 바다의 신(神), 맥 리르(Manannán Mac Lir)의 딸인 니어브(Niamh[ˈniːəv] 2음절로 발음)와 불가사이한 말을 타고 달리는 오신(Oisín)의 이야기로 그는 내세에서 300년 동안 머물렀다고 전해진다.

내세로의 긴 여행에 감히 나선 용감한 여행자들에게 저세상은 동굴이나 호수와 같은 다양한 경로로 도달할 수 있겠으나, 대부분 널리 알려진 대로 거대한 바다를 건너 남서쪽이나 서쪽으로 항해를 해나감으로써 도달할 수 있다. 오늘날에도 이러한 표현이 현대영어에 남아 쓰이는 것을 알 수 있는데, 가령 전시(戰時)에 사람이 죽게 되면 '서쪽으로 가버렸다'(gone west)는 표현으로 그 사람의 죽음을 나타내고 있다.

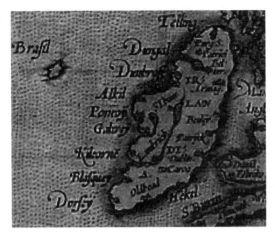

〈자료 20〉 신비의 섬(Hy−Breasail/Brasil). 오늘날의 브라질.

아일랜드어 명칭으로 '신비스러운 섬'을 뜻하는 Hy−Breasail (또는 Hy−Brasil)은 아일랜드 서쪽 대서양 어딘가에 있는 유령의 섬(phantom island)으로 아일랜드 신화에 등장하는데, 아일랜드인들의 마음 속에 서쪽 어딘가에 존재하는 실제의 섬으로 각인되어 있었으므로 중세 시기의 지도(〈자료 20〉)에도 이 섬이 표시되어 있었다. 그 뒤 1500년 포르투갈 탐험가인 페드로 카브랄(Pedro Álvares Cabral: c. 1468 − c. 1520)이[42] 남아메리카에 도착했을 때 신비의 섬으로 불리는 Hy−Breasail을 발견한 것으로 생각하고 이 나라를 오늘날의 브라질(Brazil)로 명명하였다.

켈트인들에게 죽은 자의 영혼이 모이는 곳은 항상 아일랜드 남서쪽에 있는 작은 섬으로 생각되었고, 이와 유사한 믿음은 웨일즈에 거주한 켈트인에게도 마찬가지였다. 그리하여 이들 영혼은 사자(死者)의 신에 의해 저승으로 안내되었다. 내세가 실제로 존재하는 곳은 지구상이 아닌 이승이나 또는 영(靈 spirit)의 세계가 되었든, 어느 정도 혼란을 가져왔다.

로마의 시인 루칸(Lucan: 라틴어로 Marcus Annaeus Lucanus로 씀. 코르도바 출신의 로마 시인)은 그의 작품 《파살리아》(Phasalia)에서[43] 이곳을 *orbe alio*, 곧 '다른 곳'으로 언급하면서 우리가 알고 있는 이 세상의 어느 다른 지역(세상)에 지나지 않는다는 것을 암시하였다. 한 걸음 더 나아가 '다른 세상'의 모습은 어두침침한 곳에서부터

행복하고 시골 정취가 풍기는 낙원에 이르기까지 그 범위가 실로
넓고 다양하였다.

켈트인이 일 년에 딱 하루, '저 세상'을 볼 수 있는 때는 10월 31일
일몰 시각부터 11월 1일 일몰 때까지 열리는 사윈 축제(Samhain[sɑːwɪn]
으로 발음. 수확기의 마지막과 겨울의 시작을 알리는 켈트인의
축제로 4개 축제 가운데 하나임)였다. 이 시간에는 두 세계 사이의
초자연적인 경계가 무너지고 죽은 자건 살아있는 자건 간에 두
세계를 자유로이 왕래할 수 있었다.

그뿐만 아니라 살아 있는 자들이 괴롭힌 이들도 다시 유령이 되
어 이승으로 돌아와서 가해자들에게 해(害)를 끼칠 수도 있었다.
당시 기독교는 이러한 신앙을 믿을 수 없었으면서도 이러한 행위를
받아들였다. 11월 1일은 모든 성인의 날이자 모든 영혼의 날이었고,
전날 저녁은 '모든 성인의 날' 전야(10월 31일 밤)에 해당하는 핼
로윈(Halloween)이었다.

아일랜드 신화에서는 두 명의 '문지기'(gatekeepers)가 나오는데,
이들은 다름 아닌 다른 세상(저승)으로 가는 영혼을 안내하는
신(deity)들로서 한때 다누(Danu: 아일랜드 신화에 나오는 여신)와
돈(Donn: 일명 the Dark one이라고도 하며 죽은 자의 주인으로
아일랜드인의 아버지로 불림)의 짝이었다. 돈 신은 문헌에서 흔히
다른 신(Bíle)과 혼동을 불러일으키기도 한다. '돈 신의 집'으로
일컫는 Tech nDuinn이란 명칭의 작은 바위 섬은 아일랜드 남서쪽에
위치한 죽은 자들의 집합소를 지칭하는 것으로 돈 신이 이곳에서
익사하였기 때문에 붙여졌으며, 죽은 자들이 '다른 세상'으로 멀고도
긴 여행을 시작하기 전에 모이는 장소가 곧 이 섬, 돈 신의 집이었다.
이렇게 볼 때 그는 힌두 신 야마(Yama. 힌두교의 죽음과 저승의 신)와
유사하였다.

5.12. 아일랜드 문학에 스며든 켈트인의 종교관

켈트인의 종교를 다스리는 이는 누구였을까? 폼포니우스 멜라
(Pomponius Mela: AD 45년쯤 사망. 가장 초기 로마의 지리학자)에
따르면 드루이드교 사제들은 신의 의지가 무엇인지 모두 알고 있다고
언급한다. 한편 줄리어스 시저에 따르면 드루이드교의 사제들은 신에
대한 경배의식을 수행하고 신에게 제물을 바치는 일을 행하며 종교에
관련된 모든 의문에 대한 규칙을 만드는 일을 한다고 기록하고 있다.

그러나 분명한 것은, 드루이드교 사제들이 당시 어떤 일을 하고
있었는지 우리가 알고 있는 지식은 극히 일부분에 지나지 않는다는
것이다. 켈트인에 관해 서술한 많은 학자들의 글에서 우리는 드루이
드교 사제들이 지식 계급이었으며, 이 계급 안에 가장 높은 층위의
사제단을 포함시켰다는 것을 알 수 있다. 그리스인과 로마인들이
사제를 지칭하는 말로 드루이드교라는 말을 일관성있게 사용하지
않은 점과 켈트 세계의 여러 분야에 드루이드교를 언급하지 않은
것도 이러한 이유에서였다. 심지어 고올 지역과 같이 드루이드교가
언급된 지역이라 할지라도 오늘날 아일랜드어 *guth*에 남아 쓰이는
'voice'를 뜻하는 켈트어를 포함하여 사제(priest)를 나타내는 말로
*gutuatri*와 같은 다른 명칭이 사용되었다.

고대 켈트인들이 창조자로서가 아닌 그들의 조상으로 여겼던
만신전(萬神殿)을 믿었고 영원불멸의 영혼과 내세를 믿었다는 것이
밝혀진 이상, 오늘날 이들의 도덕률(moral code)을 입증할 수 있는 증
거를 찾을 수 있을까? 그리스의 철학자인 디오게네스 라에르 티오
스(Diogenes Laërtius)는[44] "켈트인들이 신(神)은 경배해야 하고 악(惡)
은 행하지 않으며 용기를 내야 한다"는 켈트인들의 주요 금언(金言)
에 주목하였다. 켈트인들에 대한 고전 작가들의 다양한 논평을 비교
해 볼 때 우리는 당시 켈트인 사제들이 자연과 조화롭게 사는 것이

야말로 이상적인 삶이라는 것, 그리고 고통과 죽음은 악이 아니라 신이 계획한 필수 부분이며 오직 악(惡 evil)만이 도덕적으로 약한 부분이라는 것을 켈트인들에게 가르쳤다는 사실을 알 수 있다. 딜론 (Myles Hawke Dillon: 1900-1972. 아일랜드인 역사가, 언어학자, 켈트어학자)이 지적한대로 선(善 Truth)을 지고(至高)의 원리로 받아들이고 창조력을 유지해 나간다는 켈트인들의 개념은 모든 아일랜드 문학에 스며들었다.

'선'을 뜻하는 고대 아일랜드어는 '종교'와 '정의'뿐만 아니라 '성스러움'과 '의로움' 그리고 '신실함'에 대한 언어학적인 개념을 나타내는 기본이 되었다. 현대 아일랜드에서도 사람이 죽으면 "*Tá sé/sí in áit na fhírinne anois*"라는 표현을 쓰는데, 이것은 문자 그대로 표현하면 "그(녀)는 지금 '선'의 거처에 있다"는 뜻이 된다. 이처럼 기독교 이전의 켈트인들이 지닌 종교의 기본 철학은 인도유럽어의 개념과 상당 부분 유사하여 파시교(Parseeism: 조상이 페르시아계인 인도의 조로아스터교)의 페르시아-이란계 종교의 그것과 정확하게 일치하고 있음을 알 수 있다. 그뿐만 아니라 힌두교의 베다 경전에서도 이른바 '선'(Truth, *rta*)이 지고한 이상향의 경지에 이른 곳으로 성스러운 갠지스강의 원천이 되고 있음을 알 수 있다. 베다 경전에서는 이 세상이 지탱되는 것은 '선' 때문이라고 말하고 있다.

5.13. 켈트인의 종교 논쟁: 자유의지 vs. 숙명론

켈트인의 종교는 옳고 그름을 분별해 주는 도덕상의 제도에 근거를 두고 있었다. 고대 아일랜드어의 용어를 빌리면 *fas*와 *nefas*로, 법에 의한 것(*dleahacht*)과 불법적인 것(*neamhdleathacht*)에 해당하는 말이었다. 그리고 그 가르침은 일련의 타부(taboo)로써 켈트인들에게 각인되었다. 도덕상의 구제는 켈트인 개개인의 책임이었다. 켈트계 기독교 신학자인 펠라기우스(Pelagius c.360-418)는[45] 기독교 이전의 켈트 철학, 특히 드루이드교의 자연철학을 부활시키려는 것에 대해 비난을 받았다. 그의 주장에 따르면 남자와 여자는 숙명론을 받아들이지 말고 스스로의 노력으로 구원을 향해 첫 걸음을 떼야 한다는 것이다.

성(聖) 어거스틴(Augustine of Hippo라고도 함. 354-430)은[46] 펠라기우스의 자유의지와는 달리 인간은 아담의 원죄를 떠맡았고 자유의지로는 스스로의 구원을 이룰 수 없다고 주장하였다. 그리하여 사람들은 살면서 악을 행하든, 선을 행하든 간에 이미 운명이 결정되어 있어서 모든 것이 숙명에 따라 전해진다고 주장하였다. 한편 펠라기우스는 성 어거스틴의 이론(숙명론)은 도덕률 전체를 위험에 빠뜨리는 것이라고 주장하였다. 만일 남자와 여자가 선한 행위나 악한 행위에 대해 책임을 지지 않는다면 (성 어거스틴이 주장하는) 숙명론에 따라 악한 행위에 빠져드는 것을 그들 스스로도 막을 수가 없을 뿐만 아니라 책임 또한 질 수가 없었을 것이기 때문이라는 것이다.

펠라기우스의 이러한 주장은 기독교 이전의 켈트 철학을 한층 더 진전시키려는 그의 의도의 메아리에 불과하였다. 이와는 달리, 성 어거스틴의 숙명론은 널리 퍼져 나갔고 펠라기우스는 이단(異端)으로 선고되었다. 수세기에 걸쳐 켈트계 기독교 운동은 펠라기우스의 가르침에 켈트인들이 물들어 있는 것으로 여겨져 왔다. 그러나 이러한 생각은 켈트인들이 펠라기우스의 사상이나 가르침을 의식적으로 받아들인 것이 아니라, 남자와 여자는 자유의지를 가지고 그들의 행동에 책임을 져야 한다는 믿음이 켈트 문화의 빼놓을 수 없는 요소였기 때문이었다. 놀랍게도 기독교 사상은 결국 펠라기우스의 철학을 받아 들였으나 성 어거스틴은 아직도 여전히 성자(聖者)로, 펠라기우스는 이단자로 여겨지고 있다는 사실이다.

펠라기우스와 같은 시기에 몇 명의 다른 켈트계 철학자가 각기 펠라기우스와 유사한 논조의 글을 썼으며, 이들을 오늘날 한데 묶어 '펠라기우스파'(Pelagian)라고 부른다. 이들 켈트계 철학자들은 공통된 철학의 논조를 지니고 있었으므로 이들을 켈트인으로 칭하는 것은 당연하였다. 펠라기우스파에 속한 철학자들의 초기 저술은 브리튼 섬에 거주한 켈트인들의 법체계에 뚜렷한 흔적을 남긴 사회 철학의 진면목을 보여주었다. 브리튼계 켈트인 주교인 파스티디우스(Fastidius c.430)는[47] 411년쯤에 쓴 그의 저서 《기독교인의 생활》(*De Vita Christiana*)에서 기독교인에 대해 다음과 같이 쓰고 있다.

> 빈자(貧者)를 억압하는 것이 기독교인인가? 타자(他者)를 빈자가 되게 하면 그것이 부유해지는 것인가? 타인의 눈물을 짜서 양식을 빼앗는다면? 그렇지 않다. 무릇 기독교인이란… 가난한 자를 억압해서도 안 되며 가난한 이들이라면 누구에게나 양식을 제공하는, 그리하여 모든 이들에게 문을 활짝 열어 놓아야 하는 그러한 사람이다.

켈트 왕과 부족장들의 이러한 환대 정신은 켈트 신화에 잘 기록되어 있고 그들의 법제도에도 명기되어 있다. 그 어느 누구도, 특히 자신의 거주지에 들어온 낯선 이들이 굶주리지 않게 하거나, 노동자들을 착취하는 일을 법으로 금지하거나, 상해(傷害)를 입혀 이득을 취하려는 이들을 아일랜드 법에 따라 벌금을 부과하는 등, 켈트인 통치자가 이 모든 것을 살펴야할 권리와 책무를 져야 한다는 것은, 다름 아닌 펠라기우스와 다른 '펠라기우스파'의 작가들이 당시의 특수한 문화적 배경을 함께 공유했다는 사실을 여실히 보여주고 있다.

대부분의 고대 민족들처럼 켈트인들도 예언을 하고 미래를 예측하며 길흉(吉凶)의 전조에 따라 신의 의지를 예감하였다. 그리스인과 로마인들은 켈트 사제들이 제물로 바칠 짐승의 창자와 새들의 비상(飛翔)에서 예언의 징조를 찾는다고 주장하였다. 새의 비상, 곧 점술은 로마인과 다른 문명에서처럼 동물의 창자에서 신의 뜻을 예언한 에트루리아인들이 사용한 방법으로서 이른바 '창자 점장이(haruspices)'로 알려졌다. 이들 점장이는 고대 로마에서 제물로 바친 짐승의 창자를 보고 신의 뜻을 점쳤으며, 이러한 기법을 에트루리아인의 고행(Etrusca disciplina)이라고 하였다.

스트라보와 디오도루스 시클루스는 그들의 유일한 자원인 포세도니우스(Poseidonius: *Gr. Ποσειδώνιος* c.135–c.51 그리스의 스토아 학파의 철학자, 정치가, 지리역사학자)를 인용하여 드루이드교인(또는 드루이드교 사제들)이 인간 제물의 극심한 고통으로부터 신의 예언을 받았다고 주장하였다. 시저는 이러한 내용을 되풀이해서 인용하였다. 스트라보와 시클루스는 켈트 사제들이 제물이 된 짐승에 칼을 꽂아 죽음에 이르는 그 극심한 고통을 바라보는 모습을 묘사하였다. 타키투스(Tacitus)는 초기의 저술가인 이들을 상기하면서 "드루이드교인은 인간의 내장(심장)이 뛰는 것에 대해서도 신에게 묻고 의지한다"고 언급하고 있다.

고대 켈트인들이 인간을 제물로 바친다는 소문이 널리 퍼진 것은 로마를 중심으로 저술활동을 한 몇 명의 저술가에게서 연유하는데, '인간 제물'에 관한 모든 이야기의 출처를 거슬러 올라가면 오직 포세도니우스의 저술로부터 나온 것임을 알 수 있다.

'인간 제물'을 언급한 로마의 작가들은 한결같이 이것이 오직 신의 예언이나 신들을 달래기 위해 쓰였다고 설명하고 있다. 다른 이들 가운데서 키케로(Cicero)는 "켈트인들은 영원불멸의 제신(諸神)을 달래고 인간을 제물로 바침으로써 신들의 제단과 신전을 모독하는 것이 필요하다는 점을 알고 있다"는 이야기를 반복해서 서술하고 있다.

말할 나위 없이 인간을 제물로 바치는 종교 의식은 고대 인도유럽 세계에서는 흔히 행하여져 온 의식이었다. 그럼에도 인간을 제물로 바치는 의식에 대한 비판이 어찌하여 오직 켈트인들에게만 집중되었는지 의문을 갖지 않을 수 없다고 주장하는 학자들이 많다. 입증된 것은 아니나, 이러한 모든 비판의 근거를 이루는 것은 앞에서 언급한 그리스 지리역사가 포세도니우스(Poseidonius)에서 찾아볼 수 있다.[48]

또 한 가지 염두에 두어야 할 것은 당시 로마인들이 켈트인들을 비하(卑下)하고 인간 이하로 여기는 생각에 사로잡혀 있었다는 사실이다. 더욱이 흥미로운 점은 로마인들 자신도 켈트인과 마찬가지로 인간을 제물로 바쳤다는 것이다. 그것은 한니발 장군이 기원전 216년 이탈리아 남동부의 고대 도시인 칸나이(Cannae)에서 로마군에 승리를 거둔 다음 로마인들이 신들을 달래고자 두 명의 켈트인 죄수와 두 명의 그리스인 죄수를 로마의 광장(Forum Boarium)에 산 채로 매장함으로써 제물로 바쳤기 때문이다.

로마의 작가들은 켈트인에 대해 야만스러우며 사납고, 잔인하며 문명으로부터 떨어진 미개인으로 이야기하기를 좋아하였다. 그럼에도 로마가 스스로 잔인하고 살의(殺意)에 찬 행동 규범을 보여 왔다는 점에 비추어 볼 때 켈트인의 잔인함은 오히려 로마인에 견주어 훨씬 덜 했을는지도 모르는 일이었다. 로마인들은 제식(祭式)을 집전하면서 인간을 죽이는 일이 일상이 되었고, 카피톨리누스 언덕(Capitoline Hill)의[49] 발치에 있는 툴리아눔 감옥(Tullianum, Mamertine Prison이라고도 함)에서 전쟁의 신들을 달래려고 의식을 치르며 죄수들을 처형하였다. 이것이야말로 인간을 제물로 바치는 것이 아니고 무엇이란 말인가? 기원전 52년 켈트인의 부족장인 베르킨게토릭스는 로마인으로부터 동족인 켈트 부족을 구하고자 항복한 뒤 스스로 로마로 잡혀가서 6년 동안 감금되어 있다가 시저의 승리를 축하하는 자리에서 의식을 치르는 사이에 처형되었다.

역사상 로마 사회를 진보되고 도덕적인 사회로 보는 관점과 로마인들이 인간을 제물로 바치는 켈트인의 행위를 비난하는 일이 단 한 사람의 권위자, 곧 황제에 의해 싫증이 나도록 되풀이 되어오면서, 로마 사회가 이러한 일들을 용인하게 된 것은 아무리 줄잡아 말해도 납득이 가지 않는 일이다.

〈자료 21〉 디오클레티아누스

기원전 264년 마르쿠스(Marcus)와 브루투스(Decimus Brutus)는 그들 부친의 죽음을 기념하려고 사제들의 승인 아래 로마 신들의 희생물로 삼고자 세 쌍의 죄수를 데려다가 죽음에 이르는 결투를 벌이게 하였다. 기원전 46년 줄리어스 시저는 켈트인들 사이에 인간을 제물로 바치는 것을 인정하지 않았으면서도 자신의 딸인 줄리아(Julia)의 장례식을 위로하려고 노예들에게 죽음에 이르는 결투를 하도록 하였다. 이러한 인간 제물의 행태는 기원 4세기에 절정에 달하였다. 로마 황제였던 디오클레티아누스는[50] 한 달밖에 안 된 기간에 로마의 원형경기장에서 17,000명의 남녀와 어린이를 죽게 하였다. 기원 1세기에 이르러 로마의 작가들은 일견 부러워하면서도 켈트인들이 인간을 제물로 바친 행위는 과거의 일이었다고 서술하였다. 로마 작가들은 켈트인을 포함하여 수십만 명의 노예들이 로마인들의 쾌락을 충족시켜 주고자 로마의 원형 경기장에서 의식을 치르는 동안 "살육의 대상이 된 시기가 곧 그들이 활동한 때"라고 서술한 포세도니우스를 반복해서 언급할 수 없었던 점은 분명하였다.

브리튼 섬에 거주한 켈트인을 기록한 문헌에는 인간을 제물로 바친 전통이 없을 뿐만 아니라, 이러한 전통이 내려온 그림자조차 존재하지 않는다는 것은 확실하다. 켈트인에 관한 이야기는 그들 선조들의 이교도 신앙을 손상시킬 기회를 포착할 수도 있었을 기독교인 성직자들에 의해 쓰여져 내려온 것이므로, 만일 그러한 인간 제물의 행위가 켈트인 사이에 행하여졌더라면 아마도 켈트인의 맹렬한 공격에 직면하였을지도 모를 일이었다.

제5장의 주(註)

※ 필자의 저서(2001:40-41)에서 켈트인의 종교와 사회에 관해 매우 간략하게 소개한 적이 있는데, 이 장에서는 다신교 성격을 띤 켈트세계의 여러 신성(deity)과 관련하여 켈트인의 종교와 드루이디즘에 이르는 사실(史實)에 관해 보다 상세하게 서술하려고 하였다.

1. 할로우(Harlow): 잉글랜드의 에섹스 서쪽에 있는 지방정부 구역. 철기시기의 로마-브리튼 신전이 발굴된 곳임.
2. 몬머스의 제프리(Geoffrey of Monmouth)가 쓴 《브리튼 왕의 역사》(*Historia Regum Britaniae*, 1136)에는 쿠노벨린이 아우구스투스의 궁정에서 성장한 용맹한 전사 텐반티우스(Tenvantius)의 아들, 킴벨리누스(Kymbelinus)로 등장한다. 쿠노벨린은 로마 왕실과 매우 가까웠고, 그의 조국은 로마의 무기로 무장하였으며, 로마에 바치는 모든 공물은 그들의 요구에 의해서가 아니라 존경의 표시로 보냈다고 전해짐.
3. 수에토니우스(Suetonius): 원명은 Gaius Suetonius Tranquillius. 고전 라틴어로는 [ˈgaːɪʊs ˈswɛtɔnjʊs traŋˈkʷɪllʊs]로 읽음. 로마제국의 초기 황제 시대에 마술단에 속한 로마의 역사가. 현존하는 그의 가장 중요한 저술로는 줄리어스 시저에서 도미티안에 이르는 12명의 로마 지배자의 전기인 De Vita Caesarum이 있다.
4. 폼포니우스(Pomponius Mela): 기원 43년 즈음 저술 활동을 한 로마의 지리학자. 남부 스페인의 작은 마을에서 태어난 이 작가에 관해서는 이름과 탄생지 말고는 많이 알려져 있지 않음.
5. 우키 홀(Wookey Hole): 잉글랜드의 서머셋 주, 웰즈(Wells)에 가까운 곳에 위치한 마을. '우키'라는 명칭은 고대영어 *wocig* '동물의 덫'에서 유래하는데, 켈트어인 *ogo* '동굴'에서 유래한 것이라는 설도 있음. 이 마을에서 동굴이 발견되면서 우키홀 동굴(Wookey Hole Caves)이라는 말이 생겨났음.

6. 이 언어를 스코티시 게일어(Scottish Gaelic 또는 Scots Gaelic)라고 함. 스코틀랜드에서 쓰인 켈트어로 흔히 게일어라고 씀. 켈트어군 가운데 고 이델어계에 속하며 현대 아일랜드어 및 맨섬어에서처럼 중세 아일랜 드어에서 발달하였고, AD 600-900년 즈음 쓰인 고대 아일랜드어(Old Gaelic or OldIrish)를 모어(母語)로 함.

7. 바터사이섬(Vatersay Island): 스코틀랜드의 Outer Hebrides에 있는 섬을 지칭하는 말. 이 섬에서 유일한 마을의 명칭. 게일어로 Bhatarsaigh로 쓰고 [vaʰ̞t̪ərʃaj]라는 게일어로 발음함.

8. 마포누스(Maponus/Maponos): '위대한 아들'이란 뜻. 고올어로 *mapos*는 '어린 소년이나 아들'이며 -*onos*는 접미사/접두사에 해당함. 고대 켈트인의 종교에 등장하는 청춘의 신으로 주로 브리튼에 알려진 신이 나, 고올 지역에서도 알려짐. 로마 시기에는 아폴로(Apollo)와 동등한 위치에 있던 신이었음. 웨일즈 신화에서는 Maponos에서 유래한 Mabon ap Modron이란 명칭으로 등장하며 어머니 여신(mother-goddess)인 Dea Matrona의 아들로 유추함. Maponos와 관련된 신으로 아일랜드의 신 Aengus는 '젊은 아들'을 뜻하는 Mac Óg로 나타남.

9. 하드리안 성벽(Hadrian's Wall): 라틴어로는 Vallum Hadriani로 씀. 기원 122년 로마 황제 하드리아누스의 통치시기에 세워진 것으로 브리튼 북쪽의 켈트인을 막으려고 쌓은 성벽. 북해 근방의 타인강둑에서 아일랜 드해에 있는 솔웨이 퍼스(Solway Firth)까지 이어짐.

10. 코브리지(Corbridge): 뉴카슬 서쪽 26km에 있는 잉글랜드의 노섬벌랜 드에 위치한 마을. 로마인들에게는 Corstopitum(또는 Coriosopitum)으로 알려져 있음. 하드리안 성벽의 바로 남쪽에 있는 로마의 비전투용 요새인 빈돌란다(Vindolanda)에서 목재로 된 서체 명판(名板)이 발견되면서 예전 에는 이 지역의 명칭이 '켈트인의 중심부'라는 뜻의 코리아(Coria)였을 것임을 암시하고 있음.

11. 에이브버리(Avebury): 영국 잉글랜드 윌트셔 주의 한 마을. 근처에 신석기 시기의 환상열석 유적인 스톤헨지(Stonehenge)가 있음.

12. 브로드가(Brodgar): 보통 Ring of Brodgar로 알려져 있으며 신석기 시기

의 열석. 스코틀랜드, 오크니에 있음. 스톤헨지에 견주어 비교적 규모가
적음.

13. 칼라니시(Callanish): 스코틀랜드의 헤브리디즈 제도 외곽에 있는
루이스섬의 서쪽에 위치한 마을. 이곳에 기원전 3천 년 전에 세워진
거대한 입석이 있음.

14. 더링턴 성벽(Durrington Walls): 더링턴 교구에 있는 스톤헨지의
북동쪽 2마일 근방에 위치. 북부 유럽 전체에서 가장 규모가 큰 신석기시
기의 주거지로 스톤헨지를 보완한 기념물로 알려짐.

15. 플리니(Pliny the Elder): 원명은 Gaius Plinius Secundus임. Pliny
the Elder로 더 잘 알려진 로마의 작가, 자연 철학자, 박물학자. 초기
로마제국의 육해군 사령관으로 로마황제 베스파시아누스(Vespasian 69-
79)의 친구이기도 함. 백과사전식으로 된 《자연사》(*Naturalis Historia*:
Natural History)를 써서 다른 모든 백과사전의 전형이 됨.

16. 디오도루스(Diodorus Siculus): Diodorus of Sicily라고도 함. 《세계역사》
(*Bibliotheca historica*)라는 기념비적인 책을 씀. 그리스어로 Διόδωρος Σι
κελιώτης라고 씀.

17. 발 카모니카(Val Camonica): 카모니카 계곡이라고도 함. 라틴어로 *Vallis
Carnunnorum*으로 쓰고 '카무니 부족의 계곡'이란 뜻을 지님. 로마인들이
이곳에 거주한 부족을 카무니인으로 불렀음.

18. 케르누노스(Cernunnos): 켈트인의 다신교에 등장하는 뿔이 달린
신(神) 'horned god'을 지칭하는 명칭.

19. 가마솥(Gundestrup Cauldron): 초기 로마의 철기시대 또는 후기 라떼느
시기인 200 BC - 300 AD 사이에 만들어진 것으로 추정되는 화려하게
장식한 은그릇. 유럽 철기시기의 은제품 가운데 가장 큰 용기(容器)로,
1891년 덴마크 히머랜드의 아스 구역에 있는 군데스트룹의 작은 마을
근처의 이탄(泥炭) 구덩이에서 발견됨.

20. 오뜨-마른 구역(Haute-Marne): 프랑스 혁명기간에 만들어진 83개의
지방 행정구역 가운데 하나. 마른강의 이름을 따서 지어짐.

21. 사이런시스터(Cirencester): 때로는 [sɪstər]로도 읽음. 템즈강의 지류인

천강(River Churn) 위에 세워진 마을로 로마명은 코리니움. 기원 150년 프톨레미에 의해 가장 먼저 알려짐.

22. 모헨조다로(Mohenjo-daro): '사자(死者)의 고분(Mound of the Dead)'이란 뜻. 파키스탄 남부의 시드 지역, 인더스강의 서안에 있는 고대 도시유적. 기원전 2,600년 무렵에 세워진 고대 인더스계곡 문명의 가장 큰 거주지 가운데 하나로 고대 이집트, 메소포타미아 및 크레테 문명과 동시대인 가장 초기의 주요 도시 주거지 가운데 하나임. 1980년 세계 유네스코 문화유산으로 지정됨.

23. 썬 애버스 거인(Cerne Abbas Giant): [s3ːn æbəs]로 발음. 도셋 가운데 썬 애버스 마을 근처에 있는 구릉 인간을 지칭함.

24. 코스토피툼(Corstopitum): 기록상으로는 코리 로포카리움(Corie Lopocarium), 코소베툼(Corsobetum)으로도 나타난다. 하드리안 성벽 남쪽 2.5마일(4km)에 위치하고 있음.

25. 다뉴브강(Danube): *Danuvius*는 지금은 사라진 이란어파의 언어인 스키타이어 또는 고올(켈트)어에서 빌어온 차용어임. 라틴어로 *Danuvius* 에서 유래하며 궁극적으로는 원시인구어에서 '강(river)'을 뜻하는 *danu* 에서 온 것임.

26. 《사나스 코마익》(*Sanas Chormaic*): 1,400개가 넘는 아일랜드어 어휘의 기원과 해설을 담은 초기 아일랜드어 해설집. 상당수가 어렵거나 오래된 어휘로 되어 있음.

27. 《시블레의 책》(*Sibylline Books*): 이탈리아의 남서쪽 나폴리 서쪽의 고대 그리스의 도시로 기원전 9-8세기에 건설된 이탈리아 최초의 식민지인 쿠미(Cumae)의 무당인 시빌이 구술한 예언을 모은 컬렉션. 고대 로마인 들이 지진, 역병 등 로마의 큰 사건이 일어날 때 이 책에서 신의 노여움을 푸는 법을 발견했다고 전해짐.

28. 안토닌 성벽(Antonine Wall): 로마인이 돌과 이탄(泥炭)으로 구축한 요새로 브리튼 북부에 구축한 하드리안 성벽(Hadrian's Wall)과 함께 쌍벽을 이루는 두 개의 거대한 요새임.

29. 핀머쿨(Fionn mac Cumhail): [fiːn məkuːl]로 발음. 아일랜드어로는

[fjinmɣakɣ ku: wǝl:j]로 읽음. 영어로는 Finn MacCood 또는 Finn MacCoul로 씀. 아일랜드 신화에 나오는 사냥꾼 전사로 스코틀랜드 및 맨섬의 신화에도 등장함.

30. 성 브리기트(St. Brigit): 아일랜드의 성자열전에 초기 아일랜드의 기독교 수녀, 대수녀원장으로 킬데레의 수녀원을 비롯하여 여러 곳의 수녀원을 세운 인물로 기록되어 있으며, 그녀의 축제일은 2월 1일임.

31. 비렌스(Birrens): 스코틀랜드 남부 덤프리셔주에 위치한 로마의 요새로 당시 블라토불기움(Blatobulgium)으로 불리었음. 이 요새의 명칭은 로마-브리튼시기 로마 황제인 '안토니누스의 여정'(Antonine Itinerary)에 기록되어 있으며 브리손어계의 어근인 *blāto-'bloom, blossom'에서 유래함.

32. 갈고리 십자(swastika 卐): 힌두교, 불교 및 자이나교(인도에서 기원전 6세기에 일어난 종교)의 상징으로 쓰인 형상으로 적어도 11,000년으로 거슬러 올라가며 평화와 지속으로 여겨지는 종교의 상징으로 쓰였음. 특히 2차 세계대전이 일어나기 전 나치 독일 및 나치당에 의해 이 형상이 쓰이기도 하였음.

33. 알비누스(Lucius Postumius Albius, consul 234 BC): 로마의 정치가이며 기원전 3세기의 로마 집정관. 세 번씩이나 집정관에 선출됨. 기원전 216년 로마 2개 군단을 이끌고 켈트인 보이족(Boii)과 대항하여 싸웠으나 대패함. 로마는 알비누스의 사후 그를 대체할 집정관으로 마르쿠스 마르켈루스(Marcus Claudius Marcellus)를 선출함.

34. 로끄뻬뛰즈(Acropolis Roquepertuse): 켈트인의 역사상 종교 중심지로 마르세유 북부 벨로 시 근방에 위치. 이곳은 기원전 124년 로마인에게 파괴되었고 1860년에 발견되었으나, 대부분의 발굴 작업은 1923년에 이루어짐.

35. 살루비족(Salluvii): Salyes라고도 하며 그리스어로 Σάλυες라고 함. 론강과 알프스산맥 사이의 고올 남부 뒤랑스강의 드넓은 평야를 점령한 강력한 켈트부족의 군사연합체. 이들은 (이탈리아쪽에서 바라볼 때) 알프스 저편에 거주한 민족으로 로마인들이 최초로 정복한 켈트족으로 알려져 있다.

36. 무어게이트(Moorgate): 런던 성벽의 샛문으로 원래 로마인들이 세웠음. 15세기에 관문이 되었다가 1762년 무너졌으나 명칭은 아직도 런던시의 주요거리로 남아 있음.

37. 마비노기욘(*Mabinogion*): 영어로 [mæbɪnɔgjɔn]으로 읽음. 웨일즈어로는 [mabɪˈnɔgjɔn]임. 가장 초기에 쓰여진 브리튼의 산문 문학. 중세 웨일즈 작가들이 이른 시기인 12-13세기 구전(口傳)에서 전해오는 다양한 이야기를 모아 편집한 것임. 일부 이야기를 영어로 번역하여 저널에 소개하기도 하였으나, 전체 이야기를 모아 웨일즈어와 영어로 최초로 발간한 사람은 레이디 샬롯 게스트(Lady Scharlotte Guest: 1835-45)였다. 1877년 그녀가 한 권으로 펴낸 영어번역본은 오늘날에도 영향을 끼치며 활발하게 읽히고 있다.

38. 《거웨인경과 녹색의 기사》(*Sir Gawain and the Green Knight*): 14세기가 거의 끝난 무렵에 중세영어로 쓰여진 작품으로 가장 잘 알려진 아서왕의 이야기 가운데 하나. '참수 게임'과 '승리 교환'이라는 두 가지 유형의 민속 모티프가 결합한 플롯으로 이루어져 있음. 현재 이 시는 세 편의 종교적인 내러티브 시(詩)인 *Pearl, Purity, Patience*와 함께 하나의 필사본으로 대영박물관에 소장되어 있음(박영배 2010 : 326 참조).

39. 쿠훌린(Cúchulainn): 영어로는 Cuhullin으로 씀. 스코틀랜드 및 맨섬의 민속신앙뿐만 아니라 얼스터 시가(詩歌)에도 등장하는 아일랜드의 신화에 나오는 영웅으로 그의 아버지이기도 한 신(神) 루흐(Lugh)의 화신(化神)으로 알려져 있음.

40. 기사단(Red Branch Knights): 얼스터 왕의 세 왕가 가운데 두 개를 지칭하는 명칭으로 아일랜드 신화에서 얼스터 시가(詩歌)에 등장함.

41. 필로스트라투스(Lucius Flavius Philostratus: c. 172 -250): 그리스어로 Φλάβιος Φιλόστρατος라고 함. Philostratus of Tyana라고도 함. 《아폴로니우스의 생애》(*Life of Apollonius of Tyana*)를 비롯한 여러 작품을 남긴 로마제국시기의 소피스트로 아테네 출신. 그의 부친 또한 같은 이름의 소수파 궤변가였음.

42. 페드로 카브랄(Pedro Álvares Cabral: c. 1468 - c. 1520): 포르투갈의

귀족 출신으로 군사령관, 항해사, 탐험가. 브라질을 발견한 인물로 유명함. 남아메리카 북동해안을 맨 처음 탐험한 뒤 포르투갈령으로 주장함.

43. 《파살리아》(*Phasalia*): 기원전 48년 그리스 북부의 파살루스 인근에서 줄리어스 시저와 폼페이 장군이 이끄는 로마 원로원군 사이에 벌어진 시민전쟁을 다룬 방대한 서사시로, 시저는 폼페이 장군을 무찔렀음. 이 시의 제목은 파살루스의 전투(Battle of Phasalus)임.

44. 디오게네스 라에르티오스(Diogenes Laërtius): 그리스 철학사의 원천이 되는 *Lives and Opinions of Eminent Philosophers*의 저자. 영어로는 [daɪ'ɒdʒiniːz leɪˈɜrʃiəs]로 읽음.

45. 펠라기우스(Pelagius: c.360–418): 브리튼 태생의 수도사로 고대 로마시기에 잘 알려진 신학자. 어거스틴의 원죄설을 부정하고 자유의지설을 주장하였으며 뒤에 카르타고 회의에서 이단(異端)으로 선고받음.

46. 성 어거스틴: Augustine of Hippo라고도 함. 354–430. 초기 기독교 신학자 및 철학자로 히포 레기우스(Hippo Regius)의 주교였으며, 그의 저술은 서구 기독교와 서구 철학 발전에 영향을 끼쳤음. 히포 레기우스는 오늘날 알제리의 아나바(Annaba)임.

47. 파스티디우스(Fastidius)에 관해서는 많이 알려져 있지 않다. 여기 인용한 구절은 그가 AD 411년 무렵에 쓴 것으로 알려져 있는 《기독교인의 생활》(또는 《기독교인의 생활에 관해》[on the Christian Life] Alan Veronica Palmer, 1992), 《영국사 연대기》(*The Chronology of British History*, London: Century Ltd., pp.24–26)에서 인용한 것임.

48. 포세도니우스(Poseidonius: c. 135 – c. 51 BC): 그리스어로 Ποσειδώνιος, Poseidonios라고 쓰고 'of Poseidon'이란 뜻을 지님. 시리아의 아파미아 출신의 그리스 스토아 학파의 철학자, 정치가, 천문가, 지리학자, 역사가. 그는 그리스-로마 세계에서 아리스토텔레스에 비견되는 당대의 가장 위대한 박식가로 명성을 떨쳤음.

49. 카피톨리누스 언덕(Capitoline Hill): 로마의 일곱 언덕 가운데 하나로, 이 언덕 위에 주피터(Jupiter) 신을 모신 카피톨(Capitol) 신전이 있음.

50. 디오클레티아누스(Gaius Aurelius Valerius Diocletianus Augustus): 51대

로마 황제. AD 284-305까지 로마를 통치함. 영어로는 Diocletian[daɪ.əˈkliːʃən] 으로 발음.

제6장 켈트인의 신화와 전설

6.1. 신화와 전설: 구전에서 기록으로

앞에서 우리는 고대 켈트인이 대륙에서 누린 초기 문화에 대해 비교적 자세하게 살펴보았다. 이른바 라떼느 문화로 알려진 켈트문화는 고전 작가들에 의해 역사의 첫 무대에서 화려하게 등장하였으며 이후 유럽의 문명 그 자체에 커다란 영향력을 행사하였다.

이처럼 찬란한 문화를 누린 고대 켈트인들의 신화와 전설은 어떠하였을까? 엄밀히 말하면 '고대' 켈트인의 신화와 전설을 입증할 만한 증거는 부족하다. 이렇게 된 데에는 켈트인의 신화와 전설이 역사시기인 기독교시기에 이르러 비로소 역사의 기록으로 남겨져서 세상에 알려지게 되었고, 이때는 기독교적인 주해(gloss)가 등장하여 고대시기의 여러 신(gods and godesses)이 새로운 종교의 가르침에 맞추어 새로운 역할을 할 수 있게 조정되었던 시점이었기 때문이다.

이러한 공백기를 지녔으면서도 켈트인은 유럽에서 가장 오래되고 가장 활기에 넘치는 신화 가운데 하나를 지니고 있다. 그렇다면 '신화'가 지닌 의미는 정확히 무엇을 뜻하는가? 신화는 다름 아닌 성스러운 전통으로 기존 문화의 철학적인 믿음을 포함하는 모든 개념을 포용하고 있다. 신화라는 것이 헤아릴 수 없는 의문에 대한 다양한 생각을 설명해 주는 우화(寓話)와 같은 것이라고 주장하는 이들도 있다.

신화가 지닌 기능은 기본적으로 창조의 개념과 민족의 운명을 포함하여 종교적인 개념을 설명하는 데 있다. 그리하여 신화는 그대로 한 문화의 전설이 되어 먼 과거에서 온 민족의 구전(口傳)의 역사가 된다. 따라서 전설과 역사적 실재(實在) 사이에는 미세한 경계선이 존재한다.

브리튼 섬에 거주한 켈트인들의 전통이 기원 6세기 즈음 맨 처음 기록으로 세상에 알려졌을 때 이러한 역사상의 기록은 이보다 훨씬 더 오래전 그리고 고도로 세련된 켈트인들의 구전이 역사 이전 시기부터 발전해 내려온 것임을 보여주었다. 그 과정에서 신화를 구전으로 전하는 일을 위임받은 켈트인들은 구전의 속성상 그들이 들은 것을 말 한마디라도 정확하고 완전하게 외우고 있지 않으면 안 되었다.

그리하여 줄리어스 시저가 언급한 것처럼 구전을 전수받을 켈트인 훈련생이 '자격을 갖춘' 구전의 전문가가 되려면 지식을 전수받는 데만도 때로는 20년이라는 오랜 세월이 필요하였다. 따라서 전통에는 유럽 문명의 여명(黎明)에서 들리는 다양한 목소리의 외침이 들어 있었다. 케네스 잭슨 교수(Kenneth H. Jackson: 1909-1991. 영국의 언어학자)는[1] 초기 아일랜드 문학에서 내려온 전설적인 이야기인 "쿨리의 가축 습격"(*Táin Bó Cúailnge*)을 철기시기로 접어드는 창문으로 묘사하였다.[2]

아일랜드는 로마가 정복하지 못한 유일한 나라로 기독교 시기가 오기 전까지는 비교적 로마와의 접촉에 영향을 받지 않았으므로 아일랜드 신화는 아직도 여전히 특별한 생동감을 지니고 있는 것이 분명하다고 할 수 있다. 그러나 라틴 문화가 매개체가 되어 이로 말미암아 새로운 종교인 기독교가 아일랜드에 들어오게 되었다. 이에 따라 기독교인 필사생들은 아일랜드신화의 이교도적인 생동감을 삭제하고 그 자리를 기독교적인 이야기로 바꾸어 넣으려고 하였다.

기독교적인 것
으로 바꿔 넣은 이
러한 시도 가운데
어떤 것은 매우
저돌적인 것이 있
었다. 이를테면 아
일랜드 신화에 나
오는 바다의 신 마
난(*Manannán* Mac
Lir: *Mac Lir*는 '바
다의 아들'이란 뜻)

〈자료 1〉 바다의 신, 마난

은 어떤 이야기에서 이 세상을 구원할 그리스도가 오실 것을 예언한
다. 또 다른 이야기에서는 위대한 영웅, 쿠훌린(Cúchulainn: [kuːˈxʊlʲɪnʲ]
으로 발음. 영어로는 Cuhullin/kəˈhʊlin/)이 성 페트릭에게 그리스도
로 하여금 "지옥의 불"에서 그를 구해줄 것을 간청하게 되는데, 성 페
트릭은 그를 지옥의 불에서 불러내어 이교도인 아일랜드 군주로서
지위를 인정하였다. 이런 식으로 이야기는 개인마다 한층 더 다양하
게 진전되어 가면서 여러 시기에 구전뿐만 아니라 오래된 책에서 여
러 번에 걸쳐 복사본이 자주 만들어지면서 아일랜드 신화에 나타나는
기독교 이전의 생동감은 완전히 지워지지 않고 살아남아 오늘날까지
전해져 내려왔다.

6.2. 아일랜드 신화에 등장하는 켈트인

아일랜드 신화는 4개의 부분으로 나누어진다.
첫 번째 "신화군"(Mythological Cycle)은 아일랜드에서 일어난 여러

〈자료 2〉 사악한 인종으로 알려진 포모리족

'침입'과 관련된다. 성서에 나오는 노아의 대홍수가 일어나기 전 아일
랜드에 들어온 최초 거주인의 족장인 세자르[3](Cesair: 현대 아일랜
드어로 Ceasair로 쓰고 영어로는 Kesair로 씀)의 '침입'에서부터
바돌론(Partholon),[4] 네메드(Nemed),[5] 피르블르그(Firbolg),[6] 데다난
부족(Dé Danann), 그리고 고이델족(Goidels)으로 알려진 겔(게일) 부
족(Gaels: /geːlY/로 발음. 스코틀랜드 고지인을 지칭)의 조상인 밀레
드족(Miled)을[7] 거치는 '침입'과 관련된다. 이러한 배경에는 아일랜드
의 고대 신성(神性 deities)들, 아일랜드에 들어온 투아스 데 다난 부족
(Tuath(a) Dé Danann),[8] 그리고 여신 다누(Danu)의 자녀들이 도사리
고 있다.

켈트어에는 이러한 이야기 그룹이 창조 신화에 매우 근접해 있다.
우리는 여기서 신과 여신, 다누의 자녀들이 4개의 전설(신화)에 나오
는 지하세계의 도시로부터 아일랜드에 이르러 피르블르그 부족을
쳐부수고 아일랜드를 그들의 땅이라고 주장하였음을 알 수 있다.
그러나 이들 부족이 아닌 실제 악당들은 투아스 데 돔흔(Tuatha de

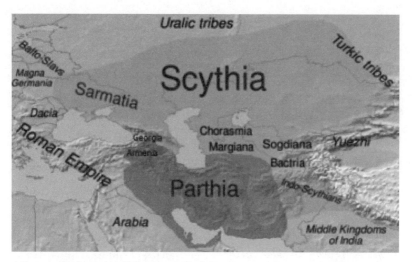

〈자료 3〉 동부 이란어계의 분포지역 내에 있는 스키타이 지역(기원전 1세기)

Domhain) 부족과 돔누 족(Domhnu)의 자녀들로서, 이들 부족은 포모리 부족(Fomorii)으로[9] 알려져 있다.

다누 신의 자녀들이 빛과 선(善)의 신성인 것과 달리, 돔누 부족의 자녀들은 어둠과 악(惡)의 신성임이 분명해진다. 이러한 신화군은 아일랜드 마지막 이주민으로 신화상의 선조인 밀레시안(Mil Espaine 또는 Mil Espane)으로[10] 알려진 불멸의 골람 부족(Golamh)의 아들들이 아일랜드에 들어오면서 막을 내리게 된다.

'스페인의 병사들'로 불린 밀레시안은 이베리아계 켈트인으로 세계를 떠돌아다니면서 병사로 일한 적이 있었는데, 그는 고대 이집트왕인 넥타네보 1세(Nectanebo I: 원래의 명칭은 Kheperkare nakhtnebet. 그리스어화한 '넥타네보'로 더 잘 알려져 있음)의 근위병으로 근무하다가 그의 딸 스코타(Scota)와 결혼하였다. 이 말에서 생겨난 '스코티(Scotti)'란 말이 이 시기의 아일랜드인에게 쓰여져서 마침내 오늘날 '스코틀랜드(Scotland)'라는 국명이 되었다.

아일랜드 신화에는 또 다른 '스코타'가 등장하는데 그녀는 아일랜드 신화에서만 찾아볼 수 있는 이집트 왕 킹그리스(Cingris)의 딸로서

바벨탑이 무너진 이후 스키타이(Sythia)로[11] 여행한 바빌로니아인,
페니우스 파사드(Fenius Farsaid)의 아들인 니울(Niul)과 결혼하였다.
니울은 언어학자로 이집트 왕의 초청을 수락하고 스코타와 결혼하게
된 것이다. 이들에게는 고이델 글라스(Goidel Glas)라는 아들이 있었
는데, 그는 후일 게일인의 조상이 되었고 당시 존재하던 72개 언어의
뛰어난 특징을 결합하여 게일어(Gaelic)를 만들어 내었다. 스코타는
스코트인(Scots)의 조상으로 고이델족(Goidels)의 어머니가 되었으며
그녀의 이름을 따서 오늘날의 '스코틀랜드'가 되었다고 전해지고 있다.

아일랜드 신화에 등장하는 이전의 신들과 여신들은 새로운 신들
과의 전투에서 패배하여 지하세계로 들어가 산기슭 여기저기에서
살게 되었는데, 이들을 '언덕의 사람들'(people of the hills)이라고
부르고 아일랜드의 민속설화에서는 '요정'(fairies)이 되었다. 아일랜드
신화에서는 이들을 에스 쉬더(aes sidhe: [eːs ˈʃiːðʲə]로 발음)라고 하며
아일랜드어로 초자연적인 인종을 지칭한다. 스코틀랜드 신화에서는
시드(Sith)라는 철자를 쓰는데, 이 요정(fairies, elves)들은 인간의 세
계 및 눈에 보이지 않는 세계와 공존하는 작은 요정들의 언덕에서
살고 있는 것으로 전해진다.

요정들 가운데 가장 잘 알려진 존재는 반쉬(banshee, /ˈbænʃiː/로
발음)로 알려진 요정이다. 이 요정은 아일랜드 신화에 나오는 여성
정령(精靈)으로 요정 가족 가운데 한 명이 죽음에 이르게 되면 가족
의 집 밖에서 울부짖는 소리를 낸다. 예술과 공예의 신, 루(Lugh: Lug
[luɣ]로 발음)는 아일랜드신화에서 먼 과거의 영웅과 상왕으로서의
신성으로 나타나며 창과 투석을 다루는 노련한 솜씨로 인해 '긴 팔(long
arm)' 또는 '긴 손(long hand)'의 뜻을 지닌 라와더(Lamhfhada[ˈlaːwadʲˠə]
로 발음)로 알려져 있다.

두 번째 "신화군"(Mythological Cycle)'은 '얼스터군'(The Ulster
Cycle)'이라고 한다. 여기에는 전쟁의 위대한 승자였던 쿠훌린이
속한 얼스터군의 군사 엘리트들인 '붉은 지파'의 '전사'(warriors)들의

〈자료 4〉 왼쪽부터 코나흐트 왕국의 여왕 메드브와 전쟁의 여신 마허(Macha)

용맹스러운 행위에 관한 이야기가 속해 있다.

이 그룹의 이야기에는 아일랜드의 《일리아드》(*Iliad*)로 불리는 유명한 서사시인 〈탄 보 쿠얼려〉(*Táin Bó Cúalinge*)가 들어있다.[12] 이 서사시는 저 유명한 얼스터의 갈색 황소를 잡고자 코나흐트(Connaht)의[13] 뛰어난 여왕 메드브(Medb)가[14] 일으킨 전쟁에 관한 이야기이다. 메드브 여왕은 얼스터 왕국을 상대로 엄청난 군대를 이끌고 쳐들어간다. 얼스터 왕국의 전사들은 전쟁의 여신인 마허(Macha. 아일랜드어로 ['maxə]로 발음. 전쟁, 말, 주권과 관련된 고대 아일랜드의 여신)가 입힌 이상한 무력증으로 말미암아 얼스터 왕국을 방어하지 못하고 만다. 다만 젊은 영웅 쿠훌린이 여왕의 군대에 단신(單身)으로 저항했을 뿐이다.

앞에서 언급한 서사시 〈탄〉(*Táin*)은 모든 아일랜드 신화 가운데 가장 길고 가장 강력한 힘을 지니고 있다. 이 서사시는 또 다른 이야기인 〈탄〉(Tain Bo Fraoch)과는 별개의 이야기로서, 잘 생긴 전사인 프라오흐가 코나흐트 왕국의 여왕 메드브의 아름다운 딸 핀드히르(Findbhair)에게 청혼하려고 길을 떠난 이야기이다.

얼스터군에 속하는 다른 이야기들은 서사시 〈탄〉(*Táin*)에 등장하

는 주제들을 확장한 것들로서, 서사시에 이르는 길목에 있는 예비
이야기들이다. 이야기에 등장하는 주요 인물들에게 연속해서 나타
나는 운명 및 이와 관련된 인물들과 전적으로 독립적인 일단의
이야기들을 알고자 하는 사람들의 욕망을 충족시켜 주고자 나중에
첨가된 로맨스들이다.

　"신화군"의 세 번째 이야기 그룹은 '왕들의 이야기'(Cycle of the
Kings)로서 여기에는 초자연적인 모티브가 상당히 존재하기는 하나
'전설'이라고 불러도 손색이 없을 것이다. 이 그룹에 속하는 이야기
들은 반(半) 전설적인 왕들 – 태고적 아일랜드 역사에 실제로 존재
했던 왕들이었으나 로맨스로 만들기 위한 주제가 되었다가 실제 왕들
의 이야기가 어디에서 끝나고 스토리텔링은 어디에서 시작되는지 더
이상 알 수 없는 왕들 – 에 관한 이야기이다. 이를테면 선사시기의
아일랜드의 왕이었던 니얼 노이기얼러흐(Niall Noigiallach)왕은[15] 기
원 379–405년에 걸쳐 상왕(high king)으로 기록되어 있으며, 울리
(Ulaidh)[16] 가문의 왕들인 '이 니얼'(Uí Néill) 왕조의 창시자로 여겨지
고 있다.

　니얼 상왕은 테오도시우스 황제(Theodosius the Great로 불림:
346–395. 로마제국 최후의 황제) 시기에 브리튼과 고올 지역을
침략하여 로마의 장군 스틸리코(Stilicho: 365–408. 서로마제국의
장군)와 조우(遭遇)한 것으로 기록되어 있다. 니얼 상왕의 이야기는
이야기꾼들의 마음속에 역사와 신화가 결합된 전형적인 경우로서,
그의 탄생을 알리는 데 상징성(symbolism)을 사용하고 그가 법통을
잇는 왕으로 가는 길임을 지적하는 데 여러 가지 징조(signs)가 동원
된다.

　군주와 주권의 여신인 플라이티우스(Flaithius)는 니얼 왕이 가장
위대한 왕이 될 것이라는 자신의 예언을 회피하려는 이들에 의해
그가 파멸될 것을 알아채고, 이번에는 검은 피부와 푸른 이[齒牙]를
드러낸 추한 마녀의 모습으로 나타나서 니얼과 그의 동료들이 자신

과 성적인 교제를 할 것을 요구하게 되는데, 니얼 왕만이 플라이티우스와 성적 관계를 맺게 되고 거기에서 그녀는 아름다운 여신으로 변모하기에 이른다.

네 번째 그리고 마지막으로 이야기군에 속하는 것은 이른바 '피니언 군'(Fenian Cycle)이다. '피니언'(Fenian['fiːniən]로 발음)은 *Fiannaiocht* (아일랜드어로 *an Fhiannaioht*으로 씀)으로도 쓰며, 3세기 게일족의 전설적인 영웅이며 시인으로 이야기꾼인 오신(Oisín)의[17) 이름을 따서 오시안군(Ossianic Cycle)이라고도 한다. 여기에 속하는 이야기는 아일랜드 신화에 나오는 신화적인 영웅인 핀머쿨(Fionn ma Cumhaill)과 사냥꾼-전사인 피온(Fionn), 그의 추종자들인 피아나인(the Fianna)들의 모험 이야기이다. 이야기의 상당 부분은 피온의 아들인 오신에 의해 전개된다.

피온과 그의 전사들에 관한 이야기는 그의 출생에서 죽음에 이르기까지 수없이 많다. 이 이야기들은 중세 후기 아일랜드에서 널리 회자(膾炙)되었고 아일랜드가 자국의 고유한 전설인 아서왕의 무용담(Arthurian saga)을 가지고 있기는 했으나 이 무용담의 상당 부분이 영어로 번역되지 않았거나, 심지어 피온과 그의 전사들에 관한 이야기들이 아서왕 전공 학자들에 의해서조차도 아일랜드의 위대한 영웅 이야기로 그 자리를 차지하지 못하였다.

6.3. 아일랜드 신화 필사본과 신화의 세계

아일랜드 신화 가운데 가장 오래된 현존하는 출처는 일명 *Book of the Dun Cow*라고 불리는 레보 너 후이드러(*Leabhar na hUidre*: [ˈljevor nˠə huiðjrjə]로 발음)와 *Book of Leinster*로 불리는 레보 라이그네흐(*Leabhar Llaignech*: [ˈljevor laignex]로 발음), 그리고 보들리언 도서

〈자료 5〉 *The Book of Leinster*의 한 쪽

관(영국 옥스퍼드대학 소재)의 참조번호로만 알려진 로린슨 필사본(Rawlinson M.) B 502로 적힌 책이다. 이 가운데 '레보 너 후이드러'는 양피지로 되었고, 12세기로 거슬러 올라가며 아일랜드어로 쓰여진 가장 오래된 현존하는 필사본으로, 왕립 아일랜드 한림원에 보관되어 있다. 1106년 클론마크노이즈(Clonmacnoise) 수도원에 쳐들어온 약탈자들에 의해 살해당한 이 수도원의 성직자인 멜 무이르(*Máel Muire mac Céilechair*)의 책임 아래 편집되었다.[18] 이 필사본은 오늘날 심하게 훼손된 채로 67쪽의 낱장만이 남아 있고, 상당 부분은 여전히 완성되지 않은 채로 현존하고 있다.

레보 라이그네흐 필사본(원본은 *Leabhar na Nuachongbála*로 'Book of Nuachongbáil'이라고 함)은 오늘날 우가발(Oughaval)로 알려진 수도원 터의 이름을 따라 붙여진 것으로 티르-더-글라스(Tír-dá-Ghlas: 현재 티퍼러리 주의 테리글라스Terryglass를 일컬음)에 있는 수도원장인 아에드 마크 크림타인(Áed Mac Crimthainn)에 의해[19] 편찬되었다. 로린슨 필사본도 클론마크노이즈 수도원에서 편찬된 것으로 알려져 있다.

켈트어학과 문학연구 분야에서 뛰어난 업적을 이룬 독일 학자인 구노 마이어 교수(Kuno Meyer, 1858-1919)는 *Liadain and Cuirithir: A Love Story*(1900)의 서문에서 필사본에 있는 400가지 이야기의 목록을 작성하였고, 여기에다 그가 목록을 편찬한 이후 빛을 보게 된 또 다른 100가지의 이야기를 첨가하였다.[20] 그는 서고(書庫)에서 아직 찾아내지 못한 50-100가지의 이야기가 더 있을 것으로 생각하였으며, 전체 500-600가지의 이야기 가운데 편집되고 주석(註釋)을 붙여 나온 기껏해야 150가지의 이야기를 근거로 아일랜드 신화와 전설에 관한 학문적인 지식이 후세인들에게 알려지게 된 것으로 추정하였다.

작가이며 고대 아일랜드어 학자이기도 한 엘리노어 헐 교수(Eleanor H. Hull: 1860-1935)는 저서인 《아일랜드 문학에 나타난 쿠흘린 무용담》(*The Cuhulain Saga in Irish Literature*, 1898)에서 구노 교수와 비슷한 관점에서 필사본을 평가하였다. 이러한 경향은 지난 세기에도 변함없이 계속되어 왔음이 최근에 들어와서 아일랜드어학과 문학 및 역사 연구의 탁월한 학자인 마크 이오인(Gearóid Ma Eoin, 1929-)에 의해 확인되었다. 이런 사실을 모두 종합해볼 때 아일랜드의 생동감 넘치는 신화가 고작 150가지의 이야기를 근거로 하여 이루어진 것으로, 450가지의 이야기는 여전히 세상에 빛을 보지 못하고 편집이나 번역이 이루어지지 않은 채로 남아 있다는 것을 생각하면 믿을 수 없는 일이 아닐 수 없다.

아일랜드 신화의 세계는 그리스 및 라틴(로마) 신화의 고전 세계와는 그 거리가 멀다. 그럼에도 아일랜드 신화가 방계어인 인도유럽어계의 문화와 더불어 호기심을 유발하는 지중해의 온기(溫氣)를 품고 있다는 사실에 우리는 끊임없이 놀라게 된다. 북유럽인의 신화에 스며드는 음산한 사악함은 아일랜드 신화에서는 찾아볼 수 없으며, 때로는 마치 우리가 북서지역의 유럽 문화를 보는 듯한 느낌이 들기도 한다.

그리하여 아일랜드 신화에 나오는 이야기의 대부분, 심지어는 〈우스나 아들들의 운명〉이나 〈디아무드와 그레인을 찾아서〉와 같은 비극에도 '따뜻하고 행복한' 기운이 감돈다. 신화의 곳곳에 영원한 낙천주의 정신이 흐른다. 그리하여 죽음이란 결코 정복자가 아니라고 보았던 켈트인들이야말로 영혼은 영원불멸하다는 교훈을 이끌어낸 유럽에서 맨 처음 문화를 형성한 민족 가운데 하나임을 상기할 필요가 있다.

아일랜드인으로 켈트어학자이며 역사가, 언어학자인 마일즈 딜론 교수(Myles A. Dillon: 1900-1972)는 저서 《켈트인과 아리안인》(*Celts and Aryans*, 1975)의 한 장(章)인 〈켈트인과 힌두인〉에서 실제로 아일랜드 신화에 등장하는 것들과 비견되는 요소를 힌두 신화에서도 찾아볼 수 있음을 매우 분명하게 예시하였다.

아일랜드 신화에 '따뜻하고 행복한' 기운이 스며들어 있다는 것은 결코 악(惡)을 만난다는 것을 말하려는 것이 아니라, 실제 세계에서와 같이 선과 악이 끊임없이 서로 어깨를 비비면서 아일랜드 신화에 등장하는 초자연적인 인종인 포모리족(Fomorii: 영어화하여 Fomorians 으로도 씀)의 사악한 유형, 어둠과 죽음의 신과 여신들이 끊임없이 북부 대양의 변두리에서 서성이고 있었다는 것을 말해준다.

이 이야기들에서 신성(神性)과 인간(불멸이든, 죽은 운명이건 간에)은 모두 텅 빈 머리를 가진 육체적인 아름다움을 지닌 존재가 아니다. 이들의 지적 속성은 이들이 지닌 육체적인 능력과 맞먹는다. 이들은 모든 자연적인 미덕과 악행에 좌우되며 그리스도교에서 말하는 일곱 가지의 큰 죄악을 모두 실행에 옮긴다. 이들의 현실 세계와 지하 세계는 이들이 이상화한 형태, 곧 자연과 예술, 게임과 축제 그리고 영웅적인 전투로 세상의 모든 쾌락에 빠져드는 소박한 여러 행복 가운데 하나인 세계이다.

6.4. 아일랜드어와 웨일즈어의 공통 자원

아일랜드의 신화와 전설은 맨섬(Manx) 게일어 및 스코티시 게일어의 전통에서도 찾아볼 수 있는데, 이들 언어는 마치 브리튼 켈트어에서 웨일즈어, 코니시어 및 브르타뉴어로 동시에 갈라져 나간 것

처럼, 5-6세기가 되어서야 비로소 이들의 고대아일랜드 조어(祖語)
와 분리되기 시작하였기 때문이다.

웨일즈 신화에서는 아일랜드어와 웨일즈어가 공통 자원에서 나온
것임을 입증해주는 논거를 찾을 수 있고, 더 나아가 이들 언어가 공
통 켈트어의 신화, 종교 그리고 아마도 역사적인 경험을 모두 간직
하고 있음을 알 수 있다. 그 예로 아일랜드 신화 텍스트에 등장하는
신성(神性)으로 먼 과거의 영웅 및 상왕으로 묘사되는 루(Lugh
Lamhfhada)는 웨일즈 신화에 나오는 영웅인 러으(Lleu Llaw Gyffes)를
가장하여 나타난다. '러으'라는 명칭은 원시 켈트어 *Lugus에서
유래하며 정확한 의미는 그동안 학자 사이에 이론(異論)이 있어
왔으나 대체로 원시 인구어의 어근인 *leuk-('white light')에서 내려온
것으로 보고 있다.

그뿐만 아니라 다누(Danu)는 돈(Dôn), 빌레(Bíle)는 벨리(Beli
Mawr: 웨일즈어로 'Beli the Great'란 뜻. 중세 웨일즈 문학에 나오는
조상 신), 누아다(Nuada Airgetlám)는 웨일즈 신화의 전설적인 영웅인
루드(Lludd Llaw Eraint: 'Lludd of the Silver Hand'란 뜻), 그리고
아일랜드 신화에서 신비에 싸인 사냥꾼-전사인 핀머쿨(Fionn mac
Cumhaill)은 웨일즈 신화에서 그윈(Gwyn ap Nudd['gwin ap 'niːð]로
발음)으로 묘사되고 있다. 켈트어 가운데 브리손어(Brythonic)의
어형은 약 7세기 무렵 고이델어(Goidelic)의 어형에서 갈라져 나온
것으로 두 방언 사이에 균형관계를 이루고 있다는 것은 놀라운
일이다. 그럼에도 웨일즈어의 자료는 아일랜드의 다양한 이야기 및
무용담처럼 오래되었거나 풍부하지 않다.

웨일즈 신화를 다룬 텍스트로 현존하는 가장 초기의 산문 문학은
14세기에서 유래하는데, 이 문학에 등장하는 이야기들은 네 개의
부분(parts or branches)으로 이루어져 있고 이들 부분이 서로 연관된
이야기로 이루어져 집합적으로 〈마비노기의 네 가지 이야기〉(Y Pedair
Cainc Mabinogi: Four Branches of the Mabinogi라고도 함)로 알려져

있다. 'Mabinogi'란 말은 원래 '청춘시절의 이야기'란 뜻으로 단순히 '이야기'로 불리어져 왔다.

웨일즈어로 쓰여진 이야기는 세 개의 주요 텍스트에서 온 것들로서 (1) 가장 초기의 웨일즈어로 된 산문 텍스트 모음집인 *Llyfr Gwyn Rhydderch* 'White Book of Rhydderch'(14세기 중엽 웨일즈 남서부에서 대부분 쓰여짐); (2) 1382년 직후에 쓰여진 부피가 큰 양피지 필사본인 *Llyfr Coch Hergest* 'Red Book of Hergest'(이 필사본은 웨일즈어로 쓰여진 가장 중요한 중세필사본 가운데 하나임); (3) 중세 웨일즈어로 쓰여진 필사본 모음집인 Peniarth Manuscripts(Hengwrt Peniarth Manuscripts로도 알려져 있음)으로 이루어져 있다. 학자들은 이들 텍스트가 이보다 훨씬 초기에 만들어진 필사본 자원에서 복사한 것이라고 믿고 있다.

'마비노기'는 모두 12가지의 이야기로 이루어져 있다. 곧 (1) 프월(Pwyll), (2) 브란과 브란웬(Bran and Branwen), (3) 마나위단(Manawydan), (4) 마스(Math), (5) 쿨후흐 앤 올웬(Culhwch and Olwen), (6) 막산 을레디의 꿈(Dream of Macsen Wledig), (7) 루드 앤 레벨리스(Lludd and Llefelys), (8) 로나뷔의 꿈(Dream of Rhonabwy), (9) 페레두르(Peredur), (10) 오와인(Owain), (11) 게라인트 앤 에니드(Geraint and Enid), 그리고 (12) 한스 텔리에슨의 이야기(The Hanes Talieson: The story of Taliesin) 등이다.

더베드(Dyfed: 웨일즈어로 [ˈdəvɛd]로 읽음. 웨일즈의 보호구로 지정되어 있음)의 군주로 왕자였던 프월의 이야기에는 웨일즈 신화에 등장하는 내세(來世)인 아눈(Annwn: 현대 웨일즈어로 [ˈanʊn]으로 읽음)에서 프월의 모험담과 마법의 배를 찾으려는 탐색에 대한 성배(聖杯 Holy Grail)의 테마가 메아리치고 있다.

〈브란과 브란웬〉은 사랑 이야기이자 초자연적인 배경으로 짜여진 웅대한 서사시이다. 브란은 웨일즈 신화에 등장하는 신(神 deity)인 리어(Llŷr)의 아들이며 브란웬은 리어의 딸로서 마비노기의 두 번째 이야기에 등장한다. 브란의 누이동생이기도 한 그녀가 아일랜드의 왕인 마솔흐(Matholwch)와 결혼한 이후 마솔흐는 그녀를 잔인하게 다루게 된다. 브란웬은 찌르레기[鳥]를 길들여서 쪽지를 매달아 아일랜드해를 건너 브란에게 도움을 요청하기에 이른다.

〈자료 6〉 Red Book(필사본의 복사본)

이윽고 브리튼인들은 마솔흐를 응징하고자 전투를 벌이게 되고, 이 전투에서 브란을 포함하여 오직 7명(Prideri, Manawydan, Taliesin, Gluneu, Grudye, Heilyn)의 웨일즈인만이 살아서 브란웬과 함께 절단된 브란의 머리를 들고 고향으로 돌아오게 된다. 전투에서 심한 상처를 입은 브란은 동료들에게 자신의 머리를 자를 것을 요청한다. 웨일즈에 돌아온 뒤 브란웬은 이 모든 일이 자신 때문에 일어난 일이라고 생각하고 깊은 슬픔에 잠겨 끝내 죽음을 맞이하게 된다.

〈쿨후흐와 올웬〉은 아서왕과 그의 전사들과 관련된 한 영웅에 관한 이야기이다. 웨일즈어로 쓰여진 중세 필사본인 Red Book에는 오직 두 개의 완성된 필사본으로, 그리고 White Book에는 단편으로 된 필사본으로 현존하고 있다. 이 이야기는 산문으로 쓰여진 이야기 가운데 가장 긴 것으로, 11세기에 이르러서야 현재와 같은 형태를 갖추게 되면서 아마도 가장 초기에 쓰여진 아서왕의 이야기가 되었으며, 가장 초기에 쓰여진 산문 텍스트 가운데 하나로 현존하기에 이르렀다.

6.5. 텔리에슨 이야기

가장 흥미로운 이야기 가운데 하나로 〈텔리에슨 이야기〉가 있다. 텔리에슨은 6세기 브리튼의 켈트인 북부구역에서 인기를 누린 전설적인 시인으로 16세기 중엽 엘리스 그루비드(Elis Gruffydd: 1490-1552)에 의해[21] 기록으로 남겨진 텔리에슨 시인의 생애에 관한 이야기이다.

텔리에슨은 《브리튼 원주민의 역사서》(*Historia Brittonum*: The History of the Britons)에도 언급되어 있고, 14세기에 나온 텔리에슨의 대표적인 작품이라고 여겨지는 12편의 시 모음집(*Book of Taliesin*)에도 소개되어 있다. 전설적인 인물인 '한스 텔리에슨' 이야기는 고도로 신화적인 요소가 가미되어 소개된 이야기로, 여기서 텔리에슨은 여신 체리드웬(Ceridwen)의 시종으로 등장하며 그녀는 그가 '텔리에슨'이라는 상태에 이르기 전 여러 번에 걸쳐 변신을 거듭하게 된다. 그가 부르는 노래의 하나는 아일랜드에 발을 디딘 최초의 드루이드교인이며 음유 시인인 아메르긴(Amergin Glúingel)의 주문(呪文)을 닮았고 아울러 힌디어의 버거버드 기타(*Bhagavad Gita*)에서 가져온 구절과 매우 흡사하다.[22] 웨일즈 출신 학자로 고대 웨일즈어, 특히 초기 웨일즈 시(詩) 연구자인 이보르 윌리엄즈경(Sir Ifor Williams: 1881-1965)에 따르면 '한스 텔리에슨'은 9-10세기의 어느 시기에 북부 웨일즈에서 발달하였으나, 그 뿌리는 그보다 훨씬 이전 시기에 오랫동안 지속되어 온 웨일즈 문화에 두고 있었다. 텔리에슨이 6세기에 생존했더라면 가능했을 터인데, 당시 다른 시인들은 그를 오늘날 영국 북서부의 컴브리아를 포함하여 영국 북부와 스코틀랜드 남부지역으로 브리손어를 사용한 켈트인 왕국 가운데 하나이었던 레게드(Rheged: 웨일즈어로 [ˈr̥ɛɡɛd]로 발음) 왕국의 우리엔왕(King Urien)의 궁정 시인이었을 것으로 추정하고 있다. 우리엔왕의 아들로 후에 그의 후계자로 왕위에 오른 전설적인 오와인왕(Owain mab

Urien)은 베르니키아의 앵글 부족과 대항하여 그의 부친과 싸운 적이 있으며 '브란과 브란웬'과 같은 웨일즈의 다른 신화에도 등장한다. 역사상의 오와인은 우리엔의 음유 시인인 텔리에슨의 시에도 등장한다. 뒤에 오와인은 부친의 오랜 네메시스인 모르칸트 불크(Morcant Bulc of Bryneich)와의[23] 전투에서 살해당함으로써 레게드 왕국의 종말을 초래하게 된다.

켈트신화의 텍스트로 현존하는 유일한 완성본은 섬나라 켈트인에게서 온 것이므로 대륙에 거주한 켈트인이나 고올 지역에 살던 켈트인 신화에 관해서는 아는 것이 거의 많지 않다. 영국인 고고학자인 그린(Miranda Green)이[24] 쓴 《켈트 신화와 전설 사전》에는 대륙 전체에 퍼져 있는 명각(銘脚: inscription)에서 찾아볼 수 있는 라틴어형으로 흔히 등장하는 신과 여신의 명칭을 포함하여 주제를 전개시키려는 데 고고학적인 지식에 과도하리만치 의존하고 있다. 명각에 등장하는 일부 파편은 섬나라 브리튼에서 발견된 것과 동일한 것으로 여겨지고 있다.

6.6. 로마인의 시각에서 본 켈트 신화

그럼에도 고올 지역의 신들은 주로 로마인의 시각에서만 조명되고 있다. 앞에서 살펴본 켈트인의 종교에서도 알 수 있듯이 시저는 신들의 명칭에 단순히 로마인의 명칭 – 머큐리, 주피터, 마스, 미네르바, 아폴로 그리고 디스 파테르(Dis Pater)[25] – 을 붙이는 데 만족하였다. 이처럼 불행히도 '로마양식의 해석'(interpretatio Romana)이 이루어짐으로써 켈트 신화에 등장하는 신(神)들에 대한 확인과 그들의 역할을 혼동하는 일이 생겨나게 된 것이다.

우리가 켈트인들의 신화를 신화학자나 고고학자의 연구에서 드러난 해설이나 개요, 그리고 힌디어의 신화와 비교해서 추측하고는 있으나, 그리스나 로마 작가들이 대륙에 거주하던 켈트인들의 본래의 신화를 분명하게 저술한 적이 전혀 없었다. 우리는 앞에서 이미 아일랜드 신화에 등장하는 다누 여신의 '성수(聖水)'에 근거하여 전개된 주제의 유사성을 서술한 바 있다.

로마의 역사가인 티투스 리비우스(Titus Livius, 64/59 BC – AD 17. 고전 라틴어로 ['tɪ.tʊs 'li:.wi.ʊs]로 발음. 영어로는 Livy/'lɪvi/로 읽음)가 근거없는 전설이나 신화를 토대로 하여 서술한 장대한 역사서에는 섬나라에 거주한 켈트인의 이야기와 이 역사서에 나오는 이야기의 유사성을 찾아볼 수 있다.

여기에서 우리가 염두에 두어야 할 부분은, 리비우스는 고올 지역의 베네티족(Veneti: 오늘날 프랑스의 브르타뉴 지역에서 거주한 것으로 알려진 고대 켈트 부족 가운데 하나)의 구역과 체노마니 켈트인(Cenomani Celts: 오늘날 세느강과 르와르강 사이에 있는 갈리아 켈티카 지역에 거주한 켈트족)의 구역 사이에 위치한 파두아[26](Padua: Patavium으로도 씀)에서 태어나서 로마인의 정복과 정착이 이루어진 뒤 얼마 지나지 않아 갈리아 키살피나(*Galia cisalpina*: Cisalpine Gaul이라고도 함), 곧 고대 갈리아 알프스산맥의 남동지역에서 성장한 점이다.

이 지역은 기원전 13세기 이후 켈트인이 거주한 이탈리아의 한 구역이었으며, 기원전 220년대 로마공화국에 의해 정복당하면서 기원전 81년쯤부터 기원전 42년까지 로마에 주로 편입되었다가 이 해에 로마인의 이탈리아로 합병되었다. 그때까지 이 구역은 고올 지역, 정확히 말해 로마인의 관점에서 볼 때 알프스산맥의 북서 지역(오늘날 프랑스 및 벨기에를 합친 지역)과 반대편인 알프스 산맥 쪽에 위치한 고올 지역으로 여겨졌다.

그리하여 티투스 리비우스의 가족은 초기에 로마화한 켈트인에 속해 있었다. 프랑스의 역사학자로 고고학자인 카밀 쥘리앙(Camille

Jullian: 1859-1933)이 저술한 《고올의 역사》(*Histoire de la Gaule*)에서
리비우스의 역사이야기는 일반적으로 사실대로 서술한 로마인 이야
기와는 달리 리비우스가 젊은 시절에 들은 켈트인의 구전(口傳) 서
사시에 영향을 받은 것이라고 쓰고 있다.

기원전 348년 켈트인들은 로마의 지배에서 벗어나려고 애쓰고
있던 로마제국 지배 아래 여러 도시들의 용기에 고무되어 로마를
다시금 공략하려고 준비하고 있었다. 이탈리아 북부의 고올 지역에
대한 전투를 준비하고 있던 로마의 집정관 루키우스 카밀루스(Lucius
F. Camillus)는 로마 남쪽 60킬로미터까지 그의 군단을 이동시켜
오늘날 이탈리아의 로마 남동쪽에 위치한 폰티노 평원(濕原 Pontine
Marches)[27]까지 밀고 들어갔다. 루키우스는 로마군이 이전에 켈트인
들에게 패한 쓰라린 경험을 지니고 있었으므로 은폐물이 없는 열린
공간에서 켈트인들과 마주치는 것을 두려워하고 있었다.

리비우스의 기록에 따르면 로마군과 켈트인들이 접전을 벌이고
있는 동안 켈트인 한 명이 로마군의 경계선에 접근하여 창을 방패에
부딪치면서 자신을 로마군에게 알렸다. 그는 장대하고 갑옷을 입고
있는 켈트인 투사(鬪士)였다. 리비우스에 따르면 이 켈트인 투사는
로마군 투사가 누구든지 앞으로 나와 일대일로 자신에게 도전하여
전투를 벌이도록 통역인을 동반하였다. 당시 23세의 젊은 로마군의
호민관이었던 마르쿠스 발레리우스 코르부스(Marcus Valerius Corvus:
c.370 - c.270 BC)는 켈트인 투사와 전투를 벌이고자 카밀루스의
허락을 청하였다. 리비우스는 이들의 전투를 섬나라 켈트인 신화와
함께 다음과 같이 생생하게 전하고 있다.

켈트인 투사와 로마 호민관의 결투는 인간의 관심을 끌기에는 주목을
그리 받지 못하였으나 신들의 신성한 간섭이라는 점에서는 눈여겨 볼
만한 결투였다. 그도 그럴 것이, 호민관 마르쿠스 발레리우스 코르부스가
상대인 켈트인 투사와 맞붙었을 때 까마귀 한 마리가 나타나서 갑자기

켈트인 투사를 향한 채 마르쿠스 발레리우스 코르부스의 머리 위에
앉았다. 코르부스는 처음에 이런 까마귀의 행위가 하늘에서 보낸 징조로
기쁨을 가져다주는 것이라며 환호하였다. 그리하여 그는 까마귀가
신이든 여신이든 상관없이 누가 자신에게 이 까마귀를 보냈든지 간에
까마귀에게 온정과 자비로운 지원을 해줄 것을 기도하였다. 까마귀는
놀랍게도 한때 택했던 횟대에 앉았을 뿐만 아니라 결투가 전개되는
횟수가 늘어날수록 두 날개를 활짝 펴고 솟아올랐다가 부리와 발톱으로
적인 켈트인 전사의 얼굴과 눈을 공격하였다. 이처럼 불길한 징조를
목격한 켈트인 전사는 드디어 공포에 질려 한쪽 눈을 잃은 채 당황하게
되었고, 마침내 마르쿠스 발레리우스 코르부스에게 살해당하고 말았다.
그러자 까마귀는 동쪽을 향해 눈에 보이지 않을 때까지 멀리 날아가
사라졌다.

그 뒤로 마르크스 발레리우스는 '까마귀(crow, raven)'를 의미하는
'코르부스(Corvus)'라는 성(性) 또는 별칭을 갖게 되었다고 전해진다.

로마의 집정관이며 유명한 역사가인 카시우스 디오(Cassius Dio: c.
AD 155-235)[28]는 리비우스(리비)의 기록을 근거로 하여 위에 인용한
이야기를 반복하여 전하고 있다.

이제 이처럼 상징성을 띤 이야기는 로마인의 이야기에는 거의 나
타나지 않고 있다. 우리가 알기로 켈트인의 전쟁의 여신으로 등장하
는 인물 가운데 하나는 까마귀의 모습으로 나타나고 있다. 이것은
특히 아일랜드 신화에서 분명하게 드러나고 있다.

켈트인의 연구로 명성을 날린 고고학자이며 비교종교연구의
권위자이자 사회학자이기도 한 앙리 위베르(Henri Hubert: 1872-
1927)는 붉은 지파의 전사 영웅인 쿠훌린이 일대일 전투에서 싸운
여울에서의 전투 장면을 지적하고 있다. 고고학자인 앙리는 아일랜
드 신화에서 운명과 관련되어 전쟁터 위로 날아다니는 까마귀(raven)
로 변신하여 죽음과 운명을 예견하는 삼위일체로서의 전쟁의 여신
을 의인화한 모리간(Mór Rioghain: Mórrigán 또는 Great Queen이라고

〈자료 7〉 폰티노 평원(Pontine Marshes)

도 함)이 요염하게 진격했다는 사실을 믿지 않고 있다.

다른 기록에 따르면 전쟁의 여신 모리간은 위에서 언급한 대로 전투에서 까마귀로 변신하여 쿠훌린이 전쟁의 영웅인 로흐(Lóch: /'lɒx/로 발음)와 전투를 벌이는 동안 복수하려고 그를 공격한다. 쿠훌린은 이 여신이 까마귀의 형상으로 자신 앞에 나타나서 음산하고 기괴한 소리를 낼 때 그를 이길 자신이 없어지게 된다. 그리하여 그에게는 "이제 내 생명이 거의 끝날 때가 되었구나. 이제 나는 전쟁 터에서 살아서 돌아가지 못할 것이다."라는 징조가 보이게 된다. 쿠훌린은 리비우스의 이야기에 등장하는 무명의 켈트 전사처럼 마침내 굴복하고 치명상을 입은 채 기둥으로 된 돌에 묶인 상태에서 선 채로 죽음을 맞이하게 된다. 전쟁의 여신 모리간은 여전히 까마귀의 형상으로 그의 어깨 위에 앉아 피를 빨아 마시게 된다.

리비우스의 이야기는 어떤 특정한 신화적인 이야기에서 '퍼올린 것'이 아니라 켈트인의 상징적인 이야기를 상세하게 소개한 것일 수도 있다. 가령 까마귀의 상징성은 포모리 부족의 군대가 접근하는 것에 대해 앞에서 언급한 아일랜드의 신성인 루(Lugh)에게 경고하는 의미가 있다. 신성 루의 이름을 따서 지은 루그두눔(Lugdunum)[29]

〈자료 8〉 불과 대지, 풍요의 여신 난토수엘타(왼쪽)와 말(馬)의 여신 에포나

에서는 한때 까마귀가 그려진 동전을 만들기도 하였다. 켈트의 여신 난토수엘타(Nantosuelta: 고올인의 종교에서 자연, 땅, 불[火] 및 풍요의 여신)[30]와 또한 말의 여신 에포나(Epona)[31]는 까마귀를 동반하는 것으로 묘사되었다.

웨일즈인의 이야기인 〈로나뷔의 꿈〉(Dream of Rhonabwy)에서는[32] 레게드 부족의 왕, 우리엔의 아들 오와인(Owain mab Urien)이 양성한 까마귀 군대가 등장하고 있다. 까마귀의 상징은 기원전 3—2세기에 켈트인의 전쟁 투구(헬멧)에서도 찾아볼 수 있다.

켈트인의 상징성이 리비우스의 작품에 소개된 것은 이것이 처음이 아니었다. 리비우스의 가장 뛰어난 서술 가운데 하나는 켈트인들이 로마 수비대에 시끄러운 경고(警告)의 소리를 지르는 주노의 신성한 거위들과 함께 밤중에 로마의 카피톨 신전에 오르는 대목이다.

주노(Juno)는 주피터(Jupiter: 로마 최고의 신. 그리스 신화의 제우스Zeus에 해당)의 아내로 여성과 결혼의 여신이며 전쟁의 신인 화성(Mars)의 어머니이다. 리비우스는 이제 후세대 작가들의 저술을

〈자료 9〉 아크로폴리스 로크뻬르뛰즈

통해 이 거위들이 신전에 있는 성스러운 토템으로 지켜져 내려온 것
으로 자신의 이야기를 이끌어 내고 있다. 실제로 로마의 까마귀들은
주노에게 바쳐진 것이 아니라 신에게 바치는 의식을 행하는 동안
의식에 사용할 도살을 위해 카피톨 신전에 보관하고 있었던 것이다.
만일 까마귀들이 주노에게 바쳐진 것이 아니라면 리비우스가 이
까마귀들을 이야기에 끌어들일 다른 이유라도 있었던 것인지 궁금할
수 밖에 없다. 아마도 그는 간단한 사실을 되풀이해서 서술하였을
것이다. 한편으로 리비우스는 켈트인들 사이에서 성장하였기 때문에
켈트인이었는지도 모른다. 그리하여 어쩌면 켈트인의 상징성과도
관련되어 있을른지도 모른다.

6.7. 전쟁과 관련된 조류의 상징성

영국의 고고학자인 미란다 그린 박사(Miranda Green)는 저서인《켈
트 신화와 전설에 나타난 동물들》에서 '거위'(geese)라는 동물은
켈트인의 성상(星象)에서 전쟁과 가장 흔하게 연관되어 있으며,
'조류'는 경계심이 강하고 공격적인 성질로 인해 전투의 신과 여신에

대한 상징 또는 동반자로서 적절한 것으로 사용되었다고 말한다.

프로방스에 있는 로크뻬르뛰즈(Roquepertuse)의 두개골 신전 꼭대기에는 거대한 거위상이 홀로 서서 보초를 주의 깊게 응시하고 있다. 프랑스 북서쪽에 있는 브르타뉴의 디네올(Dinéault)에서 발견된 기원전 1세기의 전쟁 여신의 입상(立像)은 공격적인 거위의 위에 놓인 헬멧(투구)과 함께 보여주고 있다. 베종 라 로멘느(Vaison-la-Romaine : 프랑스 남동쪽에 위치한 자치시)에서 발굴된 제단 위의 벽장식은 거위와 까마귀가 켈트 전쟁신의 동료로서의 모습을 잘 보여주고 있다.

시저는 브리튼에서 거위를 신성하게 여기는 동물임에 주목하여 생물을 먹는 것에 대해 금기(禁忌 taboo)시하고 있다는 것을 지적하였다. 이와 똑같은 금기는 중세시기까지 아일랜드에서도 특정한 휴일에 흑기러기(barnacle goose)를 먹는 것이 금지되는 것으로 행하여졌다. 제임스 2세[33]가 퇴위한 뒤 영국군에게 패하여 고국 아일랜드에서 쫓겨나서 프랑스, 스페인 그리고 오스트리아와 같은 나라의 군대에 가담한 아일랜드 여단에서 근무해야만 했던 추방당한 아일랜드 병사들을 Wild Geese라고 불렀는데, 이 말은 기러기가 이동하는 습관에 대한 상징이라기보다는 기러기의 군사적인 상징성을 부각시킨 의미가 더 크다고 하겠다.

전투에 적합한 상징으로서의 '거위'란 동물은 도전적이며 경계심이 강한 동물로 켈트인이 로마의 습격을 받기 오래 전 켈트 문화에 등장하고 있다. 로마 카피톨 신전에 있는 거위상은 희생의 제물로 바쳐진 것이었다. 그렇다면 우리는 이들 '거위'가 로마 수비대에 시끄러운 경고의 소리를 내면서 로마인의 지각(知覺)에 변화를 가져다주는 사실에 근거한 사건을 목격하고 있는 것은 아닌지, 또는 주노의 '신성한 거위들'이 켈트 자원에서 라틴, 곧 로마의 신화로 들어온 것은 아니었을까?

그때부터 우리는 로마인들이 로마에서 해마다 치르는 의식에 쓰

려고 들것에 실린 이들 거위를 화려한
금빛 쿠션에 감싸 들여왔으며 거위 양
식(養殖)은 당시 고대 로마의 감찰관
의 책무였음을 알 수 있다. 이와 똑같
은 의식의 일부로서 로마 원로원 의
원의 몫으로 '개(dogs)'가 희생되었는
데, 이것은 개들이 켈트인들의 습격에
도 경고의 소리를 짖지 않는다는 것을
민중에게 일깨우려는 데 있었다. 이러
한 의식은 그리스도 시기에 이르기까
지 로마에서 한동안 지속되었다.

앙리 위베르 박사의 기록에 따르면,
리비우스의 출처 가운데 두 가지 자원
은 주로 켈트작가로 로마의 전기 작가

〈자료 10〉 코넬리우스 네포스

로 활동한 코넬리우스 네포스(Cornelius Nepos: /kɔːrˈniːliəs ˈniːpɒs,
ˈnɛpɒs/ c. 110 BC–c. 25 BC) 및 기원전 1세기 리비우스와 거의
동시대인 아우구스투스 시대에 번영을 누린 고올 나르보넨시스 지
역(로마의 속주)의 보콘티(Vocontii) 부족의 켈트인으로 로마의 역사
가이었던 트로구스 폼페이우스(Gnaeus Trogus Pompeius: 27 BC–AD
14)의 분실된 저술이었다.

리비우스는 이들 두 켈트 역사가가 라틴어로 쓴 저술에서 켈트인
들이 유럽 대륙에서 영토 확장을 어떻게 시작하였는지 그들이 지켜
내려온 고유의 전통을 배웠다. 그는 켈트인들이 영토를 확장한 주된
이유로 그들의 심장부가 되는 중심 지역에 인구가 넘쳐나게 되면서
통치자였던 암비카투스(Ambicatus: 기원전 6세기 스페인과 독일
사이에 있던 중앙 고올지역의 켈트인을 지배한 통치자)가 조카들을
독려하여 이들과 함께 동쪽과 남쪽으로 이동하여 켈트인들이 정착할
신천지를 개척하도록 한 것을 들었다.

6.8. 켈트신화의 인물 1: 아서왕(Arthur)

아마도 켈트 신화에서 가장 유명한 인물을 꼽으라고 한다면 아서
(Arthur)일 것이다. 그는 의심할 나위 없이 5세기 후반에서 6세기
초에 살았던 역사상의 인물이었다. 그의 사후 수세기가 지나지 않아
이 브리튼 켈트인인 '전쟁의 추장'은 브리튼에 들어온 앵글로색슨
족과 싸우면서 켈트 신화에 각인되어 확고한 자리를 차지하게 된다.
아서왕의 이야기가 맨 처음 문학 작품에 등장한 것은 아네이린
(Aneirin)이[34] 6세기 초에 쓴 시에 나타나면서부터이다. 연가 형식으
로 쓴 중세 웨일즈 시편집인《이 고도딘》(Y Gododdin [ə gɔ'dɔðɪn]
[ɪnɔ̂c'ɔg]으로 발음)에서 아네이린은 앵글로색슨족으로부터 카터릭(Catreath,
Catterick)을[35] 되찾고자 수도를 디네이딘(Eineiddyn: 현재 에딘버러)에
둔 부족의 추장인 미니돈(Mynyddawn Mwynfawr: 흔히 Mynyddog
Mwynfawr로 씀. 중세 웨일즈어로 Mynyddawg Mwynfawr)이 이끄는
300명의 정예 전사들의 공격에 관한 이야기를 서술하고 있다.
아서왕(King Arthur)에 대한 역사상의 전거(典據)는 여러 군데에
서 엿볼 수 있는데, 브리튼 켈트인 수도승인 길다스(Gildas: AD 500-
700)가 쓴《브리튼의 멸망》(De Excidio Britanniae: The Ruin of Britain)과
또 다른 켈트인 역사가인 네니우스(c. AD 800)가 침략해 들어오는
앵글로색슨족에 대항하여 12차례에 걸쳐 대승을 거둔 아서왕을
기록한 저서인《브리튼 역사》(Historia Britonum), 그리고 웨일즈의
발흥(勃興)을 라틴어로 기록한 연대기인《웨일즈 연대기》(Annales
Cambriae)가 있다. 이 연대기에는 5세기 후반과 6세기 초 브리튼군
대와 앵글로색슨족의 군대 사이에 일어난 전투인 바든 전투(Battle
of Badon)에서 아서가 승리한 것을 기록하고 있고, 이어서 기원
537년에 일어난 캄란 전투(Battle of Camlann)에서 그의 아들 또는
조카로 알려진 모드레드(Mordred)와 싸워 치명상을 입고 죽음에 이

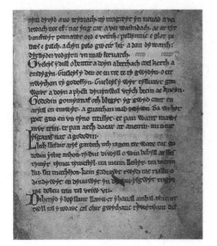

〈자료 11〉 아네이린의 이 고도딘(왼쪽)과 《웨일즈 연대기》

르게 된 사실(史實)을 기록하고 있다.

켈트인들이 역사에 등장한 아서의 죽음 이후 다음 수세기에 걸쳐 그들의 영웅을 신으로, 신을 영웅으로 변하게 하는 경향을 띠고 있어서 켈트인들은 아서의 이야기를 훨씬 이른 시기의 신화적인 요소나 테마로 장식하여 훗날 원탁의 기사가 되었으나, 원래는 아일랜드 신화 속의 사냥꾼−전사인 핀머쿨(Fionn mac Cumhail: 스코틀랜드와 맨섬Isle of Man의 신화에도 등장함)에 더 가까운 특별한 전사군(circle of warriors)을 아서에게 붙여주었다.

실제로 아서왕의 이야기에 등장하는 많은 이야기들이 피니언 사이클(Fenian Cycle: 신화에 등장하는 영웅 피너클과 그의 전사들인 피아나(the Fianna)의 영웅적인 행위를 서술한 산문과 시 모음집)에서 가져온 주제로 장식된 것으로 여겨지고 있다. 얼마 뒤 기독교에 바탕을 둔 주제들은 본질적으로 켈트적인 요소들을 대체하기 시작하였다. 예를 들면 기독교의 성배(聖杯)를 찾으며 벌어진 지하세계(저승)에서 풍부한 마술 단지를 찾는 일이 그러했다. 그러나 다른 요소들은 여전히 켈트인의 순수한 형태로 남아 있다. 곧 아서왕의 마술검(劍)

〈자료 12〉 아서왕의 명검(런던 영화박물관 소장)

은 오늘날 라틴어로 전와(轉訛)된 어형인 엑스칼리버(아서왕의 명검을 뜻함)로 널리 알려졌으나, 실제로 이 검은 아일랜드어인 칼라홀(Caladcholg: Caladbolg 'hard-blade')에서 온 것으로 여겨지는 웨일즈어의 칼라울흐(Caladfwlch:Caliburn 아서왕의 전설의 검을 뜻하는 말)를 지칭하는 말로서 붉은 지파군에 속한 영웅 페르구스(Fergus mac Róich, mac Róigm mac Rossa로도 씀)의 검(劍)이었다.

웨일즈의 성직자로 아서왕의 이야기를 널리 알린 주요 인물 가운데 하나인 몬머스의 제프리(Geoffrey of Monmouth: c. 1100−c. 1155)는 라틴어로 쓴 연대기인 《브리튼 왕들의 역사》(*Historia Regum Britanniae*)[36]로도 유명하였는데, 그는 이 연대기에서 아서왕을 인기 있는 영웅 이미지에 근접하는 인물로 발전시켰으며 이로 인해 아서왕과 관련된 상당수의 문헌이 생겨나게 되었다. 아서는 웨일즈와 아일랜드 신화 양쪽에서 모두 허용하는 인물이었다. 중세시기로부터 아일랜드어로 쓰여진 아서왕의 이야기는 확인된 것만 해도 어림잡아 25편이나 되었다. 그러나 앞에서도 지적한대로 아일랜드인의 상상(想像) 속에서는 핀머쿨의 인기를 대체할 수는 없었다.

6.9. 켈트신화의 인물 2: 트리스탄과 이졸데

켈트세계에서 발전해 내려온 두 번째 유명한 신화는 다름 아닌 트리스탄과 이졸데(Tristan and Iseult: Tristram and Isolde라고도 함.

〈자료 13〉 《브리튼 왕들의 역사》 필사본 가운데에서(오른쪽은 첫 장)

가장 널리 쓰이는 철자는 Tristan임)의 비극적인 사랑에 관한 이야기로,[37] 켈트 전설과 아마도 11세기에 쓰여진 고대 페르시아판 〈사랑의 서사시〉(Vis and Rāmin)에서 영감을 얻어 프랑스 중세 시를 거쳐 12세기를 거치는 동안 널리 인기를 얻게 된 이야기이다. 이 이야기는 많은 변화를 거치면서 수많은 출처로 반복되어 오늘날까지 내려오는 동안 로맨스와 비극적인 이야기에 영향을 미쳤다.

콘월에는 마커스 쿠노마루스(Cunomarus)라고 하는 역사상의 인물로 마크(Mark. 코니시어로 Margh, 웨일즈어로 March, 브르타뉴어로 Marc'h임)라는 왕이 있었다. '마크'는 라틴어 명칭인 마르쿠스(Marcus)에서 온 것이 아니라 '말(馬)'을 의미하는 켈트어에서 온 것으로 두 번째 이름은 '바다의 돔발상어'를 의미하였다.

우리가 이미 알고 있듯이 리하르트 바그너(Richard Wagner)의 1859년 오페라인 〈트리스탄과 이졸데〉에서 콘월의 왕인 마크로 분한 인물이 등장하여 저음(低音 bass)으로 노래하기도 하였고, 1981년에 제작된 영화 〈사랑의 마법〉(Lovespell)에서 마크왕의 역으로 리차드 버튼이 등장하기도 하였다.

〈자료 14〉 트리스탄과 이졸데(왼쪽)와 콘월의 왕 마크

마크왕은 아서왕의 전설에서 콘월의 기사인 트리스탄(Tristan)의 삼촌 그리고 아일랜드의 공주인 이졸데(Isolde, Yseult)의 남편으로 등장하는 것으로 가장 유명하다. 〈트리스탄과 이졸데〉와 관련된 이야기는 다양한 유형(versions)의 이야기가 전해지고 있으나, 그 가운데 하나를 간단히 소개하면 다음과 같다.

마크왕은 자신의 대리인으로 트리스탄을 아일랜드로 보내서 어린 공주인 신부 이졸데를 데려오도록 한다. 그러나 트리스탄과 이졸데는 사랑에 빠지고 마술 지팡이의 도움으로 중세 문학에서 가장 격렬한 사랑놀음에 빠지게 된다. 마크왕은 이들을 의심하게 되고 결국 이러한 의심은 사실로 드러나게 된다.

어떤 이야기에서는 마크왕이 사람을 보내 트리스탄을 교수형에 처하게 하고 이졸데를 화형에 처하도록 하나, 뒤에 나병환자 주거지로 쫓아낸다. 이야기가 좀 더 진행되면서 트리스탄은 기적적으로 교수형에서 벗어나 도피하게 되고 이졸데를 나병환자 주거지로부터 구하여 두 연인은 숲속으로 도피하였다가 나중에 마크왕에 의해 발각된다.

마침내 이들 연인은 마크왕과 화해하고 마크왕은 이 두 사람을 용서하게 되면서 이졸데 공주는 마크왕에게 돌아가게 되고, 트리스탄은 콘월을 떠나 브르타뉴(Brittany)로 쫓겨나 여행하여 그곳에서 브르타뉴의 호엘왕(King Hoel)의 딸이며 아서왕의 전설에서 호엘왕의 아들인 카헤딘경(Sir Kahedin)의 여동생인 '흰 손의 이졸데'(Iseult "of the White Hands")와 결혼하였다. 그러나 아일랜드에 두고 온 연인 이졸데 때문에 신방을 차리지 않는다. 브르타뉴에 온 트리스탄은 깊은 상처로 고통을 받게 되는데, 그 소식을 듣고 아일랜드에서 브르타뉴로 달려온 이졸데는 트리스탄이 죽어 있는 것을 보고 슬픔을 억제하지 못한 채 그의 곁에서 결국 죽음을 맞이하게 된다.

마크는 그리스 신화에서 온 〈미다스와 당나귀를 닮은 그의 귀〉에 관한 이야기를 켈트 이야기로 변형한 것과 연관이 있었다. 웨일즈 이야기에 따르면 마크의 귀는 말(馬 horse)의 귀를 닮았는데, 웨일즈어에서 '말(馬)'을 의미하는 March는 Mark에 해당하는 이름으로도 쓰였으니 이름에 관련된 말장난(pun)이라고 할 만하였다.

콘월의 작은 마을인 포이(Fowey. 코니시어로 Fowydh) 근처 언덕 위에 위치한 도어 성(城 Castle Dore)의 성채에는 2.7미터 크기의 화강암으로 된 돌기둥이 있는데, 이것이 트리스탄 석(Tristan Stone) 또는 장석(長石 Longstone)으로 알려진 돌기둥이다. 여기에는 기원 6세기 중엽에 새겨진 "이곳에 쿠노마루스의 아들 드루스타누스가 잠들어 있다"라는 의미를 지닌 두 개의 행으로 된 명각(*DRVSTANVS HIC IACIT CV-NOWORI FILIV'S*)이 새겨져 있는데, 사라진 세 번째 행(*CVM DOMINA OUSILLA*)은 16세기 영국 향토사의 아버지이며 골동품 수집가인 존 리런드(John Leland: c.1503 - 1552)에 의해 'with the lady Ousilla'란 의미로 해석되기에 이르렀다.

우실라(Ousilla)는 콘월인 여성의 명칭인 에셀트(Eselt)를 라틴어로 바꾼 것이거나 그렇지 않으면 이졸데로 알려진 명칭에 해당하였다. 세 번째 행이 사라진 것은 아마도 여러 번에 걸쳐 이 기둥을 옮기는 과정에서 발생한 결과로 추정하고 있다. 마크왕은 '드루스

〈자료 15〉콘월에 있는 도어 성(Castle Dore)의 성채

타누스' 또는 '드루스타우스'라는 아들이 있었는데, 학자들은 '트리스탄'과 언어상 동일 인물일 것으로 주장하고 있다.

트리스탄과 이졸데에 관련하여 실제로 모든 유럽의 언어로 쓰여진 서로 다른 유형의 이야기는 상당수가 현존하고 있다. 학자들은 이 모든 유형의 이야기를 추적해 오면서 12세기 노르만계 시인이었던 베룰(Béroul)이 기록한 현존하는 하나의 필사본을 찾아냈는데, 이 필사본은 현재 파리 국립도서관에 보관되어 있다. 기록에 따르면 베룰은 〈트리스탄과 이졸데〉의 전설을 노르만어로 썼는데, 이 가운데 일부 사본 조각(fragments: 약 3천 행)은 분실되지 않고 오늘날까지 보존되어 왔으며 대중을 위한 통속적인 전설 이야기로는 가장 초기에 쓰여진 것이다.

베룰과 비슷한 시기의 독일 시인이었던 아일하트 폰 오베르지(Eilhard von Oberge)는 중세 고지 독일어로 쓴 로만스 〈트리스트란트〉(Tristrant)로 유일하게 알려진 인물이다. 주지하듯이 고트프리트 폰 스트라스부르크(Gottfried von Strassburg: died c. 1210)가 중세 고지 독일어로 쓴 궁정 로맨스인 〈트리스탄〉이 베룰의 작품에 견주어 더 유명하고 사랑을 받기는 하나, 〈트리스트란트〉는 베룰의 노르만어로 된 〈트리스탄〉으로 가장 잘 알려진 평범하고 원초적인 전설의 일부분으로, 이 이야기는 독일 문학을 맨 처음 표현한 것이다. 스트라스부르크가 쓴 현존하는 작품은 바그너가 오페라 〈트리스탄과 이졸데〉(Tristan und Isolde)를 작곡하는 데 영감(靈感)의 원천을 제공하기도 하였다.

앞에서 이미 살펴본 콘월의 왕인 마
크는 콘월의 카헤이즈(Carhays)뿐만 아
니라 프랑스 북서부에 위치한 브르타
뉴 남부의 옛 주(州)인 역사적인 지역,
코르누아이유(Cornouaille) 및 카하이스
(Carhaix)도 지배한 것으로 알려지고 있
다. 우리가 이미 살펴본 것처럼 켈트의
많은 왕들은 시저의 시기로 거슬러 올
라가서도 브리튼과 대륙에서 지배자로
서 활약한 것으로 이름이 나 있었다.

그럼에도 콘월의 왕인 마크에 관해서
는 실제로 알고 있는 지식이 거의 없었
다. 다만 우리가 자료로 알 수 있는 것

〈자료 16〉 스트라스부르크의
트리스탄(뮌헨 필사본)

은 브르타뉴에서 마크왕은 무자비한 폭군으로 여겨졌다는 기록이다.
기원 880년 무렵《성 파울리누스 아우렐리아누스(St Paulinus Aurelianus)
의[38] 생애》(Life of St Pol de Léon)를 쓴 랑데브넥(Landévennec)의 수도승
인 우르모넥(Urmonek, Wrmnoc)은 마크왕의 다른 이름은 다름 아닌
'쿠노마루스'이며 강력한 세력을 가진 왕으로서 부족들은 그의 지배
아래 4개의 서로 다른 언어를 사용하였다고 기록하고 있다.

6.10. 켈트신화의 모티프: '마법의 항아리'

켈트세계에서 자주 등장하는 하나의 모티프는 모두에게 만족을
주는 풍요의 항아리(容器)와 죽은 자가 일어나서 살아 돌아오는 재
생(再生 rebirth)의 항아리를 포함, "마법의 항아리"라는 모티프이다.
후기 청동기 시기로부터 나타나기 시작하는 항아리는 60-70리터의

〈자료 17〉 군데스트룹 항아리에 새겨진 체르노수스 신

엄청난 양을 저장할 수 있는 용기이다. 1891년 5월 유틀랜드 북부에 있는 군데스트룹(Gundestrup)의 항아리(제5장 참조)는 130리터의 용량을 담을 수 있는 크기의 그릇으로 이탄(泥炭) 습지에서 출토되었다.

'군데스트룹 항아리'로 불리는 이 용기는 안과 밖의 둘레와 바닥이 12개의 직사각형으로 이루어지고 풍부한 은(銀) 도금으로 장식된 그릇인데, 기원전 200년과 기원 300년 사이에 만들어진 것으로 후기 라떼느(La Tène) 시기이거나 초기 로마의 철기시기에 켈트인이 사용한 것으로 여겨지고 있다.

이 용기는 대륙의 철기시기에 쓰인 은제품으로는 가장 큰 것으로 알려지고 있고 현재 덴마크의 코펜하겐 국립박물관에서 전시되고 있다. 최근 켈트분야와 다른 분야의 학자들이 이 항아리가 트라키아인(Thracian: 발칸반도와 에게해 북동해안 지방에 거주한 민족)의 거주 지역에서 만들어진 것일 수 있다고 지적하면서 반론(反論)을 제기하였다. 그러나 이들은 트라키아 지역에 기원전 4-3세기에 이르러 켈트인이 점령하고 그곳에 거주하였으며 켈트인의 명칭을 지닌 트라키아의 왕들은 기원전 192년까지 이 지역을 다스렸다는 사실 (史實)을 간과하였다.

켈트인의 모티프는 위에 언급한 '항아리'에서 의심의 여지없이 분명하게 드러난다. 이 항아리에는 목에 목걸이를 걸고 수사슴의 머리를 지닌 체르누노스 신(Cernunnos)과 동물 상징이 신 주위에 연속해서 나타나고 있다. 이 항아리에 새겨진 장면 가운데 황홀한 광경은 이미 죽은 전사들은 사라져 버렸으나 전사들을 동반한 신이 항아리 위에 있는 죽은 전사를 들고 있는 모습이다. 이것은 분명히 '재탄생한 항아리'의 모티프를 잘 표현해 주고 있다고 볼 수 있다.

켈트세계에서 사용된 '항아리(용기)'는 기원전 600년쯤으로 거슬러 올라가서 웨일즈의 행정 주로 13개 역사적 가치를 지닌 주(county)의 하나인 글라모건(Glamorgan: 웨일즈어로 Morannwg[mɔrˈganʊg]으로 읽음)에 위치한 린포 호수(Llyn Fawr)[39] 및 기원전 2세기와 기원 1세기로 거슬러 올라가서 웨일즈 북서 해안에서 떨어진 곳에 위치한 앵글시(Anglesey)[40] 북서부에 위치한 작은 섬인 린 체리 바흐(LlynCerrig Bach)에서 발견되었다.

그뿐만 아니라 이 '항아리들'은 켈트세계에서 발견되었으며 아일랜드어 및 웨일즈어로 쓰여진 문헌에 현존하는 신화상의 전통이 이러한 사실(史實)을 뒷받침하고 있다. 더욱 중요한 사실은 이 항아리들이 대륙의 켈트문화의 중심지였던 할슈타트와 라떼느 그리고 호흐도르프(Hochdorf: 스위스의 독일어 사용지역)에서 두초프(Duchov: 체코어로 Duchcov[ˈduxtsof]로 읽음. 체코공화국에 있는 마을)에 이르는 지역에서 발견된 것이다. 봄의 피난처로 알려진 보헤미아의 한 마을인 두초프에서는 1882년 약 200여 점이나 되는 보석류, 종아리뼈[비골腓骨], 고리 및 초기 라떼느 시기에 쓰인 다른 금속제품들을 포함하여 청동 항아리가 발견되었다.

아일랜드 신화에 등장하는 중요한 신으로 원시 켈트어에서 유래한

〈자료 18〉 웨일즈의 린포 호수(왼쪽)와 린 체리 바흐섬

다그다 신(The Dagda: 현재 철자로 Daghdha)은 켈트 부족의 수호신으로 전설의 도시인 무리아스(Murias)에서 온 '마법의 항아리'를 지니고 있었다. 기록에 따르면 이 항아리는 크기가 엄청나서 포모리 부족(아일랜드 신화에 나오는 초자연적인 인종)이 염소와 양, 돼지 그리고 80포대나 되는 자루에 포대마다 각각 우유와 식량 그리고 지방(비계)을 넣어 죽을 쑤어 먹었을 정도였다.

이 항아리에는 부족들이 굶주리지 않게 항상 식량으로 채워졌다. 쿠훌린과 쿠로이(Cú Roí: 아일랜드 신화의 얼스터군에 나오는 문스터 왕으로 초인간의 능력과 마력을 지닌 전사)는 성(城)에서 금과 은으로 만든 마법의 항아리를 훔쳐 갔으며, 또 다른 신인 거만의 신 미디르(Midir: 현대 아일랜드어로 Midhir. 다그다 신의 아들)에게도 또한 마법의 항아리가 있었다.

웨일즈 이야기에서 우리가 알 수 있는 것은 아일랜드의 왕 마톨흐(Matholwch)에게[41] 마법의 항아리가 있었는데, 이 항아리 안에 죽은 자를 던져 넣으면 그 다음 날 아침 온전하게 살아서 나타나며 다만 말을 할 수 있는 언어능력은 잃어버리게 된다는 것이다. 이 항아리는 원래 초기 켈트인의 신으로 여겨졌던 축복의 신인 브란(Bran Benedigeidfran)의 소유로, 그는 이 항아리를 마톨흐왕에게 주었으나 적대관계가 된 이후에는 브란과 그의 브리튼인들이 마톨흐

왕을 정복하기 전, 이 항아리를
부셔버리지 않으면 안 되었다.
이야기는 다시 반복되면서 거대
한 여인을 동반한 거인의 배후
에 있는 항아리 호수(Lake of the
Cauldron)에서 이 항아리가 어떻
게 나왔는지를 들려주고 있다.
그렇다면 이 거인들은 눈에 뜨이
지 않는 역할을 한 신성(神性
deities)이었는가?

한편 올웬(Olwen: 웨일즈 신
화 속에 등장하는 거인 이바다덴
Ysbaddaden의 딸)[42]을 찾아 나서

〈자료 19〉 이바다덴의 궁정에 들어
간 쿨후흐

는 클후흐(Culhwch: 웨일즈어로 [kʉl'huːχ]로 발음)의 이야기에는 또
다른 마법의 항아리가 나타나는데, 아일랜드의 온갖 보물로 가득
한 마법의 항아리를 얻기 위해서이다. 아서의 도움으로 클후흐는
6명의 전사와 함께 올웬을 찾아 나서서 여행을 계속하다가 세상의
모든 성(城) 가운데 가장 아름다운 성에 이르게 되는데, 이곳이 곧
이바다덴 거인의 것임을 알게 된다. 이바다덴은 클후흐에게 스무
고개를 푸는 조건으로 자기의 딸과 결혼을 허락한다. 뒤에 이바다
덴은 아서의 사촌이며 웨일즈와 아서왕의 신화에 등장하는 영웅
인 고르(Goreu fab Custennin)에 의해 참수를 당하게 되고 드디어
클후흐는 올웬과 결혼하게 된다.

켈트 신화 전반에 관해 우리가 알고 있는 지식은 고전 문구나
표현을 이용한 그리스 및 로마인의 해석에 의해 크게 모호한 개념이
되어 버렸다. 학자들의 주장에 따르면 켈트 민족은 변하지 않는
일정한 신화를 가지고 있었던 것이 아니라 그와는 반대로 오직 제한
된 정도로만 비교될 수 있는 서로 다른 다양한 신화로 넘쳐났다.

브리튼섬에 거주한 켈트인들이 기독교 시기가 시작될 무렵 그들 자신의 이야기를 기록하려고 시작하기 전까지는 아무런 체계적인 기록물을 전혀 찾아볼 수 없기 때문에 학자들은 기독교가 이 섬에 들어오기 훨씬 이전 시기에 켈트인이 지녔던 신화를 완전히 구현해 낼 방법이 없다고 주장하고 있다.

그러나 이들의 신화에 관한 새로운 정보는 아직도 여전히 매우 단편적이기는 하지만, 고고학적인 조사, 발굴 및 연구로 계속해서 나오고 있는 실정이다. 켈트 신화의 원 출처는 아직도 전부 드러나지 않고 있으며, 켈트 신화와 전설 및 켈트인의 문화는 인도유럽어계의 다른 민족의 문화와의 끊임없는 비교 및 고고학과 언어학의 활발한 연구 성과에 따라 앞으로도 더욱 분명하게 밝혀져야 하는 과제를 안고 있다고 할 것이다.

제6장의 주(註)

1. 케네스 잭슨 교수(Kenneth H. Jackson 1909~1991): 영국의 언어학자로 켈트어 전문가. 그는 1100년쯤 쓰여진 얼스터군의 이야기 텍스트가 6세기나 앞서 구전으로 보존되어 내려오면서 3-4세기의 아일랜드 켈트사회를 어떻게 잘 반영하고 있는지를 보여주었음. 자세한 내용에 관해서는 그의 저서인 *The Oldest Irish Tradition : A Window on the Iron Age*(1964)를 참조하기 바람.

2. "쿨리의 가축 습격"(*Táin Bó Cúailnge*): 아일랜드어로 [t̪ˠaːnʲ boː ˈkuəlʲn̪ˠə]로 발음. *The Táin*이라고도 하며 흔히 The Cattle Raid of Cooley로 알려져 있음. 얼스터군(Ulster Cycle)으로 알려진 이야기그룹의 중심 텍스트임.

3. 세자르(Cesair): 현대 아일랜드어로 Ceasair로 쓰고 영어로는 Kesair로 씀. 아일랜드의 중세기독교를 다룬 가(假)역사인 르보 가발라 에렌(Lebor Gabála Érenn)에 등장하는 인물.

4. 바돌론(Partholon): 노아의 홍수 이후 300년 즈음 사람이 살지 않는 아일랜드에 들어온 제2그룹을 이끈 인물. 농업, 요리, 건축 등을 도입하였으나 몇 년 뒤 바돌론 부족은 일주일 만에 모두 역병으로 죽음을 맞이함. '바돌론'이란 명칭은 성서에 나오는 예수의 12사도 가운데 한 인물인 '바돌로매'에서 온 것으로 후세 기독교 작가들이 만든 것임.

5. 네메드(Nemed): 중세 아일랜드 기독교 신화역사에 나오는 인물. 제2그룹인 바돌론 부족 이후 30년 뒤에 아일랜드에 도착한 제3그룹. 이 부족 또한 오래지 않아 이 섬에서 사라졌음.

6. 피르블르그(Firbolg): Fir Bolg 또는 Fir Bholg, Firlogs 등 여러 철자로 씀. 아일랜드에 들어온 제4그룹의 부족. 네메드 부족의 후손으로 뒤에 '침입'한 다난족에 의해 점령당함.

7. 밀레드족(Miled): 아일랜드의 전설에서는 Mil Espaine 또는 Mil Espane로

쓰고 라틴어화한 철자로 Milesius로 널리 알려짐. 아일랜드에 들어온 마지막 이주민으로 신화상의 선조. 아일랜드 게일 부족의 대다수를 차지하는 밀레드족의 아들들(Sons of Mil or Milesians)이라고 칭함.

8. 투아스 데 다난 부족(Tuatha Dé Danann): '여신 다누의 부족(들)'이란 의미로 Tuath Dé가 붙었으며 '신들의 부족'으로 알려진 아일랜드 신화에 나오는 초자연적인 인종. 기독교 이전 시기의 게일족 아일랜드의 주요 신성을 대표함.

9. 포모리 부족(Fomorii): '해저 거주인'이란 뜻. *fo* 'under', *morii* 'sea'. 아일랜드 신화에 등장하는 초자연적인 인종. 바다 또는 지하에서 올라온 잔인하고 사악한 부족으로 묘사됨.

10. 밀레시안(Mil Espaine 또는 Mil Espane): '스페인의 병사들'이라고 하며 뒤에 라틴어 작가들에 의해 Milesius로 쓰임. 영어로는 Milesians로 씀. 스페인으로부터 아일랜드로 쳐들어와서 아일랜드인의 조상이 되었다고 하는 전설적인 왕인 Milesius의 이름에서 '아일랜드인'을 지칭하는 말로 씀.

11. 스키타이(Sythia): /ˈsɪθiə/로 발음. Ancient Greek: Σκυθική, Skythikē. 기원전 8세기 초에 존재한 왕국. 흑해와 카스피해 북동부를 중심으로 활동. 고대 그리스인들은 유럽의 북동부 지역 전체와 흑해의 북부 해안을 일컬어 'Scythia' 또는 'Great Scythia'라는 명칭을 부여하였음.

12. 탄 보 쿠얼려(*Táin Bó Cúalinge*): 아일랜드어로 [t̪ˠaːnʲ boː ˈkuəlʲɲə]로 발음. 초기 아일랜드 문학의 전설적인 이야기로 서사시로 불리고 있음. 운문보다는 주로 산문으로 쓰여짐.

13. 코나흐트(Connaht): /ˈkɒnəkt/로 발음. Connaught라고도 씀. 아일랜드 서쪽에 위치한 주. 9세기까지는 여러 개의 독립된 왕국으로 이루어져 있었음.

14. 메드브(Medb): 고대 아일랜드어 철자로 [mɛðv]로 발음. 현대 아일랜드어로는 Méabh[mʲeːv], Medbh or Maebh 등 다양하게 씀. 영어화한 철자로 Maeve, Maev or Maive로 쓰고 메이브[ˈmeɪv]로 발음. 아일랜드 신화에서 얼스터 군에 나오는 코노트 주의 여왕.

15. 니얼 노이기얼러흐(Niall Noigiallach): 아일랜드어로 [ˈniːəl noɪˈɣiːələx]로

발음. 영어로는 Niall of the Nine Hostages라고 함. 6-10세기에 아일랜드를 지배한 '이 니얼' 가문(Uíi Néill family: 아일랜드어로 [i: 'nʲeːʲlʲi])로 발음)의 선조. '이 니얼' 가문은 아일랜드 및 스코틀랜드 왕조의 후손들임.

16. 울리(Ulaidh): 현대 아일랜드어로 ['u.liː]로 발음. Ulaid로도 쓰고 고대 아일랜드어로 ['uləð]로 발음. 얼스터 주에 명칭을 부여한 초기 아일랜드의 민족과 왕조 그룹을 지칭함.

17. 오신(Oisín): 아일랜드어에서는 첫 음절에 강세를 두고 발음. 영어화하여 Osheen 또는 단순히 Oisin으로도 씀. ['ɒʃiːn]으로 발음. 스코티시 게일어로는 Oisean, 웨일즈어에서는 Osian, 그리고 영어로는 Ossian으로 씀. 아일랜드어에서 남성을 지칭하는 이름임.

18. 멜 무이르(*Máel Muire mac Céilechair*): '레보 너 후이드러' 필사본을 쓴 세 명의 필사생 가운데 한 명으로 *Máel Muire*는 'servant of Mary'란 뜻.

19. 아에드 마크 크림타인(Áed Mac Crimthainn): *Book of Leinster*를 편집한 책임 필사생으로 중세 아일랜드어로 쓰여진 중세 아일랜드의 중요한 채색 필사본을 편찬한 인물임.

20. Liadain은 여류 시인, Cuirithir 또한 시인으로 둘 다 모두 7세기 아일랜드에 살았던 역사상의 인물. 이들의 사랑이야기를 문학으로 승화시킨 이야기임. Cuirithir가 Liadain에게 맥주(ale) 파티에 초대하고 하룻밤을 함께 지냈으나 그 뒤 이들이 재회하기 전 Liadain은 수녀(nun)가 되었으며 상심(傷心)으로 죽기 전 참회와 기도로 인내하는 동안 Cuirithir는 바다를 건너며 그녀에 대한 사랑을 체념한다는 이야기임.

21. 엘리스 그루비드(Elis Gruffydd): 1490-1552. 웨일즈의 연대기 작가. 아담과 이브의 시초부터 1552년까지의 세계사를 포함하는 광대한 역사서인 《천지창조 이후 1552년까지의 연대기》(*Chronicle of the Six Ages of the world*)를 씀. 이 연대기는 (1) 천지창조부터 기독교 시기까지의 역사 및 (2) 1066년 윌리엄의 영국 정복에서 1552년까지의 영국의 역사의 두 개의 부분으로 이루어져 있음.

22. 버거버드 기타(*Bhagavad Gita*): 산스크리트어로 ['bʰəgəʊəd giːˈʈaː]로 읽고 '군주의 노래'(Song of the Lord)란 뜻. 흔히 Gita로 줄여 씀. 힌디어로

쓰여진 700행의 경전으로 힌디어 서사시인 〈마하바라타〉(*Mahabharata*)의 일부임.

23. 모르칸트 불크(Morcant Bulc of Bryneich): 로마제국 말기와 초기 중세 시기의 영국의 국가 확립 기간 동안에 브리튼 북부 출신 브리손계의 왕자(아마도 왕)였던 인물.

24. 그린(Miranda Green: 1947년생): 원명은 Miranda Jane Aldhouse-Green 이며 Miranda J. Green이라는 명칭으로 책을 내기도 함. 카디프대학의 고고학 교수로 영국 태생의 저명한 고고학자. 《켈트인의 신들》(*The Gods of the Celts*, 1986), 《드루이드교의 세계를 찾아서》(*Exploring the World of the Druids*, 1992), 《켈트 신화》(*Celtic Myths*, 1993), 《켈트 신화와 전설사 전》(*Dictionary of Celtic Myth and Legend*, 1997) 등 켈트인과 관련된 많은 저서를 출간하였음.

25. 디스 파터(Dis Pater): 플루토. 하데스(Hades)라고도 하며 내세를 지배하는 로마의 신. 단순히 '디스'라고도 함. 단테의 《신곡(神曲)》에 '디스 의 도시(City of Dis)'가 등장함.

26. 파두아(Padua): Patavium으로도 씀. /ˈpædju.ə/ 또는 영어로 /ˈpædʒu.ə/, 이탈리아어로 Padova[ˈpaːdova]로 읽음. 이탈리아 북부 베네토에 있는 도시.

27. 폰티노 평원(濕原 Pontine Marches): 티투스에 의해 라틴어인 Pomptinus Ager에서 만들어진 것으로 이탈리아어로 Agro Pontino라고 함.

28. 카시우스 디오(Cassius Dio: c. AD 155-235): [ˈkæʃəs ˈdiːoʊ]로 발음. 라틴어로는 Lucius 또는 Claudius Cassius Dio라고 하며 단순히 Dio라고 도 함. 그리스계 로마의 정치가이며 역사가. 80권 분량의 방대한 고대 로마의 역사를 저술함.

29. 루그두눔(Lugdunum): 원 명칭은 Colonia Copia Claudia Augusta Lug-dunum. 현재 프랑스의 리옹(Lyon)은 고올 지역에서 매우 중요한 로마의 도시로 기원전 43년에 건설되었고, 300년 뒤 로마제국의 서부 지역에서 가장 중요한 도시가 되었음.

30. 난토수엘타(Nantosuelta): 켈트신화 및 고올인의 종교에서 대지, 불 및

풍요의 여신으로 다난 신(Tuatha Dé Danann)의 일부. 동상이나 명각으로 입증되고 있는 이 여신은 흔히 물(水)에 둘러싸여 있는 것으로 묘사되며, 여신의 명칭은 '휘돌아가는 냇물 또는 햇빛을 흠뻑 받은 골짜기'라는 문자 그대로의 의미를 지님.

31. 에포나(Epona): 고올-로마의 종교에서 말과 당나귀 및 노새의 수호신이며 특히 풍요의 여신으로 궁극적으로 로마에서 숭배한 유일한 켈트인의 신성으로 기원 1-3세기에 로마제국 전역에 퍼졌음.

32. 〈로나뷔의 꿈〉(Dream of Rhonabwy): 웨일즈어로는 *Breuddwyd Rhonabwy*라고 함. 중세 웨일즈의 산문으로 12세기 후반에서 13세기에 쓰여짐.

33. 제임스 2세(James II): 1633-1701. 잉글랜드 및 아일랜드 왕이며 스코틀랜드 왕(제임스 7세)으로 통치. 1688년 명예혁명으로 쫓겨남. 잉글랜드, 스코틀랜드 및 아일랜드 왕국을 통치한 마지막 로마카톨릭 군주였음.

34. 아네이린(Aneirin): [a'nɛirɪn]으로 발음. Neirin으로도 씀. 중세 초기의 브리손계 켈트 시인으로 궁정시인 또는 음유시인이었음.

35. 카터릭(Catreath, Catterick): 현재 북 요크셔주. 이곳에서 기원 600년쯤 브리손계 켈트족인 고도딘이 양성한 군대와 베르니키아 및 데이라계 앵글족과의 전투(Battle of Catraeth)가 벌어졌음.

36. 《브리튼 왕들의 역사》: 라틴어로 쓴 연대기의 영어 명칭은 The History of the Kings of Britain임. 몬머스의 제프리에 의해 1136년 즈음 쓰여진, 영국 역사의 숨은 역사이야기(cryptohistory)에 해당하는 저술이라고 할 수 있음. 이 책은 비록 서술방식이 부정확한 단점은 가지고 있으나, 중세 문학의 가치는 지니고 있다. 가장 초기에 쓰여진 것으로 알려진 리어왕과 세 딸에 관한 이야기뿐만 아니라 아서왕의 전설을 대중화하는 데에도 기여하였음.

37. 바그너의 오페라 〈트리스탄 이졸데〉는 일명 〈사랑의 죽음〉(Liebestod)으로도 불림. 아일랜드의 공주 이졸데는 마크왕의 아내가 되었는데, 자신을 데리러 온 왕의 조카로 기사인 트리스탄과 금단의 사랑에 빠져

프랑스의 성(城)에 유배된 연인 트리스탄의 주검 앞에서 숨을 거둔다는 이야기. 바그너의 오페라는 2007년 〈트리스탄 & 이졸데〉(케빈 레이놀즈 감독)라는 제목의 영화로 제작, 상영되기도 하였음.

38. 성 파울리누스 아우렐리아누스(St Paulinus Aurelianus): 일반적으로 Paul Aurelian으로 쓰며 브르타뉴어로는 St Pol de Léon 또는 St Paul Aorelian으로 씀. 기원 6세기 웨일즈인으로 레옹 교구의 초대 주교가 되었고 브르타뉴의 일곱 창시자인 성자 가운데 한 사람이 됨.

39. 린포 호수(Llyn Fawr): 웨일즈 남부에 있는 키논 계곡의 호수. 후기 청동기 시기와 초기 철기 시기에 쓰던 중요한 무기들이 저장된 장소로 가장 잘 알려져 있음.

40. 앵글시(Anglesey): 웨일즈어로 어니스 몬Ynys Môn['ənɨs 'moːn]으로 읽음. 웨일즈에서 가장 큰 섬으로 영국을 둘러싸고 있는 섬 가운데에서는 다섯 번째로 큰 섬.

41. 마톨흐(Matholwch): 중세 웨일즈 작가들에 의해 초기 구전으로 12-13세기에 편찬된 가장 초기의 브리튼 산문 문학인 마비노기온(Mabinogion)에 등장하는 인물.

42. 올웬(Olwen): 웨일즈 신화 속에 등장하는 거인 이바다덴(Ysbaddaden)의 딸. 마비노기온에 나오는 〈쿨후흐와 올웬〉(Culhwch and Olwen) 이야기의 여주인공이기도 함. 올웬의 아버지는 올웬이 결혼하게 될 경우에는 죽게 될 운명에 처하게 되는데, 쿨후흐(때로는 Kilwch로도 씀)가 올웬에게 구혼하려고 하자, 그녀의 승낙을 얻어내기 위해 반드시 풀어야 할 매우 힘든 과제가 주어진다. 쿨후흐는 그의 사촌인 아서왕의 도움을 얻어 드디어 문제를 풀게 되고 올웬의 아버지(이바다덴)는 딸의 결혼을 허락한 뒤 죽음을 맞이하게 된다는 이야기임. '올웬'이란 명칭은 웨일즈 신화에서 민속 설화인 *Einion and Olwen*으로 저승으로 여행하는 양치기와 올웬이 결혼하는 이야기로 재등장함.

제7장 켈트사회: 전사와 여성

7.1. 고전 작가들의 켈트인에 대한 편견

모든 인도유럽인 사회와 마찬가지로 켈트인 또한 전사 계급을 두고 있었는데, 이 (카스트)제도는 산스크리트어의 kshatriya, 라틴어의 equites, 그리고 그리스어의 hippeis에 해당하는 것으로 대체로 '기사'(騎士 knight)를 뜻하는 말이었다. 켈트인들은 전쟁의 신을 모시고 있다는 점에서 다른 인도유럽인들과 다를 바 없었다. 켈트인의 귀족 내지 전사(戰士)는 눈에 띄는 화려한 무기와 병기를 가지고 있었으며 개인의 영웅심에 대한 자부심도 대단하였다.

켈트사회에서 여성은 모체 여신과 여성 신성(神性)에서 전방위에 걸친 강력한 역사상의 여성 지도자, 여성 성직자 및 기독교 성인에 이르기까지 주목할 만한 역할을 하였다. 그들의 역할은 기독교의 도래(到來)로 그치지 않고 중세시기에도 계속되었고 섬나라 영국의 켈트인들에게까지도 이어졌다.

이 장에서는 문헌과 고고학적인 증거 및 고전 학자들의 인용 등을 통해 역사에 등장한 켈트사회의 용맹한 전사와 여성에 관해 자세히 살펴보기로 한다.

고전 작가들은 고대 켈트인을 '야만인'으로 서술하면서 아무런 이유도 없이 단지 재미삼아 전쟁을 일으키는 민족으로 묘사하고 있다.

이를테면 기원 2세기 그리스의 지리학자이며 작가로 활동한 스트라보(Strabo)는 "켈트인 전체가 전쟁에 광분하고 있으며 전투에는 신속하고 대담하게 행동한다"고 기록하고 있다. 그뿐만 아니라 기원 2세기 그리스의 지리학자인 포사니아스(Pausanias[pɔ'seɪniəs] 그리스어로 Παυσανίας: c. AD 110 - c. 180) 또한 스트라보의 서술과 마찬가지로 켈트인을 가리켜 "앞뒤 가리지 않고 맹렬하게 그리고 야수의 열정으로 달려들며 이성이라고는 눈꼽만큼도 없다. 켈트인은 도끼와 칼을 휘두르며 적에게 쏜살같이 달려들고 적에게 살해되기 전까지는 분노가 사라지지 않았다."고 서술하고 있다. 심지어 리비우스(Titus Livius, 영어로 Livy), 플로루스(Lucius A. Florus: c. 740 AD - c.130 AD. 로마의 역사가) 등 그리스와 로마의 사가(史家)들은 한결같이 켈트 전사를 '야수처럼 싸우는' 인물로 묘사하고 있다.

고전 작가들의 이러한 서술이나 묘사는 늘 그렇듯 편견을 지닌 눈으로 역사를 기술한 정복자의 입장에서 본 것으로, 실제로는 그렇지 않은 경우가 많다. 켈트인의 경우도 예외는 아니다. 오래전부터 분별력을 지닌 사가(史家)들은 고대 문헌을 한층 더 꼼꼼하고 면밀하게 관찰해 왔다. 이를테면 기원전 390년 7월 한 무리의 켈트인들이 뜬금없이 로마를 휩쓸고 공격해 온 것에 대해서는 일반적으로 인정하고 있다. 그러나 이들이 로마를 정복하게 된 이야기는 그리 단순치 않다.

7.2. 켈트인의 로마 침공과 켈트인의 행동

우리는 이 과정에서 켈트 부족의 한 무리인 세논족(Senones)이 아페닌산맥(the Apennines)을[1] 건너 그들이 정착할 새로운 땅을 찾아 이탈리아 중서부의 고대 도시인 에트루리아의 클루시움 시(city of

Clusium) 외곽에 야영을 했다는 사실(史實)을 알게 되었다. 이들의 지도자인 브레누스(Brennus)는 클루시움 시의 원로들에게 그들이 평화롭게 정착할 땅을 허용해 줄 것을 요청하였다. 그러나 시의 원로들은 새로 정착하려는 켈트인들을 위협적인 무리로 여기고 로마에 구원을 요청하기에 이르렀다. 그렇지 않아도 로마는 옛 에트루리아 제국에 군사적인 권위를 막 행사하려던 참이었다. 로마는 이탈리아 귀족 가문인 파비 삼형제를 전령(傳令)으로 보내 켈트인과 클루시움 사이에 협상을 시도하였다. 파비 형제는 젊은 데다가 건방진 데가 있었다.

파비형제의 건방진 행동으로 인해 결국 협상은 결렬되었다. 이에 따라 에트루리아 군대는 클루시움 외곽으로 진군하여 세논족과 대치하였다. 리비우스는 로마의 전령, 곧 파비형제들이 국가의 법을 어기고 무장을 하는 치명적인 조치를 취했다고 기술하고 있다. 전투가 벌어지는 동안 파비가문은 에트루리아 군대의 구성원에 합류하여 퀸투스 파비우스(Quintus Fabius Maximus: 파비가문의 일원. 후기 로마공화정의 장군, 정치가)가 켈트인의 족장을 살해하였다. 켈트인들은 짐작컨대 '중립적'인 로마인 전령들이 실제로 에트루리아인들을 위해 싸우고 있다는 것을 깨달았을 때 전투를 종료하고 전령들이 국제법을 어긴 것에 대해 논의하기 위해 철수하였다.

켈트인들은 법을 엄격하게 믿는 이들이었으며 전령의 역할은 은밀한 책임과 확신이었다. 따라서 로마인들은 나중에 켈트어인 *ambactus*를 라틴어에 포함시켜 현대 유럽의 많은 언어에 'ambassador'란 어휘를 만들어 내었다. 켈트인들은 로마인들의 전술적인 행위를 대하고 겁에 질려버렸으며 부족 회의를 열어 전령사들을 로마로 보내 로마 원로원에 그들의 불만을 제출하였다.

로마 원로원은 켈트인 전령의 불만을 경청한 다음 켈트인의 요구가 일리가 있음을 알게 되었다. 그러나 리비우스와 플루타크(Plutarch)의 기록에 따르면,[2] 파비가문은 귀족 명망가문으로 당시 강력한 힘을 행사했으므로 로마 원로원은 독자적인 행동을 취해서는 안 된다는

것을 느끼고 있었다. 그 대신 원로원은 그들의 행동을 인정할 뿐만 아
니라, 다음 해 집정관의 세력을 지닌 군(軍) 호민관으로 파비가문을
선출한 로마 시민에게 그 문제를 넘겨버렸다. "켈트인 전령들은 당연
히 그리고 마땅히 화가 치밀어 올랐다"고 리비우스는 서술하고 있다.

플루타크에 따르면 귀족가문과 국제법과 협상 전문가들 가운데 종
신직으로 선출된 로마 성직자들의 단체(collegium)인 성직자회(fetiales)
는[3] 파비가문의 행동을 규탄하였다. 그러나 이윽고 로마는 결정을
내렸다. 켈트인 전령들은 로마의 결정에 경고를 보냈다. 그리하여
켈트족의 하나인 세논족은 로마의 결정에 보복하고자 드디어 로마로
진군하기에 이르렀다.

로마는 클루시움에서 기껏해야 130킬로미터의 거리에 위치하고
있었다. 그런데 켈트 세논족은 로마로 행군하면서 주변 마을의 어느
누구에게도 해악(害惡)을 끼치지 않았다. 이러한 사실은 다음에 인
용한 역사 기록에 잘 나타나 있다.

켈트인들이 지방 민중에게 해를 끼칠 것이라는 모두의 예상과는 달리,
어떠한 해악도 끼치지 않았음은 물론 그들의 야영지에서 전혀 이탈하지
않았다. 켈트인들은 주변 도시를 가까이 지나갈 때에도 로마로 진군하여
오직 로마인들에게만 전쟁을 선포하였음을 알리려고 소리를 질렀다.
켈트인은 로마인 이외의 다른 도시 민중을 켈트인의 친구로 여겼다.

이것은 고전 역사가나 작가들이 켈트인을 로마를 휩쓴 어리석은
야만인의 무리로 서술한 것과는 거리가 멀다. 세논족은 로마 시에서
북쪽으로 18킬로미터 떨어진 알리아(Allia 티베르강으로 흐르는 시냇
가. 이곳에서 기원전 387년 브레누스가 이끈 고올인[켈트족]에 의
해 로마군이 패함)에서 로마군을 무찌르고 로마로 진군하였다. 켈트
인들은 7개월 동안 로마 시를 점령하고 로마인의 사과를 받아내었
으며 배상금으로 금을 받아냈다. 그리고 나서 켈트인들은 로마에서

철수하였다. 그들은 로마인에 군림하는 어떠한 제국도 건설하는 것을 원하지 않았으며, 오로지 로마인들이 당시 일반적으로 인정되어 있는 국제적인 행동을 어긴 것에 대해 고통을 주려는 것이 주된 목적이었다.

그러므로 '전쟁을 벌이기 위한 전쟁'을 일삼는 민족으로 여기는 켈트인의 모습은 실제와 거리가 멀다는 것이 역사 기록으로 드러났났다. 그러나 고전 작가들 특히, 로마 작가나 로마인 고용자 또는 로마인 후원자를 둔 그리스인들은 켈트인의 야만스러움과 사납고 미개한 성질을 그들의 저술에서 즐겨 이야기하였다. 오히려 로마인의 잔인한 속성을 기준으로 본다면 켈트인의 그것은 이보다 훨씬 온건하다고 보는 것이 고고역사학자들의 주장이다.

7.3. 켈트전사의 무기들

켈트 사회에 존재한 전사 계급제도는 특수하면서도 엘리트로 이루어진 제도였는데, 이러한 계급이 켈트사회에 존재하게 된 배경에 대해 좀 더 살펴보기로 하겠다.

역사에서 고고학 분야는 로마 작가들이 켈트인을 서술하면서 켈트인에 대해 가진 편견에 대해 하나의 방어수단으로 작용하는 경우가 흔히 있다. 이러한 점은 다음과 같은 내용에서도 잘 드러난다.

로마인들은 전쟁을 염두에 두고 켈트인을 서술할 때 투사(鬪士)로서의 켈트인의 능력을 비난함을 물론 켈트인의 무기조차도 형편없는 것으로 깎아내려 기술하였다. 그런데 아이러니칼하게도 에트루리아인과 로마인들은 켈트인들의 진보된 무기류에서 많은 것을 배웠다. 이들의 병기(兵器)는 말할 것도 없고 전쟁 투구와 방패 그리고 심지어 그들의 전술과 전략까지도 켈트인의 신기술에서 많은 영향을 받았던 것이다(Ellis 2004: 64-5).

켈트인이 사용한 무기류는 다행히도 이탈리아 동부 및 북부에 주로 산재한 그들의 무덤에서 출토된 부장품에서 잘 엿볼 수 있다. 이 무기들은 당시 켈트인 전사의 전투 장비를 한눈에 알 수 있고 그들이 이들 지역에 오래 점령하고 있었음을 보여주고 있다. 그뿐만 아니라, 일부 고대 에트루리아인들이 켈트 전사들을 표상(表象)으로 삼았다는 것은 그들의 역사에서 잘 알려진 사실로서, '우수한' 에트루리아인 및 로마인의 군사제도 형성에 켈트인들이 끼친 영향을 한층 더 잘 이해할 수 있는 기초를 이루고 있다.

켈트인이 맨 처음 지중해 세계에 출현했을 때 철제 투구가 대체로 이보다 약한 전투용 청동 투구를 몰아낸 뒤였다. 기원 4세기 켈트인의 무덤에서 발굴된 철제 투구가 이를 잘 보여주고 있다. 켈트인의 철제 투구들은 기원 4세기 중엽 프랑스 노르망디의 앙프레빌(Amfreville)에서 나온, 외관을 두드러지게 세공한 금세공과 붉은 유리의 상감무늬로 장식한 투구이거나 또는 금과 산호로 상감 세공하여 장식한 아그리(Agris) 투구(〈자료 1〉: 기원전 350년 아그리 근방 동굴에서 발견된 켈트인의 의식용 헬멧)와 같이 정교하면서도 세련미가 돋보이는 것들이다.

특히 이 투구는 1981년 프랑스 중서부의 현(縣)인 앙굴렘(Angoulême) 근방의 동굴에 발견된 켈트인의 의식용 투구로 켈트예술의 걸작으로 꼽히고 있다. 출토된 켈트인 투구들의 상당수는 두드러진 깃 장식, 경첩이 달린 측면 가죽 끈, 안쪽의 목 보호대 그리고 다른 여러 장식 등 놀라운 디자인을 지니고 있었다.

이에 대해 그리스의 역사가인 시쿨루스(D. Siculus)는 다음과 같이 서술하고 있다.

켈트인들은 머리에 청동
헬멧을 썼는데, 이 헬멧은
엄청 큰 키에 불쑥 앞으로
튀어나온 커다란 모습을
지닌 투구 모양을 하고 있었
다. 어떤 경우에는 뿔이 투
구와 함께 한 부분을 차지
하고 다른 경우에는 새나
사지동물의 앞 부분을 본따
서 만든 부조(浮彫)의 모습
을 지녔다.

〈자료 1〉 켈트인들의 아그리 헬멧(투구)

기록에 따르면 목과 볼의
보호대가 있는 손잡이가 달
린 둥근 모자가 있는 헬멧은 켈트인이 발명한 것이었다. 켈트인들은
이러한 디자인을 이탈리아로 가져왔으며, 처음에는 에트루리아인들
이 재빠르게 받아들였고 그 다음에는 로마인들이 로마군의 전투용
투구로 받아들였다. 손잡이가 달린 헬멧은 융통성을 발휘해야 하는
적과의 교전에는 매우 안성맞춤이었다.

맨 처음 켈트인이 만든 헬멧 디자인은 삼엽(三葉) 무늬형으로 된
세 개의 둥근 원반이 달린 볼 보호대였는데, 에트루리아인들이 여기
에 원형 낫 모양의 볼 가죽을 갖다 붙였다.

켈트인들은 초기 로마인들에 견주어 더 훌륭한 방패를 가지고
있었으며 이 방패들은 신체를 덮는 데 훨씬 우수한 보호막인 커다란
방패들이었다. 방패는 중앙 손잡이로 조정했으며 전완(前腕) 가죽
손잡이는 없었다. 더욱이 켈트인의 방패는 적의 일격으로부터 자신을
보호해 줄 뿐만 아니라 적에게 일격을 가할 때에도 적절하게 쓸 수
있었기 때문에 방어용 무기로도 사용하는 이중의 기능을 가지고 있었

다. 초기 라떼느 문화에 쓰인 방패들은 대략 1.1미터 크기로 발견되었고, 다른 것들은 1.4미터의 부조(浮彫)로 로마인들이 이들을 본따서 받아들여 사용하였다. 이에 대해 시쿨루스는 다음과 같이 서술하였다.

로마인들은 자신들에게 맞는 방식으로 인간 크기의 방패를 장식하였으며 이 방패들 가운데 장식은 물론 보호용으로 사용하고자 솜씨를 발휘하여 엮은 청동으로 된 돌출 형상을 갖춘 것들도 있었다.

방패를 뜻하는 라틴어인 *scutum*은 원래 켈트어에서 기원하는데, '방패' 또는 '어깨'를 의미하는 아일랜드어인 *sciath* 및 웨일즈어인 *ysgwyd*와 동일한 뜻으로 쓰이는 기초가 되었다. *scutum*은 특히 켈트인 스타일로 된 인간 크기의 방패를 나타내려고 로마인들이 사용한 말로, 로마인들이 켈트인들을 맨 처음 만난 다음에야 비로소 개발해 낸 것으로 켈트어가 라틴어에 들어와 쓰이게 된 것이다. 그러나 어원사전(cf. Yoshio Terasawa 1997: p.1236)에는 *scutum*이 라틴어에서 유래한 것으로 기술하고 있고 한편으로는 라틴어인 *obscurus* 또는 이보다 더 먼 그리스어에서 *scutum*의 어원을 설명하려는 많은 학자들의 시도가 있었으나, 결국 확실한 결론을 내지 못하였다.

켈트인들이 신체 갑옷(body armour)을 사용했다는 것은 고고학자들이 발굴한 출토품과 심지어 전투에서 로마인들이 켈트인의 갑옷을 쓰고 있었다는 사실(史實)에서 엿볼 수 있다. 이보다도 켈트인의 기술혁신이 돋보이는 것은 기원 300년 즈음 그들이 만든 쇠사슬 갑옷(chain mail)의 발명이었다. 켈트인이 거주하던 주거지에서는 쇠고리를 서로 맞물리게 하는 남자용 속옷도 발견되었다.

이러한 부장품들은 켈트인들의 노동 집약적인 산물로 아마도 지도자급 족장이나 왕들만이 착용했을 것으로 보인다. 출토된 쇠고리 속옷은 무게가 15킬로그램이나 나가는 것이었고, 사슬갑옷 속옷은 로마인들 사이에 전쟁의 성과를 올리는 데 크게 평가되어 나중에 로마가 로마군에 켈트인의 아이디어를 받아들여 사용하였다.

쇠사슬 갑옷 속옷을 나타내는 라틴어 *cataphractes*는 '족쇄, 사슬'을 뜻하는 라틴어인 *catena*에서 온 것이 아니라 '전쟁, 전투'를 의미하는 켈트어의 어근인 *cat*에서 온 것이라는 주장이 계속 논의되어 왔는데, 켈트어에서 일단의 '야만인' 병사를 나타내려고 처음으로 쓰인 *caterva*는 어원적으로 *cat*과 그 뿌리가 동일하다.

플루타크의 기록에 따르면, 로마인들은 머지않아 전투에서 켈트인들의 힘이 그들이 사용한 검(劍 sword)에서 나온다는 것을 알게 되어 새로운 스타일의 헬멧, 켈트인의 것보다 더 긴 방패 그리고 켈트인 전사를 만나는 동안 치명적인 일격을 가하기 위해 적의 검을 제압할 수 있는 투창을 사용하는 기술을 개발하지 않으면 안 되었다.

이와 동시에 폴리비우스는 퀸투스 파비우스 픽토르(Quintus Fabius Pictor: 기원전 270년쯤 출생. 가장 초기의 로마 역사가)의 말을 인용하 "켈트인의 검은 물건을 자르기에는 좋으나 적을 찌르기에는 역부족이 이다"라고 하여 켈트인의 검은 로마인의 검보다 성능이 떨어진다고 주장하였다. 그럼에도 로마인의 단검을 나타내는 라틴어인 *gladius*라 는 말은 다름 아닌 켈트어에서 유래한 것이다. 이 단검은 이베리아로 건너간 켈트인, 곧 고대 켈트이베리아인(Celtiberians)들이[4] 쓰던 바로 그 검이었음이 입증되고 있다. 이처럼 '검(sword)'을 뜻하는 어휘는 아일랜드어인 *claideb*, 웨일즈어인 *cleddyf*와 동계어이다.

로마인들이 켈트인 전사의 전술 전략과 장비에 대항하여 싸울 새로운 방법을 배우지 않으면 안 되었다는 것은 레나투스(Publius F. Vegetius Renatus 후기 로마제국의 작가. 4세기 후반)의 기록에서도 나타난다. 그는 계속해서 고대 로마인들이 검은 자르는 것이 아니라 적을 찌르기 위한 것이라고 배워야만 했다고 서술하고 있다. 그런데 부장품에서 나온 켈트인들 검의 상당수는 길고 평평한 칼날은 물론 돌출한데다 뾰족하게 나와 있는 칼끝을 가지고 있는 것이 발견되었 다. 그럼에도 로마나 그리스의 역사가들은 켈트인들이 이 검으로는 적을 찌를 능력이 없었다고 평가절하해서 기술하고 있다.

켈트인들은 로마인들에게 다양한 창(槍)과 방패를 지칭하는 어휘를 제공하였는데, 켈트인의 무기가 로마인들에 견주어 열등한 것이었더라면 로마인들이 자신들의 무기로 받아들여 사용하지는 않았을 것이다. 가벼운 창을 묘사할 때 쓰는 *lancea*라는 어휘는 영어에 들어와 *lance*로 남아 쓰이고 있다. *mataris*라는 어휘에서 나와 '(화살이나 창의) 끝(pike)'을 뜻하는 *matara* 및 *materi* 또한 켈트어에서 차용한 것이다. *gaesum*이란 어휘는 강하고 무거운 투창을 나타내는 말로서, 창끝(pike)을 나타내고자 쓰이는 어근인 *gae*는 오늘날 아일랜드어에서 여전히 손쉽게 확인할 수 있다. 또한 가벼운 투창을 뜻하는 *tragula*라는 어휘도 쓰였는데, 이것은 켈트인들이 사용한 커다란 망치를 가리켰다. 라떼느 시기에 사용된 것으로 보이는 창(槍)은 길이가 2.5미터나 되고 톱니 모양의 날이 치명타를 가져올 수도 있었을 창끝과 함께 출토되었다. 그리하여 켈트인 전사들은 활과 투석기도 지니고 있었으나 단지 방어용 무기로만 사용하였다는 것이 고고학적으로 입증되었다. 만일 켈트인 기병대가 전투에서 쓰러지면 전술 위치에 잠복해 있던 켈트 궁사(弓士)들이 그들을 도와 켈트인의 철군(撤軍)을 담당하였다.

7.4. 켈트인의 전차와 기병대군단

아마도 켈트인의 '비밀스러운 무기'는 그들이 사용한 전차(電車 chariot)와 기병대에 있었다. 켈트 군대는 고도의 기동성을 지니고 있었으며 병력수송의 사용과 그 시스템을 개발하였다. 고대 로마의 전투 경기 용어로 쓰인 '전차'를 뜻하는 켈트어 *covinus*는 나중에 '이동용 마차'를 의미하는 라틴어인 *covincarius*가 되었다. 그러나 켈트어인 *covignos*는 실제로 '(전사와 전차병이) 함께 공유하는 수송용 마차'를 암시하는 말이었는데, 이것은 켈트인 전사와 전차를 움직이는 병사에게는 꼭 맞는 말이었다. 전차 양축 두 바퀴에는 얇고 납작한 칼날 모양을 한 치명적인 전차 낫이 달려 있었다.

당시 전투에 쓰인 전차는 로마인들에게는 무언가 새로운 것이었다. 로마인과 켈트인이 충돌하기 수세기 전 고대 세계에서는 전투 경기용으로서의 일인승 2륜 전차(chariot)는 쓰이지 않았다. 켈트인들은 이 마차를 그대로 쓰거나 또는 작업용 쇠를 달아 혁신적으로 고쳐 다시 발전시켰다. 이전보다 더 강한 바퀴를 달아 수송체계를 개발한 켈트인의 능력으로 인해 그들은 원하는 곳에 전차를 손쉽게 이동시켰다. 그리하여 이들은 전차를 기병대와 함께 측면에 배치하는 데 사용하였고 전투가 시작되면 적을 공포에 몰아넣기 위해 적진을 향해 그들이 개발한 신형 전차를 전속력으로 몰고 갔다. 센티눔(Centinum) 전투(295 BC)[5] 및 텔라몬(Telamon) 전투(225 BC)에서는 수천 대의 전차가 동원되었다.

그리스의 역사가인 시쿨루스는 켈트인의 전차에 관해 다음과 같이 기록하고 있다.

> 켈트인들은 전투가 시작되면 전차병과 전사를 태운, 두 필의 말이 이끄는 전차를 사용한다. 그들은 전쟁에서 기병대를 만나면 전차에서 내려 적에게 창을 던지며 검으로 전투에 참가하고…빈자(貧者) 중에 하인을 자유민으로 택하여 데려와서 전차병이나 방패막이로 사용한다.

리비우스에 따르면 전투가 벌어지면 켈트인 기병대와 전차가 로마군에게 돌진하여 첫 번째 로마군의 전선(前線)을 무너뜨리는 일이 흔히 일어났다. 일단 로마군 전선이 무너지면 켈트인들은 호머시대의 그리스에서 전차가 사용된 것처럼, 전차를 사용하여 켈트인 전사를 보병으로 내세워 이동하였다.

텔라몬 전투가 끝난 뒤 전쟁 무기로 쓰인 전차는 기병대와 보병의 지구력(持久力)에 의존해 온 대륙의 켈트인들에게는 더 이상 쓰이지 않았다. 텔라몬 전투 이후 거의 200년이 지난 뒤 줄리어스 시저가 로마 군단을 브리튼으로 이동하여 들어갔을 때 그는 전차가 바로 그곳에 있음을 알고 놀라움을 금치 못하였다. 그는 이러한 사실(史實)을 다음과 같이 기록하고 있다.

원주민인 브리튼인들(켈트인들)은 전쟁터 전역에서 전차를 앞세워 투창을 흔들고 소리를 내지르는 것으로 싸움을 시작하여, 필마가 이끄는 전차의 바퀴소리를 요란하게 내는 것으로 공포심을 자아내며 적의 대열을 혼란에 빠뜨려 헝클어뜨리는 작전을 수행하였다. 그런 다음 켈트인은 기병대 사이를 행군하다가 전차에서 뛰어내려 도보로 행군하였다. 그러는 동안 전차병들은 전투에서 근거리에 철수하여 숫적으로 심한 압력을 받게 될 경우 그들의 상관이 전선에서 손쉽게 후퇴할 수 있는 용이한 위치에 전차를 멈추었다. 그리하여 켈트인들은 기병대의 이동성과 보병의 지구력을 결합한 작전을 펼쳤다. 한편으로 켈트인들은 군사훈련과 연습으로 상당한 수준에 도달할 수 있게 되어 전속력으로 필마를 자유자재로 다루거나 순간 멈춤과 회전을 할 수 있는 경지에 이르게 된다. 켈트인들은 전차의 기둥을 따라 달리기도 하고 멍에(두 마리의 말 등을 매는 가로 장) 위에 서기도 하며 번개처럼 재빠르게 전차로 돌아오기도 한다.

시저는 자신의 7군단 병사들이 브리튼인의 전차에 기죽지 않았다고 서술하고 있다. 초기 아일랜드의 문서 자료와 고고학상의 유물에서 우리는 전차가 아일랜드에서도 쓰였음을 알 수 있다. 아일랜드어로 쓰인 신화 텍스트에는 전차에 의한 전투와 개인의 영웅심이 깃든 에피소드가 테인(*Táin*)[6] 전쟁과 같은 규모가 더 큰 전투와 마찬가지로 세밀하게 묘사되어 있다.

위에 언급한 전차 말고도 켈트인의 또 다른 강력한 무기는 다름 아닌 그들의 기병대였다. 켈트인들은 로마인들의 부러움을 살 정도의 기병대 군단을 운영했으므로, 로마인들은 뒤에 그들의 군단을 용병으로 활용했을 뿐만 아니라 켈트인의 말[馬]의 여신 이포나(Epona)를 로마 제국의 신성(deity)으로 받아들여 사용하였다. 말의 수호자인 여신 이포나[7]는 특히 풍요의 여신으로, 내세(來世)에서는 여신과 말이 영혼의 지도자 역할을 수행하였다. 켈트인의 유일한 신이었던 이포나 숭배는 궁극적으로 로마 그 자

〈자료 2〉룩셈부르크 국립박물관에 보관된 이포나 여신과 말의 형상

체를 숭배하는 것으로 변하였고 기원후 1-3세기에 로마제국 전역에 퍼져 나갔다.

로마인들이 받아들인 켈트인의 신은 여신 이포나가 유일하였으며 로마에서는 12월 18일에 여신의 축제가 열렸다. 스트라보의 기록에 따르면, 로마군에서 가장 뛰어난 기병대는 켈트인 용병으로 이루어진 기병대였다. "켈트인들은 모두 훌륭한 전투원임에도 보병으로서보다 기병으로서 더 뛰어나며 로마 기병대의 최상급 병사는 켈트인 가운데서 뽑았다"고 스트라보는 기록하고 있다.

켈트인 기병대는 전차부대처럼 이동성과 지구력을 결합하였는데, 이것은 켈트인 기병대가 적을 급습하여 적을 교란시킬 뿐만 아니라 필요한 경우에는 말에서 내려 싸우기도 했음을 가리킨다.

켈트이베리아인들은 특히 말의 고삐에 작고 끝이 뾰족한 갈고랑이를 매달아 전투에 나가며 말을 달릴 때나 말에서 내려 보병으로 싸우는 동안 말이 흩어지지 않게 갈고랑이를 땅에 고정시키는 기술로 명성이 나 있었다.

그리스의 지리학자 포사니아스는 켈트인 기병대의 편성에 관해 다음과 같이 기술하고 있다.

말에 탄 켈트인 전사 한 사람당 두 명의 조수가 따라 붙었는데, 이들 또한 노련한 기수(騎手)들로서 이들의 주인과 마찬가지로 자신들의 말[馬]이 있었다. 켈트인 기병대가 전투에 임하게 되면 이들 조수는 기병대의 대열 후방에 머물러서 다음과 같은 식으로 진행하였다. 곧 말의 주인이나 그 주인이 탄 말이 넘어지면 조수는 즉시 그를 태울 다른 말을 대령하고 주인이 죽으면 조수가 주인을 대신하여 그 말에 올라타고 임전(臨戰)하였으며, 만일 말의 주인과 말이 함께 죽을 경우에도 기수(騎手)는 항상 대기하였다. 기수가 부상을 입으면 조수 한 사람이 부상병을 야영지로 데려갔으며, 다른 기수가 위계상에 있는 빈 자리를 차지하였다. 이러한 켈트인의 조직 위계를 그들의 언어인 켈트어로 트리마키시아(trimarcisia)라고[8] 부른다.

포사니아스에 따르면 그리스어 *marka*는 말[馬 a horse]을 가리키는 켈트어 명칭이었다. 켈트어인 *marca*의 흔적은 오늘날 웨일즈어(march), 코니시어(margh) 및 브르타뉴어(marc'h)에 다양한 어형으로 남아 쓰이고 있다. 비시니아(Bithynia: 소아시아 북서부에 위치한 고대 로마 왕국. 수도는 니코미디아[Nicomedia: //ˌnɪkəˈmiːdiə/로 발음]. 현재 터키에 위치한 고대 도시) 출신인 그리스인 역사가이며 로마 시기의 철학자로 역사가였던 루키우스 플라비우스 아리아누스(Lucius Flavius Arrianus)는[9] 로마군에서 경력을 쌓은 군사령관이기도 하였는데, 켈트인 기병대에 크게 감동되어 로마인들이 이들의 전술을 받아들였다고 기술하고 있다. 그는 켈트인들이 구사한 몇 가지 군사 작전행동을 목격하고 다음과 같이 그들의 특수한 훈련 연습을 언급하였다.

켈트인들은 참관자들의 특별한 관심을 끌고자 철과 황동으로 만들고 금도금을 한 헬멧으로 무장을 한 모의 전투에 돌입하는데, 보여주기 위한 것이라기보다는 다른 어떤 유용한 목적을 위해 헬멧에는 노란 깃털 장식을 붙였다. 이들은 실전에 쓰이는 방패와는 다른, 그러나 무게가 가벼우면서 타격이 강하고 전시품으로서도 손색이 없는 화려하게 장식을 단 연습용 무기인 정방형의 길게 늘어진 방패를 가지고 다녔다. 켈트인들은 가슴받이 대신 실제 가슴받이와 똑같이 만든 (고대 로마 군인들이 입었던 갑옷의) 가운 같은 겉옷(웃옷)을 입었는데, 때로는 주홍색, 때로는 자색(紫色) 그리고 때로는 다채색이었다. 그리고 켈트인들은 반바지를 입었는데, 이 옷은 파르시아인(Parthians)이나[10] 아르메니아인들이 걸쳤던 방식의 헐렁헐렁한 옷이 아닌 사지(四肢)에 밀착한 옷이었다.

리비우스는 켈트인 기병대의 전술 전략에 대해 다음과 같은 이야기를 좀 더 덧붙여 서술하고 있다. 곧 스파르타인들은 켈트인들이 테베인들에 대항하여 그들을 위해 싸울 때 켈트인 기병대를 부러워하였다. 알렉산더 대왕 이전의 고대 그리스 왕국들은 켈트인 용병 특히, 기병대를 고용하는 것을 무엇보다도 우선시하였다.

또한 아프리카 북부의 고대 도시국가인 카르타고(Carthage)에 거주했던 카르타고인들은 좋은 결과를 얻고자 켈트인 기병대를 고용하였으며, 로마인들조차도 고올 지역의 켈트인들을 정복한 뒤 결국 로마군에서 보조역을 수행할 대원으로 그들이 그토록 경멸하고 비웃었던 켈트인 기병대를 고용하였다. 그리하여 이 기병대는 로마 황제가 통치하던 시기의 로마 제국 군대의 필수적인 한 축을 이루었다.

켈트인들은 (말의) 안장을 개발한 최초의 북유럽인들 가운데 한 민족이었는데 이들이 개발한 안장은 매우 복잡하여, 앞머리 부분이 4개로 이루어져 있는 것이 그 주요한 기술 혁신의 결과였다. 한때 역사가들은 켈트인들이 ㄷ자 꼴 쇠붙이 등자(鐙子)를 만들어내기까지는 기병대가 그 전술 효과를 제한적으로밖에 거두지 못할 것이라고 생각하였다. 그러나 라떼느 시기에 켈트인들은 4개의 (안장) 앞머리, 가운데 두 개는 대퇴부(엉덩이) 뒤에, 그리고 한 개는 각각 넓적다리

위로 향하게 하여 튼튼한 자리(좌석)가 있는 안장을 개발하였다. 기수는 이 안장 '위'가 아닌 안장 '안'에 앉아 말을 몰았다.

7.5. 켈트인의 전투복

그리스와 로마인 작가들은 켈트인들이 전투시 착용한 화려한 전투복에 대해 언급하고 있다. 시쿨루스의 기록에 따르면, 켈트인들은 화려한 색상의 옷을 입었는데, 물감을 들인 겉옷에다가 다양한 색으로 수놓은 옷을 입고 *bracae*라고 하는 덮개 옷을 입었다. 그들은 또한 장식핀으로 겨울에는 단단하게, 여름에는 가볍게 묶은 줄무늬가 있는 망토를 몸에 걸쳤으며 다채로운 색 무늬가 있는 장식 옷을 입고 일하였다.

켈트인 기병대는 특별히 바지를 입었는데 이 옷은 헐렁한 겉옷을 입었던 고대 로마 시민에게는 낯선 옷이었으므로 쉽게 눈에 띠게 되었다. 뒤에 이 말을 나타내는 켈트어인 *barcae*가 라틴어에 들어와 쓰이고 영어를 포함한 다른 여러 언어에도 차용되기에 이르렀다. 오늘날 이 말은 영어에서 *breeches*라는 어휘로 쓰이고 있다.

켈트인들은 아마(亞麻) 직물로 만든 속옷, 겉옷 그리고 가죽신을 신었으며 올이 성긴 양모로 만든 망토를 흔히 걸쳤다. 이 옷이 나중에 로마에서 유행이 되면서, 처음에는 켈트인 전사의 망토를 지칭하는 *sagus*가 되었다가 뒤에 *sagum*이 되어 로마인들이 이 옷을 입고 다녔다. 이 말은 키케로(Cicero)가 *saga sumere* 또는 *ad saga ire*라는 표현으로 상징적으로 사용하였는데, '무장하다' 또는 '전투를 준비하다'란 의미로 쓰였다. *saga poner*는 '무장을 해제하다'란 뜻이다. 로마인들이 입었던 또 다른 켈트인의 망토는 두건이 달린 망토로 *caracallus*라고 하였다. 이 어휘는 cacullus에서 유래하며 유럽의 다른 많은 언어에 나타나는 동계어와 함께 궁극적으로 영어에 들어와서 *cowl*, 곧 '두건 달린 겉옷'이란 의미의 어휘가 되었다.

켈트인들은 켈트사회에서 그들의 지위를 나타내고자 금팔찌나 망토를 꼭 잡아매는 핀과 같은 장식품을 달고 다니는 것을 즐겼다. 왕과 부족장들은 켈트 전사 및 상당한 지위에 있는 여성과 함께 목 주위에 금으로 만든 목걸이 사슬(torc)을 걸었다.

켈트인들이 로마인들과 전투를 벌이면서 로마인들을 매혹시킨 특별한 점이 한 가지가 있었는데, 그것은 다름 아닌 켈트 전사 군단이 벌거벗은 채 전투에 임했다는 것이었다. 로마인들은 이들 켈트 전사 무리를 가이사타이(Gaesatae)라고 부르는 한 부족으로 잘못 알고 있었다. 실제로 로마인들이 론강(the Rhône) 근방의 알프스산맥에 거주한 한 무리의 고올인 전사들을 가리키는 가이사타이족(*Gaesatae*)은[11] 그 명칭의 뜻인 '용병'에서 알 수 있듯이 기원전 225년 텔라몬 전투에서 로마공화국에 대항하여 전투를 치른 고올인 용병으로, 로마에 접근하면서 로마를 무찔렀으나 뒤에 로마군에 의해 패배당했다.

폴리비우스는 텔라몬 전투에서 일어난 불의의 사건을 다음과 같이 서술하고 있다. 곧 켈트인 전사들은 오직 검과 방패만 들고 전투에 임하였으며, 로마군 병사로 귀족의 신분이었던 마르쿠스 카밀루스(Marcus F. Camillus: /kəˈmɪləs/: c. 446 – 365 BC)는 이전 전투에서 이들 벌거벗은 켈트인 전사 가운데 일부를 포로로 잡은 적이 있었으며 이 포로들을 로마인들에게 보여주기도 하였다. 알렉산드리아의 아피안(Appian of Alexandria)의[12] 기록을 인용하면, "켈트인 전사들은 전투에서 엄청난 괴성을 지르며 적군을 습격하고 검과 창으로 방패를 두드려서 시끄러운 소리를 내며 긴 검을 흔들고 머리를 흩날리며 달려드는 괴물"이었다.

한편 그리스인들도 이처럼 특별한 켈트인 전사들을 마주친 적이 있었는데, 이에 대해 그리스의 역사가인 디오니시우스(dionysius of Halicarnassus)는[13] 다음과 같이 완곡하게 조롱하고 있다.

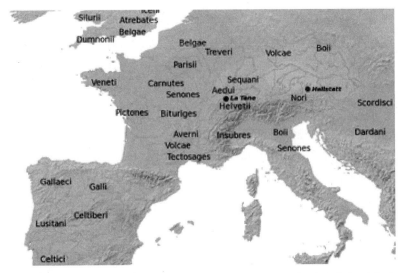

〈자료 3〉 보헤미아 및 이탈리아에 퍼져 있는 보이 부족(Boii)과 인수브리 부족(Insubres)의 거주지

우리의 적들(켈트인 전사들)은 대머리에다가 가슴과 옆구리, 허벅지, 다리는 모두 가리지 않은 채로 전투에 임하며 그들을 보호할 것이라고는 방패밖에는 없다. 방어 무기는 가느다란 창과 긴 검뿐. 그들이 긴 머리와 날카로운 눈초리, 무기로 소리를 내고 병기를 휘두르는 일이 아군(로마군)에게 무슨 위해(危害)를 입힐 수 있단 말인가?

그런데 우리는 텔라몬 전투에 대해 폴리비우스가 전적으로 잘못된 해석을 하고 있음을 다음과 같은 서술에서 엿볼 수 있다.

인수브리족(Insubries or Insubri)[14]과 보이족(Boii)[15]은 긴 바지를 입고 가벼운 망토를 걸쳤으나, 가이사타이족은 영광에 목마르고 도전 정신에 불타올라 그들이 걸친 옷을 모두 벗어던지고 켈트인 전사 군단 앞에서 벌거벗은 채 병기 말고 아무것도 걸치지 않았다. 켈트인들은 전쟁터가 가시 덤불로 우거져서 갑옷이 덤불에 걸리고 무기 사용에 걸림돌이 될 것으로 여겨 벌거벗은 상태로도 적과 싸울 준비가 훨씬 더 잘 갖추어져 있다고 믿었다.

가이사타이족은 하나의 부족이라기보다는 전투에서 벌거벗은 행동이 영적이고 초자연적 감응(感應)인 호전적 카르마(martial karma)를 불러 일으킨다고 믿었기 때문에 종교적인 목적으로 아무 것도 걸치지 않은 채 전투에 임한 한 무리의 직업적인 엘리트 켈트전사들이었다. 켈트인 전사들은 이와 같은 대지(大地 Mother Earth)와의 접촉이 그들의 영적인 아우라(aura 靈氣)에 전해지면서 설사 이런 영기가 사라진다고 해도 내세에서의 부활을 지켜줄 것으로 믿었다. '가이사타이(Gaesatae)'라는 말은 '무기를 지닌 사람 또는 용사'라는 의미를 지닌 고대 아일랜드어의 *gaiscedach*와 동계어로서, *gaisced*는 '무기'를, *gaesum*은 '창(槍 spear)'을 의미한다. 여기서 파생된 다양한 어휘로는 *gaisemail* '전투적인, 용맹한'; *gaiscemiacht* '군사적인 역량, 지혜'; *gaisce* '지혜'와 같은 것들이 있다. 그렇다면 (켈트인) 전사는 현명하고 지혜로운 인물이 되어야만 했을까?

7.6. 켈트 전사단의 존재

섬나라 영국의 켈트인이 대륙의 사촌들과는 달리 전사 귀족이 없는 평등주의를 고수하는 농업사회에 거주한 사람들이었다는 영국인 고고학자인 사이먼 제임스(Simon James: 영국 레스터 대학 고고학과 교수. 로마세계와 켈트인 및 중세 동부 유럽민족과의 상호관계를 연구하는 고고학자)의 주장에도 불구하고 그러한 전사 귀족이 실제로 존재하였다는 것이 입증되고 있다.

실제로 브리튼섬의 켈트 신화와 기록은 그들 전사 귀족들에 대한 자료로 넘쳐난다. 우리가 앞에서 살펴본 핀머쿨(Fianna of Fionn Mac

Cumhail)은 '전사'를 의미하며 고대 인도유럽어로도 나타나고 있다. 산스크리트어에는 동계어로 *vanóti*, '이기다, 정복하다'의 의미로 쓰이며, 라틴어에 와서는 '사냥꾼'을 뜻하는 *venatio*, 영어에서는 '이기다'(win)란 의미로 살아남아 쓰이고 있다.

이보다 더 흥미로운 것은, 위에 언급한 명칭이 고올 지역(고대 갈리아 지역)에 거주한 켈트인 부족의 명칭인 베네티족(Veneti)에 등장하며, 브르타뉴에 있는 2천 년 훨씬 이전에 세워진 자치행정구인 반(Vannes. 브르타뉴어로 '그웨네드'Gwened'라고 함) 및 포강 계곡(Po valley)의 베네티족, 그리고 이것이 궁극적으로 이탈리아의 북부에 있는 베니스(Venice)에 그 명칭이 전해지게 되었다는 점이다.

또한 핀머쿨과 관련된 어휘로 일단의 전사를 나타내는 어휘인 *feinnid*가 쓰였는가 하면, '강한 자'를 나타내는 *tréin-fher*는 '전사, 투사'를 기술할 때 쓰였고 *óglach*는 '젊은 영웅'을 의미하였다. 이들 어휘보다 더 오래 전에 쓰인 것은 *curad*라는 어휘인데, 독일인으로 켈트어 학자인 윈디시(Ernst Windisch: 1844-1918)에 따르면 이 어휘는 코노트(Connacht)에[16] 있었던 여러 왕국의 왕들의 전사 엘리트를 지칭하는 명칭의 뿌리가 되었다.

또 다른 전사 엘리트 그룹으로 얼스터(Ulster, Ulaidh)의 붉은 지파(Red Branch)의 전사의 무리가 있었는데, 아마도 얼스터 왕가의 지파(Royal Branch)였을 것으로 보고 있다. 또한 먼스터(Munster: 아일랜드 남부에 위치한 주[州]의 하나. 초기 아일랜드시기에 왕 또는 상왕이 통치한 다섯 개의 고대 왕국의 하나였음) 왕국으로 쫓겨난 전사 무리인 드가드(Degad)도 있었다. 니아드 나스크(Niadh Nask)는 먼스터 왕국의 왕들을 위해 일하는 엘리트 경호원 전사였으며, 처음부터 그 명칭 그대로 6/7세기에서 10세기까지 남부 아일랜드를 지배한 왕국(Eóghanacht 또는 Eoghanachta라고도 함)의 수장을 물려받으면서 왕조의 귀족 계급신분으로 발전했다.

데스몬드의 마지막 군주이며 두 먼스터 왕국의 유명무실한 왕이

었던 도날 9세(Donal IX MacCarthy
Mór)가 사망한 이후 이들의 군사적
인 귀족 신분은 현대에 이르기까지
법적으로 유효한 왕국의 명예를 그
대로 유지해 왔다. 그리하여 니아드
나스크는 의심할 여지없이 매우 먼
고대 시기에 일어난 사건이 아니더
라도 세계에서 가장 고대시기에 존
재한 전사의 귀족 계급 가운데 하나
였다.

고대 아일랜드어로 쓰인 일부 텍
스트 자료에는 또 다른 전사 엘리트

〈자료 4〉〈렌스터의 서〉 필사본

그룹인 왕실 영웅기사단(Ríglach)이 등장한다. 가령 '계량적 지명
연구'(Metrical Dindshenchas: 초기 아일랜드 문학에 나오는 지명텍스
트의 한 유형으로 Dindsenchas로도 씀. 아일랜드 신화 연구에 중요한
자원이며 현대 아일랜드어로 dinnseanchas는 '지형학'을 뜻함), 중세
아일랜드어로 쓴 필사본인 〈렌스터의 서〉(書: Book of Leinster. c. 1160
년에 편찬됨)를 포함하여 여러 자료에 이 왕실 영웅기사단은 왕실의
경호원 전사로 등장하고 있다.

젊은 켈트인 전사들의 집단인 왕실 영웅 기사단은 왕들의 아들들
에서만 기용되며, 마치 힌두 문화에 등장하는 라지푸트족(Rajputs)
에[17] 비견할 수 있다. 라지푸트족은 그 명칭에서도 알 수 있듯이 인도
문화에서 하나의 전사 부족으로 발전하였으며, 이들 모두 왕실 전사
의 후예인 왕들의 아들들임을 자랑으로 여겼고, 기원 7세기 강력
한 세력으로 부상한 인도 북서부의 파키스탄과 인접한 지역인 라지푸
타나(Rajiputana) 공국을 형성하였으나 인도가 독립한 이후 그 세력을
상실하였다. 그렇다면 이처럼 고대 아일랜드에 민중이 기억할 만한
왕실 영웅 기사단이 존재하였다고 가정한다면 "우리는 모두 왕의 자

손"이라는 아일랜드의 오래된 속담대로 그 근거를 알아볼 수 있을까?

우리는 고대 켈트세계에서 왕실의 요소를 포함하는 엄청난 수의 명칭을 찾아볼 수 있는데, '세계의 왕들'(Kings of the World)을 뜻하는 비터리지 부족(Bituriges: 기원 1세기의 고올지역의 켈트 부족) 및 '세계의 왕'(World King)을 의미하는 덤노릭스 족장(Dumnorix: Dubnoreix로도 씀. 고올지역의 켈트인 부족[Aedui, Haedui, Hedui]의 우두머리를 지칭함)의 이름에도 왕과 관련된 명칭이 등장한다.

로마 황제 클라우디우스가 브리튼을 정복한 이후 켈트족인 레그니 부족(Regni)의 왕, 코기두브누스(Tiberius Claudius Cogidubnus)가[18] 통치한 지역은 서섹스 서부에 있었으며, 친로마 정책을 펼쳐 로마로부터 브리튼에서 로마황제 아우구스투스가 인정한 법적인 왕이란 뜻의 'rex(et) legatus Augusti in Britannia'란 칭호를 얻었다. 그가 통치한 왕국의 수도는 치체스터의 노비오마구스(Noviomagus: '새로운 평원, 들판'을 의미하는 지명)였다. 이 지명은 라틴어화하거나 브리손어로 된 명칭으로 오늘날 치체스터로 불리는 로마인 마을이었으며, 현재 서섹스 서부의 카운티로 되어 있다. '레그니(Regni)'라는 명칭은 이 부족의 왕이 로마인으로부터 그의 왕권을 인정받았으므로 일부 학자의 주장대로 개명한 켈트 부족의 명칭이 아니었다. 그리하여 이 부족은 '왕의 민족'(King's People) 또는 아마도 '왕의 자손'(King's Sons)이라는 그들의 오래된 켈트어 명칭을 여전히 간직하여 사용하였을 것으로 고고사학자들은 추측하고 있다.

로마인들은 임전(臨戰) 때 전술전략에 관해 켈트인들로부터 여러 가지 교훈을 얻기까지 하였다. 리비우스(영어로 Livy)에 따르면 켈트 전사들은 센티눔 공략 때 이른바 테스츄도(testudo: '거북이tortoise'란 뜻) 대열을 유지하였다. 이는 병사들이 거북이의 등 모양의 방패로 전신을 가려 밀집방어의 자세로 난공불락의 벽을 만들어 적에 대항하는 것이다. 이 전략은 뒤에 고대 로마군단이 받아들여 사용하였다.

만일 켈트인들이 처음에 로마인들에게 교전이나 군사행동에 관해

〈자료 5〉 거북이 모양의 대오(테스츄도)를 이룬 켈트군단

가르쳐줄 수가 있었다고 한다면, 그들은 어찌하여 브리튼 북부와 아일랜드를 제외하고 팍스 로마나(*pax Romana*), 곧 '로마지배에 의한 평화'를 내세우는 로마에 궁극적으로 패배하게 되었을까? 사이먼 제임스 박사는 켈트인 사회와 로마 사회의 대조적인 속성에서 그 설명을 찾을 수 있을 것으로 보았다. 이 두 사회는 전쟁을 일으키는 것에 대해 생각하는 방법이 서로 달랐다.

켈트인들에게 전쟁은 개인이 하나의 전투에서 시작하고 끝내는 명예의 문제와 결부되고 흔히 켈트인 개인의 용기와 관련된 문제였다. 대체로 켈트인들은 상부의 권위와 군기에는 관심이 없었다. 그들은 개인 한 사람의 자격으로 생각하고 행동했으며 그리하여 자연스러운 아나키스트들이었다. 오늘날 이러한 속성은 칭찬받을 만한 것으로 여겨지고 있으나, 이러한 고대 켈트인의 속성은 나중에 켈트 민족이 쇠망(衰亡)의 길을 걷는 주요 원인이 되었다.

7.7. 켈트인 내부의 분쟁

당시 브리튼에 잔류한 외세(外勢)가 켈트인의 영역을 여러 차례에 걸쳐 침략할 수 있는 구실을 제공한 것은 켈트인 내부에서 불만세력을 지닌 일부 켈트인 지도자가 켈트인들 사이에 결정한 사항을 받아들이지 않았기 때문이었다. 구체적으로 말하면, 당시 브리튼 연합체의 우두머리인 카시벨라우누스(Cassivellaunus)가 브리튼인들을 억압하던 카투벨라우니족(Catuvellauni)의 왕으로 있었는데, 트리노반테스족(Trinovantes)의 왕자 만두브라티우스(Mandubratius)가 브리튼에서 고올지역으로 도망쳐 와서 고올지역의 로마 총독(군 사령관)으로 있던 시저에게 도움을 요청한 적이 있었다. 그런데 만일 켈트인의 법에 따라 그에게 장자 상속권을 인정할 수가 없게 되어버린다면 만두브라티우스는 이번 일로 해서 아마도 상속권을 이어받을 권리를 박탈당할 수도 있지 않았을까? 아이러니칼하게도 만두브라티우스란 말은 '검은(흉악한) 배신자'란 뜻이었다.

시저가 이끄는 로마군과의 전투에 임하기 전 카시벨라우누스는 트리노반테스족의 왕을 살해하였는데, 그의 아들 만두브라티우스가 전에 고올로 도망쳐 시저의 보호를 요청한 적이 있은 뒤 카시벨라우누스의 억압을 가장 많이 받은 트리노반테스족은 시저에게로 와서 그에게 항복하는 조건으로 그들 부족의 왕으로 옹위할 만두브라티우스를 돌려주는 대신 인질과 식량을 주겠노라고 제의하고, 카시벨라우누스로부터 그들을 보호해 줄 것과 로마군의 약탈행위를 중지해 줄 것을 요청하였다.

트리노반테스족이 시저에게 항복했을 때 시저가 어디에 있었는지는 알 길이 없다. 다만 성 올번즈 북동쪽 6마일에 위치한 리강(River Lea)에 면한 휘섬스테드(Wheathampstead: 기원전 50년쯤 벨가이족이 이곳에 정착함)에 있는 토루(土壘)가 유력한 후보지로 알려지고 있다.

켈트 역사에서 위에서와 같은 켈
트인 내부의 분쟁, 곧 켈트 장자 상
속권법의 선거제도가 도전을 받게
된 것과 폐위당한 켈트족의 왕이 켈
트인 법을 인정하지 않은 것 등은
도처에서 찾아볼 수 있다. 그 예로
맥 무차다(Diarmait Mac Murchada：
c. 1110 - c. 1171)는 아일랜드의 상
왕 루아이드리(Ruaidri Ua Conchobair)
에 의해 렌스터(Leinster) 왕국을[19]
빼앗기게 되자 왕위를 되찾으려고

〈자료 6〉 스코틀랜드의 왕 맥베스
(1057년에 사망)

잉글랜드의 헨리 왕 2세에게 군대를 보내 충성을 맹서하고 도움을
요청하였다. 그 결과, 오늘날까지도 아일랜드에서 회자되고 있듯이
던컨(Duncan)의[20] 손자인 맬콤(Clan Malcolm)이[21] 그가 스코틀랜드 왕
위를 차지하도록 잉글랜드에게 도움을 청하게 되면서 17년 동안 통치
한 법적인 지배자인 스코틀랜드의 왕 맥베스(Macbeth)[22]를 무너뜨렸
다. 오늘날 맥베스는 악당이 되고 맬콤은 합법적인 왕이 되었다.

7.8. 전투 문화의 차이

디오도루스 시쿨루스에 따르면, 켈트인 전사는 적과의 전투를 위
해 소집될 경우 전사라는 계급에서 벗어나 단독으로 적과의 싸움에
임하여 가장 용맹한 투사(챔피언)에 도전하고 무기를 휘두르며 적
의 신경을 끊어놓고자 자신의 무공과 조상들의 공적을 늘어놓는
것이 켈트인의 관습이었다. 전투는 전적으로 싸움의 결과에 좌우되
어 결정되기 마련이었다.

그런데 문제는 로마인에 대항하여 전투를 치를 경우에 문화의 차이로 말미암아 전혀 다른 결말을 초래할 수도 있다는 데 있었다. 만약 켈트인이 단독 싸움에서 진다면 켈트군대는 그 문제가 해결된 것을 받아들이고 사라져 버리는 일이 다반사였다. 이와는 달리, 만약 켈트인이 싸움에서 승리를 거둔다면 로마군은 물러서지 않고 분노에 차서 켈트인에게 달려드는 것이 고작이었다.

싸움에 패할 경우 이처럼 자국민을 극단적인 상황으로 이끈 켈트인 지도자들은 전투에서 죽음을 택하거나 아니면 의례적인 자살을 택했다. 이것은 고대 인도유럽인 사회에서는 전혀 이례적인 일이 아니었다. 로마의 장군들 또한 이와 똑같은 행위를 하는 일이 흔히 있었다. 그 예로 에브로네스족(Eburones)의[23] 왕 카티볼쿠스(Cativolcus: Catuvolcus로도 씀. 기원전 53년 사망)는 에브로네스족의 왕자인 암비오릭스(Ambiorix)와 함께 시저가 그의 종족과 나라를 황폐화시키자 주목(朱木 yew)에 독을 발라 죽음을 맞이했다.

에브로네스 부족은 시저의 《갈리아 전기》에도 상세하게 서술되어 있을 정도로 매우 중요한 부족이었다. 시저의 기록에 따르면 갈리아 전쟁이 일어난 동안 에브로네스족이 시저의 로마군에 대항하여 반란을 일으키다가 실패한 뒤 시저는 '에브로네스' 부족과 이 부족의 이름을 지워 버리기 위해 이 부족의 거주지에 있는 모든 마을과 건물을 태워버렸으며 가축을 몰아내었다.

이 부족의 남은 자들은 추운 겨울을 지내면서 모두 굶어 죽었다고 기록된다. 그리하여 역사에서 이 부족의 이름은 완전히 사라져 버렸으며 그들이 거주한 곳은 퉁그리(Tungri)라는 전혀 다른 이름의 게르만족이 차지하였다.[24]

기원 21년에 일어난 고올 지역의 봉기가 실패로 끝나자 벨가이족인 트레베리족(Treveri)[25]의 족장 율리우스 플로루스(Julius Florus)와 아이두이족(Aedui: Haedui, Hedui 등으로 불림. 고대 그리스어로 Αἰδούοι)의 율리우스 사크로비르(Julius Sacrovir)는 모두 자살했다. 브리튼의 켈트

인 이체니족(Iceni)의[26] 여왕인 부
디카(Boudicca)가[27] 기원 61년 로
마에 패한 뒤 태형(笞刑)을 당한
것과 같은 상황이었다.

켈트사회에서 여성 전사와 여
왕이 국민을 지도하는 섬나라
의 강한 켈트인 전통이 내려오
기는 했으나, 일반적으로 전투에
여성을 참여시키는 광범위하고
확실한 증거는 없다. 그러나 부디
카 및 카르티만두아와 같은 여성
들이 로마가 브리튼을 정복할 당
시, 전투에서 자신들의 부족을
지휘한 것은 확실하였다. 이들

〈자료 7〉 브리튼 켈트계 이체니 부족
의 여왕, 부디카

여왕의 역할에 대해서는 뒤에서 좀 더 자세히 살펴보기로 하겠다.

로마인들에게 전쟁은 냉혹한 직업이었다. 고대 로마 군단은 단위
부대별로 싸우도록 훈련을 받았다. 상관의 명령에 무조건 복종하는
것은 로마 병사들에게는 반드시 필요하였으며, 동료들과 응집력이
갖춘 군대로 행동하는 것을 전적으로 신뢰하였다.

로마의 장군들은 군사에 관한 글을 쓰고 연구하였다. 그리고
군사 전략을 짜고 그 전술 방법을 생각해내는 일이 그들에게는
중요하였다. 이러한 군사 전략, 잔인할 정도의 무자비함 등으로
말미암아 로마는 마침내 군사적 우위에 이르게 된 것이다. 인간성이
부족하며 군기에 대한 충성 그리고 중앙 권력의 의지를 완전히
수행하지 않는 자에 대한 가혹한 형벌, 이런 것들은 로마제국의
정권을 유지, 발전시키기 위해서는 필요한 일이었을 것이다. 이로
인해 로마 군단의 병사는 적들로부터가 아니라 그의 상관 때문에
놀라는 일이 한층 더 많아졌다.

7.9. 켈트인의 임전(臨戰)과 병법

그런데 켈트인들이 전투에서 지구력을 전혀 보여주지 못했다는 로마군 병사의 주장은 전혀 사실이 아니었다. 기원전 57년 뮤즈강 (the Meuse['mjuːz]로 발음: 프랑스에서 발원하여 벨기에, 네덜란드를 거쳐 북해로 흘러드는 유럽의 주요 강) 지류인 삼브레강(River Sambre: 프랑스 북부의 강. 고대 로마인들은 이 강을 Sabis라고 불렀음) 전투에서 가장 강력한 세력을 지닌 벨가이 켈트족의 하나였던 네르비족(Nervii)은 그들의 족장인 보두나투스(Boduognatus: ? — BC 57. 기원전 57년 사비스 전투에서 시저군에 대항하여 패배함)의 지휘 아래 최후의 일인까지 죽음으로 임전(臨戰)하였다.

일찍이 켈트인과의 전투에 대해 좋게 서술한 적이 거의 없었던 시저는 사비스 전투에 감동을 받은 뒤 다음과 같이 기록하고 있다.

> 적군(켈트인)은 절체절명의 위기에 처해 있을 때조차도 그들의 용맹함을 (로마군에게) 보여주었다. 켈트인의 전열(前列)에 있는 병사들이 무너지면 바로 뒤에 있는 병사들이 로마군과 싸우고자 지친 몸으로 임전 태세를 취했으며, 이들 또한 로마군 앞에서 쓰러져서 시체가 그 위에 쌓였을 때에도 생존자들은 그 시체 위에서라 할지라도 투창을 던지고 창을 힘껏 던지며 방패로 막아냈다. 적의 그러한 용기는 켈트인들이 이미 보여준 놀라운 무공을 단적으로 나타냈다. 가파른 둑을 기어오르고 그처럼 힘든 상황에 스스로를 던지며 폭이 넓은 강을 우습게 볼 수 있었던 것은 오직 영웅만이 해낼 수 있는 일이었다.

시저의 기록에 따르면 네르비 부족은 거의 전멸하였다. 6만 명의 군인 가운데 무장을 하고 임전태세를 갖춘 병사는 5백 명에 지나지 않았다. 6백 명의 귀족 가운데 살아남은 자는 오직 세 명에 불과했다.

켈트인들은 한 부족의 군대로 전투에 나설 때에는 부족의 집단으로 참여하고, 1746년에 일어난 쿨로든 전투(Battle of Culloden)에서처럼[28] 부족을 씨족 단위 또는 그보다 더 작은 단위로 나누어 싸움에 임하였다. 만일 스코틀랜드식 씨족 군대의 모형이 고대 켈트인들의 모형이 되었다고 한다면 전선(戰線)에서 각 씨족은 대대로 내려오는 위치를 지니고 있었던 듯하다.

켈트인 남자들은 17세가 되면 성년의 나이에 이르게 되는데, 이때는 무기를 소지하기에 충분한 나이가 되어 자기 씨족 또는 부족 연대의 일부로 활동하게 되어 있었다. 부족의 족장은 자동적으로 군 지휘자가 되었다. 이들은 파이프, 북을 들고 임전가(臨戰歌)를 부르거나 전투에서의 고함소리로 목청을 높이 울리며 행진하였다.

리비우스는 켈트인들이 적들을 혼란과 공포에 빠뜨리려고 그와 같은 괴성을 어떤 식으로 사용했는지 서술하고 있다. 곧 켈트인들은 사납게 소리를 지르고 소름이 끼칠 정도의 노래와 변화무쌍한 소리를 질러 공기를 진동시켰다. 더 나아가 켈트인들이 전투에 임하여 부르는 노래와 외침, 높이 뛰어 오르기 그리고 그들 조상의 관습대로 방패를 치면서 병기로 요란한 소리 내기 등 이 모든 행위는 단 한 가지 목적인 적을 교란시키기 위해 행하여졌다.

시쿨루스에 따르면, 켈트인들은 그들에게 특유한 트럼펫(*carnyx*: c.200 BC - c. AD 200 사이 철기시기의 켈트인들이 사용한 악기로 S형의 긴 청동 트럼펫)을 지니고 있었다. 이 트럼펫은 군데스트룹 항아리(Gundestrup cauldron) 동판 E의 오른쪽에 그려진 세 명의 트럼펫 연주자 그림에서 엿볼 수 있다. 이 트럼펫의 파편이 켈트인이 거주한 지역의 여러 곳에서 발견되었다. 수퇘지의 머리 모양을 한 트럼펫의 입에 무는 부분[마우스피스]는 반프(Banff)에서 발견되었다. 이 밖의 다른 트럼펫들을 대표하는 조상(彫像)들은 프랑스 남부의 프로방스에 있는 오렌지 카운티에 있는, 승리를 기념하는 로마식 아치에서 엿볼 수 있다. 이 아치에는 "켈트인들이 트럼펫을 불어대면 전쟁의 소란을 알리는 거친 소리가 울려 퍼진다"라고 쓰여 있다.

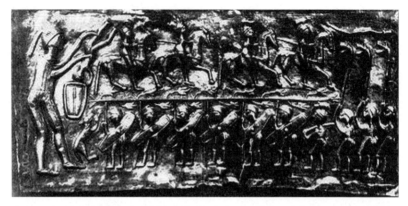

〈자료 8〉 군데스트룹 은 항아리에 새겨진 세 명의 트럼펫(carnyx) 연주자

오렌지 공국(Principality of Orange)은 1163 - 1713년까지 프로방스의 봉건 주(州)였으며, 로마 황제인 프레데릭 1세(Frederick I)가 부르고뉴인의 오렌지 카운티를 로마제국 안의 주권 공국으로 승격시키면서 1163년에 법이 제정되었다. 이 공국은 윌리엄 1세가 1544년 그의 사촌에게서 '오렌지 왕자'라는 칭호를 물려받은 시기로부터 오렌지-나소(Orange-Nassau) 가문의 산재한 소작지의 일부가 되었다가 마침내 1713년 위트레히트 조약(Treaty of Utrecht)에 따라 프랑스에 양도되었다.[29]

켈트사회의 전사(戰士)를 정리하면서 전반적으로 켈트인 전사들은 그리스 및 로마의 병사들처럼 잘 단련된 병사들이 아니었을런지는 몰라도 모든 면에서 세련되고 무장을 잘 갖춘 병사들이었음을 지금까지 살펴본 그들의 전술과 전략으로 충분히 엿볼 수 있다.

7.10. 켈트사회에서의 여성: 남성과 대등한 관계

그렇다면 켈트시회에서 여성들의 역할은 어떠하였을까? 앞에서 우리는 용맹한 두 여성에 대해 언급한 적이 있었다. 그리스와 로마 작가들은 켈트인 여성의 권리와 자유 그리고 심지어 정치력에 이르기까지 여러 주제와 관련하여 그들의 저술에서 상당할 정도의 추리와 논의를 즐겨 서술하였다.

플루타크는 기원 4세기 포강 계곡의 켈트인들끼리의 전쟁을 막고자 켈트인 여성 전령들을 보냈다고 기록하고 있다. 켈트계 볼카이 부족연합(Volcae)에서[30] 온 여성 전령사들이 한니발 장군과의 조약을 협상하려고 파견되었고, 뒤에 브리튼에 도착한 로마인들이 켈트인 여성 전사들이 그들 방식대로 켈트 부족을 통치하고 있음을 알게 된 일 등을 상세하게 서술하고 있다. 그렇다면 이러한 것들은 당시 (남성 위주의) 지배체제에 대해 예외적인 행위였을까? 아니면 켈트 여성들은 자신들을 포함하여 그리스와 로마의 동시대인들이 미개인이라고 여긴 켈트 사회에서 어떤 역할을 했을까?

유럽 대륙의 후기 할슈타트 및 초기 라떼느 문화를 누린 켈트인의 무덤에서 나온 증거, 곧 라인하임(Rheinheim: 독일 헷세에 위치한 마을)에서 나온 '빅스의 공주' 및 여성 전차 묘와 같은 것들은 켈트 사회에서 일부 여성들이 대체로 전사 왕들을 위해 마련해둔 화려한 무덤에 이들의 장비나 (의복의) 장식과 함께 매장되기에 충분할 만큼 가치가 있다고 여겨졌음을 보여주고 있다. 켈트인 여성 전사들의 전차 매장지는 기원전 3-1세기에 현재 요크셔 주 동부 라이딩 어느 곳에 거주한 파리지 부족(Parisii: 브리튼 켈트 부족으로 고고학상 철기 시기 중기의 아라스 문화Arras culture를 누린 부족)의 영역으로 알려진 곳에서 발견되었다.

고전 작가들은 켈트인 여성들이 그리스인과 로마인들만큼 "여성스러운" 부분이 없었다는 점을 열심히 지적하고 있다. 4세기 로마의 병사이자 역사가였던 암미아누스 마르켈리누스(Ammianus Marcellinus)는 다음과 같이 언급하고 있다.

만일 켈트인이 그의 부인에게 도움을 요청할 경우에는 이방인 군대 전체가 한 명의 켈트인을 당해내지 못하는 경우도 있었다. 켈트인 아내는 남편에 견준다면 이보다 더 무서울 수가 없을 정도였다. 이 켈트인 여성은 대체로 엄청나게 강한 데다가 파란 눈을 지니고 있었다. 그녀가 고함을 지르면 목 둘레의 정맥이 부풀어 올랐고 이를 갈며 눈처럼 하얀 우락부락한 두 팔을 휘둘러댔다. 이 켈트인 여성이 휘두르는 수많은 발길질이 마치 투석기의 줄을 타고 던져진 수많은 미사일이라도 된 것인 양, (상대방에게) 커다란 충격을 가하였다. 켈트인 여성들의 목소리는 화를 내지 않고 친절한 표정을 짓고 있는 경우에도 무서우리만큼 위협적이었다. 그러나 대체로 모든 켈트인 여성들은 똑같은 관심을 보인다면 깔끔하고 깨끗하며, 아퀴타니아(Aquitani: Aquitanians. 현재 남부 아퀴텐느 및 프랑스의 남서부 피레네산맥 중부에 거주한 부족명과 그 주거지)와 같은 일부 지역에서처럼 몹시 가난한 경우가 아니라면 허름하거나 누더기 옷을 걸친 여성들은 찾아볼 수가 없었다.

그리스의 역사가인 디오도루스 시쿨루스는 "켈트인 여성들은 켈트인 남성과 키가 거의 같으며 용기나 담력에 있어서도 남성들과 경쟁관계를 유지하고 있다"고 기술하고 있다.

1) 스코르디시족의 족장: 오노마리스

그러나 우리가 접하는 여러 고전 자원(資源)에서는 작가나 역사가들이 카르티만두아 또는 부디카와 같은 예외적인 여성 인물이 아닌 경우에는 켈트인 여성 지도자에 관해 상세하게 기록하는 것에 관심을 보이지 않았다.

우리에게 잘 알려진 여성 지도자인 오노마리스(Onomaris: '산의 흔적'이란 뜻)는 갈라티아인 여성으로 켈트 부족인 스코르디시족(Scordisci)의 족장이었는데,[31] 부족을 이끌고 발칸반도의 일리리아인(Illyrians)과 전투를 벌인 것으로 기록되어 있다.

스코르디시 부족은 다뉴브 강변에 정착하여 기원 3세기 현재 벨그라드(Belgrade: 현재 세르비아의 수도)인 신기두눔(Singidunum)에 수도를 세웠다.[32] 로마 공화정은 기원전 75년 이 지역을 정복하고 기원후 86년 이곳에 제국 로마의 4군단(일명 Legio quarta Flavia Felix)을 주둔시켰다. 이곳은 로마 황제 요비아누스(Jovian: 라틴어로는 Flavius Iovianus Augustus 331 - 364)의 출생지이기도 했으며, 벨그라드는 38번이나 잿더미 위에서 다시 일어선 곳이다.

기원전 48년 시저는 마케도니아 4군단(Legio quarta Macedonica)을 창설했으며, 뒤에 해체되었다가 기원 70년 베스파시아누스 황제[33]에 의해 이 군단의 잔해로부터 창설된 것이 다름 아닌 위에서 언급한 제국 로마의 4군단이다. 황제는 새로 창설된 이 군단 명칭에 플라비아 펠릭스(Flavian Felix)란 명칭을 부여하여 '사자'를 군단의 표상으로 정하였다. 이 로마 군단은 영화 〈글레디에이터〉 초기에 등장하며 막시무스 메리디우스(Maximus Decimus Meridius)가 이 군단의 사령관으로 마르코마니족(Marcomanni: 다뉴브강 북부의 강력한 왕국에 거주한 게르만 부족연합)과 대항하여 게르마니아에서 전쟁을 지휘하였다.

2) 아르디아이족의 여왕: 튜타

기원전 231년 일리리아에서 튜타 여왕(Queen Teuta: 고대 그리스어로 Τεύτα)이 등장하였다. 이 여성은 기원전 231 - 227년까지 일리리아 부족인 아르디아이족(Ardiaei)[34]을 이끈 지도자였다. 일리리아 해안에는 몬테네그로의 해안 마을인 오늘날의 코토르(Kotor: 몬테네그로 시릴어로 Котор[kɔ̌tɔr]로 읽음) 지역에 일단의 부족들이 켈트인의 전쟁 여신인 아그로나(Agrona)의 남성형인 아그론(Agron)으로 불리는 왕의 지배 아래 있었으며, 이 전통은 오늘날까지 웨일즈에서 'Washer at the Ford'로 살아남아 전해지고 있다.[35]

기원전 231년 가을 아그론왕은 늑막염으로 죽고 튜타(Teuta)라는 여성이 왕위를 계승하였다. 이것은 켈트어인 *teutates* '민중'에서 유래하며 아일랜드어인 *tuath* '부족'과 동계어로 고올인, 곧 갈리아인 남성 이름 또는 칭호인 Toutiorix '민중의 왕'과 유사하다. 튜타(Teuta)라는 말은 '민중의 여왕'이란 의미를 나타낸다.

폴리비우스(Polybius)는[36] 튜타 여왕이 자신의 부족과 이웃인 고대 그리스의 도시국가인 에피러스(Epirus)를[37] 공격하여 자신의 왕국을 확장하려고 하였으므로 튜타 여왕에 관해서 호평을 거의 하지 않고 있다. 폴리비우스가 어떤 언급을 했든 간에 그는 그리스인으로 아케이아 연합체(Achaean Confederation)의 출중한 회원이었다.[38]

튜타 여왕의 전사들은 켈트인들임이 확인되었는데, 에피러스 왕국은 당시 켈트인 용병을 고용하고 있었고 폴리비우스는 이러한 사실에 대해 매우 야유하는 태도를 보였다. 실제로 켈트인 용병들은 튜타 왕국에서 온 그들의 동족과 세력을 합치기로 결정하였다. 이런 상황에서 폴리비우스는 켈트 용병들의 손에 안전을 맡기려는 에피러스의 결정에 대해 통렬하게 비판적인 평가로 일관하고 있다.

로마는 일리리아의 튜타 여왕 사건을 처리하기로 결정하고 전령을 보내 여왕을 훈계하였다. 만일 클루시움(Clusium)의[39] 켈트인들에 대해 고대 로마의 귀족가문인 파비 가문 전령들의 거만한 태도가 조금이라도 이대로 지속된다면 폴리비우스가 언급한 대로 튜타 여왕은 초조하고 조급한 마음을 발산했을 것임은 당연하였다.

튜타 여왕은 (자객을 시켜) 로마에서 온 전령과 그의 무리들을 암살하려고 하였으나 이들이 로마로 항해하고자 승선할 때까지 기다렸다. 그러나 이것은 정치적으로는 현명한 일이 아니었다. 로마는 여왕의 왕국을 공격하려고 로마 공화정의 군사령관인 풀비우스(Gnaeus Fulvius)가 지휘하는 200척의 배를 급히 파견하였다.

튜타 여왕과 그의 부족은 여왕이 정복한 도시들의 나머지를 조직적으로 줄여나간 루키우스 알비누스(Lucius Postumius Albinus: d. 216

BC. 기원전 3세기 로마의 정치가 및 장군)가 지휘하는 로마 군단에 의해 코토르에서 포위당했다. 튜타 여왕은 마침내 로마와 평화조약을 맺고 보상금을 지불하는 데 동의하였으며 이후로는 근신할 것을 보증하였다. 기원전 228년 로마는 승리를 자축하였다.

3) 갈라티아인 귀부인: 키오마라

다음으로 우리가 문헌에서 만나게 되는 켈트인 여성은 갈라티아인 귀족 부인이자 톨리스토보이 부족(Tolistobogii)의[40] 족장(Ortagion)의 아내인 키오마라(Chiomara)였다. 기원전 189년 로마의 집정관인 네우스 불소(Gnaeus M. Vulso)가[41] 지휘하는 로마군은 소아시아의 갈라티아에 거주한 고올인 지역을 침공하여 키오마라를 포함하여 일단의 고올인들을 포로로 붙잡았다.

기록에 따르면 당시 집정관을 호위한 로마군의 100인 대장 가운데 한 사람이 고올인 포로들과 키오마라를 책임지고 있었는데, 키오마라에게 성적으로 접근하려고 하였으나 그녀가 거절하자 강간하였다. 키오마라가 그들과 싸운 켈트인 왕의 아내라는 사실을 알게 되자 그는 자신의 수치심을 완화시키고자 붙잡은 포로인 고올인을 시켜 키오마라를 돌려보내는 조건으로 포로의 몸값(배상금)을 요구하였다.

플루타크의 기록에 따르면, 키오마라의 부족들이 배상금을 가지고 중립 지역인 강둑의 지정된 장소에 와서 몸값을 건넨 뒤 로마군 대장이 몸값으로 받은 금을 세는 데 정신이 없는 사이에 키오마라는 부족들이 가져온 검(劍 sword)을 빼들어 로마군 대장의 머리를 베어 자신의 옷에 싸서 켈트인 방식에 따라 그녀의 남편 발 앞에 던졌다. 플루타크는 키오마라와 남편의 놀라운 인사교환 방식이 다음과 같았다고 기록하고 있다.

〈자료 9〉 갈라티아인 귀부인, 키오마라의 목판화(c.1474)

> 남편: 여인이여. 나를 굳게 믿어준 것은 훌륭한 일이었소.
> 아내: 오직 살아있는 한 사람, 당신만이 나와 잠자리를 함께 할 수 있는
> 것만큼 더 좋은 일은 없었으니까요.

4) 갈라티아인 공주: 캄마

플루타크는 갈라티아의 또 다른 켈트인 여성 영웅인 캄마(Camma)
에 대한 정보를 제공하고 있다. 플루타크의 기록에 따르면, 캄마는
여신 아르테미스(Artemis)의[42] 여사제이며 갈라티아인 공주로 시나
투스(Sinatus)라는 족장과 결혼하였고 미모와 미덕을 갖춘 여성으로
알려져 부족의 존경을 받았으나, 시나투스가 스톰(Storms) 부족의 왕
인 시노릭스(Sinorix)에게 살해당하자 강제로 시노릭스와 결혼할 처

지에 놓이게 되었다.

결혼 축제에서는 똑같은 컵으로 서로 나눠 마시는 것이 켈트인의 의식이었다. 캄마는 시노릭스를 아츠테미스 신전으로 인도하여 우유와 꿀 또는 벌꿀 술로 아르테미스 여신에게 바치는 헌주(獻酒)를 만든 컵에 독약을 넣어 자신이 먼저 마셔 시노릭스의 의심을 완화시킨 다음 시노릭스가 마시게 하여 함께 죽음으로써 남편의 죽음에 복수하였다.

캄마에 관한 플루타크의 이야기는 나중에 수많은 예술과 문학에 영감을 제공하게 되었고 르네상스시기에 와서 대중에게 상당한 인기를 누렸다. 《The Cup》(1884)이란 비극을 쓴 영국의 계관시인 테니슨(Alfred, Lord Tennyson: 1809-1892)은 캄마를 갈라티아의 공주로 묘사하였고, '캄마'라는 시를 쓴 오스카 와일드(Oscar Wilde: 1854-1900)는 플루타크가 서술한 캄마의 이야기에 쾌락주의적인 색채를 가미해서 주석(註釋)을 붙여 설명하기도 하였다.

5) 브리간테스 부족연합: 카르티만두아 여왕

기원후 43년 로마인들이 브리튼을 침공한 이후까지도 켈트인 여성들에 관해 저술을 한 경우는 많지 않다. 알려진 바로는 랑카셔 및 요크셔 지역에서는 브리간테스(Brigantes)라는 켈트 부족연합이 거주하고 있었는데, 귀족 계층인 브리간티아(Brigantia)의 이름을 따서 명명하였다. 이 부족연합은 카르티만두아(Cartimandua)라는 여왕이[43] 다스렸다. 타키투스는 카르티만두아를 강력한 혈통을 지닌 귀족 가문(*pollens nobilitate*)으로 기술하고, "카르티만두아는 부(富)와 권력의 모든 영광을 안고 번영을 누리고 있었다"고 언급하고 있다.

카르티만두아는 로마가 브리튼을 정복할 무렵 권력을 잡았으며 대규모 부족연합을 만들어 로마에 충성을 서약하였다. 기원후 48년 브리간테스족의 한 분파로 로마의 브리튼 침략 때 오늘날 잉글랜드 북부의 대부분을 지배한 세탄티족(Setanti: 때로는 세간티족Segantii으로도 읽음)은 카르티만두아의 소원과는 정반대로 브리튼 남부의 상왕(high king)인 카락타쿠스(Caractacus)를 지지하였는데, 그는 이전에 카르티만두아가 로마에 종주권을 넘겨주고 종속 왕이 되기로 결정하자 그녀와 함께 피난처를 찾던 실수를 저지른 적이 있는 왕이었다.

그렇다면 이번 일은 카르티만두아의 복수였을까? 부족연합 안의 상황으로 볼 때, 카르티만두아는 남편인 베누티우스와 이혼하고 남편이 이끄는 반란군을 진압해 줄 것을 로마인에게 요청했음을 추측해 볼 수 있다. 그녀의 요청에 따라 로마 황제군의 장교인 케시우스 나시카(Cesius Nasica)가 이끄는 로마 군단은 당당하게 진군하였다.

얼마 후 카르티만두아는 그녀에게 남편의 왕권을 갖게 해준 남편의 부하이며 전차 사수로 남편의 갑옷을 운반한 종자였던 벨로카투스(Vellocatus)와 결혼하였다. 벨로카투스는 '너그러운 전사'란 또 하나의 명칭인 빌리코타스(Billicotas)란 이름도 갖고 있었다.

베누티우스는 브리간테스 부족들 사이에 어느 정도의 지원을 받아 카르티만두아를 그녀의 왕국에서 쫓아내려고 하였으며, 이를 알아챈 카르티만두아가 로마에 지원을 요청하자 로마인들은 그들의 종속 부족의 통치자인 카르티만두아와 새 남편인 벨로카투스를 구해주는 데 그쳤다. 얼마 지나지 않아 베누티우스의 1차 반란은 디디우스 갈루스(Aulus Didius Gallus)가[44] 브리튼의 총독으로 있을 때 로마 황제군의 장교인 케시우스 나시카에 의해 진압되었다.[45]

4명의 로마 황제가 통치하던 시기에 로마 정치가 불안해진 틈을 이용하여 베누티우스는[46] 기원후 69년 다시금 2차 반란을 일으키게 된다. 카르티만두아는 로마에 지원군을 요청하였으나 외인부대가 유일한 지원군이었다. 그리하여 카르티만두아는 피신하고 베누티우스는 다시금 브리간테스 왕국을 차지하였다. 타키투스에 따르면 베누티우스는 카락타쿠스(브리튼 저항군의 지도자)를 잃은 이후, 명예와 용기를 되찾고 군사경험을 갖추게 된 최초의 인물이 되었다.

기원후 72년 로마군 사령관이며 행정가였던 퀸투스 페틸리우스
케리알리스(Quintus Petillius Cerialis)가[47] 마침내 잉글랜드 북부에 위
치한 스탠위크(Stanwick) 근방에서 브리간테스족의 수장 베누티우스
군과 싸워 승리를 거두었다. 그리스의 지리학자인 클라우디우스 프
톨레마이오스(Claudius Ptolemaeus: c. AD 100-170)는[48] 아일랜드에서
브리간테스 부족이 거주하고 있었다고 서술하고 있다. 이것은 브리
간테스 부족의 일부가 다른 많은 브리튼인(켈트인)처럼 아일랜드에
정치적인 망명처를 찾아 피신했기 때문이다. 1927년 더블린 해안에서
떨어진 램베이섬에서[49] 진행된 유적 발굴 조사에서 전형적인 아일
랜드인의 병기가 아니라 브리간티아인의 거주지역의 무덤에서 나온
부장품에 한층 더 가까운 유물이 출토되었다.

  6) 이체니족의 여왕: 부디카

위에서 살펴본 켈트인 여성들을 포함하여 고대 켈트 세계의 모든
여성을 뛰어넘는 가장 뛰어난 인물을 꼽는다면 말할 필요도 없이
부디카(Boudicca: 라틴어화한 철자로는 Boadicea로 '승리'란 뜻)가 단연
으뜸일 것이다. 그녀의 남편은 이체니족의 왕, 프라수타구스(Prasutagus)
였다. 이체니(Iceni: Eceni로도 씀: 오늘날 노포크 및 서포크와 캠브리
지셔의 일부 지역에 거주한 브리손계 켈트부족)는 철기시기와 초기 로
마시기에 브리튼 동부지역에서 기원전 10년 이후 자신들만의 동전
을 발행하면서 부유하고 교양 있는 부족으로 번영을 누렸다.

기원후 43년 로마가 브리튼을 침략했을 때 이체니족의 왕인 프라
수타구스는 로마와 동맹을 맺고 속국의 왕이 되어 로마가 그의 왕국
에 간섭하지 않는 오랜 세월에 걸쳐 세금을 바쳤다. 그리하여 이체니
족은 로마가 브리튼을 정복한 이후에도 얼마 동안 프라수타구스 왕의
지배 아래 명목상 독립된 왕국으로 살아남았다.

기원후 60/61년 프라수타구스왕이 죽자 로마 황제 네로(Nero)의[50]

정책에 따라 로마는 이체니 부족을 로마의 속국이 아니라 직접 지배
하려고 하였다. 이런 일로 해서 프라수타구스는 죽기 전, 이체니
왕국과 소유 재산을 로마 황제와 그의 두 딸들에게 똑같이 나누어 줄
것을 유언으로 남겼다.

타키투스에 따르면, 이체니족은 로마 황제의 대리 장관인 카투
스 데키아누스(Catus Decianus)를[51] 켈트인의 전통 방식에 따라 정
중하게 동맹국으로 맞이하였으나, 카투스는 로마 군대를 이끌고 이
체니 왕국에 진입하여 시민들을 끌어내어 이들을 인질과 노예로 삼
아 로마로 끌고 갔으며, 프라수타구스의 유언을 무시하고 그의 전
재산을 몰수하였다. 과부가 된 부디카는 로마군의 약탈에 항의하
였으나 그녀 자신도 매질을 당하고 대중 앞에서 채찍질을 당하였
으며, 그의 두 딸은 자신이 보는 앞에서 강간을 당하였다. 한편
부디카의 친척들은 노예로 팔려 나갔으며 로마 병사들은 동산과
부동산은 물론 이체니족 개인의 재산까지도 몰수하였다.

그로부터 얼마 뒤 부디카는 이체니족의 절대 지배자이며 전쟁의
지도자로 다시금 등장하게 된다. 타키투스는 "켈트인 여성이 브리
튼인들을 전쟁터로 이끈 것은 이번이 처음은 아니다"라고 기술하
고 있다. 트리노반테스족, 코리타니족 및 카투벨라우니족과 같은 다
른 여러 켈트족이 부디카의 깃발 아래 모여들었다. 부디카는 한때 트
리노반테스족의 수도였으나 뒤에 로마의 행정도시로 변한 카물로두눔
(Camulodunum: 현재 콜체스터Colchester)의 중심부를 향해 군대를 행
군하였다. 이곳은 로마인들이 재건하고 거대한 신전을 지어 로마 황제
이며 신으로 여기는 클라우디우스(Claudius)[52]에게 헌정한 도시였다.

부디카의 군대가 카물로두눔으로 쳐들어온다는 소식을 들은 카투
스 데키아누스는 런던에 머물러 있었으나 즉시 주둔군을 강화하고자
예비역 병사와 보조 군대로 이루어진 200명의 수비대를 파견했다. 당
시 코리타니족(Coritani)의[53] 거주지에 위치한 린돈(Lindon: 현재 Lincoln)
에 주둔한 히스파냐 사령관으로 있던 퀸투스 케리알리스는 로마의

수도를 방어하기 위해 남부로 급
히 내려가라는 명령을 받았다.

부디카는 여성으로서는 보기 드
문 군사 전략가임이 드러났다. 그
녀는 6,000명의 병사를 거느린 고
대 로마군단과 500명의 기병대를
거느린 히스파냐 제9군단[54]을 매복
과 기습작전으로 맞섰다. 히스파
냐 제9군단은 발칸반도의 중재자
로 도와준 파노니아(Pannonia)에[55]
파견되기 전, 이베리아 원정에서
켈트족과 오랜 전투를 벌여 승리
를 거둔 군단이기도 하였다. 부디카

〈자료 10〉 이체니 부족의 거주지
(노포크)

는 이처럼 엘리트 군단과 전투를 벌여 사령관인 켈리알리스와 그의
참모 및 500명의 기병대를 제외한 병사들을 초토화시켰다. 케리알리
스와 남은 병사들은 링컨(Lincoln)에 있는 그들의 요새로 가까스로 피
신하였다. 부디카는 이들을 포위할 시간이 없었으므로 카물로두눔으
로 귀환하였다.

귀환한 지 이틀이 채 안 되어 부디카는 로마인들이 브리튼 정복과
지배를 기념하고자 클라우디우스 황제에게 헌정한 거대한 신전을
포함하여 많은 건물을 파괴하며 마을을 불태웠다. 그런 다음 론디니
움(Londinium)으로 향했다.[56] 당시 런던은 2만 명의 인구를 가진 대도
시로, 주로 로마의 역전(力戰)의 용사들, 상인 그리고 민간 행정가
들로 이루어진 구성원들은 로마가 브리튼을 정복한 이후에 들어왔다.
런던은 또한 로마 행정의 재정을 담당한 수도이며 규모가 큰 무역항
이기도 하였다.

오거스타 제2군단(II Augusta Legion)의[57] 사령관인 포에니우스
포스투무스(Poenius Postumus)는[58] 기원 61년 부디카가 로마에 반란을

〈자료 11〉 베스파시아누스 황제(왼쪽)와 도미티아누스 황제

일으켰을 때 군대를 거느리고 브리튼에 주둔하고 있었는데, 반란군을
진압하라는 가이우스 파울리누스(Gaius Suetonius Paulinus) 총독의
부름을 받았다. 엑시터(Exeter) 지역에 주둔군과 함께 남아 있던 포스
투무스는 히스파냐 제9군단의 운명과 런던이 파괴된 것을 이미
알고 있었으므로 총독의 명령을 무시하였다. 로마가 워틀링가의
전투(Battle of Watling Street)에서 부디카의 켈트족에게 승리하였다는
소식을 들은 그는 군법회의에 회부되기보다는 스스로 목숨을 끊었다.

베룰라미움(Verulamium)은[59] 그 당시 은퇴한 로마 병사들과 정착
민, 무역상 그리고 상인이 거주하는 브리튼에서 세 번째로 규모가 큰
로마인의 주요 거주지였다. 그 지역에 거주한 켈트인들은 주변 한지
(閑地)로 쫓겨나서 생활한 것으로 보인다. 그리하여 부디카가 이끄는
켈트군은 다시 한 번 베룰라미움을 급습하여 이 도시를 파괴하였다.

브리튼에 잔류한 유일한 주요 로마군은 총독이며 군사령관인 수
에토니우스 파울리누스(Suetonius Paulinus)가[60] 이끄는 게미나 제14
군단과[61] 발레리아 제20군단이었다.[62] 그는 오늘날 웨일즈에 위치한
곳에서 군대를 지휘하고 있었는데, 부디카의 반란 소식을 듣고 회군

하여 반란이 일어난 남동쪽을 향해 진군하였다. 전쟁의 승패는 그의
어깨에 달려 있었으니, 만일 부디카가 이끄는 브리튼 켈트인에게
패한다면 로마의 브리튼 정복은 물거품이 될 운명에 놓여 있었기
때문이었다.

수에토니우스의 병력은 두 개의 군단을 합쳐 최대 12,000명이었던
반면, 부디카는 23만 명의 켈트인 전사를 지휘하고 있었다고 전해지
고 있어서 수적으로는 로마군을 훨씬 앞서는 위치에 있었다. 타키
투스에 따르면, 이 전투에서 브리튼인(부디카의 켈트인)들은 8만 명의
전사자를 낸 것과 달리, 로마군은 400명의 희생자를 낸 것으로 기술
하고 있다. 브리튼 켈트인들이 수적으로는 로마군에 우세하였으나
규율과 전략에서는 로마군이 켈트인들보다 훨씬 앞서 있었기 때문이
다. 그리하여 세인트 올번즈 북서쪽에서 일어난 전투에서 로마군은
대승을 거두었다.

전투가 끝난 뒤 부디카와 그녀의 두 딸의 행적에 대해서는 알려
진 것이 거의 없다. 그러나 타키투스의 기록에 따르면 부디카는 로마
인의 손에 넘어가지 않았다. 부디카는 전쟁터를 탈출하여 로마인의
손에 넘겨지느니보다 독약을 먹고 죽었다고 전해진다. 카시우스
디오(Cassius Dio)에 따르면 부디카는 단지 병에 걸려 죽었으며 브
리튼인들은 그의 장례를 성대하게 치렀다고 한다. 디오는 이어서 그
녀는 전쟁과 승리의 여신인 안드라스타(Andrasta)의[63] 여제(女帝)라고
언급한다. 이로 미루어 부디카는 고올 지역의 보콘티족(Vocontii)이[64]
숭배하는 여신과 동일한 것으로 여겨졌다고 추측할 수 있다.

7) 처녀예언가인 벨레다와 무녀인 간나

위에서 살펴본 켈트인 여성들 말고도 강력한 세력을 지녔던 여성
들이 켈트 사회에 존재했다. 카시우스 디오에 따르면, 그 가운데
벨레다(Veleda)라는 여성이 있었는데,[65] 베스파시아누스 로마 황제

(Titus Plavius Vespasianus: AD 81-96. 영어로는 Vespasian) 시기에 켈트인들 가운데 처녀 예언가로 활동한 여성이었다. 벨레다는 지배자들 사이에서 중재 역할을 하고 전쟁을 막는 역할을 한 것으로 알려지고 있다.

벨레다의 뒤를 이어 '중재자'란 의미를 지닌 켈트어에서 유래한 이름인 간나(Ganna)라는 여성이 있었다. 이 여성은 고올지역의 세논족의 왕인 마시오스(Masyos)가 베스파시우스 황제의 젊은 아들인 도미티아누스(Titus lavius Domitianus Augustus)가[66] 공적인 사명을 띠고 로마로 가는 길에 그를 수행하였다. 《로마 황제의 역사》(Augustan History)를[67] 기록한 인물 가운데 한 사람으로 알려진 플라비우스 보스피스쿠스 시라쿠사누스(Flavius Vopiscus Syracusanus)는[68] '간나'라는 무녀(巫女)의 명칭이 고올 지역의 퉁그리족(Tungri)에서 유래한 것으로 보고 있다.

8) 켈트인 여사제와 여성 예언가들

고전 작가들의 저술에서는 켈트인 여사제와 여성 예언자들이 등장하고 있다. 스트라보에 따르면 르와르강(Loire: 프랑스에서 가장 긴 강으로 길이가 1,012km에 이름) 주변에 남니테스(Namnites)라는 켈트인 여사제가 있었다. 당시 이런 여사제들은 결혼은 하였으나 남편들로부터 매우 독립적인 지위를 유지하였다.

《로마 황제의 역사》를 쓴 저자 가운데 한 사람인 아엘리우스 람프리디우스(Aelius Lampridius)는 알렉산더 세베루스(Alexander Severus)가[69] 기원 235년 원정을 떠나기 전, 드루이드교의 여사제(예언자)가 그의 패배를 미리 예언하였다고 역사서에서 서술하고 있다. 또한 로마 황제인 디오클레티아누스(Gaius Aurelius Valerius Diocletianus: 244-311. AD 284-305년까지 통치)는 로마 달마시아 주의 흙수저 가문에서 태어나서 황제의 자리에 오른 입지전적인 인물로, 젊었을

때 고올 지역의 퉁그리족의 땅에 주둔하고 있었는데 켈트인 여사제
로부터 황제의 자리에 오를 것이라는 소문을 들었다고 전해진다.

보스피스쿠스의 기록에 따르면 미천한 환경에서 태어나 로마 황제
자리에 오른 루키우스 아우렐리아누스 아우구스투스(Lucius Domitius
Aurelianus Augustus: 214/5 – 275. AD 270–275년까지 통치)는 고올 지
역의 드루이드교 여사제(*Gallicana Dryades*)에게 그의 자녀들이 장차 자
신의 뒤를 이어 로마를 통치할 수 있는지 자문을 구한 적이 있었는데,
그에게 돌아온 대답은 부정적이었다고 한다.

  9) 마허와 메드브: 아일랜드 연대기에 등장한 지배자

  역사가들은 기독교 시기 이전의 아일랜드의 역사에 대한 모든 기
록을 무시하고 개인사까지도 신화적인 일로 여기려는 경향을 띠고
있으나, 아일랜드 연대기에는 두 명의 걸출한 여성 지배자에 대한
언급이 등장하고 있음을 엿볼 수 있다.

  연대기에 따르면 기원전 377년 마허 루아드(Macha Mong Ruadh)가[70]
아일랜드의 여왕이 되어 7년 동안 다스렸는데, 마허의 전통은 공교
롭게도 '마허'라는 켈트 전쟁의 여신의 전통과 섞여 있었다. 그럼에도
이 역사상의 인물인 여신은 두 개의 서로 다른 개체로 나타나고 있다.
이것은 켈트인의 풍요의 여신인 브리지트(Brigit)를[71] 이어받은 역사
상 기독교의 성인(聖人)인 브리지트와 그 궤를 같이하고 있다.

  연대기에는 마허의 아버지인 아에드 루아허(Aedh Ruadha)가 아일
랜드의 북서부의 도니골 주(County Donegal)에 위치한 작은 마을인 벨
리세넌(Ballyshannon: 아일랜드어로 Béal Atha Seanidh)의 폭포에 빠져
죽었다고 기록하고 있다. 그는 한때 '아일랜드의 왕'으로 중세 아일랜
드의 전설과 역사적인 전통에 따라 사촌들인 디토르바(Dithorba: 데
만Deman의 아들) 및 킴바이스(Cimbaeth: 핀탄Fintan의 아들)와 번갈아
가며 통치하였다.

마허는 부친이 죽자 궁정 가문의 3대로부터 계승된 부계그룹으로 세력구조인 데르비니(derbfine)에서[72] 지배자로 선출되었다. 디토르바 및 킴바이스 결정에 동의하지 않고 그들에게도 왕권을 물려줄 것을 원하였다. 그러자 마허는 즉시 군대를 일으켜 디토르바를 물리치고, 그의 다섯 명의 아들을 볼모로 잡아 그들과 전쟁 포로들을 동원하여 오늘날 북아일랜드 남부의 옛 주(州)인 아마(Armagh)에 있는 고대 기념비(Navan Fort)가[73] 들어서는 새로운 요새에 성벽을 세웠다. 그 뒤 마허는 킴바이스를 받아들여 결혼한 것으로 연대기에는 기록하고 있다.

분명히 신화상의 인물이 된 또 다른 켈트인 여성으로 저 유명한 메드브(Medb of Connacht)를 꼽을 수 있다. 아일랜드 기록에는 여러 명의 메드브가 등장하고 있는데 각기 다른 인성을 지니고 있는 데다가 이들은 모두 주권의 여신과 연관된 전통을 가지고 있다. 코노트의 메드브는 아일랜드 연대기 작가로 클론마크노이즈(Clonmacnoise) 수도원 및 로스코몬(Roscommon) 수도원의 원장인 티게르나흐(Tigernach Ua Braín: c. AD 1022-1088)에[74] 의해 기원후 70년 무렵 죽은 역사상의 인물로 기록되어 있다. 일부 연대기 작가들은 메드브가 틴(Tinne)의 뒤를 이어 지배자가 되었고, 뒤에 중세 아일랜드 왕조단(Connachta)의 왕이 된 아일릴(Ailill mac Máta)과 결혼하였다고 보았다. 아일릴은 이전에 그녀의 왕실 경호원이었던 것으로 전해지고 있다. 그러나 아일랜드의 위대한 신화 서사시인 〈탄 보 쿠얼려〉(*Táin Bó Cúailnge*)에는 역사가들의 서술 범위를 뛰어넘는 인물로 역사상의 메드브를 조명하고 있다.

7.11. 켈트인 여성을 위한 법문서

이제 우리는 섬나라 영국의 켈트사회에서 활약한 여성들의 역할에 대해 어느 정도 살펴보기로 한다. 이들의 법적인 위상은 브리혼법(Brehon Laws)에 명백하게 명시되어 있는데,[75] 기원후 438년에는 이 법이 맨 처음 법제화되었고 이 법과 많은 점에서 유사한 웨일즈법(Welsh Laws)이 제정되기에 이르렀다.[76]

여성의 범주에 관해 서술한 《법문서》(*Bretha Cróilge*)에는 "전쟁의 흐름으로 되돌아가는 여성"(*ben sues srutha cochta for cula*)이란 부분이 등장하는데 이것은 '전쟁의 지도자'를 의미하는 것으로 해석되고 있다. 또한 인질이나 전쟁 포로를 다루는 일이 법적인 임무인 여성을 지칭하는 "인질을 다루는 자"(*rechtaid géill* 'hostage ruler')도 등장하고 있다. 우리를 중세시기로 이끄는 웨일즈법은 자신의 정당한 자격으로 주어진 임무를 수행하는 여성 군주(female lord)나 한 지역의 여성 족장(chieftainess)에 대해서도 언급하고 있다.

기독교시기 이전 우리가 켈트인의 법에 대해 알고 있는 것은 줄리어스 시저가 다소 편견을 가지고 쓴 저술에 근거하고 있다. 그럼에도 시저가 고올 지역(갈리아)에 거주한 켈트인에 관해 언급할 때에는 섬나라 브리튼의 여성 재산권에 대한 개념이 다음과 같이 메아리쳐 들려오는 듯한 느낌을 자아낸다.

> 고올인(켈트인)이 결혼하게 되면 아내 될 여성이 신랑의 재산과 동등한 가치를 갖는 재산에 해당하는 지참금을 분담한다. 이 두 가지 재산을 합쳐 그들의 전체 재산이 만들어지게 되는 것이고 거기에서 얻어지는 이익은 따로 저축해 둔다. 그러다가 어느 한 쪽이 세상을 떠나면 나머지 생존자가 그동안 쌓아둔 이익과 함께 양쪽의 몫을 차지하게 된다.

그리하여 그리스와 로마의 자매들과는 달리 켈트인 여성들은 재산을 물려받을 수가 있었다.

그러나 시저는 브리튼 켈트인에 대해서는 한 걸음 더 나아가 다음과 같이 극단에 흐르는 왜곡된 언급을 하고 있다.

켈트인들은 10명 또는 12명이 집단을 이루어 특히 형제들끼리 그리고
아버지와 아들들끼리 아내들을 함께 공유하는데, 이때 한 명의 특정한
켈트인 여성이 맨 처음 잠자리를 함께한 남성의 자녀들을 모두 독차지
하게 된다.

시저의 이러한 서술은 초기 켈트인의 일부다처 사회를 전적으로
잘못 해석한 것이다. 로마인들은 초기 켈트인들의 '자유분방한' 태도
에 사로잡혀 있었다. 카시우스 디오는 율리아 아우구스타(Julia Augusta)
가[77] 켈트인 여성들이 남편을 자유롭게 선택하고 어떤 구실도 없이
공공연히 그런 행위를 하고 있는 것에 대해 도덕심이 부족하다고 본
것에 대해 비판했다는 사실에 대해 언급하고 있다.

율리아가 비판한 켈트인 여성은 아르겐토콕소스(Argen tocxos)라는
브리튼 북부의 칼레도니아인 추장의 아내였다. 카시우스 디오에 따르
면 율리아가 이 여성의 성도덕(sexual morals)에 대해 비판하였을 때 이
여성은 황후에게 다음과 화답하였다고 전해지고 있다:

우리 켈트인 여성들은 로마의 여성에 견주어 한층 더 도덕적으로 자연
의 요구에 순종한다. 우리는 공공연히 가장 뛰어난 (켈트인) 남성들과
조화를 이루는 것과는 달리, 로마의 여성들은 은밀하게 가장 형편없는
방식으로 스스로를 (남성들과의 관계에서) 타락으로 내몰고 있다.

율리아 황후가 이 여성에게 어떤 식으로 반응을 했는지는 기록에
남아있지 않다.

켈트인의 법체계를 규정한 제도에 따르면 켈트인 여성은 상당한
권리를 누린 것이 분명하였다. 가령 17세 이하의 여성은 아일랜드 법
체계에서 어떤 사회계층에 속하든 간에 성직자와 똑같은 명예를
지니고 있었고, 소녀들은 7세부터 소년들과 마찬가지로 교육을
받을 수 있게 되어 있었다. 소녀들은 14세가 되면 교육을 마쳤으나

소년들은 17세까지 교육을 받아야만
했다. 그러나 여성에 관해 규정한
브리혼법의《법문서》에서는 "만일
필요하다면"이란 단서를 붙여 17세
까지 소녀들이 교육을 받을 수 있도
록 허용하였다.

켈트인 여성들은 재산을 물려받을
수 있었으며 결혼으로 생긴 모든 재
산의 주인이 될 수 있었다. 켈트인
여성들은 남성들과 함께 투쟁에
나섰는데, 기독교 시대로 접어들면
서 기원후 697년 베르(Birr)에서[78]
열린 성직자와 저명인사들이 모인

〈자료 12〉 13세기에 라틴어로
쓰여진 웨일즈 법의 한 페이지(웨
일즈 국립 도서관 소장)

베르 회의(Synod of Birr)의 결과에
따라 칸 아돔난법(Cáin Adomnáin: Law of Adomnán)의[79] 도입과 함께
위에서 언급한 판례가 철폐되었다.

7.12. 아일랜드법과 힌두교법의 유사점

아일랜드법과 웨일즈법에서는 9가지의 결혼 유형이 있었는데, 이것
은 힌두교의 마누법(Law of Manu)에 나오는 8가지 유형에 해당한다.[80]
힌두교법은 켈트법과 놀랍게도 매우 유사하여, 켈트어의 하나인 아
일랜드어로 쓰여진 텍스트와 힌두어로 쓰인 텍스트에서는 모두 똑같
은 원리들을 서술하고 있어서 이러한 부분들을 양쪽 텍스트에서 많이
찾아볼 수 있다. 가령 이혼은 여러 다양한 이유로 여성에게 허용되었
고 남녀 모두 서로에게 이혼할 동등한 권리를 가지고 있었다. 아일

랜드법에서 여성에게 이혼 사유가 발생하게 되는 한 가지 이유는 남편의 코골이 여부에 있었다. 웨일즈법에서는 남편이 아내 말고 다른 여성과 간음을 행하는 것을 아내가 알게 될 경우 아내가 질투심이 일어나서 남편이나 내연녀 또는 그들 가족의 어느 구성원을 공격했다고 하더라도 아내는 어떠한 법적인 처벌을 받지 않았다.

그런데 이러한 면제 혜택은 아내가 남편의 외도 사실을 인지한 날로부터 3일이라는 기간으로 제한되었다. 웨일즈법을 제정한 이들은 여성이 (남편의 외도로) '무리한 행동'을 할 수도 있는 충격에서 벗어나 심신을 추스릴 수 있는 기간으로 3일은 합리적인 기간이라고 여겼다. 이 기간이 지나면(여성, 곧 아내가) 남편에게 냉혹한 복수(復讐)를 하는 일만 남게 되는 것이다.

양쪽의 법체계에서 (켈트인) 여성은 강간, 특히 성적 학대로부터 보호를 받을 수 있었다. 아일랜드에서는 물리적인 희롱이나 심지어 언어폭력까지도 가해자(주로 남성)에게 엄청난 벌금으로 처벌하는 법이 명시되어 있었다.

켈트인들이 기독교시기로 들어옴에 따라 켈트인 가운데 기독교 개종자들을 선도하는 이들의 상당수가 켈트인 여성들이었다는 것을 주목할 필요가 있다. 켈트인 여성 가운데 성인(聖人)이 많이 나왔고 다른 문화권에서도 초대 교회에서 활동하는 여성의 비율이 많았다.

7.13. 기독교계 켈트인 여성, 성(聖) 엘렌

다음에 기원 4세기에 활동한 가장 독특한 기독교계 켈트인 여성에 관해 살펴보기로 한다.

성 엘렌(Saint Elen)은[81] 세곤티움(Segontium)을[82] 지배한 에우다프 헨(Eudaf Hen)의[83] 딸이었다. 엘렌은 그 세력이 매우 강력했으므로 많은 구전(口傳)에서는 아서왕의 명성을 지닌 미르딘(Myrddin)의[84] 아내가 되었다고 전해진다.

그러나 실제로 엘렌은 마그누스 막시무스(Magnus Maximus: c. 335–388)로[85] 알려진 로마인으로 귀화한 켈트이베리아인과 결혼하였다. 막시무스는 브리튼의 켈트인 전통에 따라 웨일즈어로 *Macsen Wledig*(라틴어로는 *Flavius Magnus Maxinus Augustus*)라고 하며 4세기 중–후반에 걸쳐 서로마제국의 황제였다. 막시무스는 브리튼에 주둔한 로마군에서 근무하였고 기원 382년 아일랜드인과 칼레도니아인으로 구성된 연합군을 패배시켰다.

로마가 불안정한 시기를 겪는 동안 막시무스는 기원 383년 브리튼의 군사령관으로 당시 로마제국의 황제였던 그라티아누스(Gratian)의[86] 왕위를 빼앗아 로마 황제의 자리에 올랐다. 당시 콘스탄티노플의 동로마제국 황제였던 테오도시우스 1세(Theodosius I)와의 협상으로 막시무스는 브리튼과 고올지역의 황제가 되었다.

기원 387년 막시무스가 알프스산맥을 건너 밀라노(옛 밀란)로 들어섰을 때 동로마제국의 황제인 테오도시우스 1세는 막시무스가 제국의 위협적인 인물임을 알아차렸다. 막시무스가 이끈 서로마제국의 군대는 다음 해 사베 전투(Battle of the Save)에서[87] 테오도시우스 1세가 이끈 군대에 의해 패배했고 뒤에 막시무스는 아퀼레아(Aquileia)에서[88] 붙잡혀서 처형되었다. 뛰어난 전술로 서로마제국 전체를 차지했던 막시무스는 테오도시우스가 불러들인 기병으로 무장한 훈족 용병으로 이루어진 군대에 의해 결정적으로 무너져버렸다.

뚜르의 성 마틴(Martin of Tours)은[89] 켈트인 수도원 제도의 아버지 마그누스의 궁정에 자주 드나들었다. 설피시우스 세베루스(Sulpicius Severus)의 기록에 따르면,[90] 성 마틴은 엘렌의 가까운 친구였으며 그녀를 기독교로 개종시킨 장본인으로 알려져 있다.

엘렌은 왕실 환경에서 지식인으로 살아가는 지적생활을 영위하면서 선도적인 인물이 되었을 뿐만 아니라 한때 서로마제국의 황제로 군림했던 막시무스와의 사이에 많은 자녀를 둔 어머니이기도 하였다. 그 뒤 엘렌은 자녀들과 고올 지역을 떠나 기독교 교회를 대신하여 헌신적으로 일을 시작한 브리튼으로 돌아가려고 결심하였다. 그녀의 영향력을 입증하는 지명으로 오늘날 웨일즈의 마을 이름인 레넬렌(Llanellen: 웨일즈어로 Llanelen)이 웨일즈 도처에서 쓰이고 있다.

브리튼으로 돌아간 엘렌은 맨섬(Isle of Man)[91] 켈트인 지도자들조차도 군주로서의 신분을 그녀에게 인정하도록 만들었다. 그뿐만 아니라 엘렌의 자녀들도 나름대로 왕조(dynasty)를 세웠다. 레오(Leo)는 칸티족(Cantii)의 왕이 되었고, 키스테닌(Cystennin)은 그위네드에 있는 세곤티움에서 켈트부족을 거느렸다. 오와인(Owain)은 글리위싱(Glywysing: 웨일즈 남동부에 있는 소왕국)을 다스린 왕들의 조상이 되었으며, 데메투스(Demetus)는 디베드(Dyfed)를[92] 다스린 왕조를 세웠다. 안토니우스(Antonius)는 맨섬을 다스린 왕들의 조상이 되었고 플레비(Plebig)는 성 니니안(St. Ninian)의[93] 제자가 되었다.

엘렌의 딸인 세비라(Sevira)는 5세기 중엽 앵글로색슨인들이 브리튼을 침략한 시기에 브리튼인들의 지배자로 있던 전설적인 족장(왕)인 보티전(Vortigern)과[94] 결혼하였다. 보티전의 아들인 브리드(Brydw)는 고올의 옥세르 주교인 성 게르마누스(St Germanus of Auxerre)가 브리튼을 방문하던 때에 그로부터 축복을 받았다.

엘렌의 거처는 웨일즈 북서부, 그웨네드에 위치한 마을인 베겔러트(Beddgelert: 영어로는 Gelert's Grave) 근교의 암석 투성이로 작은 구릉인 디나스 엠리스(Dinas Emrys)에[95] 있던 것으로 알려지고 있다. 네니우스에 따르면 한때 이곳은 브리튼을 배반하고 앵글로색슨인들에게 충성한 것으로 알려진 보티전을 타도하는 데 중심적인 역할을 한 곳으로 여겨지고 있다. 보티전의 군대를 무찌른 것으로 알려진 엠리스, 곧 암브로시우스의 이름을 따서 이 요새의 명칭을 붙인 것으로, 학자들은 엠리스가 아서왕의 실제 역사상의 인물이었음을 입증하려고 애쓴 적이 있다. 그러나 아서왕과 엠리스는 역사에 나타난 기

〈자료 13〉 디나스 엠리스(웨일즈 북서부에 있는 요새 그릉). 한때 보티젼(Vortigern)을 물리친 요새로 쓰였음.

록에서 전혀 다른 두 인물이라는 사실이 드러났다. 엘렌은 보티젼이 브리튼 남부의 '상왕'으로 출현하던 시기에 죽은 것이 분명하였다.

켈트사회에서 여성은 어머니 여신(母女神 mother goddess)과 여신성(女神聖)의 신전에서 역사에 등장하는 강력한 여성 지도자들과, 여사제 그리고 기독교 성인 등 모든 범위에 이르기까지 켈트인 생활에 두드러진 역할을 감당하였다. 이들의 역할은 기독교시대의 도래(到來)와 함께 멈추지 않고 섬나라 영국의 켈트인들 세계에서 중세시기까지 지속되었다.

앞에서 이미 지적한 대로 12세기 아일랜드에서는 켈트인을 선도하는 켈트 여성의 계보를 기록해 놓은 책인 *Banshenchas*가[96] 시의 형식으로 유일하게 '페미니스트' 문학에 나타나고 있다. 실제로 여성에 관해 그들 나름대로 독특하게 쓰여진 유럽의 문헌으로는 이 필사본이 아마도 최초일 것이다.

제7장의 주(註)

1. 아페닌산맥(the Apennines): 이탈리아 반도를 따라 서북에서 서남으로 1,200킬로미터나 뻗어나간 산맥으로 ['æpənaɪn]으로 발음함. 기원전 4세기에 북부 이탈리아를 지배한 켈트인의 언어인 켈트어에서 유래하여 '산봉우리, 산 정상'이란 의미를 지님.

2. 플루타크(Plutarch): c. AD 46 - AD 120. 그리스의 역사가, 전기 작가. 뒤에 로마 시민이 되면서 루시우스 메스트리우스 플루타쿠스(Lucius Mestrius Plutarchus)로 개명함.

3. 성직자회(fetiales): 단수형은 fetial임. 고대 로마의 성직자의 한 유형. 이 모임의 임무는 로마 원로원에 외교 및 국제조약에 관해 자문하고 전쟁과 평화를 공식 선포하거나 조약을 체결하는 일임.

4. 켈트어를 사용한 민족이 이베리아 반도로 건너간 켈트이베리아인들(Celtiberians)의 이주, 이들의 문화와 고전세계 그리고 고고학상의 이론에 관해서는 컨리프(Cunliffe, 1997: 140-144)를 참조하기 바람. 캠브리지대학의 고고학자인 렌프류(C. Renfrew, 1987: 237ff)는 켈트인들이 맨 처음 이베리아반도에 이주한 것이 기원전 8/7세기 할슈타트 시기에 일어난 것으로 추측하고 있음.

5. 센티눔 전투(Battle of Centinum): 기원전 295년 센티눔(오늘날 이탈리아 마르케(Marche)에 있는 사소페라토 타운 옆에 위치함)에서 벌어진 3차 삼니움전쟁(Samnium: 이탈리아 중남부의 옛 국가). 이탈리아어인 '마르케'(Marke)는 The Marches라고도 하며 /'mɑːrtʃɪz/라고 발음함. 이 구역은 이탈리아 중앙부에 위치함.

6. 테인(*Táin*): 스코틀랜드 고지대에 있는 로스 카운티의 교구. 스코티시 게일어로 *Baile Dhubhthaich*로 씀.

7. 이포나(Epona): 고올-로마인의 종교에서 말(馬), 조랑말, 당나귀 및 노새(수나귀)의 보호자로 풍요의 여신.

8. 트리마키시아(trimarcisia): 고대 그리스어로 τριμαρκισία. '세 명의 기수의 위업'이란 뜻. 고대 켈트군의 기병대 전술 또는 조직을 지칭하는 말로 기원 3세기 고올인들이 그리스를 침공할 때 사용한 전술과 조직임.

9. 플라비우스 아리아누스(Lucius Flavius Arrianus): 흔히 '니코미디아의 아리안(Arrian)'으로 통칭함. c.86/89 – c. 146/160 AD. 라틴어로 Lucius Flavius Arrianus. 그리스어로는 Ἀρριανός Arrianos. 로마시기의 역사가, 철학자 및 군사령관.

10. 파르시아인(Parthians): Parthian은 /'pɑːrθiən/로 발음. 파르시아인이 이룩한 제국은 일명 Arsacid Empire(/'ɑːrsəsɪd/)로 읽음)로도 알려져 있음. 이 제국은 247 BC – 224 AD까지 존속하였으며 고대 이란 및 이라크의 정치 및 문화 강국으로 군림하였음. 파르시아 제국은 현재 터키의 중앙-동부에 해당하는 유프라테스강 북쪽에서 이란 동부에 이르는 광대한 지역에 걸쳐 전성기를 구가하였음. 이 제국은 지중해 유역과 중국의 한(漢) 제국 사이에 위치해서 교역과 상업의 중심지가 되었음.

11. 가이사타이족(Gaesatae): 그리스어로 Γαισάται. 이 켈트족은 론강 근방 알프스 산맥에 살던 일단의 고올인 전사들로 기원전 225년 텔라몬 전투에서 로마인에 대항하여 싸웠음. 그리스인 역사가인 폴리비우스는 이 명칭이 고올어에서는 문자 그대로 '투창으로 무장한'이란 뜻이긴 하나 '용병(傭兵)'을 의미하는 것이라고 기록하고 있다.

12. 알렉산드리아의 아피안(Appian of Alexandria): Appian은 /'æpiən/; 그리스어로 Ἀππιανὸς Ἀλεξανδρεύς Appianòs Alexandréus; 라틴어로는 Appianus Alexandrinus; c. AD 95 – c. AD 165. 그리스계 로마 역사가. 토로얀, 하드리안 및 안토니우스 피우스 황제의 통치시기에 왕성하게 활동했던 인물.

13. 디오니시우스(dionysius of Halicarnassus): 그리스어로 Διονύσιος Ἀλεξ άνδρου Ἀλικαρνᾶσσεύς c. 60 BC – after 7 BC. 시저 아우구스투스 통치시기에 활약한 그리스의 역사가, 수사학 교사.

14. 인수브리족(Insubries or Insubri): 현재 롬바르디의 이탈리아 지역에 있는 인수브리아에 정착한 고올인의 한 부족. 로마 정복 때 순수

고올인이었으나 이미 거주하던 리구리아인과 켈트인의 혼합의 결과로
생겨난 민족임.

15. 보이족(Boii): 후기 철기시대의 고올 부족으로 기원전 390년 북부
    이탈리아의 고올인 침공으로 역사에 처음으로 등장함.

16. 코노트(Connacht): /'kɒnɔ:t/로 발음. Connaught로도 씀. 아일랜드의
    한 주(州 province)로 9세기까지 독립된 여러 주요 왕국으로 이루어져
    있었음. 노르만인의 아일랜드 정복이 일어난 뒤 고대 왕국들은 행정 및
    사법상의 목적을 위해 수많은 주(州)로 나누어졌다. 코노트 주는 지방
    정부의 공적인 기능을 갖지는 못하였으나, 공식적으로는 아일랜드 주의
    일부로 인정을 받았음.

17. 라지푸트족(Rajputs): 산스크리트어로 '왕의 아들'이란 의미의 *raja-
    putra*로 쓰고, *raja*는 '왕', *putra*는 '아들(복수형)'을 의미함. 6세기 말에
    등장하여 고대 북인도를 지배한 종족.

18. 코기두브누스(Tiberius Claudius Cogidubnus): 초기 로마-브리튼
    시기의 왕으로 타키투스의 저서인 *Agricola*에는 'Cogidumnus'라는
    명칭으로 등장하며 여러 부족의 영역을 다스렸음.

19. 렌스터(Leinster): /'lɛnstər/로 발음. 아일랜드 동부에 위치한 주 가운데
    하나로 고대시기에 Mide, Osraige, Leinster 등 세 왕국을 이루었으나 노
    르만족의 아일랜드 정복으로 여러 개의 카운티로 분할됨.

20. 던컨(Duncan): 가장 오래된 스코틀랜드의 기록에서 찾아볼 수 있는
    인명으로 성(姓)을 지칭하며 1120년 무렵 노르만인에 의해 소개됨.

21. 맬콤(Clan Malcolm): Clan MacCallum으로 알려진 스코틀랜드 고지대
    에 거주한 가문. 위 두 가문은 18세기까지 원래 별개의 가문이었으나
    맥컬룸가의 족장이 맬콤가 소유의 땅을 물려받은 뒤 한 사람의 족장
    아래에 놓이게 되어 Clan MacCallum Maclcolm이 됨.

22. 맥베스(Macbeth): 현대 게일어로 MacBheatha mac Fhionniaigh로 씀.
    별명은 Ri Deircc 'the Red King'이란 뜻으로 스코트족의 왕. 이보다 더
    이른 시기에는 머리(Moray)의 왕이었음. '머리'는 스코틀랜드 북동부의 옛
    주 이름.

23. 에브로네스족(Eburones): 현재 네덜란드 남부, 벨기에 동쪽 및 독일 라인랜드 지역인 고올의 북동 지역에 거주한 민족. 이들은 벨가이(Belgae)족 및 게르마니(Germani)족으로도 묘사됨.

24. 퉁그리(Tungri): Tongri, Tungrians으로도 씀. 로마제국 시기에 고올지역의 벨가이족의 일부 지역에 거주한 한 무리의 켈트 부족. 로마의 역사가 타키투스에 의해 맨 처음 "게르마니"(Germani)라고 칭한 민족과 동일한 민족으로 서술됨. 이 부족의 명칭은 현재 벨기에(Belgium), 독일(Germany) 및 네덜란드(Netherlands)에 있는 여러 지명의 유래가 되었음. 타키투스의 《게르마니아》(*Germania*)에서는 '게르마니'라는 명칭이 고올인들이 접촉한 퉁그리 부족의 원래 부족명이었다고 서술하고 있다.

25. 트레베리족(Treveri): 기원전 150년 무렵 모젤강의 낮은 계곡에 거주한 부족으로 뒤에 프랑크족(Franks)에 흡수됨.

26. 이체니족(Iceni): Eceni로도 씀. 철기시기와 초기 로마시기에 브리튼 동부에 거주한 브리손계 켈트부족.

27. 부디카(Boudica AD 60/61년에 사망): 'Victoria'란 뜻. 현대영어로 /ˈbuːdɪkə/로 발음. Boudicca, Boudicea로도 씀. 때로는 Boadicea /boʊdɨˈsiːə/로도 알려져 있음. 웨일즈어로는 buddug([ˈbɨðɨg]로 읽음)로 쓰고 읽음. 켈트 이체니 부족의 여왕으로 로마제국의 브리튼 점령에 대항하는 반란을 일으킴.

28. 쿨로든 전투(Battle of Culloden): 스코틀랜드로 망명한 잉글랜드 왕 제임스 2세의 지지자들인 찰스 에드워드 스튜어트(Charles Edward Stuart)의 자코 바이트군이 컴벌랜드 공작, 윌리엄 어거스투스(William Augustus)가 지휘한 군대에 패한 종교적 시민전쟁.

29. 위트레히트 조약(Treaty of Utrecht): 위트레히트는 영어로 /ˈjuːtrɛkt/로 읽고 네덜란드어로는 [ˈytrɛxt]로 발음함. 네덜란드의 네 번째로 큰 도시로, 중부의 주도(州都)임. 스페인 계승전쟁의 일련의 강화조약.

30. 볼카이 부족연합(Volcae): 라틴어로는 [ˈwolkae]로 읽음. 기원전 270년 무렵 마케돈을 침략한 연합 고올인의 습격이 일어나기 전 구성된

부족연합으로 기원전 279년 테르모필레 전투(Battle of Thermopylae)에서 그리스 연합군을 무찌름.

31. 스코르디시족(Scordisci): 그리스어로 Σκορδίσκοι, 세르비아어로는 Скордисци라고 씀. 현재 세르비아 영역의 중심부에 거주한 철기시기의 부족명.

32. 신기두눔(Singidunum): 켈트어인 *Sindi-dūn에서 유래하여 세르비아어인 Сингидунум이 되었음. 세르비아의 고대 도시 명칭으로 오늘날 벨그라드가 됨.

33. 베스파시아누스(Vespasian): /vɛsˈpeɪʒiən, vɛsˈpeɪziən/으로 발음하며 라틴어로는 Titus Flavius Caesar Vespasianus Augustus라는 긴 이름을 갖고 있음. 로마 황제의 통치 기간은 AD 69-79년임. 플라비아 왕조를 세우고 27년 동안 로마를 통치함.

34. 아르디아이족(Ardiaei): 고대 그리스어로 Αρδιαῖοι or Οὐαρδαῖοι, 라틴어로는 Vardiaei. 발칸반도의 아드리아 해안에 정착한 부족으로 기원전 229년에 로마군에 정복당함.

35. 'Washer at the Ford': 죽을 사람의 수의(壽衣)에서 피를 씻어내는 정령(精靈)으로 스코티시 게일어로는 bean nighe 'washer woman'을 의미하는 스코틀랜드의 요정으로 내세에서 온 죽음의 사자를 일컫는다. 아일랜드어로는 bean sidhe로 영어에서 banshee라는 어휘로 쓰임.

36. 폴리비우스(Polybius): /pəˈlɪbiəs/로 읽음. 그리스어로 Πολύβιος, Poly-bios; c. 200 - c. 118 BC; 헬레니즘 시기의 그리스 역사가.

37. 에피러스(Epirus): /ɪˈpaɪrəs/로 읽음. 북서 그리스어로 Απειρος, Ápeiros; 아티카 방언(Attic)은 Ἤπειρος, Épeiros으로 씀.

38. 아케이아 연합체(Achaean Confederacy): 기원전 280년 아케이아에서 결성된 뒤 펠로폰네소스 반도에 확장한 여러 도시국가의 연합체. 첫 번째 연합체는 기원전 5세기에 만들어졌음. 로마공화정이 그리스로 세력을 확장하는 데 중요한 역할을 했으나, 이러한 과정은 기원전 146년 궁극적으로 로마가 이 연합체를 정복하고 와해시키기에 이르게 됨.

39. 클루시움(Clusium): 이탈리아의 고대 도시로 라틴어인 '클루시움'은

에트루리아어인 클레브신(Clevsin)에서 유래하며, 로마시가 원시 에트루리아인의 선사 문화 지역에서 발견된 초기시기의 에트루리아시를 개조한 것임. 현재 이탈리아 토스카나 시에나 주의 마을인 이곳은 로마의 성곽 도시가 부분적으로 겹쳐 지나가고 있음.

40. 톨리스토보이족(Tolistobogii): 로마의 역사가인 리비우스가 사용한 명칭으로 Tolistobogioi, Tolistoboioi 등 여러 가지 철자로 쓰임.

41. 네우스 불소(Gnaeus Manlius Vulso): 로마의 집정관으로 기원전 189년 갈라티아 전쟁에서 소아시아의 갈라티아국의 고올인과 대항하여 승리함. 로마의 역사가인 리비우스는 그의 승리에 관해 상세하게 기록하고 있다. 갈라티아(Galatia)는 소아시아 중부에 있던 고대 국가로, 신약성서에는 사도 바울이 갈라티아인들에 보낸 서신인 갈라디아서(書)가 포함되어 있다.

42. 아르테미스(Artemis): 아티카 방언의 그리스어(Attic Greek)인 이 명칭은 고대 그리스 신성 가운데 가장 널리 존경받는 신의 하나로 사냥과 숲 및 언덕의 여신. 이에 해당하는 로마의 여신은 다이아나(Diana)임. 그리스 신화의 고전 시기에 아르테미스는 흔히 제우스와 레토(Leto)의 딸로, 아폴로의 쌍둥이 자매로 서술되었다. 한편 아르테미스는 사냥, 야생 동물, 황야, 분만, 처녀성 및 젊은 여성의 보호자인 고대 그리스 문화의 여신이기도 하였음.

43. 카르티만두아: Cartimanduq 또는 Cartismandua라고도 씀. 이 명칭은 공통 켈트어의 어근(語根)인 *carti- 'chase, expel, send'와 *mandu- 'pony'가 결합한 복합어에서 유래함. 오늘날 잉글랜드 북부 지역에서 기원후 1세기에 거주한 켈트족인 브리간테스 부족의 여왕으로 43-69 년까지 통치함. 로마가 브리튼을 정복한 시기에 권력을 행사했으며 로마에 충성하는 대규모 부족연합을 결성하였음. 로마의 역사가인 타키투스의 기록에 따르면 초기 로만-브리튼 시기에 상당한 영향력을 행사한 것으로 알려져 있다.

44. 갈루스(Aulus Didius Gallus): 로마의 장군, 정치가로 52 - 57 AD 사이에 브리튼의 총독을 지냄. 기원후 51년까지의 그의 행적은 고대

그리스의 성소(聖所)인 올림피아에서 발견된 명각(銘刻)에서 부분적으로 재구(再構)한 것임.

45. 케시우스 나시카(Caesius Nasica): 로마 황제군의 장교. 기원후 43년 로마가 브리튼을 정복한 뒤 브리튼에 주둔한 스페인 4군단(Legio IX Hispana)을 지휘하였고 브리간테스 부족의 1차 반란을 진압하였음.

46. 베누티우스(Venutius): 로마 정복 시기에 브리튼 북부의 브리간테스족의 왕. 일부 학자들은 그가 아마도 브리간테스 연합의 일부를 차지한 부족인 카르베티족에 속한 왕이었을 것으로 추정하고 있다. 그러나 사실(史實)에 따르면 기원 51년 즈음 브리간테스족의 여왕인 카르티만두아의 남편으로, 웨일즈에서 로마의 장군 스카풀라(Publius Ostorius Scapula)가 브리튼 저항군의 지도자인 카락타쿠스를 패배시킨 뒤 북쪽의 브리간테스 부족에게로 피신하였고, 카르티만두아에 의해 로마인에게 신병이 인도되었다고 한다. 타키투스에 따르면 카르티만두아와 베누티우스는 로마에 충성하였고 로마의 보호를 받았음.

47. 케리알리스(Quintus Petillius Cerialis): 고대 로마 시민이 지닌 세 번째 명칭. 케리알리스는 고대 로마 종교에서 '농업과 곡물, 풍요와 모계관계를 나타내는 여신'인 라틴어 케레스(Cerēs. 영어로는 /ˈsɪəriːz/로 발음)에서 유래함.

48. 프톨레마이오스(Claudius Ptolemaeus: c. AD 100-170): 흔히 클라우디우스 톨레미(Ptolemy: /ˈtɒləmi/)로 알려져 있는 그리스–이집트인 작가, 수학자, 천문학자, 지리학자 및 점성가로 알려져 있다. 그리스어로는 Κλαύδιος Πτολεμαῖος, Kláudios Ptolemaîos로 쓰고, 클라우디오스 프톨레메오스[kláwdios ptolɛmέːos]로 발음함. 이집트가 로마의 속주였을 때 알렉산드리아시에 살았고 공통 그리스어로 저술활동을 했으며 로마 시민이었음.

49. 램베이섬(Lambay Island): 고대 노르웨이어로 '양(梁)의 섬'을 의미하며 아일랜드어로는 Reachrainn으로 씀. 아일랜드의 수도인 더블린 북부 해안에서 떨어진 아일랜드해에 위치하고 있음.

50. 네로(Nero: 37 - 68 AD):/ˈnɪəroʊ/로 읽음. 라틴어로는 Nerō Claudius

Caesar Augustus Germanicus라는 긴 명칭을 지님. 54-68년까지 로마 황제를 지냄. 그의 종조부인 클라우디우스에 의해 양자로 입양되어 그의 상속인 및 계승자가 되었으며, 클라우디우스 사후(死後) 기원 54년 왕위를 물려받음. 기원 64년 대화재로 로마 대부분이 파괴되었는데, 1세기 뒤 로마의 역사가인 수에토니우스(Suetonius)는 네로가 화재를 촉발한 것으로 기록하고 있다. 기독교인을 박해한 인물로도 알려져 있음.

51. 카투스 데키아누스(Catus Decianus): 기원 60년 또는 61년 로마 점령 아래 브리튼의 로마 황제의 행정관이자 대리 장관을 지냄. 타키투스에 따르면, 그는 부디카의 반란을 자극하고자 부분적으로 부녀자를 강탈한 것으로 알려져 있음.

52. 클라우디우스(Claudius: 10 BC – 54 AD): 기원 41-54년까지 로마 황제로 통치함. 처음 다섯 명의 로마 황제(Augustus, Tiberius, Caligula, Claudius, Nero)를 지칭하는 율리오-클라우디안 왕조(Julio-Claudian dynasty)의 일원으로 고올 지역의 루그두눔에서 출생, 이탈리아를 벗어난 지역에서 태어난 최초의 로마 황제임. 뛰어나고 유능한 행정가로 이름을 날렸고 새로운 도로와 수로로 제국을 가로지르는 운하를 건설한 야심찬 건축가로도 명성을 떨침. 특히 통치기간 동안 브리튼을 정복한 인물로 알려짐.

53. 코리타니족(Coritani): 흔히 Corieitauvi로 씀. 로마가 브리튼을 정복하기 전 오늘날 잉글랜드 동중부지역에 거주한 켈트족.

54. 히스파냐 제 9군단: Legio IX Hispana. 로마 황제군의 군단.

55. 파노니아(Pannonia): 로마제국의 고대 주(province)로 다뉴브강에 의해 북부와 동부로 둘러싸여 있었음.

56. 론디니움(Londinium): 오늘날 London을 지칭함. 고대영어로는 Lunden. 기원 43년 무렵 현재 런던시 위치에 있던 거주지. 당시 로마 브리튼의 주요 상업 중심지 역할을 함. 이체니 부족의 지도자인 부디카가 이끈 반란군이 워틀링가(Wattling St.) 전투에서 로마군에게 패한 뒤 오늘날의 하이드 파크(Hyde Park) 정도의 크기였던 이 시는 로마식 타운으로 재건되고 급속히 확장되면서 그레이트 브리튼의 가장 큰 도시가 되었음.

57. 오거스타 제2군단: Legio secunda Augusta('Augusta' Second Legion). 원래 로마공화국 말기에 만들어진 로마 황제군의 군단 가운데 하나. 기원 43년 로마가 브리튼을 정복할 때 참가하였고 나중에 황제가 된 베스파 시아누스가 이 군단의 사령관이었음.

58. 포에니우스 포스투무스(Poenius Postumus): 기원 61년 부디카가 로마에 반란을 일으켰을 때 군대를 거느리고 엑시터의 넓은 지역에 주둔하고 있었는데, 부디카 반란군을 진압하라는 수에토니우스 총독의 명령을 거부하고 자신의 검(劍) 위에 쓰러져 죽음을 택함.

59. 베룰라미움(Verulamium): 로마-브리튼 시기의 마을. 허트포드셔의 세인트 올번즈(St Albans) 현대 도시 남서쪽에 위치해 있다. 현재 공원과 농업용지로 되어 있어서 당시 로마시의 유적이 상당 부분 미발굴 상태로 남아 있음.

60. 수에토니우스 파울리누스(Gaius Suetonius Paulinus): 로마의 장군으로 부디카의 반란군을 굴복시킨 사령관으로 더 잘 알려져 있음. 기원 69년 네로황제의 죽음 이후 일어난 시민 전쟁 동안 로마 황제 오토(Otho /ˈoʊθoʊ/)의 군사 고문과 선임 전략가 가운데 한 사람으로 활약함.

61. 게미나 제14군단: Legio XIV Gemina. 영어로는 The Twinned Four-teenth Legion이라고 함. 기원전 57년 줄리어스 시저에 의해 소집된 로마황제 군단. 악티움 전투(Battle of Actium)가 일어난 뒤 정원 미달인 군단과 연합한 군단이 된 까닭에 Gemina[Twinned]란 명칭이 붙었음.

62. 발레리아 제20군단: Legio XX Valeria Victrix. 영어로는 Twentieth Victorious Valeria Legion이라고 함. 아우구스투스 황제에 의해 기원전 31년 직후에 소집되었고, 기원 43년 브리타니아 침입에 참가하기 전 히스파니아, 일리리쿰(Illyricum: 일리리아인들이 거주한 발칸 반도의 서부 지역) 및 게르마니아에서 근무함.

63. 안드라스타(Andrasta): Andraste, Andred로도 함. 로마 역사가인 카시우스 디오에 따르면 이체니 부족이 믿는 전쟁의 여신임. 기원 60년 브리튼 점령군과 대항하여 치른 전투에서 이체니 부족의 여왕 부디카가 승리를 호소한 여신으로 알려져 있음. cf. Charles Kightly(1982), *Folk Heroes of*

Britain. Thames annd Hudson을 참조하기 바람.

64. 보콘티족(Vocontii): 론강의 동쪽 제방에 살던 고올인으로 켈트 부족. 이 부족은 기원전 4세기에 프랑스 남동쪽 보클뤼즈 현(縣)의 자치행정구인 베송(Vaison-la-Romaine) 남부의 대규모 요새화한 철기시기의 거주지를 이루고 생활함. 기원전 125-189년 사이에 보콘티족은 갈리아 나르보넨시스 속주가 로마인에 의해 정복당한 뒤 로마화하였고 로마와 우호조약을 맺었다. 보콘티족에 관한 역사상의 서술은 리비우스, 시저, 스트라보의 기록에서 엿볼 수 있음.

65. 벨레다(Veleda): 로마황제 시기에 게르만 부족이었던 브룩테리족 (Bructeri: 그리스어로 Βρούκτεροι로 쓴 반면, 스트라보는 Βουσάκτεροι로 기술함)의 여사제이며 예언가. 로마화한 바타비아족 족장인 가이우스 키빌리스(GaiusJulius Civilis)가 이끈 바타비아 반란(AD 69-70)이 로마 군단에 대항하여 일어나는 동안 반란군의 첫 승리를 예언하여 명성을 떨친 인물로 알려져 있음.

66. 도미티아누스(Titus Flavius Domitianus Augustus): AD 51-96. 영어명은 Domitian임. 베스파시우스 황제의 아들. 81-96년까지 통치한 플라비안 왕조의 마지막 황제.

67. 《로마 황제의 역사》(Augustan History): 라틴어로 Historia Augusta(영어로 Augustan History)라고 씀. 117-284년까지의 로마 황제와 젊은 동료, 지명한 후계자 및 왕위 찬탈자들의 역사가 라틴어로 기록되어 있으며 저자와 연대는 역사가들 사이에 논란을 불러 일으켜 온 전기(傳記)로, 4세기 무렵 편찬된 사서(史書)로 알려져 있음. 영국의 역사가로 《로마 제국의 쇠망사》 전6권을 펴낸 에드워드 기번(Edward Gibbon: 1737-1794)이 첫째 권에서 이 책을 광범위하게 인용함.

68. 플라비우스 보스피스쿠스(Flavius Vopiscus Syracusanus): 《로마 황제의 역사》의 전기를 쓴 인물 가운데 한 사람. 후반부에는 여섯 명(Aurelian, Tacitus, Probus, Quadrigae, Tyrannorum and Carus, Carinus and Numerian)의 생애를 서술하고 있음.

69. 세베루스(Severus Alexander): 208-235. AD 222-235년까지 통치한

로마 황제로 세베루스 왕조의 마지막 황제.

70. 마허 루아드(Macha Mong Ruadh): Macha는 아일랜드어로 마허('maxə) 로 발음. 고대 아일랜드의 여신으로 전쟁, 말(馬), 주권과 연관됨.

71. 브리지트(Brigit): Brigid, Brig로도 씀. 기독교 이전시기의 아일랜드의 여신으로 아일랜드 신화에 등장함.

72. 데르비니(derbfine): /dɛrɨ'viːnɨ/로 읽음. 아일랜드어로는 [dʲaɾʲᵛə'βᵛiɲə] 로 발음함.

73. 고대 기념비: Navan Fort라고 하며, 고대 아일랜드어로 Emain Macha, 현대 아일랜드어로는 Eamhain Mhacha['aw̃nʲ 'w̃axə]로 발음.

74. 티게르나흐(Tigernach Ua Braín: c. AD 1022-1088): 클론마크노이 즈(Clonmacnoise) 수도원 및 로스코몬(Roscommon) 수도원의 수도원장. 한때 《티게르나흐 연보》(*Annals of Tigermach*)의 저자로 알려지기도 하였으나 확실치 않다. 이 연보의 복사본은 영국 옥스퍼드대학 보드리언 도서관에 14세기 필사본(MS Rawlinson B. 488)으로 보존되어 있음. 이 필사본의 주석에 티게르나흐가 사망한 연대인 1088년이 기록된 것으로 보아 그때까지는 그가 이 연보를 기록한 것으로 추측하고 있음.

75. 브리혼법(Brehon Laws): 브리혼은 고대 아일랜드의 재판관 이름. 초기 중세 아일랜드의 일상생활을 지배한 법규로, 형법이라기보다는 민법에 해당하는 법임.

76. 웨일즈법(Welsh Law): 일명 Laws of Hywel Dda 또는 Laws of Cyfraith Hywel(웨일즈어로 ['kəvraiθ 'həwɛl]로 읽음)이라고도 함. Hywel Dda(c. 880-950)는 웨일즈 남부의 지역인 데흐바스(Deheubarth: 웨일즈어로 [dɛ'həibarθ]로 읽음)의 왕으로 나중에 웨일즈 대부분을 통치하였음. Dda는 '훌륭한 good'이란 뜻으로 그가 제정한 법이 공정하고 훌륭하였음을 나타냄.

77. 율리아 아우구스타(Julia Augusta): 고전 라틴어로는 Livia-Drvsilla, 또는 Livia-Avgvsta로 씀. 로마 황제인 아우구스투스의 아내로 리비아 드루실라 (Livia Drusilla: 58 BC - 29 AD)를 지칭함.

78. 베르(Birr): 베르['bɜːr]로 읽음. 아일랜드어로는 Biorra로 쓴다. 현재

아일랜드 중동부의 주인 오팔리(Offaly)에 위치한 마을. 이전에는 이
지방의 지주로 세습적으로 물려받은 로스 백작의 파슨스 가문으로 말미
암아 1891-1901년 사이에 잠시 Parsonstown으로 불리기도 하였음. 현재
파슨스 가의 본가(本家)인 베르 성(Birr Castle)과 아름다운 정원이 널리
알려져 있음.

79. 칸 아돔난법(Cáin Adomnáin): Law of Adomnán. 일명 *Lex Inno-
centium* 'Law of Innocents'라고도 함. 성 콜롬바 이후, 이 법을 처음 발
의한 이오나의 아홉 번째 수도원장인 아돔난의 이름을 따서 붙여진 명칭.

80. 마누법(Law of Manu): Manu Smriti를 지칭하며 산스크리트어로
मनुस्मृति라고 씀. Manusmriti로도 쓰며 힌두교를 포함하여 인도의
여러 종교(불교, 시크교, 자이나교 등)의 다양한 의미를 지닌 개념인
다르마Dharma([dʰərmə])에 관한 힌두교의 교리를 담은 산스크리트어
텍스트의 한 장르인 Dharmaśāstra(산스크리트어로 धर्मशास्त्र로 씀)
가운데에서 고대 법률 텍스트를 지칭함. 이 법은 1794년 영국이
인도를 통치하던 시기에 윌리엄 존스경(Sir W. Jones)에 의해 처음으로
산스크리트어로 번역된 텍스트 가운데 하나로 식민지 정부(영국)가
힌두교법을 공식화하고자 썼음.

81. 성 엘렌(Saint Elen): 웨일즈어로 *Elen Luyddog* 'Helen of the Hosts.' 4
세기 후반 웨일즈에 교회를 세운 인물. 영어로는 Helen으로 씀.

82. 세곤티움(Segontium): 고대 웨일즈어로 Cair Seoint. 북웨일즈의 그위네
드(Gwynedd)에 위치한 항구로, 왕립 타운인 커르나르번〔Caenarfon:
/kərˈnɑːrvən/으로 발음〕교외에 있는 로마 요새.

83. 에우다프 헨(Eudaf Hen): "the Old" 또는 옥타비우스(Octavius)로 웨
일즈 전통에 등장하는 인물. 브리튼인들(Britons: 켈트인 원주민)의 왕으
으로 웨일즈 계보(Mostyn MS 117)에 따르면 아서왕의 직계 조상이었음.

84. 미르딘(Myrddin): Merlin이라고도 함. 아서왕의 전설에 나오는 마법사
로 알려진 전설적인 인물로 몬머스의 제프리(Geoffrey of Monmouth)
의 《브리튼 왕들의 역사》(*Historia Regum Britanniae*, c. 1136)에 처음으로
등장하는 인물임.

85. 마그누스 막시무스(Magnus Maximus: c. 335-388): 라틴어로는 Flavius Magnus Maximus Augustus, 웨일즈어로는 Macsen Wledig라고 함. 서로마제국의 황제. 웨일즈 전설에 따르면 웨일즈의 여왕인 성 엘렌이 막시무스와 결혼했다고 하며 웨일즈어로 쓰인 시(詩)에도 Macsen(막시무스의 웨일즈어)이 후기 웨일즈 지도자들과 비교되는 인물로 자주 등장한다. 몬머스의 제프리(Geoffrey of Monmouth) 및 이보다 더 후기에 쓰여진 《마비노기온》(*Mabinogion*)의 이야기인 〈막시무스의 꿈〉(The Dream of Macsen Wledig)에 엘렌과 막시무스의 이야기가 등장한다.

86. 그라티아누스(Gratian): 영어로는 /'greɪʃən/으로 읽음. 라틴어로는 *Flavius Gratianus Augustus*. AD 359-383. 로마 황제인 발레티니아누스 (Favius Valentinianus Augustus: 321-375)의 장자(長子)로 젊은 시절 라인강과 다뉴브강 변경을 따라 부친과 동행하며 여러 전투에 참가하였음.

87. 사베 전투(Battle of the Save): 388년 막시무스군와 동로마제국군 사이에 벌어진 전투. 테오도시우스 1세는 이 전투에서 막시무스의 군대를 패배시키고 막시무스는 아퀴리아에서 처형됨. 이 전투의 특징은 테오도시우스 황제가 활(bow)로 무장한 훈족 기마 용병을 고용한 점이다. 서로마제국의 막시무스군은 뛰어난 전술을 갖추었으면서도 결국 이러한 군대를 갖추고 있지 못하여 동로마제국군에게 패배하였다.

88. 아퀼레아(Aquileia): /ˌækwɪ'liːə/로 발음. 이탈리아어로는 [akwiˈlɛːja]로 읽음. 이탈리아에 있는 고대 로마 도시. 오늘날에는 소도시이나, 기원 2세기만 해도 세계에서 가장 큰 도시 가운데 하나였음.

89. 뚜르의 성 마틴(Martin of Tours): 라틴어로는 *Sanctus Martinus Turonensis*. c. 316/336-397. 프랑스에 있는 그의 성소는 스페인의 산티아고 드 콤포스텔라로 가는 순례자의 길에 빼놓을 수 없는 유명한 장소가 되었고, 우리에게도 가장 친근하고 금방 알 수 있는 기독교 성인 가운데 한 명이 되었음.

90. 설피시우스 세베루스(Sulpicius Severus): /sʌl'pɪʃəs 'sɛvərəs/; c. 363 - c. 425. 현재 프랑스의 아퀴텐느 태생으로 뚜르의 성 마틴의 전기(傳記)를 쓴 기독교인 작가.

91. 맨섬(Isle of Man): 단순히 Mann이라고도 함. 브리튼과 아일랜드 사이의 아일랜드해에 위치한 자치 정부로, 수장은 엘리자베스 2세 여왕임. 게일어의 하나인 맨섬어(Manx)가 쓰임. 맨섬어로 Ellan Vannin[ˈɛlʲən ˈvanɪn]으로 읽음.

92. 디베드(Dyfed): 웨일즈어로 [ˈdəvɛd]로 읽음. 아일랜드해와 브리스톨 해협의 해안선을 따라 이어져 있는 웨일즈 남서부의 보호주.

93. 성 니니안(St. Ninian): 현재 스코틀랜드에 거주한 픽트인(Picts)들의 초기 선교사로, 8세기에 처음으로 언급된 기독교 성인.

94. 보티전(Vortigern):/ˈvɔːrtɪdʒɜːrn/으로 발음. 고대영어는 Wyrtgeorn, 웨일즈어로는 Gwrtheyrn으로 씀. Vortiger, Vortigen 등과 같은 철자로도 씀. 고대 브리튼 켈트인들(Celtic Britons)을 이끈 전설적인 인물.

95. 디나스 엠리스(Dinas Emrys): 일명 '암브로시우스의 요새'라고도 함. 웨일즈 북서쪽, 그위네드의 베드겔레트 근방에 있는 바위 투성이의 숲이 우거진 작은 언덕을 지칭함. 한때 이곳에 서 있던 철기 시기의 유물이나 성곽 구조물은 거의 남아 있지 않다.

96. *Banshenchas*: 문자 그대로의 의미는 'the woman lore', 곧 '여성의 가르침'이란 뜻. 아일랜드 전설에서 시적 내러티브로 뛰어난 켈트 여성들에 대해 서술하고 모아 놓은 중세 역사 문헌(필사본)으로, 성서에 등장하는 이브(Eve)를 포함하여 아일랜드 신화에 나오는 전설적인 여성에 이르기까지 많은 이야기를 시적인 형식을 빌어 서술함.

제8장 켈트어의 계보와 그 흔적[※]

8.1. '켈트어'의 계보: 개관

켈트인이 사용한 이른바 '켈트어'(Celtic languages)는 어떤 언어였
을까? 이들이 대륙과 브리튼에서 사용한 켈트어는 어떤 유형의 언어
들로 나누어졌을까? '켈트어'란 명칭은 맨 처음 어떻게 생겨났으며
켈트어에 관한 연구는 누구에 의해 처음으로 이루어졌을까? 기록과
문헌에 남아 있는 켈트어의 두 갈래 큰 그룹에 대한 가설은 무엇이며,
유럽에서 쓰인 '대륙(大陸) 켈트어'와 브리튼과 아일랜드에 들어온
켈트인이 사용한 '도서(島嶼) 켈트어'는 어느 지역에서 사용된 언어
들이었을까? 하위 켈트어계에 속하는 것으로 추정되는 켈트어는
어떤 것들이 있을까?

이 장에서는 이처럼 켈트어군에 속하는 켈트어의 계보를 추적하
면서 위에서 제기한 여러 의문에 대해 좀 더 자세히 살펴보고, 브리튼
섬에 거주한 켈트인들이 사용한 라틴어의 위상에 대해서도 간단히
설명하기로 한다.

켈트어(복수형을 써서 Celtic languages로 씀)는 인도유럽어족에
속하는 언어로 원시 켈트어(Proto-Celtic) 또는 공통 켈트어(Common
Celtic)에서 내려온 언어이다. 켈트어가 공통 이탤릭-켈트어(Common
Italo-Celtic)에서 유래한 것으로 이탤릭어계의 언어들과 가장 가까

〈자료 1〉 에드워드 루이드

운 언어라고 주장하는 일부 언어학자들도 있다. "켈트어"(Celtic: /ˈkɛltɪk/으로 발음하나 때로는 /ˈsɛltɪk/이라고도 발음함)라는 말은 에드워드 루이드(Edward Lhuyd)가[1] 이 언어군을 지칭하고자 맨 처음 사용하였다. 루이드는 옥스퍼드의 애쉬몰리언 박물관에서 처음에는 보조 관리자로, 1691년부터 1709년에 사망하기까지는 관리자로 일하였다.

루이드가 학문에 기여한 많은 업적 가운데 가장 위대한 성과는 비교언어학 분야에 있었다. 1695년에 이르러서 그는 웨일즈어와 다른 유럽의 언어들, 특히 그리스어, 라틴어, 아일랜드어, 코니시어 및 아르모리카어(Armorican)와의[2] 비교분석을 포함하게 될 야심찬 계획을 제시하였다.

그의 연구는 그 뒤 비교켈트어학의 이정표를 놓으며, 1707년 동료 웨일즈 학자인 모세 윌리엄스(Moses Williams)의 도움을 받아 위대한 저술인《브리튼 고고학: 브리튼의 역사와 관습》(*Archaeologia Britannica: an Accounts of the Languages, Histories and Customs of Great Britain*)으로 완성되기에 이르렀다.

그는 이 책의 〈웨일즈어〉 편에서 유럽의 다른 언어들, 곧 그리스어, 라틴어는 물론 이웃하고 있는 아일랜드어, 코니시어 및 아르모리카어와 웨일즈어를 비교하려고 애썼다. 그가 《브리튼 고고학》을 쓴 목적은 세 왕국을 맨 처음 세운 민족을 분명하게 밝히고 이들 왕국의 고대 인명과 지명을 (독자들에게) 더 잘 이해시키기 위해서였다.

이와 함께 아일랜드어와 '브리튼어'로 쓰여진 원출처를 독자들이 이해할 수 있게 하려면 언어상의 기제(機制 tool)를 제공하는 것이 필요하였다. 그리하여 〈주석학〉이란 제목이 붙은 제1권에서 루이드는 아일랜드어, 브르타뉴어 및 콘월어의 문법과 어휘를 제시하였고, 웨일즈어와 고올어(Gaulish)도 함께 포함하여 이 언어들에 하나의 언어기제인 '켈트어'(Celtic)라는 명칭을 부여하기에 이르렀다. 고올어는 아일랜드계 브리튼인들이 고올 지역에서 처음으로 브리튼 제도(諸島)로 이동하여 식민지를 세운 뒤, 브리튼 북부 및 아일랜드로 이동하여 고올인의 정착지를 세우고 사용한 언어이다.

루이드는 이들 민족과 이주를 켈트 제어(諸語)와 관련하여 연구하는 한편, 이들 언어의 어원을 면밀히 분석하였다. 그의 연구는 그 뒤 많은 학자들이 참여하는 거대한 연구 분야인 인도유럽어(Indo-European) 연구의 길을 열어놓았다.

그런데 루이드보다 1세기나 앞선 시기에 조셉 스켈리저(Joseph Justus Scaliger)는[3] 유럽의 언어를 4개의 그룹으로 분류하기도 하였다. 그는 고대사에 그리스인과 로마인의 역사는 물론 당시에 소홀히 다룬 페르시아인과 바빌로니아인 그리고 유대인의 역사까지도 포함시켜야 한다는 역사비평에 관한 여러 권의 책을 내놓았다. 그의 뒤를 이어 유럽의 언어 및 이와 관련된 언어들을 추적하면서 역사를 거슬러 올라가 이들 언어의 공통 조상언어, 곧 공통 조어(common parent languages)를 찾으려는 노력이 학자들 사이에 시도되었다.

8.2. 존스의 노력과 공통인도유럽어 연구

1786년 윌리엄 존스경(Sir William Jones: 1746-1794)은[4] 벵갈아시아학회(Bengal Asiatic Society)에서 행한 강연에서 켈트어, 고트어, 산스크리트어 및 고대페르시아어처럼 본질적으로 다른 언어군이 같은 어족(語族)에 속할 수 있다는 놀라운 주장을 하였다. 그 강연의 일부를 소개하면 다음과 같다.

〈자료 2〉 왼쪽부터 조셉 스켈리저, 윌리엄 존스경, 아우구스트 슐라이허

산스크리트어는 그 상고대야 어떻게 되든 간에 놀라운 구조로 되어 있는 언어입니다. 희랍어보다도 훨씬 더 완전하고 라틴어보다도 한층 더 방대하며 희랍어와 라틴어의 어느 쪽보다도 훨씬 정교하게 다듬어져 있으면서도 동사의 어근이나 문법형태가 모두 어쩌면 우연히 이루어졌을 런지도 모른다고 하기에는 미흡할 정도로 두 언어를 너무나 빼어나게 닮았습니다 … 그렇게 유력하다고까지 장담은 못하겠지만, 고트어(Gothic)와 켈트어(Celtic)는 매우 다른 관용어법으로 혼합되어 있기는 해도 이 둘 모두 산스크리트어와는 그 어원이 똑같다는 추측을 본인이 하게 된 데에는 위에서 말씀드린 것과 비슷한 이유가 있습니다 … (박영배 1979: 246)

이런 학문적인 성과에 힘입어 19세기 중엽 '공통인도유럽어'라는 개념이 발달하면서 독일의 언어학자인 슐라이허(A. Schleicher: 1821--68)에 의해 인도유럽어의 계보(系譜)를 체계화하려는 노력이 시작되었다.[5]

슐라이허는 언어들이 나무 모양으로 성장하는 개념을 발전시켜 처음에는 원시 인도유럽어로 시작하여 몇 개의 언어군으로 나누고, 마침내 7개의 '중요한' 언어군이 나타났는데 그 가운데 하나가 "켈트어군"이라고 보았다. 켈트어군은 다시 코니시어, 웨일즈어, 맨섬어 등

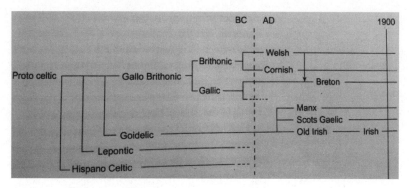

〈자료 3〉 켈트어군의 분포도

여러 개의 개별 언어로 나누어졌다. 나무 모양으로 갈라진 이러한 모형은 당시 언어학자들이 구할 수 있는 언어자료를 배열하는 편리한 방법으로 인도유럽어 연구를 발전시키는 데 중요한 단계를 형성하였다.

인도유럽어에 속한 언어들에 관한 연구가 광범위하게 진전되면서 켈트어군에 대한 분석도 아울러 진행되었다. 또한 도서 켈트어계(Insular Celtic)에 관한 모든 이론은 '켈트인의 이동'이라는 문제에 집중되어 연구가 이루어졌다.

8.3. 켈트어 연구의 학문적인 성과

켈트어 분야에 대한 가장 영향력있는 연구는 1882년 당시 옥스퍼드대학의 켈트어학과 교수로 있던 존 리스경(Sir John Rhŷs)이[6] 펴낸 《초기 브리튼: 켈트시기의 브리튼》(Early Britain: Celtic Brain)이란 노작(勞作)이었다.

이 책에서 리스경은 루이드의 개념을 발전시켜 대륙에서 브리튼섬으로 건너온 고이델어계에 속한 켈트인은 맨 처음 브리튼 남부를 정복하고 그곳에서 아일랜드로 퍼져 나갔으며, 한편으로 유럽대륙에서 브리손어계에 속한 켈트인이 브리튼에 침입하여 고이델어계의 정착자들을 브리튼 서부 지역으로 쫓아냈고, 이들 일부는 배를 타고 그들의 먼 친척이 있는 아일랜드로 갔다는 이른바 '침입이론'(invasion theory)을 내놓았다. 이 가설은 그 뒤 언어학자와 고고학자들이 이를 뒷받침할 문화상의 증거와 연대를 제공해야 하는 과제를 남겨 놓았다.

켈트어의 한 그룹인 '대륙 켈트어'는 그 명칭이 암시한 대로 유럽 본토에서 쓰인 켈트어인데, 브르타뉴 지역을 제외하고 구어체로는 더 이상 쓰이지 않았다. 다만 유럽 여러 지역에 흩어진 켈트어 지명과 고유명사의 수가 늘어나면서 비교적 얼마 안 되는 일부 현존하는 텍스트에서만 오늘날 그 흔적이 알려져 있을 뿐이다.

이베리아 반도에서는 스페인의 사라고사 주의 주도인 사라고사 (Saragossa)[7] 인근의 보토리타(Botorrita)에서 청동 명판(銘板) 4개가 발견되었다. 1970년에 발견된 '보토리타 I'〈자료 4〉는 11행으로 된 하나의 텍스트로 이루어진 것으로 켈트이베리아어[8] 로 쓰여진 가장 긴 명각(銘刻)이다.

이 명판에 새겨진 긴 텍스트를 해독하면서 켈트어 연구는 본격적인 성과를 내기 시작하였는데, 스페인의 언어학자 안토니오 토바르 (Antonio Tovar)와 다른 여러 학자들의 연구가 이루어지면서 켈트어 연구는 이베리아 반도의 여러 언어들을 이해하는 데 크게 기여하였다.

이베리아 반도에서는 토착어인 비인도유럽어(non-Indo-European languages)에 속하는 언어들이 고대 이베리아어처럼 남동부지역에서 고전 시기까지 살아남아 쓰였는데, 아마도 타르테수스(Tartessus)에서는[9] 이 언어들이 쓰였을 것으로 추정하고 있다. 한편 북부지역에서는 바스크인(Basque)[10]의 바스크어가 비인도유럽어군에 속하는 고립되고 광범위하게 사용되는 언어로 오늘날까지 남아 쓰이고 있다.

이러한 사실(史實)을 근거로 학자들은 켈트이베리아인이 기원 6세기 이베리아 반도에 들어온 최초의 켈트인 이전 어느 시기에 이베리아에 침략해 들어온 것으로 주장하고 있다. 켈트어가 쓰였던 주요

〈자료 4〉 보토리타 [1] 청동 명판의 앞과 뒤

지역은 북동 중앙 지역이었고 여기서부터 켈트어가 북부와 서부 및 남서부로 퍼져 나갔다. 그런데 켈트어가 이베리아에 들어오게 된 경로(매카니즘)와 다른 지역으로 퍼져나간 과정에 관해서는 학자들 사이에서도 여전히 논란의 대상이 되고 있다.

켈트어계에 속하는 언어인 레폰트어(Lepontic)는[11] 고대 알프스 산맥에서 쓰인 언어로 기원전 550-100년 사이에 리시아(Raetia /ˈriːʃə/ 또는 /ˈriːʃiə/로 발음. 로마제국의 한 주였음)와 갈리아 키살피나(Cisalpine Gaul: 고대 갈리아 알프스 산맥의 남동지역을 지칭함. 현재 이탈리아 북부)의 일부 지역에서 사용되었으며, 한때 초기에 형성된 변방의 고올어로 단순히 여겨졌으나, 뒤에 스위스의 루가노(Lugano) 중심 지역에서 발견된 명각(銘刻)으로 인해 독특한 대륙 켈트어임이 입증되었다.

이에 따라 독특한 레폰트어 알파벳이 기원전 2-1세기에 사용되었다. 그러나 기원전 6세기로 연대를 거슬러 올라가서 아마도 이보다 1세기 더 일찍 앞선 시기에 레폰트어가 쓰였는가라는 의문은 매우 흥미로운 문제를 제기하고 있는데, 초기에 제시된 증거들보다 기원 4세기 초에 알프스 북부에서 온 켈트인들의 이주가 더 이전에 일어났기 때문이다.

고올 켈트어(Gaulish Celtic)는 100개가 넘는 명각 및 이 지역에 흩어진 풍부한 지명 그리고 고유명사의 발견에 근거한 학문 연구의 오랜 전통으로 인해 적지 않은 혜택을 받았다. 데이비드 에반스(David Ellis Evans)의[12] 《고올어 지명 연구》(1967) 및 조수아 왓모우((Joshua Whatmough)의 《고대 고올 지역의 방언 연구》(1970)는[13] 고올 켈트어에 대한 충분한 목록과 논의를 제공하면서, 고올어의 분류상의 가치에 대한 학계의 의심이 남아 있었음에도 고올 지역의 다양한 방언의 근저(根底)에 고올어가 대체로 브리손어계(Brythonic)에 속한다는 견해가 지배적임을 재확인하는 데 도움이 되었다.

지금까지 인도유럽어에 속한 켈트어계에 관한 학자들의 연구 성과 및 명판과 기록 그리고 문헌에 남아있는 켈트어에 관해 살펴보고 이베리아 반도에 켈트인이 '침략'해 들어와 쓰인 켈트–이베리아어의 이동 경로, 그리고 켈트어계에 속한 언어로 논란의 중심이 되어 온 독특한 특징의 레폰어에 관해 살펴보았다.

다음에는 앞에서 제시한 켈트어군에 속한 언어들을 자세히 살펴보기 전에 먼저 두 갈래 큰 그룹인 '대륙 켈트어'와 '도서 켈트어'의 성격에 관해 각각 간단히 서술하기로 한다.

8.4. 대륙켈트어와 도서켈트어

1) 대륙켈트어

기록에 남아있는 켈트어의 상이한 유형은 앞에서 언급한 대로 '대륙 켈트어(Continental Celtic)'와 '도서 켈트어(Insular Celtic)'의 두 개 그룹으로 나누어진다. 대륙 켈트어는 그 명칭에 나타난 대로 유럽 대륙에서 쓰였으며 일부 어형은 부분적으로 재구(再構 reconstructed)되었는데,[14] 여기에는 뚜렷하게 구별되는 고올어, 켈트-이베리아어 및 레폰트어가 포함되었다. 그리하여 고전 역사가들의 연구와 함께 지명과 인명, 및 동전 그리고 비교적 적은 수의 긴 명각에 나타난 증거들로써 이들 언어의 구조가 간단하게나마 알려지게 되었다.

이러한 증거를 토대로 하여 대륙 켈트어계에 속한 3개(또는 4개)의 언어들의 구분이 가능하게 되었다. 고올 지역에서 쓰인 고올어는 기원전 1세기에 이 지역에서 광범위하게 쓰였으며, 백 개가 넘는 명각에서 고올어임이 입증되었다. 이베리아 반도에서는 이베리아의 중심, 서부 및 북부의 상당 부분에 걸쳐 켈트-이베리아어가 쓰였다. 켈트-이베리아어로 쓰인 가장 초기의 명각은 기원전 3세기로 거슬러 올라가나, 그리스 작가들의 기록에 따르면 켈트인들은 이보다 적어도 2세기나 앞서 이 반도에 들어와 거주했을 것으로 추정하고 있다.

포강 계곡(Po Valley)의 북서부 지역에 위치한 알프스 산맥 남부에서는 레폰트어로 알려진 형태의 켈트어가 약 70개의 명각에서 확인되었다. 마지막으로 중부 다뉴브 계곡에서 발견된 지명과 인명은 이곳에서 쓰인 켈트어가 서부지역의 여러 켈트어들과 다르다는 것을 보여주었다. 그러나 지명과 인명의 상당수가 기원전 1세기보다 그 이전에 쓰였을 것이라는 것을 제외하고 이 켈트어의 구조와 사용 연대에 관해서는 거의 알려져 있지 않다.

대륙 여기저기에 흩어진 켈트어 지명과 인명은 중부 다뉴브 계곡뿐만 아니라 소아시아에서도 또한 발견되었다. 이들 명칭은 아마도 기원전 4세기에 시작된 켈트인의 이주(移住)에 따른 것으로 여겨지나 이후에 발견된 텍스트에서만 입증되었고, 이들 지역에서 켈트어가 쓰였는지에 관해서는 알려진 것이 거의 없다. 지금까지 살펴본 '대륙 켈트어'는 기원후 처음 수세기에 로마가 유럽을 지배하게 되면서 소멸되었다.

2) 도서켈트어: 고이델어계 vs 브리손어계

오늘날에도 영국과 아일랜드 그리고 브르타뉴 등 일부 지역에서 여전히 쓰이고 있는 켈트어계의 한 갈래인 '도서 켈트어'는 고이델어계(Q-켈트어) 및 브리손어계(P-켈트어) 등 두 가지 유형으로 나누어진다.

이들 두 그룹이 q- 및 p-라는 명칭으로 나누어지게 된 것은 인구어의 순연구개음(labiovelar)인 *k가 전자에서는 연구개음(velar)인 [k]로, 후자에서는 순음(labial)인 [p]로 발달하였기 때문에 붙여진 명칭이다. 예를 들어 그리스어 *hippos* 'horse'는 라틴어로는 *equus*이며, 루마니아어(Romanian)로 *partru* 'four'는 라틴어의 *quattuor*에서 유래한 단어이다.

이러한 q- 및 p-음의 발달은 고올 지방에서 쓰인 켈트어인 고올어와 켈트어의 한 어계로 뒤에 웨일즈어, 코니시어(Cornish) 및 브르타뉴어(Breton)로 갈라져 나간 브리손어에서도 모두 일어났다. 이들 켈트어의 하위 어계를 묶어서 P-Celtic이라고 부른다.

그 반면, 고이델어(또는 게일어 Gaelic라고도 함)에 속하는 언어들은 뒤에 아일랜드어(Irish, Irish Gaelic), 스코티시 게일어(Scottish Gaelic)[15] 및 맨섬어(Manx)로 나누어졌다. 이들 언어에서는 브리손어계와는 달리, p-로 발달하지 않고 한동안 [k^w]음을 유지하다가 뒤에 [k]로 단순화하였으며 이들 언어를 Q-Celtic이라고 부르게 된 것이다. 양자를 비교한 예는 다음과 같다.

아일랜드어(Irish) (Q-Celtic)	웨일즈어(Welsh) (P-Celtic)	현대영어
mac	map	'son'
cenn	pen	'head'
cruiv	pryv	'worm'
cluv	pluv	'feather'
cach	paup	'everyone'

웨일즈와 잉글랜드의 서쪽 일부 지방에는 아일랜드어를 사용하는 고이델인이 공동체를 이루고 있었는데, 브리튼을 맨 처음 차지한 이주민이 다름 아닌 이들이며 켈트어를 사용한 가장 초기의 민족으로 나중에 아일랜드로 건너가 정착하였다. 옥스퍼드대학의 켈트어학자인 존 리스경(Sir John Rhys)은 신석기시대의 원주민들이 고이델인에 대항했을지도 모르는 일부 지역을 제외하고 당시 영국의 모든 섬들은 고이델인들이 차지하였으며, 이들보다 조금 늦은 시기에 고올인들이 사용한 것과 유사한 다른 켈트어를 사용한 또 다른 켈트인들이 영국에 들어와서 자신들을 벨가이인 또는 브리튼인(Brittones)이라고 불렀고, 그들보다 앞서 들어온 고이델인을 서쪽과 북쪽으로 몰아내고 영국의 가장 좋은 지역을 점령한 것이라고 주장하고 있다(Rhys, 1908: 217-218).

브리튼과 아일랜드에서 켈트어가 맨 처음 언제 그리고 어떻게 쓰였는지 확실하게 알려진 것은 없다. 그러나 고고학자와 언어학자들이 밝혀낸 한 가지 사실(史實)은 이 지역에 온 최초의 켈트인은 아마도 기원후 최초 천 년이 시작될 무렵에 도착하여 브리손어계에 속한 언어보다는 고이델릭어계에 훨씬 더 가까운 켈트어형을 사용하였다는 것이다. 그리하여 브리손어계 사용자들은 브리튼과 아일랜드 전역에 걸쳐 우세하게 되었을 것이며, 그런 중에도 결국 고이델어가 아일랜드에서 다시금 위상을 회복하였다.

브리튼과 아일랜드가 기록된 역사를 갖추게 되는 시기에 들어서게 되면 확실히 고이델어는 아일랜드에서 우세하게 되고 브리손어는 브리튼에서 우세하게 되었다. 이 두 유형의 켈트어계는 오늘날 6개의 켈트어로 분지(分枝)되었는데, 이 가운데 3개는 고이델어계(아일랜드어, 스코티시 게일어, 맨섬어)이며 나머지 3개는 브리손어계(웨일즈어, 코니시어, 브르타뉴어)이다.

3) 아일랜드어와 오검문자

이제 고이델어계에 속하는 언어에 관해 차례로 살펴보기로 한다.

우선 아일랜드어(또는 아일랜드 게일어)의 최고(最古) 문헌에 관한 정보의 상당수는 소위 오검 문자(Ogam script)에 나타나고 있다.[16] 이것은 웨일즈인들의 지역에 아일랜드어를 사용하는 공동체가 있었음을 입증하는 가장 좋은 증거로, 오검 문자는 웨일즈와 영국의 다른 서부 여러 지역에서 발견되고 있다. 오검은 석판(石版)에다 홈을 파고 금을 그어 라틴어 알파벳문자를 나타내는 방법인데, 모음은 석판의 가장자리 한쪽에 금을 그어 나타내며 자음은 다른 가장자리 한쪽에 홈을 파거나 가장자리를 가로지르는 사선(斜線)을 그어 나타낸다. 금과 홈을 결합하여 만든 오검문자는 라틴어 알파벳문자와는 전혀 다른 모습을 하고는 있으나, 실제로는 라틴어 문자를 나타내며 다른 알파벳을 이루지 않는다. 마치 점과 짧은 선(dash)으로 이루어진 모르스 부호를 생각하면 된다.

오검문자로 된 명각의 대부분은 아일랜드에서 발견되고 있는데, 그 가운데 약 300개는 대부분 남서 지역에 현존하고 있다. 이들 명각이 쓰여진 정확한 연대를 추정하기는 사실상 매우 어려우며, 어떤 것들은 7세기 또는 8세기의 것으로 추정하나 대부분 5-6세기에 기록된 것으로 보고 있다.

그런데 아일랜드를 벗어난 지역에서 발견된 57개의 오검 문자 가운데 40개는 웨일즈의 남서 지역, 8개는 콘월과 디본, 1개는 햄프셔, 6개는 맨섬(Isle of Man), 2개는 아길(Argyll)에서 발견되고 있다. 아일랜드에서 발견된 명각과 다른 한 가지 중요한 차이는 아일랜드 명각의 경우 아일랜드어로만 쓰여져 있는 반면, 아일랜드 밖의 지역에서 발견된 57개의 오검문자로 된 석판 가운데 44개는 라틴어로 된 명각이거나 최소한 라틴어 문자로 된 켈트어로 되어 있다. 라틴어 명각의 연대를 추정하기는 어려우나, 라틴어와 아일랜드어로 된 30개

〈자료 5〉 아일랜드의 수도 더블린에 있는 대기근 기념조형물

명각 가운데 27개 또는 28개는 기원 약 450년과 600년 사이의 시기로 추정하고 있다(Jackson, 1950:205).

　가장 초기에 남아있는 필사본은 약 9세기 또는 10세기에 불과한 역사로 거슬러 올라가기는 하나, 초기 아일랜드 문화의 풍부한 구전(口傳)이 문자로 전해 내려오는 과정은 기원후 5세기 무렵에 시작되었다. 이 필사본에는 아일랜드 신화에 등장하는 '여신 다누의 부족(들)'로 불리는 초자연적 인종인 〈투아스 데 다난(Tuath(a) Dé Danann)의 이야기〉와 〈테인〉(Táin: 스코틀랜드 북동부 고지대, 로스카운티에 있는 왕립 자치도시 겸 교구)과 같이 잘 보존된 보물 같은 이야기들이 포함되어 있다.

　그러나 17세기에 이르면 영국인이 아일랜드를 정복하면서 아일랜드에서의 그들의 세력을 강화하였다. 이에 따라 아일랜드어는 토착 귀족과 지식계층의 붕괴로 말미암아 피지배계급의 언어로 전락하였다. 19세기에 들어와서 아일랜드에 닥친 대기근(Great Famine)으로 수천 명의 아일랜드어 사용자들이 죽었으며, 수천 명은 아일랜드를 떠나 해외로 이주하였고 남아 있는 아일랜드어 사용 인구는 영국인의 선전에 희생물이 되었다. 그럼에도 아일랜드인들은 그들의 고유 언어와 문화 그리고 관습을 회복하려고 애썼다.

제2차 세계대전 뒤 아일랜드공화국(Republic of Ireland)으로 개칭한 아일랜드는 자국의 언어인 아일랜드어를 헌법상 제1공식 언어로 채택하였다. 19세기에 들어와 아일랜드의 민족의식이 고양되는 가운데 게일어연맹(the Gaelic League)의 초대 회장과 아일랜드공화국의 초대 대통령 더글라스 하이드(Douglas Hyde: 1860-1949)에 의한 아일랜드어 부흥활동이 잠시나마 활발하게 이루어지기는 했으나, 실제로 지속적인 아일랜드어의 부흥에 관해서는 큰 노력을 기울이지 않았다.

최근의 인구조사에 따르면 아일랜드 인구의 삼분의 일에 해당하는 약 100만 명이 아일랜드 게일어를 사용하며, 실제로 아일랜드 게일어를 유창하게 구사할 줄 아는 인구는 10퍼센트도 안 되고 이 언어를 일상적으로 사용하는 인구는 이들 가운데 절반도 안 된다. 이들은 주로 '게일타흐트'(Gaeltacht)라고 불리는 일부 지역(얼스터, 코나흐트, 문스터)에 집중되어 있다. 아일랜드어는 오늘날 점차 사라져가는 언어로 잊혀져가고 있다.

4) 스코티시 게일어

다음으로 스코티시 게일어(Scottish Gaelic)에 관해 살펴보기로 한다. 스코티시 게일어는 때로 단순히 게일어로도 부르며 궁극적으로 고대 대 아일랜드어에 기원을 두고 중세 아일랜드어에서 발달한 켈트어로, 기원후 4세기와 5세기 말에 아일랜드에 건너와 달 리아다(Dál Riada) 왕국을 세운 식민주의자들에 의해 브리튼 땅에 뿌리를 내렸다. 17세기까지 아일랜드어와 스코티시 게일어는 동일한 문어(文語 literary language)를 공유하였으면서도 스코티시 게일어 자체로 쓰여진 것은 거의 없었다.

오늘날에도 스코틀랜드 전역에서 스코티시 게일어는 쓰이지 않고 있다. 물론 한때 게일어를 사용하는 왕국이 여럿 있기는 하였으나, 11세기에 이르러 국가의 권력과 영향력은 앵글로-노르만인들에게 넘어갔고 게일인들은 머지않아 변방으로 쫓겨나게 되었다.

1746년 컬로든 전투(Battle of Culloden)에서[17] 게일인들이 패배함으로써 이들의 언어와 관습의 사용이 금지되었다. 이에 따라 북부 고지대 소개(疏開) 정책으로 스코틀랜드로부터 더 많은 게일인들이 다른 여러 지역으로 흘러들어갔다. 2011년 현재 스코틀랜드에서 쓰이는 게일어 사용자는 스코틀랜드 인구의 약 2퍼센트도 안 되는 약 57,000명에 불과하며 지난 10년 동안 15,000명이 감소한 인구이다. 다언어 국가로서 스코틀랜드의 역사에는 스코티시 게일어가 국가 정체의 중심에 서 있지 못했고 그러한 중심을 지탱해 줄 대중의 관심과 후원이 부족하였다.

오늘날 영국과 스코틀랜드 지역 말고 스코티시 게일어가 쓰이고 있는 지역은 케이프 브레튼(Cape Breton),[18] 캐나다의 노바스코샤 및 프린스 에드워드 아일랜드(Prince Edward Island)로, 캐나다에는 게일어를 쓰는 인구가 약 7천 명 정도이며, 이 가운데 노바 스코샤 및 프린스 에드워드섬 인구에서 1,300명이 게일어 사용자이다. 2011년 통계에 따르면 2,300여 명의 캐나다인이 게일어를 모국어로 사용하고 있다.

5) 맨섬어

고이델어계에 속하는 언어 가운데 마지막으로 설명하려는 켈트어는 맨섬(Isle of Man)에서 쓰이는 맨섬어(Manx)이다. 이 섬에 거주한 최초의 켈트인은 철기 시기에 이 섬에 들어온 브리튼인(Britons)이었다. 고대 로마인들은 이 섬의 존재를 알고 '마나비아섬'(*Insula Manavia*)이라고 불렀으나 그들이 이 섬을 정복했는지는 확실치 않다. 기원 5세기 무렵 아일랜드에서 대규모의 토착 아일랜드 식민주의자들의 이주로 말미암아 오검 명각에 입증된 게일어화 과정이 촉진된 결과, 아일랜 게일어 및 스코티시 게일어와 가까운 고이델어계에 속한 맨섬어가 탄생하게 되었다.

바이킹인들은 8세기 말 이 섬에 도착하여 아마도 세상에서 가장 오래된 의회(입법기관)인 틴왈드(Tynwald)를[19] 세우고 많은 토지의 구획을 정리하였다. 1266년 노르웨이의 왕 마그누스 6세(Magnus VI)는[20] 퍼스 조약(Treaty of Perth)에 따라[21] 이 섬을 스코틀랜드에 이양하였으나, 스코틀랜드의 맨섬에 대한 지배는 그리 오래가지 못하였다. 1290년 잉글랜드의 왕 에드워드 1세(Edward I)에 의해 점령된 맨섬은 그 뒤 영국과 스코틀랜드의 지배를 번갈아 받다가 끝내 잉글랜드가 지배하게 되었다.

15세기부터 잉글랜드에 속하게 되어 영국인 중심의 법률, 교육 및 사회−경제적인 구조가 실시된 맨섬에서는 오랫동안 쓰여 온 켈트어인 맨섬어가 점차 쇠락하기 시작하였다. 맨섬어는 스코틀랜드 및 아일랜드와도 고립되어 있었으므로 오늘날에 와서 완전히 독립된 하나의 언어가 되었다. 기록에 따르면 맨섬어를 모국어로 사용한 마지막 토착 생존자는 1974년에 세상을 떠났다. 그러나 맨섬어를 부흥시키려는 노력은 현재까지도 계속되고 있으며, 수백 명가량의 인구가 맨섬어를 사용하여 그나마 그 명맥을 유지해 나가고 있다. 오늘날에도 이 섬에서는 켈트어로 쓰인 간판을 곳곳에서 발견할 수 있다.

로마의 브리튼 침략 이후 브리튼에 거주한 대부분의 거주민들은 브리손어를 사용한 이들로서 머지않아 브리손어계의 하나인 웨일즈어로 발달하게 된다. 후기 철기시기와 초기 중세시기에 스코틀랜드 동부 및 북부 지역에 거주한 부족으로 알려진 픽트족(Picts)이 사용한 픽트어(Pictish)가[22] 브리손어계에 속하지 않는 예외로 알려져 왔으나, 그들이 남긴 명각, 지명 및 인명의 연구 결과 픽트어가 P−켈트어(브리손어계)에 속하는 언어임이 밝혀졌다.

로마가 브리튼에서 철수한 뒤 로마인들은 로마화한 켈트어의 흔
적을 남겨 브리손어계에 그 영향을 끼쳤다. 그러나 이보다 브리손어
에 더 위협이 된 것은 5-6세기에 브리튼을 침략한 앵글로색슨인들
로, 이 침략자들은 머지않아 브리튼 동부의 일부 지역을 점령하였다.
바로 이 시기에 오늘날 웨일즈가 아닌 남부 스코틀랜드에서 두 명의
웨일즈 시인인 텔리에슨(Taliesin[ˌtæliˈɛsɨn]; 웨일즈어로는 [talˈjɛsɨn]으로
읽음)과 아네이린(Aneirin[aˈnɛirɪn]으로 읽음)이 철저하리만치 브리손
어로 작품 활동을 하였다. 오늘날 현존하는 웨일즈어로 쓰여진 최고
(最古)의 필사본에는 《마비노기온》(Mabinogion)과 가장 초기에 쓰여
진 웨일즈 시편이 포함되어 있으나, 연대적으로는 불과 약 12세기까지
만 거슬러 올라간다.

앵글로색슨인들이 브리튼을 넘어 더 멀리 침략해 들어가자 웨일즈
인들은 서쪽으로 밀려나서 현재의 웨일즈 지역으로 쫓겨났다. 6-7세
기에 앵글로색슨인들이 세번(Severn)강과 디(Dee)강까지 침투하면서
콘월(Cornwall)을 켈트-브리튼의 나머지 지역과 따로 떼어놓게 되자
콘월에서 쓰인 언어는 웨일즈어에서 갈라져 나가 코니시어(Cornish)가[23]
되었다.

6) 웨일즈어

웨일즈어는 북쪽으로 더 많은 압력을 경험하고 있었다. 게일어 사
용자들은 스코틀랜드 서부 지역을 넘어 퍼져 나갔다. 한편 앵글로색
슨인들은 스코틀랜드 저지대 및 잉글랜드 북부 지역으로 침입해 들어
왔다. 이런 상황에서도 오늘날 웨일즈어와 매우 유사한 컴브리아어
(Cumbric)로 불리는 브리손어는 약 10세기까지 잉글랜드 북서부 지역
에 살아남아 쓰였다.

1282년 웨일즈는 마지막 '프린스 어브 웨일즈'로 왕이었던 리웰린
압 그루푸드(Llywelyn ap Gruffudd: c.1223-1282)가[24] 잉글랜드의 왕

에드워드 1세의 병사들과의 싸움에서 살해당함으로써 잉글랜드의 지배 아래 놓이게 되었다. 접전이 벌어진 킬메리(Cilmeri, 영어로는 Cilmery로 씀)는 포위즈(Powys)에 위치한 한 작은 마을로 1956년 그의 죽음을 기리는 기념비가 세워졌다.

16세기에 연합법(Acts of Union)이 공포되면서 웨일즈는 잉글랜드에 귀속되고, 산업혁명의 여파와 영어 사용자의 유입, 영어를 배우려는 경제적 압박 그리고 영어로만 진행하는 교육 정책과 미디어로 말미암아 웨일즈어가 세력을 잃고 급속하게 사라질 운명에 처하게 된 지난 세기까지 다행히도 웨일즈의 시골 공동체에서 웨일즈어를 사용하는 이들이 여전히 거주하면서 이 언어를 사용하였다. 오늘날 인구의 20퍼센트에 해당하는 약 50여만 명이 웨일즈어를 사용하며 공식 언어로서의 지위도 획득하였다.

7) 코니시어

웨일즈에서 훨씬 더 남쪽에 위치한 콘월(Cornwall) 지역은 10세기 잉글랜드에 귀속되어 11세기 말에 이르러서는 앵글로-노르만인들이 이 지역의 지배계급이 되었다. 그럼에도 이 지역에서 수세기에 걸쳐 쓰인 코니시어는 이후에도 계속 사용되어 왔으며, 특히 코니시어로 쓰인 중세 종교 드라마에 관한 문헌이 오늘날 살아남았다. [25]

코니시어는 18세기 후반까지 콘월의 일부 지역에서 공동체 언어로 사용되어 19세기와 20세기로 내려오면서 일부 가정에서 사용되어 왔으나, 사라질 운명에 처하게 되자 20세기 초에 철자체계의 복원과 함께 이 언어를 부활하려는 운동이 시작되었다.

코니시어의 부활과 함께 코니시어로 쓴 교재가 나왔고 문학작품이 코니시어로 발표되었다. 코니시어를 배우려는 인구도 해마다 조금씩 늘어나고 있으며, 콘월 지역의 토박이 켈트어인 코니시어를 가르치는 학교 수가 증가하였다. 오늘날 600명이 채 안 되는 콘월 지역 주민이

〈자료 6〉 콘월 지역에서 자주 눈에 띄는 코니시어 간판

코니시어를 사용하고 있고 최근에는 코니시어로 된 음악, 독립영화 그리고 어린이 도서가 제작되었다. 가정에서는 일상어로 코니시어를 사용하고 있으며 어린이들은 다시금 그들의 모국어인 코니시어로 교육을 받으며 성장하고 있다.

  8) 브르타뉴어

  앵글로색슨인의 침략으로 일부 브리튼 피난민은 유럽으로 도망쳐 프랑스 북서부의 아르모리카(Armorica: 현재 브르타뉴Brittany)에 정착하였으며, 뒤에 브르타뉴로 지명이 바뀌면서 이들의 언어는 웨일즈어에서 갈라져서 브르타뉴어(Breton)가 되었다.

  브르타뉴어는 고올어(Gaulish)의 직계 후손으로 여겨져 왔으나 오히려 웨일즈어 및 코니시어와 훨씬 더 가까운 언어이다. 유럽에 온 일부 이주민은 멀리 남쪽의 갈리시아(Galicia)까지 건너가서 그곳에 정착하여 지역 문화에 그들의 흔적을 남겼으나, 켈트어는 그곳에서 그리

오래 생존하지 못하였다.

브르타뉴는 10세기 초에 바이킹인들로부터 엄청난 공격을 받고 노르만디와 안주(Anjou)를 포함하여 동부 영역을 모두 잃었다. 낭트 주는 909년 안주 백작인 풀크 1세(Fulk I. : c. 870-942)에게로 넘어갔다. 낭트는 914년 바이킹인들에게 포위되었으나, 937년 잉글랜드의 에셀스탄왕(King Æthelstan)의[26] 지지를 얻어 마침내 그와 대(代) 형제 사이인 브르타뉴의 공작인 앨런 2세(Alan II)에[27] 의해 해방되었다.

앨런 II세는 브르타뉴에서 바이킹인들을 완전히 쫓아내고 강력한 브르타뉴 국가를 다시금 만들어 내었다. 그는 에셀스탄왕의 조카이 며 앨런 2세와 같은 해에 잉글랜드에서 돌아온 프랑스의 루이 4세 (Louis IV)에게 충성을 서약하였고, 브르타뉴는 그 뒤로 왕국에서 벗어나 공국(公國)이 되었다.

19세기에 들어오면서 프랑스 제3공화국 아래 진행된 프랑스화 정책 으로 브르타뉴어(Breton)는 급격하게 쇠퇴하기 시작하고, 한편으로는 는 학교에서 학생들의 브르타뉴어 사용이 금지되어 이 언어를 사용하 게 되면 벌을 받는 일이 일어났다.

다른 한편으로 브르타뉴어는 라틴어와 마찬가지로 로마 가톨릭교 회의 수중에서 유지하는 언어로 간주됨에 따라, 프랑스어를 배우는 일은 특히 여성에게 교회의 영향력에서 벗어나는 방법이라고 여겨지 게 되었다. 그 결과, 토착 브르타뉴어를 사용하는 세대는 그들 자신 의 언어인 브르타뉴어에 수치심을 느끼고 자녀들에게 이 언어를 말하 거나 가르치는 일을 하지 않게 되었다. 그리하여 위에 언급한 여러 요 인으로 말미암아 브르타뉴어는 설 자리를 잃어버리게 된 것이다.

아서왕 이야기가 노르만 프랑스인들의 관심을 끌고 서유럽의 의식 속으로 들어가게 된 것은 브르타뉴[28] 태생의 음유시인들을 통해서였다. 브르타뉴는 1532년 프랑스에 귀속되었으나, 프랑스가 1790년 브르타뉴 의회를 폐지하고 브르타뉴를 완전히 프랑스에 동화시키려고 할 때까 지 자신들의 의회를 포함하여 어느 정도 자치권을 유지하기도 했다.

1956년 브르타뉴는 법적으로 브르타뉴 행정구역(수도는 렌느Rennes)
으로 복원되었으나, 공작령 수도인 낭트(Nantes)와 주변의 지역은 이
구역에서 제외되었다. 그럼에도 브르타뉴는 문화적인 특색을 유지하
면서 1960년대 및 1970년에 새로운 문화부흥이 일어나게 되었다.
이에 따라 학교에서는 이중 언어 정책(bilingual policy)이 시행되고 가
수들은 프랑스어 대신 모국어인 브르타뉴어로 노래를 부르는 일이
흔히 생겨났다.

오늘날 프랑스가 브르타뉴어 사용자의 수를 공식적으로 밝힌 적은
없으나 대체로 켈트어를 사용하는 6개 주요 국가 가운데 가장 많은
인구를 차지하는 60만 명 또는 80만 명으로 추산하고 있다. 이 가운데
도시가 아닌 시골 또는 지방 소도시에 거주하는 노인층이 그 상당수
를 차지하고 있다.

프랑스 정부는 1950년대까지만 해도 브르타뉴 공동체에 끊임없이
적대적으로 대하여 왔고 이들의 브르타뉴어 사용을 엄격하게 금지시
켜 왔다. 그리하여 향후 브르타뉴어에 대한 획기적인 조치가 취해지지
않는 한, 브르타뉴어는 10년 또는 20년 뒤에는 지구상에서 사라질지
도 모르는 위기에 처해 있다.

브르타뉴에서 프랑스어는 유일한 공식 언어로 브르타뉴인 대부분
이 일상적으로 사용하는 모국어이다. 그럼에도 19세기 이전만 해도
프랑스어는 널리 알려지지 않아서 두 개의 지역 언어인 브르타뉴어와
갈로어(Gallo)가[29] 중세 이후 사용되어 끊임없이 뒤로 밀려온 언어경
계로 말미암아 서로 갈라져 왔는데, 오늘날 이 경계는 영국 해협에
위치한 플루하 자치행정구(Plouha)에서 비스케이만의 뤼스 반도(Rhuys
Peninsula)에 이르기까지 이어져 있다. 브르타뉴어와 갈로어는 마치
스코틀랜드에서 쓰이는 스코티시 게일어와 스코트어에 비유될 수 있
다. 이 두 언어는 2004년 이후 브르타뉴 지역 의회에서 '브르타뉴의
언어들'(Langues of Bretagne: languages of Brittany)로 인정을 받아 브르
타뉴에서 쓰여지고 있다.

콘월 지역의 토착어는 웨일즈어와 매우 밀접하게 관련되어 있으나, 프랑스 북서 지역 반도에 위치한 브르타뉴(프랑스어로 Bretagne)에서 쓰인 켈트어인 브르타뉴어(Breton)와는 가장 가까운 언어이다. 16세기까지 영국 해협을 건너 마주보고 있는 이들 두 반도의 사제단과 해상 선원사회가 빈번하게 접촉이 이루어져 현재 지명의 상당수는 콘월과 브르

〈자료 7〉 프랑스어와 브르타뉴어로 쓰여 쓰여진 거리 사인

타뉴 지역에 중복해서 쓰인다.

브르타뉴어 말고 이 지역에서 쓰이는 지역 언어로 앞에서 언급한 갈로어가 있다. 이 언어는 브르타뉴의 동쪽의 절반을 차지하는 지역에서 사용되고 있으며, 로망스 오일어(romance Langues d'oïl: 중세시기 르와르강 이북에서 쓰인 말을 일컬음) 가운데 하나로 특히 어휘에서 켈트어의 영향을 받았다. 브르타뉴어가 브르타뉴 행정자치구의 국어(國語)로 점차 쓰이면서 지역 언어 가운데 하나인 갈로어는 설 자리를 점점 잃어가고 있으며, 심지어 '갈로(Gallo)'라는 말조차 모르는 이들이 많아지고 있다. 현재 브르타뉴 지역, 특히 일레 빌렌느(Ille-et-Vilaine)[30] 지역에 있는 일부 학교와 대학에서 갈로어를 가르치고 있다.

오늘날 켈트어는 대부분 유럽 북서부 지역의 변두리, 특히 아일랜드, 웨일즈, 브르타뉴, 콘월 및 맨섬에서 주로 쓰이고 있고, 케이프 브리튼섬(캐나다 노바스코샤 주의 북동부의 섬)에서도 쓰이고 있다. 한편으로 아르헨티나의 파타고니아 지역(아르헨티나 남부의 고원)에서도 웨일즈어를 사용하는 이들이 상당수 거주하고 있으며, 미국과 캐나다 그리고 오스트레일리아의 다른 켈트계 디아스포라 지역에서

도 켈트어를 사용하는 이들이 거주하고 있다. 이 모든 지역에서 켈트
어 사용자들이 켈트어 부활운동을 계속하고 있음에도 현재 소수 민족
에 의해서 그 명맥을 유지해 나가고 있다. 켈트어 가운데 유네스코
가 "위험에 처한" 언어로 분류한 유일한 언어는 웨일즈어이다.[31]

제8장의 주(註)

⊙ 해제: 인도유럽어에 속하는 어군의 하나인 켈트어군(Celtic group)은
한때 아일랜드, 브리튼, 고올(프랑스), 스페인과 이탈리아의 일부 지역,
독일 남부지역과 다뉴브 계곡의 상당수 지역에서 쓰였다. 농부와
용맹한 전사였던 켈트인은 유럽인들의 두려움의 대상이었고 대륙을
휩쓸면서 켈트어를 스페인과 이탈리아에 퍼뜨렸다. 심지어 고전시기의
소아시아에도 켈트어를 사용하는 고립지역이 생겨나기도 하였다. 성
바울이 갈라티아인에게 보낸 서신(신약성서에 갈라디아서로 포함)은
이 먼 지역에 있는 그리스도 교회에 보낸 서신의 좋은 예이다. 오늘날
켈트어의 후예들은 브르타뉴어, 게일어, 아일랜드어, 웨일즈어와 같은
켈트어들을 유럽 북서지역의 연안 및 산악지역에 산재해 사용하고
있다. 지난 100년 동안 풍부한 문화유산을 누렸던 켈트어인 코니시어 및
맨섬어는 오늘날 거의 소멸되어 버렸다.

1. 에드워드 루이드(Edward Lhuyd: 1660-1709): Lhuyd는 ['ɬuɪd]로
   발음하며 웨일즈식으로는 Llwyd로 씀. Eduardus Luidius라는 라틴어화한
   이름을 쓰는 것으로도 알려져 있음. 웨일즈인 언어학자, 식물학자 및
   지리학자. 1707년 그의 동료 학자인 모세 윌리엄스(Moses Williams)의
   도움으로 웨일즈, 콘월, 브르타뉴, 아일랜드 및 스코틀랜드 여행을
   바탕으로 《브리튼 고고학》제1권을 발간하였다. 그는 이 책에서 두
   가지 유형의 켈트어, 곧 브리손어계(P-켈트어: 브르타뉴어, 코니시어,
   웨일즈어) 및 고이델어계(Q-켈트어: 아일랜드어, 맨섬어, 스코티시

게일어) 사이의 유사성을 지적하고 전자는 고올어(프랑스), 후자는 이베리아 반도에서 유래한 것이라고 주장하였다. 루이드는 이들 언어를 사용하는 민족은 모두 켈트인으로, 이들 국가는 현대 켈트 국가가 된 것으로 결론을 내렸다.

2. 아르모리카어(Armorican): 프랑스 북서부 지방의 옛 명칭으로 이 지역에서 쓰인 언어.

3. 조셉 스켈리저(Joseph Justus Scaliger: 1540-1609): [ˈskælədʒər]로 발음. 프랑스인 종교지도자이며 학자로, 고전 역사의 개념을 그리스사 및 고대 로마사에서 페르시아사, 바빌로니아사, 유대 역사 및 고대 이집트사로 확장한 인물로 명성을 날렸다. 말년을 네덜란드에서 보냈음.

4. 윌리엄 존스경(Sir William Jones: 1746-1794): 앵글로-웨일즈계 문헌학자이며 인도 벵갈의 포트 윌리엄에 있는 대법원 배석판사. 그는 또한 고대 인도어 학자로 유럽 언어와 인도 언어들 사이의 친근 관계를 주장한 인물임. 그의 주장은 훗날 인도유럽어의 탄생에 밑거름이 되었고 20세기 역사비교언어학 연구에 큰 획을 그었음. 존스경은 1784년 벵갈 아시아학회(Bengal AsiaticSociety)를 창설하고 〈아시아 연구〉(*Asiatick Researches*)라는 저널을 발간함.

5. 이런 노력의 결과는 19세기에 이르러 비교언어학 또는 비교역사언어학의 태동(胎動)을 낳게 하였다. 이처럼 유럽 비교언어학 발달의 중요한 요인 가운데 하나는 18세기 말엽 윌리엄 존스경의 산스크리트어(범어 梵語)의 발견이다. 존스경이 언어학의 세계에 들어오기 전 산스크리트어가 유럽에 전혀 알려지지 않았던 것은 아니다. 16세기로 거슬러 올라가서 그의 시대를 앞섰던 이탈리아 선교사인 사세티(Sassetti)는 이미 몇 개의 이탈리아 수사(數詞), 특히 *sei* '6', *sette* '7', *otto* '8', 그리고 *nove* '9'가 산스크리트어의 sás, saptá, astá, náva와 각각 유사하다는 사실에 관심을 두었다. 이 산스크리트어가 존스경에 의해 유럽에 소개되자 이 언어와 희랍어, 라틴어와의 유사성에 주의를 기울이게 되었고, 이 유사성은 우연의 일치가 아니라 동일한 근원에서 분기(分岐)되었으리라는 생각을 가지고, 이 세 언어가 분기하기 전의 언어가 있었으리라는 추측에서

조어(祖語) 및 비교언어학의 개념이 생겨나게 된 것이다.

6. 존 리스경(Sir John Rhŷs: 1840-1915): Rhys는 /riːs/ 또는 /rais/의 두 가지로 발음함. 웨일즈어로는 /hriːs/ 또는 /hriːs/. 웨일즈 태생의 켈트어 학자로 영국 한림원 회원. 최초로 옥스퍼드 대학의 켈트어 교수를 지냈음.

7. 사라고사(Saragossa, Zaragossa): [zærəˈgoʊzə] 또는 [særəˈgoʊsə] 또는 [θærəˈgoʊθə] 등으로 다양하게 발음. 스페인어로는 [θaɾaˈɣoθa]로 발음함.

8. 켈트이베리아어: 고대 이베리아 반도의 켈트인들이 사용한 켈트어를 지칭함. 나머지 보토리타 명판 가운데 〈II, III〉은 1979년, 〈IV〉는 1994년에 각각 발견됨. 켈트이베리아어를 사용한 켈트이베리아인의 고고학 및 그들의 고전 세계에 관해서는 Cunliffe(1997: 133-144)를 참조하기 바람.

9. 타르테수스(Tartessus, Tartessos): 그리스어로 Ταρτησσός로 씀. 과달키 비르강 입구, 이베리아 반도의 남부 해안(현재 스페인의 안달루시아)에 위치한 반(半) 신화적인 고대 항구도시 및 주변의 문화를 지칭함. 고대 그 리스의 역사가인 에포러스(Ephorus)에 따르면, 이곳에 거주한 타르테시안 인들은 기원전 4세기에 타르테수스를 매우 번성하는 시장으로 서술하고, 켈트인의 영토에서 강을 통해 금과 구리는 물론 상당량의 주석을 교역함 으로써 부(富)를 누렸다. 타르테수스의 왕은 아르간토니오스(Argantonios) 로, 이 명칭은 'silver, money'를 뜻하는 인도유럽어에서 유래하며 라틴어에 서는 argentum이 되었음.

10. 바스크인(Basque): 바스크인은 스페인 북부의 인접 지역과 프랑스 남서쪽에 위치한 서쪽 끝의 피레네산맥에 걸쳐 있는 바스크 지방에 거주한 토착민으로, 9-19세기 동안 사실상의 자치를 누렸음.

11. 레폰트어(Lepontic): 레폰트어는 알프스 남쪽(로마 기준)에서 쓰인 켈트어로 처음에는 포강 북부의 고올 부족의 정착과 함께 고올어와 유사하였으나, 로마 공화국이 기원전 2-1세기 말 알프스 남부 갈리아를 지배한 뒤 라틴어에 동화되었음.

12. 데이비드 에반스(David Ellis Evans): 웨일즈 출신 학자로 영국 옥스퍼 드 대학의 켈트어학과 교수. 영국한림원 회원.

13. 조수아 왓모우(Joshua Whatmough: 1897-1964): 미국의 언어학자로 1951년 미국언어학회(The Linguistic Society of America: LSA)의 회장을 지냄. 원서명은 *The Dialects of Ancient Gaul*, Harvard, 1970.

14. 재구(reconstruction): 역사언어학에서 사용하는 용어로 여기서는 친근관계가 있는 여러 켈트어를 비교하여 재구하는 것을 의미하므로 비교재구(comparative reconstruction)를 가리킴.

15. 아일랜드 게일어에 쓰인 게일어는 /'geilik/, 스코티시 게일어에 쓰인 게일어는 /'ga:lik/으로 발음함. 아일랜드어는 아일랜드 게일어(Irish Gaelic)라고도 함.

16. 오검문자에 관해서는 박영배(2001: 61-66)를 참조하기 바람.

17. 컬로든 전투(Battle of Culloden): 컬로든은 스코틀랜드 북부의 주도인 인버니스(Inverness)에 가까운 황야. 이곳에서 찰스 에드워드 스튜어트 왕가를 지지하는 군대가 잉글랜드군에게 대패함.

18. 케이프 브리튼(Cape Breton): 캐나다 노바 스코샤(Nova Scotia) 주의 북동부에 있는 케이프 브리튼섬 북동단. Breton은 [brétən]으로 발음함.

19. 틴왈드(Tynwald): 맨섬어로는 Tinvaal로 씀. 공식적으로는 High Court of Tynwald(맨섬어로 Ard-whaiyl Tinvaal) 또는 Tynwald Court라고 하며 맨섬의 입법기관(의회)을 지칭함. 아마도 세계에서 가장 오래된 의회로 양원제도였음.

20. 마그누스 6세(Magnus VI): 1238-1280. Magnus Haakonsson이며 고대 노르웨이어(Old Norse)로는 Magnús Hákonarson, 현대 노르웨이어로는 Magnus Håkonsson이라고 씀. 그의 위대한 업적 가운데 하나는 노르웨이의 법령을 현대화하여 국법(國法)으로 정하였고 이후로 '위대한 법률 수정가'(Magnus the Lawmender)란 칭호를 얻게 됨.

21. 퍼스 조약(Treaty of Perth): 1266년 노르웨이 왕 마그누스 6세와 스코틀랜드의 알렉산더 3세 사이에 맺은 조약으로 헤브리디즈 제도(the Hebrides)와 맨섬의 주권(主權)에 대한 군사적 갈등을 끝맺은 조약임. 헤브리디즈 제도와 맨섬은 스코틀랜드와 노르웨이가 자신들의 영토라고 주장하고, 1098년 노르웨이가 이들 영토에 대한 지배를 공식화한 수세기

동안 노르웨이의 영토가 되어 왔다. 노르웨이에서는 이들 섬은 '남쪽의 섬들'을 뜻하는 Sudreys란 용어를 사용하여 불렀음.

22. 픽트어(Pictish): 초기 중세시기에 스코틀랜드 북부 및 중심부에 거주한 민족인 픽트인들이 사용한 언어로 사어(死語)임. 픽트 왕국이 지배한 지역에 남아 있는 기념비나 기록에서 발견된 지명 및 인명이 희귀(稀貴)하여 실제로 픽트어를 직접 입증할 수 있는 자료는 극히 일부에 불과함. 그러나 픽트어가 오늘날 남부 스코틀랜드, 잉글랜드 및 웨일즈에 거주한 앵글로색슨인 이전에 사용된 브리손어와 매우 유사한 언어라는 사실이 밝혀졌음. 픽트어는 뒤에 게일어로 대체되어 쓰이게 됨.

23. 코니시어(Cornish): 콘월 지역에서 쓰인 남동 브리손 켈트어계의 하나. 웨일즈어, 브르타뉴어와 함께 공통 브리손어에서 직접 내려온 한 갈래로 영어가 브리튼을 지배하기 이전 브리튼의 상당 지역에서 쓰였고 영어에 의해 서쪽으로 밀려날 때까지 수세기에 걸쳐 콘월 지역에서 쓰인 주요 언어였음.

24. 리웰린 압 그루푸드(Llywelyn ap Gruffudd: c.1223-1282): 1258년부터 사망 때까지 웨일즈 왕이었음. 때로 Llywelyn ap Gruffydd로도 씀.

25. 코니시어로 쓰여진 현존하는 텍스트는 20세기 초 코니시어의 철자법이 복원되기 전까지는 14세기에 나온 운문(verse)이 가장 초기에 나온 문헌에 해당된다. 1144년쯤 콘월의 존(John of Cornwall)이 라틴어로 쓰고 행간에 코니시어 주석을 붙인 《일곱 왕들에 관한 멀린의 예언》(The Prophecy of Ambrosus Merlin concerning the Seven Kings)이라는 시집을 편찬하였다. 이 시집의 필사본은 현재 바티칸 도서관에 사본(codex)으로 보관되어 있다. 중세 콘월시기로부터 현존하는 가장 중요한 문학 작품은 코니시어로 쓰인 90,000행의 종교 운문 드라마인 〈오르디날리아〉(Ordinalia)이다. 이 드라마는 세 개의 신비극(mystery plays)으로 이루어져 있다. 노아의 홍수를 다룬 〈천지창조〉(Creation of the World)라는 신비극도 이 시기에 나온 드라마에 속한다. 이와 함께 가장 초기에 나온 현존하는 코니시어로 쓰인 산문(prose)으로는 12개의 《트레기아 설교모음집》(Tregear Homilies)으로 영어로 쓰인 것을 존 트레기아(John Tregear)가 1555-

1557년쯤 코니시어로 옮겼다.

26. Æthelstan(c. 894-939): Athelstan으로도 쓰며 고대영어로는 Æþelstan, Æðelstān "noble stone"으로 씀. 924-927년까지 앵글로색슨인의 왕이었고 927-939년까지 잉글랜드의 왕이었음. 현대 역사가들은 그가 잉글랜드의 첫 번째 왕으로 앵글로색슨 왕 가운데 가장 위대한 한 사람으로 평가함.

27. 앨런 2세(Alan II): 앨런 대왕(King Alan the Great)의 손자로 브르타뉴 공작(Duke of Brittany)을 지냈고, 907년에서 약 939년까지 바이킹족이 점령한 브르타뉴에서 이들을 몰아낸 인물로 알려져 있음. 사후(死後) 성모 마리아를 기념하기 위해 세운 교회에 묻힘.

28. 브르타뉴(Brittany): 영어로 [ˈbrɪtəni]로 읽고 프랑스어로는 Bretagne [bʁə.taɲ]로 쓰고 읽음. 브르타뉴는 프랑스 북서쪽에 위치한 문화 지역으로 아르모리카(Armorica)의 서부 지역을 포함하여 로마 점령지로 알려져 왔고, 나중에 독립 왕국이 되었다가 1532년 프랑스 왕국과 연합하기 전 공국(公國)이 되었다. 브르타뉴에서 쓰이는 언어가 곧 켈트어인 브르타뉴어로, 영어로는 Breton(/ˈbrɛtən/으로 발음)이라고 한다. 초기 중세시기에 브리튼인(Britons 켈트 원주민)이 그레이트 브리튼에서 아르모리카로 건너와 사용한 브리손어로 도서 켈트어에 속함. 로마 이전의 고올 지역에서 쓰인 대륙의 켈트어인 고올어와는 밀접한 관계가 없다.

29. 갈로어(Gallo): 브르타뉴 지역에서 쓰이는 프랑스의 지역어로 오일어 (langues d'oïl: 프랑스어로 [lɑ̃gədɔjl]로 발음)에 속하는 언어 가운데 하나임. Oïl은 /ɔil/로 발음. 갈로어는 현재 표준 프랑스어의 사용으로 인해 거의 쓰이지 않으나 한때 잉글랜드를 정복한 노르만인 지도자들의 상용 언어였음.

30. 일레 빌렌느(Ille-et-Vilaine): 프랑스식 발음으로 [i.le.vi.lɛn]으로 읽음. 브르타뉴어로는 Il-ha-Gwilen으로 씀.

31. 인류학자인 네틀(D. Nettle)과 사회언어학자인 로메인(S. Romaine)은 언어가 대거 소멸되는 위기를 고발하면서 어떤 언어라도 소멸되지 않고 살아남아 해당 언어 고유의 민족 문화가 계승되기를 바라고 있다. 이에 관한 상세한 내용은 Nettle & Romaine(2000)을 참조하기 바람.

제9장 켈트인의 후예들

9.1. 대륙 켈트인의 브리튼 침입

앞에서 우리는 켈트인의 기원에서 시작하여 그들의 역사와 문화 그리고 종교를 살펴보고 켈트신화와 전설에 얽힌 이야기를 조명해 보았다. 아울러 켈트 사회에서 중요한 계층에 속한 전사와 여성, 특히 여성 지도자들에 관해 좀 더 상세하게 언급하였다. 한편으로는 켈트인이 사용한 켈트어와 오늘날 그들의 언어가 어떻게 산재(散在)되어 쓰이고 있는지 그 계보와 흔적을 서술하였다.

여기서는 대륙의 켈트인들이 기원전 브리튼과 아일랜드 그리고 스코틀랜드에 들어와 오랜 세월 동안 정착하면서 오늘에 이르러 그 후예들이 그들의 언어와 문화 그리고 정체성 보전에 어떠한 노력을 기울여 왔는지, 대륙에서 이들의 이동과 경로부터 간단히 살펴보기로 한다. 아울러 프랑스 북서부에 위치한 켈트어 사용국가인 브르타뉴의 언어와 문화 그리고 독립을 위한 투쟁의 역사에 대해서도 간단히 서술하기로 한다.

청동기시대 유럽인들은 다름 아닌 역사에 나타나는 켈트인의 직계 후예들이었다. 고고학에서는 이들을 타협을 모르는 도요지인(urnfielder)이라는 명칭으로 부르고 있다.[1] 이들은 죽은 자를 항아리에다 넣어 봉분(封墳)이 없는 평평한 무덤에 묻었으며, 기원전 1,200~700년 무렵에는 동유럽의 그들의 원거주지로부터 퍼져 나가 프랑스, 스위스, 독일, 그리고 이탈리아까지 그들의 문화를 퍼뜨렸다. 도요지인들은 아마도 초기 켈트어를 사용했을 것이며 뒤에 켈트인과 연관될 많은 특징을 발전시켰다. 이들 선사민족은 유럽에 성채(hillfort)를 세운 최초의 민족이었으며, 정교한 갑옷과 무기 그리고 방패를 갖춘 발달된 전사(戰士)들의 사회를 최초로 이룩하였다.

우선 대륙 켈트인의 브리튼 침입은 기원전 600년 즈음부터 시작되는데, 대체로 세 가지 경로로 선사시기의 브리튼에 들어왔다.

켈트인 가운데 바다를 건너 맨 처음 영국에 들어온 부족은 고이델인(Goidels)이었는데, 이들은 뒤에 영국 제도(British Isles), 곧 아일랜드에서 어스어(Erse)의[2] 여러 방언, 스코틀랜드 고지에서 쓰인 게일어(Gaelic) 그리고 맨섬어(Manx) 등을 사용한 민족들의 조상이었다.

이들 고이델인은 영국의 청동기시대를 지배한 짧은 두개골에 고분 모양의 둥근 움막집(barrow)에서 거주한 원주민들을 정복한 다음, 북쪽과 서쪽으로 밀고 들어가서 스코틀랜드 북부 및 북서부의 고지대와 아일랜드까지 진출하였으나 끝내 정복당하였다. 그러나 이들 초기 고이델인은 점차로 그들이 정복한 부족과 섞여 생활하였으며 그들의 신체 유형과 관습, 심지어는 언어와 종교에까지도 많은 영향을 미쳤다.

두 번째 켈트인의 이동은 중부 및 동부 고올 지역(갈리아)에 거주한 대다수의 부족으로 이루어진 브리손인(Brythons)의 이동으로, 해협을 건너 브리튼으로 들어온 이들을 시저는 본토 켈트인이라고 불렀다. 브리손인들은 브리튼국의 중부와 서부를 넘어 포스(Forth)와 클라이드(Clyde) 하구 그리고 멀리 아일랜드해까지 침입해 들어갔으며, 이들에게서 오늘날까지 쓰이고 있는 웨일즈어(Welsh)와 프랑스의 최서부에서 아직도 남아 있는 브르타뉴어(Breton) 그리고 오늘날에는 사어(死語)가 된 콘월지방의 언어인 코니시어(Cornish)로 나뉘어졌다.

이들은 맨 처음 브리튼에 들어와서 정착한 선켈트(pre-Celtic) 인구의 마지막 부족인 고이델인을 북쪽과 서쪽으로 몰아내었다. 고이델인의 일부는 브리손인에 동화되었으나, 여전히 많은 수를 차지한 고이델인은 아일랜드로, 스코틀랜드의 고지대로, 또는 북쪽과 서쪽의 멀리 떨어진 섬으로 피신하여 정착하였다.

그리하여 고이델인이 거주한 지역에서는 켈트인이 지배 계급을 이루고 켈트인이 아닌 부족이 주로 예속 계급을 이루고 있던 것과 달리, 브리손인이 거주한 곳에서는 지배계층을 형성한 귀족사회는 브리손인들로 구성되어 있었다. 농노(serf)는 고이델인이 수세기 전에 정복한 초기 민족(비인구어민족)의 피가 어느 정도 섞인 고이델인으로 이루어져 있었다.

브리튼과 아일랜드는 모두 켈트인들이 거주한 땅이었으나, 이들보다 먼저 들어온 비인구어족 원주민의 피가 이들 켈트인에게 섞였을 가능성도 배제할 수 없다. 브리손인들이 브리튼에 침입한 지 수세기가 지난 후 비켈트어가 영국과 아일랜드에서 쓰이고 있었음을 입증하는 확실한 증거는 없다. 그러나 멀리 떨어져 생활한 고이델인의 주거지에서 비켈트인의 혈통이 어느 정도 존재하고 있었음을 부인할 수는 없다.

고이델인과 브리손인은 브리튼에 건너오기 전 대륙에 있을 때 나중에 브리튼에 들어와서 그들의 희생자가 된 부족과 유사한 인종인 단구(短軀)에다 피부가 검은 다른 민족을 정복함으로써 대륙에서 이미 어느 정도 그들의 종족과 뒤섞였을 가능성이 있다.

이들은 다뉴브강과 라인강으로 전진하면서 농노와 하인들을 징발하였을 것이며, 이들이 브리튼 해협을 건너 브리튼섬으로 들어왔을 가능성도 있다. 그러나 화장(火葬 cremation)을 하는 켈트인의 풍습으로 말미암아 그들의 왕과 족장 및 전사들은 흔히 불에 태워져 버렸기 때문에 지배계급의 유골을 조직적으로 검사하거나 측정할 기회가 거의 없어 그들의 혈통을 단정적으로 결론을 내리기는 어려운 실정이다.

브리튼에 들어온 세 번째 켈트인의 침입은 시저의 기록에 나와 있는 벨가이인(Belgae)의 이동이다. 이들은 시저가 브리튼에 들어오기 훨씬 이전인 기원전 2세기와 아마도 기원전 2세기 중엽 북부 고올 지역과 오늘날 벨기에(Belgium)에서 바다를 건너 브리튼으로 들어와, 비교적 짧은 기간에 서머셋셔(Somersetshire)에서 켄트에 이르는 영국의 남동부와 멀리 북으로는 템즈강 계곡의 변두리까지 주거를 정하고 정착하기에 이르렀다.

벨가이인들은 고이델인에 비해 브리손인에 더 가까웠으나, 그들의 인척이 되는 이들 부족들을 무자비하게 정복하였으며 때로는 이 부족들을 북쪽 또는 서쪽으로 몰아내었다. 따라서 이들 켈트인이 브리튼에 침입하기 시작한 연대를 기원전 600년이나 조금 늦은 시기라고 보는 것은, 이들이 대륙에 있을 때 그들의 주거지로부터 다소 멀리 떨어진 이탈리아까지 침입해 들어간 시기가 기원전 540년으로 기록되어 있는 것과 그 꽤를 같이 하기 때문이다.

벨가이인들은 시저의 시기와 로마 황제 클라우디우스(Claudius)가 로마를 통치한 시기 사이에 브리튼 침입의 절정을 이루었으며, 수많은 벨가이 부족과 각기 다른 왕조가 브리튼에 존재하고 있었고 그들의 영향력이 브리튼의 저지대까지 미치고 있었음이 당시 사용된 동전에서 입증되고 있다. 이 시기에 벨가이인들은 로마세계와 활발한 교역을 펼쳤고, 켈트 문화가 유럽대륙에서 거의 사라져 갔을 때 섬나라에서만 엿볼 수 있는 그들 나름의 정교하고 독특한 예술을 발전시켰다(Cunliffe 1997: 111-132 참조).

기원전 5세기부터는 켈트인들이 대륙과의 교역으로 할슈타트와 라떼느에서 제품을 끊임없이 수입해 옴으로써 브리튼에서 이 제품의 모조품과 개량 제품이 계속해서 나오게 되었다. 기원전 1세기에 이르러서는 브리튼 전역에 라떼느 문화가 정착되었으며 지역에 따른 라떼느 문화의 변형도 나타나게 되었다. 이 시기를 전후하여 대륙으로부터 더 많은 켈트인들이 브리튼에 침입하게 되는데, 이들의 침입은 역사적으로나, 고고학상으로도 잘 입증되어 있다.

대륙의 켈트인들이 브리튼에 들어옴으로써 한편으로는 브리튼 남부에 켈트문화의 전성기를 이루었고, 다른 한편으로는 로마와의 접촉으로 교역로를 개방하였다. 후자는 뒤에 로마가 브리튼을 정복하고 켈트시대의 잉글랜드와 웨일즈가 로마인의 브리타니아로 변하는 데 아무런 역할을 하지 못하는 결과를 가져왔다. 바로 이 시기, 곧 기원전 1세기에 이루어진 역사와 켈트인이 사용한 동전에서 입증되듯이 켈트인 부족들의 명칭이 비로소 역사책에 등장하게 되었다.

브리튼의 귀족사회에 높은 생활수준을 가져온 민족은 다름 아닌 벨가이인들이었으며, 이들의 영향으로 거의 모든 마을에 매우 진보된 주거지가 발달하였다. 또한 이들의 후원 아래 금속세공인과 도공(陶工)들이 큰 업적을 이루었고, 철기시대의 브리튼에 켈트인들이 남긴 가장 훌륭하고 정교한 예술이 오늘날까지 전해졌다. 기원 43년 로마인이 브리튼을 정복하기 전 150년 동안 브리튼은 많은 면에서 가장 찬란한 켈트시대의 신기원을 이룩한 시기였다.

9.2. 웨일즈 학회와 캠브리아 고고학회

지금까지 대륙에서의 켈트인의 위상과 기원전 브리튼에 침입한 세 가지 부류의 켈트인들에 대해 개략적으로 살펴보았다. 18세기가 시작되면서 대륙에서 활약한 켈트인을 비롯하여 브리튼에 들어와 정착한 켈트인의 정체성을 세우고 대서양 공동체 사이의 동맹을 재창조하려는 노력이 그들의 후예들에 의해 시도되었는데, 그들은 이 것을 스스로 '유럽의 켈트 국가'라고 명명(命名)하였다.

여기에는 세 가지 중요한 요인이 서로 중복되고 상호 작용하면서 구분되는데, 곧 켈트인의 문화적 결속(cultural integrity), 언어 및 민족

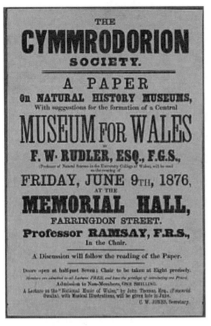

〈자료 1〉 웨일즈학회에서 나온 논문
표지(1876)

주의(nationalism)가 그것이다.

우선 켈트인이 문화적인 결속을 다지기 위해서는 전방위 분야에서 켈트인의 후예가 거주하는 지역의 문화를 확인한 다음, 후원할 기관(센터, 협회 등)을 세우고 정기 간행물의 발간과 다양한 행사를 개최함으로써 그 결과물들을 지속적으로 만들어 내야 하는 것이 필요하였다.

1751년 웨일즈인들은 사회, 문화, 문학, 그리고 자선사업을 위한 기관으로 런던에 본부를 둔 학회(Honourable Society of Cymm-rodorion : 흔히 줄여서 the Cymmrodorion이라고 함)를 처음으로 설립하였고,[3] 1770년에 설립된 귀네디기온 학회(Gwyneddigion Society)[4] 또한 런던에 본부를 둔 웨일즈 문학과 문화 학회로 1843년에 활동을 중단했다가 1978년에 다시 활동을 재개하면서 웨일즈 문학 연구에만 전념하고 있다.

웨일즈 학회는 1787년과 1820년, 그리고 1843년과 1873년 사이에 중단된 적이 있었다. 1820년에 재개된 이 학회(1820-43)는 웨일즈어로 된 텍스트를 발간하고 메달을 수여하는 한편으로 웨일즈 문화를 후원하였다. 그 뒤 잠시 중단되었다가 1873년 세 번째로 부활한 이 학회(1873-현재)는 1861년에 시작된 연례행사인 웨일즈의 음유시인 경연대회인 아이스테드보드(National Eisteddfod of Wales)를 성공적으로 설립하는 데 탁월한 역할을 하였다.

웨일즈 문화를 널리 알리는 데 한층 중요한 사건은 아마도 1846년

에 창립된 캠브리아 고고학회(Cambrian Archaeological Association)일
것이다.[5] 이 학회는 저널(*Archaeologia Cambrensis*)과 논문집(monographs)
을 발간하는 것 말고도 웨일즈의 역사, 언어, 예절, 관습, 예술 분야
는 물론 전문가들의 강연과 야외 수업 등으로 웨일즈 고고학을
이해하고 연구하는 활동을 꾸준히 후원하여 왔다.

1870년에는 캠브리아 고고학회에서 브르타뉴의 철기시대에 존재
한 절벽성(cliff castles)에 관한 보고서를 발간하였다. 1996－7년에 들
어와서 브르타뉴 고고학의 전문가인 프랑스인 피에르 지오(Pierre-
Roland Giot: 1919 ‒ 2002. 고고학자, 인류학자, 지질학자)가 캠브리아
고고학회의 회장으로 활동하였다.

아이스테드보드: 음유시인 경연대회

고대 켈트시대로부터 내려온 연례적인 음유시인들의 전래 행사
로, 음유시인을 비롯하여 작사가, 하프 연주자, 풍자가 등 다양한
유형의 엔터테이너들이 참가하여 경쟁을 겨루는 경연대회인 아이스
테드보드(eisteddfod의 복수형은 Eisteddfodau: [ə(i)stɛðvɔd'vɔdai]로
발음)는 유럽에서는 음악과 시 경연대회로는 가장 큰 축제로, 이
대회가 열리는 8일 동안 웨일즈어로만 진행된다.

아이스테드보드는 한때 시대에 뒤떨어진 것으로 여겨져서 중단된
적이 있었으나 1789년 이른바 런던 웨일즈 학회(London Welsh Society)
로 불리는 일단의 런던 사업가들의 후원을 받아 다시금 새롭게
부활하였다. 오늘날 아이스테드보드는 아르헨티나, 오스트레일리아,
남아프리카, 미국 등 웨일즈인들이 거주하는 나라에서도 해마다 열리
고 있다.

1792년 에드워드 윌리엄즈(Edward Williams: 음유시인의 명칭은 Iolo
Morganwg임)는 고대 켈트시대의 음유시인들의 축제를 복원하고 새롭
게 대치한 켈트인들의 축제모임인 '브리튼섬 음유시인들의 회합'인

〈자료 2〉 라 빌르마끄(브르타뉴 태생)

The Gorsedd Beirdd Ynys Prydain) 을 설립하고[6] 그 첫 번째 회합의 축제(경연대회)가 런던의 프림로즈 힐에서 개최되었다.[7]

에드워드 윌리엄즈가 고대 켈트인의 드루이드교 활동에 토대를 둔 의식의 상당 부분을 현대식으로 새롭게 창조한 축제(The Gorsedd)는 오늘날 대부분 기독교의 영향을 받게 되어 한층 더 장식되고 윤색을 더하여 흥미롭게 꾸며지게 되었다.

매우 이른 초기 시기부터 웨일즈와 브르타뉴 사이에는 학문의 고리가 형성되었는데, 1838년 웨일즈의 몬머스셔에 있는 상가 도시(market town: 시장이 설치된 도시란 뜻)인 아버가베니(Abergavenny: 웨일즈어로는 Y Fenni)[8]에서 개최된 아이스테드보드였다. 이 경연대회에서는 브르타뉴인인 라 빌르마끄(La Villemarqué: 1815-1895)[9]가 이 음유시인 경연축제에 참가할 자격을 얻게 되었다.

9.3. 스코틀랜드의 고유한 문화 및 학문의 전승

웨일즈에서와는 달리 스코틀랜드에서는 좀 더 다른 과정의 문화적인 발전과정을 거쳤다. 프랑스로 망명한 영국의 스튜어트 왕가의 왕권을 되찾기 위해 찰스 에드워드 스튜어트(Charles E. Stuart)가 일으킨 1745년의 자코바이트 봉기(Jacobite rising)와[10] 그 폭압으로 인해 스코틀랜드 고지대인들을 소개(疏開)하려는 불행이 뒤따랐으며, 오랫동안 스코틀랜드의 더 먼 여러 지역에서 번성했던 전통 문화를 황폐화시켰다.

시간이 흐르면서 고지대인들(Highlanders)은 위협적인 대상이 되지 않았으며 차츰 적응되어 갔다. 이 과정에서 도움이 된 것은 월터 스코트경이 쓴《롭 로이》(Rob Roy, 1817)라는 역사/로맨틱 소설이었다. 1818년에 발간된 이 소설은 1715년 스코틀랜드가 '자코바이트 봉기'가 일어나기 직전 혼란의 소용돌이에 휩싸이면서 시작된다. 롭 로이로 알려진 신비에 싸인 강력한 인물인 주인공 롭 로이 맥그리거는 내레이터(Frank Osbaldistone)의 삼촌인 힐데브란드경의 동료로 등장하며 1719년에 일어난 글렌 쉴 전투(Glen Shiel Battle)에서 부상을 입게 된다.

이 전투에서 스코트인과 잉글랜드인으로 구성된 영국군은 스튜어트 왕조를 재건할 목적이었던 자코바이트 및 스페인 원정대를 무찔렀다. 이 소설은 18세기 초기의 스코틀랜드 고지대와 저지대의 사회상을 잔인하면서도 실제적으로 묘사하고 대화의 일부는 스코트어(Scots 또는 Scottish)로 전개되어 있다.

이 소설이 나온 지 4년 후인 1822년 조지 4세(George IV)는 오늘날까지 '프린스 어브 웨일즈'로 계속해서 이어져 내려온 전통인 스코틀랜드 고지대(하이랜드) 복장으로 스코틀랜드를 방문한 첫 번째 영국 군주가 되었다. 이후 스코틀랜드는 여행지로서 그 수요가 증가하게 되면서 스코틀랜드의 독특한 문화적인 색깔을 추진해야 할 필요성이 생기게 되었다.

순수하게 고대로부터 내려오는 의상의 전통이나 공동체 사회에서 일어나는 각종 모임, 그리고 레크리에이션을 통한 교육 및 새로운 안무를 통해 킬트(kilt: 스코틀랜드 고지대인들이 입는 세로 주름이 진 짧은 치마)의 착용, 고지대인의 전통 게임 및 스코틀랜드 무용을 발전시켜 외국 여행객들에게도 사랑받을 수 있게 하였다.

그러나 이 모든 문화적인 색채와 함께 스코틀랜드는 오랜 학문상의 전통을 유지하여 왔다. 가장 중요하면서도 존경을 받는 스코틀랜드 고미술(고물) 학회(Society of Antiquaries of Scotland)가 1780년에 창립되어 스코틀랜드 연구를 위한 학리적(學理的)인 분야에 초점을 두고 지속적인 활동을 해오고 있다.

9.4. 창작활동의 산실: 아일랜드

아일랜드에서는 1785년에 설립된 왕립 아일랜드 학술원이 과학, 문학, 고대(유물, 유적, 풍습, 문화) 및 역사를 아우르는 광범위한 분야에 대한 아일랜드 연구에 초점을 두고 후원해 왔다. 특히 아일랜드 고미술 학회는 과거에 초점을 두어 연구하는 단체로 1869년에 생겨났다.

웨일즈 및 스코틀랜드처럼 실제로 국제적인 명성을 지닌 문인들을 배출한 것과는 달리, 아일랜드는 창작활동의 산실이 되어 왔다. 1893년에 설립된 게일어 연맹재단은 하나의 중요한 자극을 제공하였는데, 그것은 곧 아일랜드어를 생동감 있게 보급하고 아일랜드의 풍습을 유지하고 보전(保全)하도록 하는 데 목적을 두었다.

그로부터 몇 년도 지나지 않아 다른 기관이 생겨났다. 1899년 레이디 그레고리(Augusta Lady Gregory: 1852-1932. 드라마 작가이며 민속학자 및 극장 운영자로 활동함),[11] 예이츠(W. B. Yeats: 1865-1939. 아일랜드가 낳은 20세기 아일랜드 문학의 거장. 1923년 노벨 문학상 수상) 및 다른 문인들(George Moore, Edward Martyn)이 더블린에 아일랜드 문예극장(Irish Literary Theatre)과 애비극장(Abbey Theatre)을 설립하는 데 도움이 되었다. 전자는 아일랜드 및 켈트 희곡을 상연할 목적이었다면, 후자는 전위파 예술가들의 산실인 프

〈자료 3〉 윌리엄 버틀러 예이츠, 제임스 조이스, 새뮤얼 베케트(왼쪽부터)

랑스 극장에서 그 이상(理想)을 가져온 것이었다.

예이츠를 포함하여 싱(J. M. Synge: 1871-1909. 극작가, 시인, 산문작가. 아일랜드 문예부흥의 주역), 버나드 쇼(George B. Shaw: 1856-1950. 극작가. 1925년 노벨 문학상 수상), 조이스(James Joyce: 1882-1941. 소설가이며 시인) 그리고 베케트(Samuel Beckett: 1906- 1989. 전위파에 속하는 소설가, 극작가, 시인. 1969년 노벨문학상 수상) 등 아일랜드의 문인들은 간접적이라고 할지라도 위에 언급한 극장에서의 희곡 상연과 같은 초기의 불타오르는 열정에서 많은 득(得)을 얻었다.

레이디 그레고리가 아일랜드 연구에 힘쓴 다른 위대한 공헌은 얼스터군의 이야기들을 가독(可讀) 가능한 글로 다시 의역한 텍스트를 발간하는 일이었다. 그 목적은 아일랜드가 물려받은 주목할 만한 문학세계를 전 세계인들에게 널리 알리고 읽을 수 있도록 처음으로 이른 시기에 등장한 작가들을 탐구하려는 데 있었다. 그리하여 변방에 있는 작가 스위프트(Jonathan Swift: 1667-1745. 영국계 아일랜드 풍자가, 수필가)의 신랄한 풍자, 싱의 그림 같은 풍경 그리고 조이스의 서사시 등과 같은 유산(遺産)들이 아일랜드 문학을 전 세계에 알리는 돌파구가 되었다.

9.5. 켈트인의 유산 프로젝트: 켈트 아카데미의 설립

프랑스의 경우 고올인의 과거에 대한 한층 복잡하고 때로는 양면성을 가진 태도를 취한다. 프랑스혁명(1789-1790)이 일어난 직후의 시기에 한때 개방했던 고올 지역과 경계선 너머 고올 지역의 과거와의 연결을 다시금 정립(定立)하려는 절실한 필요가 나타났다.

나폴레옹은 저 유명한 '죽어가는 고올인'(Dying Gaul: 제3장 참조)이라는 조상(彫像)을 프랑스로 가져오기 위해 고올인의 켈트 선조들을 프랑스인들에게 일깨워주는 일을 진행하는 과정에서 켈트인들이 지닌 강한 이미지의 힘을 느끼게 되었으며, 1804년 파리에 켈트 아카데미(Académie celtique. Celtic Academy: 1813년 Société des Antiquaires de France로 변경됨)라는 명칭으로 파리 역사·고고학회가 설립되기에 이르렀다. 이 아카데미 설립의 목적은 갈리아(고올)의 문명과 프랑스의 역사 및 고고학을 연구하려는 것이었다.

'켈트인의 유산'이라는 주제에 불을 붙인 것은 1848년 프랑스 제2공화국의 대통령으로 선출된 나폴레옹 1세의 조카인 루이 나폴레옹(Louis-Napoléon Bonaparte: 1808-1873)[12]의 열정 때문이었다. 그는 4년 뒤인 1851년 쿠데타를 일으켜 1852년 황제의 자리에 올라 나폴레옹 3세가 되었다. 그 후 1870-71년 프로이센과 프랑스 사이에 일어난 이른바 보불전쟁(Franco-Prussian War)에서[13] 불명예스럽게도 패배하여 알사스 및 로랭 지역을 잃을 때까지 프랑스 문화와 가치를 개혁하였다.

나폴레옹 3세는 일찍 철기시기의 고고학에 관심을 가졌으며, 지형학적이고 고고학적인 줄리어스 시저의 원정의 배경이 되는 장소를 탐색하기 위해 1860-1865년 사이의 고도로 야심찬 현장 연구와 발굴 작업을 후원하였다.

당시 알사스의 군인이었던 스토펠 대령은 300명이나 되는 보조 인력의 도움을 받아 저 유명한 켈트 전쟁의 최후의 지도자였던 알레

〈자료 4〉 고올인의 요새화한 성채인 비브락테. 프랑스 동남부의 손강 서안지방에 위치한 부르고뉴의 오땡 근방에 있음. 켈트인 아이두이족의 수도였음.

시아의 베르킨게토릭스(Vercingetorix)를 포함하여 프랑스군이 참가한 주요 군사 기지를 추적하는 임무를 맡게 되었다. 그러는 사이 고고학자인 뷜로(Jacques Gabriel Bulliot)가 오늘날 몽 뵈브레(Mont Beuvray)로 더 알려진 비브락테(Bibracte) 요새가 있는 아이두이 부족(Aedui)의 수도를 발굴하는 성과를 올렸다. 비브락테는 알려진 대로 고대 시기의 고올인(켈트인)의 요새 도시로 고올 지역에서 가장 중요한 언덕 위의 성채 가운데 하나였다. 오늘날 이곳은 프랑스 동남부를 흐르는 론강의 지류인 손강(Saône) 서안 지방인 부르고뉴의 현대적인 자치행정구인 오땡(Autun[otɶ]으로 발음) 근방에 위치하고 있다.

이들 발굴 프로젝트 가운데 앞에서 언급한 켈트인 유적 발굴 계획은 나폴레옹 3세를 저자로 포함시켜 권위 있는 《시저의 역사》(*Histoire de Jules César*)로 즉시 발간되었다. 한편 나폴레옹의 다양한 활동으로 모아 놓은 철기시기의 많은 가공품 컬렉션은 1863년 파리에 상고대 국립 박물관을 세우는 기초를 제공하였다.

오늘날 이처럼 놀라운 발굴 프로젝트에 나폴레옹이 어떻게 해서 관여하게 되었는지 그 의문을 풀어보는 일은 쉽지 않다. 그럼에도 나폴레옹이 '과거'에서 실제 학문적인 흥미를 느꼈던 것은 틀림없는 사실이었으나, '현재'에 영향을 끼치는 '과거'의 위력을 잊지는 않았을런지도 모른다.

프랑스는 외부의 침략자, 곧 서로 다른 국가로 이루어져 있다가 하나의 국가 형태를 갖추고자 재빠르게 갈망해온 게르만인으로부터 위협을 받고 있던 터였다. 고올인(켈트인) 또한 시저가 침략한 게르만인들로부터 위협을 받아오고 있었다. 그런데 골치 아픈 사실은 로마인들이 고올인들을 패배시킨 것이었다.

그들의 국토를 용감하게 지켜낸 것은 국가적으로 영광스러운 문제였으나, 사실은 고올인들이 로마인들과 평화롭게 정착하였으며(프랑스 고고학자들은 로마 지배 아래의 고올인들을 '갈로-로만인'으로 칭하고 그들의 문화를 항상 언급하였음), 로마인과 고올인들은 함께 게르만인의 위협을 궁지에 몰아붙이면서 400년 동안 번영을 누렸다. 이러한 사실은 오늘날 우리가 이해하기에는 복잡하면서도 불명확한 점이 적지 않은 애매한 상황이었다.

프랑스의 재정지원: 비브락테 발굴 캠페인

오늘날에 이르러서도 고고학은 여전히 때로는 정치적인 상황에서 벗어날 수 없기도 하다. 1984년 프랑스의 대통령이었던 프랑수아 미테랑(François Mitterrand)은[14] 프랑스의 재정 지원으로 비브락테(현재 Mont Beuvray)에서 새로운 발굴 캠페인을 시작하였으며, 이 작업은 프랑스가 전반적인 통제를 맡고 다국적팀에 의해 진행되어 가칭 몽뵈브레의 유럽 고고학연구소(Centre européen d'archeologie du Mont Beuvray)를 설립하기에 이르렀다. 이 연구기관은 프랑스가 유럽연합을 지지하는 배경을 염두에 두고 만들어진 것으로 보아도 당시 이치에 맞는다고 할 수 있다.

한편 프랑스인들이 켈트인들의 '과거'에 집착하는 데에는 몇 가지 다른 중의적인 측면이 있다. 5세기에 대규모의 프랑크인(Franks: 3세기쯤 라인강 유역에 살던 게르만인), 부르고뉴인(Burgundians: 게르만의 한 부족) 및 서고트족(Visigoths: 4세기 후반부터 로마제국을 침범한 고트인의 한 종족)이 고올 지역으로 유입되면서 이 지역 토착인들의 유전인자 자원을 크게 희석시켰으며, 정착지를 찾지 못한 브르타뉴인(Bretons)들이 이 지역을 장악하게 되었다는 것은 이들이야 말로 켈트인의 유일한 실제 후예였다는 주장을 뒷받침해주고 있다.[15]

이러한 주장을 뒷받침이나 하듯 1843년 초 브르타뉴협회(Association Bretonne)가 설립되었으나, 이보다 더 진지한 주장은 1867년에 생브뤼외(Saint−Brieuc: 브르타뉴어로는 [sãnt ˈbriːɛk]으로 발음)에서 개최된 1차 켈트인의 대회(Interceltic Congress)의 설립과 함께 나타났다.

프랑스의 문헌학자이며 역사학자인 라 빌르마끄(La Villemarqué)는 옛 브르타뉴 가문 태생으로 1851년 베를린 아카데미의 취재원으로 야콥 그림(Jacob Grimm: 1785−1863)에[16] 의해 소개된 브르타뉴 문헌의 금자탑을 쌓는 데 헌신하였고, 1858년에는 권위있는 명문(銘文) 학술원(Academy of Inscriptions)의 회원이 되었다.

그는 자신이 겪은 대로 모든 다른 켈트 국가들(Celtic Nations)−콘월, 아일랜드, 웨일즈 및 스코틀랜드 − 의 일가친척들에게 켈트인 대회에 대표단을 보내줄 것을 요청하는 전언(傳言)을 보내면서 프랑스 기관이 켈트고고학을 강탈하듯이 빼앗아가려는 것에 도전장을 던졌다.

프랑스인들이 1865년 황제 나폴레옹 3세의 권위로 알레시아에 갈리아(고올) 전쟁의 켈트인 지도자였던 베르킨게토릭스의 거대한 조상(彫像)을 세운 지 고작 2년 뒤 1차 켈트인 대회가 소집되었다는 것은 의미 있는 일이다. 곧 이때는 프랑스 국가가 브르타뉴인의 문화와 언어를 적극적으로 억압하고 있었던 시기였기 때문이다.

9.6. 브르타뉴어 및 문화 보존에 힘쓴 이들

'브리튼인들의 땅'(Britons' Land)이란 뜻의 브르타뉴(Brittany: 프랑스어로 Bretagne)는 프랑스 북서부에 위치한 문화지역으로 아르모리카의 서부 지역을 포함하고 있으며, 로마 점령시 독립된 왕국이 되었다가 1532년 프랑스 왕국과 합병되기 전 공국(duchy)이 되었다. 브르타뉴는 북쪽으로는 영국 해협과 국경을 맞대고 있고, 서쪽으로는 켈트해 및 대서양과 접해 있으며, 남쪽으로는 비스케이만 (Bay of Biscay)과 접해 있다.

브르타뉴에서 쓰이는 고유 언어인 브르타뉴어는 역사적으로 공통 브리손어에서 유래한 켈트어로, 브리튼인(Britons)들이 5세기에 브리튼(Britain)에 침략한 앵글로색슨인들을 피해 들어간 서부 아르모리카 (Armorica)에서 쓰인 언어였다.

13세기 브르타뉴와 프랑스의 합병이 이루어지기 오래 전, 브르타뉴 공국에서 쓰인 주요 행정 언어는 라틴어를 대체하여 쓰인 프랑스어였다. 브르타뉴어는 지방의 언어로 남아 쓰였으며 중세 이후 중산 계급과 귀족 및 고위 성직자들의 언어는 프랑스어였다.

19-20세기에 프랑스 정부는 학교에서 브르타뉴어를 금지시키고 프랑스어를 의무적으로 사용하도록 하는 정책을 폈으나, 1960년대에 이르러 브르타뉴어는 브르타뉴 서부지역의 많은 거주민이 사용하고 이해하는 언어가 되었다. 1970년대에는 부모들이 브르타뉴어를 자녀들에게 가르치지 않아서 소멸 직전에 있었는데, 학교에서 다시 가르치기 시작하였고 지방의 교육 당국도 브르타뉴어를 증진시키기 시작하였다.

1) 라 빌르마끄와 르낭

브르타뉴에서는 많은 학자들이 브르타뉴의 구전(口傳), 특히 발라드(소박한 민간 전승의 담시譚詩를 의미함)를 연구하여 브르타뉴 문화를 한층 더 증진시키기에 바빴다. 라 빌르마끄의 초기 작품인 〈브르타뉴의 발라드〉(*Barzaz-Breiz*)가[17] 나온 후 다른 민속학자들(François-Marie Luzel: 1821-1895; Jean-Marie de Penguern 1807-1856; Anatole Le Braz: 1859-1926)의 작품이 그 뒤를 이었다.

1854년 파리에서 발간된 《켈트인종의 시가(詩歌)》(*The Poetry of the Celtic Races*)는 조셉 르낭(Joseph Ernest Renan: 1823-1892)의[18] 영향력 있는 에세이로, 켈트인의 다소 비현실적이고 광범위한 켈트인에 대한 견해가 수록되어 있다. 그는 이 작품에서 유럽의 켈트인과 다른 인종은 서로 구조적으로 다르다는 개념을 발전시켰다. 르낭은 이 책의 맨 처음 시작되는 문단에서 자신의 고향인 브르타뉴 주와 인접한 메인 및 노르망디를 대조하여 설명하고 있다. 브르타뉴를 언급하는 인용문에서 그는 다음과 같이 서정적으로 묘사하고 있다:

> 막연한 슬픔으로 가득 차서 차디찬 바람이 일어나 우리의 영혼을 다른 생각으로 옮겨다 준다. 나무 꼭대기는 앙상하고 마구 얽혀 있다. 단조로운 색을 띤 숲이 저 멀리까지 뻗어 있다. 걸음을 옮겨 놓을 때마다 그 양이 매우 적어서 덮을 정도는 되지 않는 화강암이 흙 위로 불쑥 솟아오른다. 컴컴하고 음산한 바다는 끝도 없는 신음소리를 내며 수평선을 감싸고 있다.

르낭에게 이러한 묘사는 '노르만인의 야만성, 살집이 좋고 번영을 누린 인구…'와 대조적으로 켈트계 브르타뉴인의 완고한 성격을 상징적으로 나타내고 있다. 그는 이러한 대조를 서부 켈트인들의 거주지인 모든 다른 지역에서 목격하였다고 서술하였다.

2) 옥스퍼드 최초로 설립된 켈트어학과와 르낭

이와는 별도로 르낭의 에세이가 매튜 아놀드(Matthew Arnold: 1822
-1888. 영국의 시인이며 문화비평가)에게 깊은 충격을 던져 주어
그가 1865-6년 옥스퍼드에서 행한 '켈트문학 연구'(*Study of Celtic Li-
terature*)라는 오도넬 강연 시리즈에 상당한 영향을 끼쳤다는 것은
주목할 만한 가치가 있다. 이 시리즈의 마지막 강연에서 르낭은 옥스
퍼드에 켈트어학과의 설립을 요청하였으며 1877년 최초의 켈트어
교수로 임명되었다. 옥스퍼드는 이런 일을 결정하는 데 오랜 시간을
들였다.

르낭이 환기시킨 브르타뉴의 거리감, 곧 프랑스에서도 외떨어진 프
랑스 북서부에 위치한 곳이라는 아득한 환상은 다른 이들에게는 매
력적인 장소가 되기에 충분하였다. 브르타뉴가 구현한 원시의 생활(La
vie sauvage)은 여름만 되면 어김없이 화가들을 브르타뉴 해안으로 불
러 모았으며, 우리가 잘 아는 화가인 폴 고갱(Paul Gauguin)[19]으로
인해 명예를 갖게 된 화가들의 퐁따벵 커뮤니티(Pont Aven community)
는 '원시'의 부름으로 그가 타히티로 가기까지 미국인들 사이에서는
물론 전 세계적으로 유명해졌다.

19세기가 끝나갈 무렵 프랑스에서도 멀리 떨어진 브르타뉴의 '먼
곳' 환상은 별난 매력이 되었으며, 시골과 그 주민들의 '또 다른 삶의
풍경'에 빠진 매력은 이곳을 찾은 방문객들이 만들어낸 수많은 엽
서에 나타난 작고 아름다운 그림에 표현된 향수(鄕愁)가 되었고,
심지어는 아나톨 르 브라즈(Anatole Le Braz: 1859-1926. 브르타뉴
태생의 민속학 수집가이며 번역가)가 민간전승을 소재로 쓴 여러
권의 책들 -《용서의 땅에서》,《태양과 안개의 이야기》,《브르타뉴의
오래된 이야기》- 이 베스트셀러라는 타이틀을 차지할 정도가
되었다. 르 브라즈는 브르타뉴가 이른바 테마 공원(theme park)이라고
부르는 장소로 전락하고 있음을 누구보다도 잘 알고 있었다. 1901년

그는 다음과 같이 썼다:

> 속이 비쳐 보이는 몇 개의 세공 첨탑, 몇 개의 예수 십자가상, 브르타뉴
> 지방의 풍적(風笛), 브르타뉴 지방의 오보에 악보 한 벌, 이런 것들에다가
> 금각나무의 잔가지, 가시금작화의 꽃다발, 적당한 바람과 비 그리고
> 바다; 이 모든 것들이 혼합되어 힘차게 흔들어대는… 이곳이야말로
> 진정한 브르타뉴인 것을.

위에서 살펴본 것처럼 브르타뉴에서는 브르타뉴어를 보전하려는
지속적인 노력이 꾸준히 있어 왔음에도 불구하고, 19세기에 들어와서
언어를 하나로 균일화하려는 프랑스의 공식적인 욕심으로 브르타뉴
어는 상당한 피해를 입게 되었다.

브르타뉴어는 19세기를 지나는 동안 몹시 쇠락하기 시작하였는데
프랑스의 3공화국 치하에서 진행된 프랑스화 정책이 그 쇠락의 주요
원인은 아니었다. 그러나 한편으로는 이 정책에 따라 학교에서 어린
이들이 브르타뉴어를 말하지 못하게 되었고, 사용할 경우 브르타뉴
어를 사용하는 화자는 처벌을 받게 하였다. 그 결과 1950년 즈음 백만
명이 넘는 브르타뉴어 사용자가 21세기 첫 10년 동안에 20만 명으로
감소하였으며 그 가운데 61퍼센트는 60세가 넘는 사용자들이었다.

다른 한편으로는 브르타뉴어도 라틴어처럼 로마가톨릭교회의 수
중에서도 지켜온 언어로 간주되었으며, 프랑스어를 배우는 일은 특히
여성들에게 교회의 영향력에서 그들을 자유롭게 해주는 방법이었다.
그 결과 브르타뉴어를 사용하는 원주민 세대는 자신들의 언어에 수
치심을 느껴 자녀들에게 이 언어를 말하거나 가르치는 것을 피하게
되었다. 이러한 요인들은 브르타뉴어의 쇠락을 초래하는 주요 원인이
되었다.

현재 브르타뉴어는 유네스코 세계 언어지도에서 "사라질 위험에
처한"언어로 분류되어 있다. 많은 브르타뉴인들은 브르타뉴어의 소

멸이 아직은 멈추지 않고 있음에도 그 위험을 막기에는 상당히 늦은 것으로 여기고 있다.

9.7. 사라져가는 소수 켈트어: 코니시어 및 맨섬어

켈트어를 사용하는 국가에서 문화 정체성을 만들어내는 일은 당연히 언어를 어떻게 양육하느냐의 여부에 달려 있었다. 그러나 소수 언어들은 자연스럽게 소멸되는 경향이 있었는데 이것은 켈트 제어(諸語)에도 해당되었다. 다음에 코니시어(Cornish) 및 맨섬어를 예로 들어보자.

고대시기 잉글랜드 남서쪽에 거주한 켈트인들은 577년 웨일즈 거주 켈트인들과는 바스(Bath) 근방에서 색슨족의 승리로 말미암아 지리상으로 나누어졌는데, 그 결과 서색슨족은 서머셋과 디본을 거쳐 켈트인의 주거지로 진격하였다. 936년 콘월 지역은 이들에게 정복당하였으나 켈트인의 언어인 코니시어는 그 후 아무런 공식상의 지위도 누리지 않으면서도 거의 천 년 동안 일상생활에 쓰였다. 16세기부터 코니시어로 쓰여진 종교 희곡이 등장하기도 하였으나 오래가지 못하고, 1600년에 이르러 코니시어를 사용하는 거의 모든 화자들은 영어를 동시에 사용하는 이중언어 사용자가 되었다.

1777년 영어를 전혀 알지 못하는 마지막 코니시어 화자로 알려진 여성인 Dolly Pentreath가 세상을 떠났다. 1891년에는 코니시어를 사용한 마지막 토착 원주민인 John Davey of Zennor도 세상을 떠나면서 코니시어는 자연스럽게 소멸하는 듯하였다. 그러나 20세기에 들어와서 코니시어 부흥운동이 일어나면서 오늘날 어린이와 성인들 사이에서 코니시어를 일상생활의 언어로 다시금 학습하려는 운동이 계속되고 있다.

맨섬어(Manx)는 p-켈트어와 달리, 아일랜드어와 함께 q-켈트어에 속하는 켈트어(예: 'five'를 의미하는 맨섬어는 quig, 웨일즈어는 pump) 인데, 1765년 맨섬이 영국 왕가로 넘어간 이후 점증하는 영어의 영향력으로 인해 19세기 및 20세기 초기를 거치면서 일상생활의 언어로는 거의 쓰이지 않고 사라져 버렸다.

맨섬어를 사용한 마지막 토착민 화자인 마드렐(Ned Maddrell)은 1974년 세상을 떠났다. 그러나 오늘날 맨섬어는 여전히 맨섬의 공식 언어로 존재하고 있다. 1611년 존 필립스(John Phillips) 주교는 최초로 맨섬어로 쓴 기도문을 책으로 펴냈다. 그는 맨섬어를 위한 서체형을 고안하면서 영어 철자규칙을 사용하였다. 여기에는 영어의 영향이 강하게 나타나 있으며 고대영어 시기 후반에 브리튼에 들어와 정착한 바이킹인들의 어휘도 상당수 포함되어 있다.

1) 웨일즈어의 부흥

이런 와중에서 로마가 브리튼을 정복한 시기에 브리튼 남부 언어에서 내려온 현존하는 두 개의 켈트어 가운데 가장 성공적으로 살아남은 것이 웨일즈어이다. 다른 켈트어는 브르타뉴어이다.

웨일즈어가 영어와 법적으로 동등하게 유효하다는 것을 정하는 웨일즈어 법령(Welsh Language Act)이 1967년에 발효되었다. 이 법령에 따라 웨일즈어는 강한 추진력을 지니고 성장했으며, 오늘날 습관적으로 켈트어를 사용하는 어떤 화자(話者)보다도 가장 많은 사용 인구를 갖게 되었다. 웨일즈의 모든 학교에서는 웨일즈어를 필수과목으로 가르치고 있으며, 최근 한 학교에서는 학생들에게 어느 곳에서든 영어를 사용하면 안 된다는 서류에 서명을 요구하기까지 할 정도였다.

2) 게일어 및 스코티시 게일어의 사용

한편 아일랜드는 정부에서 게일어를 사용하는 지역인 게일타흐트

(Gaeltacht)에 경제적인 지원을 하면서 백만 명이 넘는 가장 많은 수의 게일어 사용자를 갖게 되었고, 그 가운데 5분의 일에 해당하는 인구는 습관적으로 게일어를 사용하고 있다. 스코틀랜드에서는 헤브리디스 제도(the Hebrides: 스코틀랜드 서쪽으로 넓게 퍼져 있는 열도. Inner Hebrides 및 Outer Hebrides로 나누어짐)에서 스코티시 게일어가 오늘날에도 여전히 사용되고 있으며, 이 언어를 살아 있는 언어로 유지하려는 갈망은 매우 강하게 나타나고 있다. 그러나 스코틀랜드의 다른 지역에서 게일어를 사용하는 경향은 꾸준히 줄어들고 있다.

한편 아직 몇 가지 희망이 엿보이는 언어도 있다. 유럽의 소수 지역 언어헌장에 의해 보호 언어로 지정된 영국의 6개 소수언어 가운데 하나인 코니시어(Cornish)가 그것이다. 코니시어는 웨일즈어 및 브르타뉴어와 함께 공통 브리손어에서 직접 유래하며 영어가 브리튼 섬에 들어오기 전 브리튼의 상당한 지역에서 사용된 언어이기도 하였다.

코니시어는 18세기 말까지 콘월의 일부 지역에서 공통 지역 언어로서의 기능을 계속 수행하였으며, 19세기 및 아마도 20세기에 들어와서도 일부 가정에서 지속적으로 사용되었고, 코니시어를 부활시키려는 노력을 계속해 왔다. 이로써 2008년에는 표준서체어형이 만들어졌고 정자법체계가 사용되기에 이르렀다. 오늘날 콘월 지역에서는 도로 표지판이 코니시어로 쓰여 있으며, 최초의 코니시어로 된 영화인 〈달콤 씁쓸한〉(Bitter Sweet: 코니시어로 Hwerow Hweg)이 이미 상영되기도 하였다. 코니시어 또한 공식적으로는 유럽의 소수 지역 언어 헌장에서 소수언어로 인정되고 있으며, 유네스코 세계 언어 지도에서는 "심각하게 위험에 처한" 언어로 분류되어 있다.

9.8. 켈트인 후예의 민족운동

1) 아일랜드의 독립운동

12세기 후반 영국 왕 헨리 2세 이후 영국의 아일랜드 침입이 이루어진 이래 영국의 지배에 대한 아일랜드인의 민족주의적 저항은 19세기에 들어오면서 고조되었고, 영국과의 아일랜드 분쟁은 20세기까지도 계속되었다. 1916년에 일어난 부활절 봉기(Easter Rising)는 영국의 무력으로 진압되었으나 아일랜드는 반란군을 옹호하는 분위기로 몰아갔다.

1918년에 실시된 총선에서 친독립 공화당인 신페인당(Sinn Féin)은 국민의 압도적인 지지를 받았으며, 1919년 독자적인 의회와 정부를 세우고 아일랜드공화국을 선포하였다. 이와 동시에 아일랜드 공화국군(IRA)이 3년 동안 게릴라 전쟁에 참가하고 결국 1921년 오랜 협상 끝에 조약(Anglo-Irish Treaty)을 체결하여 남부에서는 자치령인 아일랜드 자유국(Irish Free State)이 성립되었으나, 북아일랜드는 기피 조항으로 인해 여전히 영국의 통치 아래 놓이게 되었다.

이것은 새로운 정부인 아일랜드 자유국과 데 발레라(Éamon de Valera)가 이끈 반대 세력 사이의 시민전쟁(Irish Civil War)으로 이어졌으나 1923년 휴전을 선언하면서 끝났다. 그러나 1960년대 초의 민권운동과 1969년에 신교도와 가톨릭교도 사이의 폭력사태로 말미암아 북부 아일랜드에서는 무혈투쟁과 테러가 계속되었으며, 1998년에 승인된 굿프라이데이 협정(Good Friday Agreement)에 의거하여 영국과 북아일랜드 해결을 위한 앤드류협약이 체결되었다.

2) 웨일즈와 스코틀랜드의 독립운동

웨일즈와 스코틀랜드에서는 지역의 독립을 향한 움직임이 조용히 진행되어 왔으며, 켈트어를 사용한 인접 국가와는 달리 심각한 폭력으로 말썽을 일으킨 경우는 매우 드물었다. 19세기와 20세기 초에 결성 된 다양한 민족주의 그룹은 1925년 웨일즈 독립당(Welsh National Party: Plaid Cymru)으로, 1934년 스코틀랜드 독립당(Scottish National Party) 으로 각각 합쳐졌다.

그러나 독립에 대한 지역의 관심은 느리게 진행되었다. 1979년 웨일즈 의회를 세우기 위한 국민투표에서 대다수 웨일즈인들이 거 부하였으나, 1997년 같은 목표로 실시한 국민투표에서는 매우 근소한 표차로 찬성표를 확보하여 1999년 웨일즈 의회(National Assembly for Wales: Cynulliad Cenedlaethol Cymru)가 성립되어 중앙 정부의 예산에 대한 지출을 결정하는 힘을 가지게 되었다. 다만 웨일즈 의회의 권한에 한계를 정하는 힘은 영국 정부가 가지게 되었다.

웨일즈 정부는 "웨일즈는 영국의 속국이 아니며, 그 자체로 하나의 국가이다"라고 선언하고 있다. 이른바 '프린스 어브 웨일즈'는 영국 왕위 계승자에게 부여되는 호칭이나, 오늘날 웨일즈에서는 전혀 법 률상의 역할은 지니고 있지 않으며 웨일즈 통치에 어떠한 역할도 갖고 있지 못하다.

스코틀랜드 왕국은 초기 중세시기에 독립된 주권국가로 등장하여 1707년까지 왕국을 유지하였다. 1603년 스코틀랜드의 왕, 제임스 6세(James Ⅵ)는 잉글랜드의 왕과 아일랜드의 왕이 되면서 세 왕국의 연합을 형성하였다. 1707년 연합법(Acts of Union)으로 스코틀랜드와 잉글랜드는 하나의 국가가 되었고, 스코틀랜드 의회와 잉글랜드 의회 를 계승한 새로운 그레이트 브리튼 의회가 생겨났다.

그레이트 브리튼은 아일랜드 왕국과 정치적으로 연합을 이루어 그 레이트와 아일랜드 연합 왕국을 형성하고, 아일랜드 의회를 그레이트 브리튼 의회와 통합하여 연합 왕국의 의회를 세웠다. 300여 년 동안 영국의 일부였던 스코틀랜드는 2014년 영국으로부터 분리, 독립하려 는 국민투표를 실시하였으나 부결되었다.

현재 스코틀랜드 독립당 대표이며 스코틀랜드 자치정부 수반인

니콜라 스터전(Nicola Sturgeon)은[20] "새로운 독립투표에 필요한 법적, 제도적 준비 작업에 착수했다"고 말했다. 현재 스코틀랜드는 영국의 유럽연합 탈퇴(Brexit)[21]에도 불구하고 유럽연합의 회원국으로 있다.

3) 브르타뉴인의 독립투쟁

1898년 프랑스의 중앙집권에 반대하는 브르타뉴의 투쟁은 마침내 브르타뉴 지역연합(Breton Regionalist Union)을 결성하고 프랑스와의 분리 독립을 요구하는 다수의 집단을 만들어냈으나, 대체로 상당한 지지는 얻지 못하였다. 1932년에 창당한 브르타뉴 독립당은 제2차 세계대전 때 1940년 프랑스가 나치에 의해 패배한 후 독립을 협상하려는 계획을 추진하였으나 무위(無爲)로 끝났다.

그러나 이러한 계획은 브르타뉴의 민족주의가 파시즘(독재적인 사회국가주의)에서 벗어나는 데 도움이 되었다. 최근에 들어오면서 좌파단체인 환경운동단체가 다양한 지역 문제로 캠페인을 벌이면서 프랑스와의 분리 독립의 명분을 쌓아왔다. 이런 상황에서 2000년에는 자칭 브르타뉴 혁명군(ARB: Armée Révolutionaire Breton)이라고 하는 한 집단에 의해, 맥도날드 식당의 폭파와 같은 폭력행위도 일어났다. 그러나 대부분의 경우 브르타뉴인들은 비교적 높은 생활수준을 누리고 있기 때문에 논쟁은 녹색(환경보호) 문제와 브르타뉴어 및 브르타뉴 문화 발전의 필요성에 초점을 두고 있다.

한편 켈트어를 사용하는 국가들은 제각기 지역의 관심사항을 추구하는 자체 기관을 가지고 있으며, 예전의 켈트인 사이의 유대를 다지는 대회의 정신도 살아서 유지되고 있다. 2001년 이 대회는 '현재 켈트 사용국가의 역사 – 기억이 없는 국민은 미래도 없다'란 주제로 렌느(Rennes: 프랑스의 북서부, 브르타뉴 동쪽에 위치한 도시로 브르타뉴 지역의 수도)에서 개최되었다. 렌느의 북동쪽에 위치한 자치행정구인 생또뱅 뒤 꼬르미에(Saint-Aubin-du-Cormier)는 1488

년 생또뱅 전투가 일어난 곳으로 유명하다. 이곳에서 반란군(브르타뉴인)과 프랑스 사이에 전투가 벌어졌는데, 반란군은 프랑스의 중앙집권을 저지하고 브르타뉴 지역의 봉건제도하의 독립을 유지하려고 저항하였으나, 패배하고 마침내 통합된 프랑스 국가를 세우는 길을 터놓았다.

제9장의 주(註)

1. 도요지인(urnfielder): 이들이 누린 청동기 시기 말, 철기시기로 접어든 중앙 유럽의 문화를 도요지 문화(Urnfield culture c. 1300~750 BC)라고 함. 이 명칭은 죽은 자를 화장(火葬)하여 그 재(災)를 항아리에 넣어 들판에 묻은 데서 유래한다.

2. 15세기 이전에 스코틀랜드 저지대(Lowlands)의 대부분 지역에서 쓰인 중세 영어에서 유래한 언어 유형인 스코틀랜드(영)어 방언은 Inglis로 알려졌는데, 이것은 Scottish라고 하는 게일어와 구분하기 위해서였다. 그러나 15세기 말부터 이 명칭은 점차 스코티시 게일어인 Erse("Irish")로, 저지대의 토착어는 Scottis로 흔하게 부르게 되었다. 오늘날 스코티시 게일어는 아일랜드어(Irish)와 별개의 언어로 인정되며, Erse라는 명칭은 스코티시 게일어와 관련하여 더 이상 쓰이지 않고 있음.

3. Honourable Society of Cymmrodorion: 흔히 줄여서 the Cymmrodorion이라고 함. 웨일즈어로는 Anrhydeddus Gymdeithas y Cymmrodorion이라고 씀. 이 학회는 사회, 문화, 문학, 자선사업을 위한 기관으로 설립되었는데 도중에 잠시 중단되었다가 1873년 이후 현재까지 문화 및 고미술 수집 및 연구에 집중해 오고 있음.

4. The Gwyneddigion Society: 웨일즈어로는 Cymdeithas y Gwyneddigion이라고 씀. 원래 1770년에 설립되었다가 1843년 사업을 접었는데, 1978년 다시금 활동을 재개하였음. 학회의 회보(proceedings)는 웨일즈어로 발행하고 있음.

5. 캠브리아 고고학회(Cambrian Archaeological Association): 웨일즈어로는 Cymdeithas Hynafiaethau Cymru라고 함. 이 학회는 웨일즈 및 잉글랜드와 웨일즈의 경계지역(이것을 Welsh Marches라고 함)에 남아 있는 고대 유적뿐만 아니라, 역사, 언어, 예절과 관습 예술 및 산업과 관련된 유적을 조사, 보존하는 한편 이러한 제반 분야에 대해 일반인들에게 교육하기

위해 1846년 설립된 단체임. 주요 활동으로는 학회 저널과 논문집을 발간하는 것 이외에 강연이나 야외 방문, 연구 여행 등을 후원하고 있음. 이 학회의 초대 회장은 웨일즈의 지주이며 보수당 정치가였던 스티븐 글린경(1807-1874)으로 자유당 수상이었던 윌리엄 글래드스톤(William Ewart Gladstone)의 처남이었음.

6. Gorsedd Beirdd Ynys Prydain: 'Gorsedd of the Bards of the Islandof Britain' 간단히 줄여서 The Gorsedd라고 함. gorsedd는 /'gɔːrsɛð/로 읽고 복수형은 gorseddau임. 콘월지역에서는 *gorsedh*, 브르타뉴에서는 *goursez*로 쓰며 코니시어 및 브르타뉴어가 각각 반영된 철자임.

7. 이와 관련하여 1920년 런던 웨일즈 센터(London Welsh Centre: 웨일즈어로 Canolfan Cymry Llundain)가 설립되어 웨일즈어 교실 운영, 콘서트, 드라마 제작, 젊은 웨일즈 가수 선발, 토론 프로그램 등 다양한 이벤트를 후원하는 사업을 전개하고 있다.

8. 아버가베니(Abergavenny): /ˌæbərɡəˈvɛni/로 발음함. 웨일즈어로는 Y Fenni로 쓰고 [ə ˈvɛnɪ]로 읽는다. '가베니강 어귀'란 뜻으로, 웨일즈의 몬 머스셔 주에 있는 상가 타운(market town)을 일컬음. 원래 로마의 요새인 고반니움(Gobannium)의 터였으나 잉글랜드와 웨일즈의 경계 지역 안에 위치한 중세 성곽마을이 되었다. 여기에는 노르만인들이 웨일즈를 정복한 뒤 얼마 지나지 않아 지은 중세시기의 석조로 된 성(城)의 유적이 있는 곳이다. 이곳에서 2016년 웨일즈의 전국 아이스테드보드(경연대회)가 열렸음.

9. 라 빌르마끄(La Villemarqué: 1815 – 1895): 원래의 명칭은 Théodore Claude Henri, vicomte Hersart de la Villemarqué임. 프랑스의 문헌학자이며 학자(man of letters). 고대 브르타뉴 가문 출생으로 브르타뉴 문학의 금자탑을 설명하는 데 일생을 바침. 그는 또한 1851년 베를린 한림원의 특파원인 야콥 그림(Jacob Grimm)의 소개로 1858년 명문(銘文) 학술원 회원이 되어 활동하기도 하였음.

10. 자코바이트 봉기(Jacobite rising)에 관해서는 R. Chambers(1869), F.McLynn(1998), M. Hook and W. Ross(1995)를 참조하기 바람.

11. 레이디 그레고리(Augusta Lady Gregory: 1852-1932): 앵글로-아일랜드계 귀족 가문 태생으로 드라마 작가이며 민속학자 및 극장 운영자로 활동함. 예이츠 및 극작가이며 문화 활동가인 에드워드 마틴(Edward Martyn)과 함께 아일랜드 문예극장과 애비 극장을 설립하고 수많은 단편을 썼다. 아일랜드 문예부흥(Irish Literary Revival)을 막후에서 도운 인물로 알려져 있음. 레이디 그레고리에 관해서는 Coxhead Elizabeth (1961) *Lady Gregory: a literary portrait*, Harcourt, Brace & World를 참조하기 바람.

12. 루이 나폴레옹(Louis-Napoléon Bonaparte: 1808-1873): 제2 공화국의 유일한 대통령이며 쿠데타로 제2프랑스 제국의 황제가 된 나폴레옹 3세(1852-70년까지 통치)를 지칭함. 그는 프랑스 제국 초기 수년 동안 반대 세력에 대해 검열을 실시하고 1859년까지 억압 정책을 펴서 6천여 명이 투옥되거나 프랑스의 수형 식민지로 보내졌다. 수천 명은 자의로 도피했는데 이 가운데 프랑스의 대문호인 빅토르 위고(Victor Hugo)도 있었다. 그의 생애에 관해서는 Bresler Fenton(1999), *Napoleon III: A Life*, London: Harper Collins를 참조하기 바람.

13. 보불전쟁(Franco-Prussian War): Franco-German War라고도 함. 프랑스에서는 흔히 '1870년의 전쟁'(1870-1871)으로 표현되기도 함. 나폴레옹 3세의 제2프랑스 제국과 프러시아 왕국이 이끄는 북독일연합의 독일 주 사이에 일어난 전쟁(분쟁으로도 표현함). 독일 통일을 확장하려는 프러시아인의 야심과 프러시아가 승리할 경우 야기될 유럽의 힘의 균형이 깨질 것을 우려한 프랑스 사이에 나타난 갈등이 전쟁으로 비화한 사건임.

14. 프랑수아 미테랑(François Mitterrand: 1916-1996): 프랑스 대통령 가운데 가장 오랜 기간(1981-1995) 동안 프랑스를 통치한 대통령으로 사회당 당수(1971-81)를 지냄.

15. 브리튼인(Britons)으로 알려진 켈트인들의 언어(공통 브리손어 Common Brittonic)는 6세기에 이르러 웨일즈어, 컴브리아어, 코니시어 및 브르타뉴어로 갈라지게 된다.

16. 야콥 그림(Jacob Grimm: 1785-1863): 독일의 문헌학자. 인도유럽어와 게르만어의 음운대응을 체계적으로 명시한 이른바 그림의 법칙(Grimm's Law)으로 유명함.

17. '브르타뉴의 발라드'(*Barzaz-Breiz*): 현대 철자로는 Barzhaz Breizh로 쓰고 'Ballads of Brittany'란 뜻. barzh는 'bard', Breizh는 'Brittany'란 뜻. 1839년 라 빌르마끄가 수집한 브르타뉴인의 대중가요 모음집으로 구전에서 편집하여 전통 민속이야기, 전설 및 음악으로 보전되어 옴.

18. 조셉 르낭(Joseph Ernest Renan: 1823-1892): 셈어(Semitic) 및 셈족 문명의 전문가. 그의 고향인 브르타뉴에 헌신한 철학자, 역사가, 작가로 초기 기독교(Christianity)에 관한 역사 저술로 영향력을 끼친 인물로 가장 잘 알려져 있음.

19. 폴 고갱(Eugène Henri Paul Gauguin: 1848-1903): 프랑스 후기 인상주의 화가. 고갱은 화가, 조각가, 판화 제작자, 도예가 및 작가로 상징주의자 운동(Symbolist movement)에 중요한 인물이었음.

20. 니콜라 스터전(Nicola Ferguson Sturgeon): 1970년생. 현재 스코틀랜드 정치인으로 제1수상이며 스코틀랜드 국민당의 당수. 수상과 당수를 차지한 최초의 여성 정치인. 2016년 포브스지(Forbes)는 스터전을 세계에서 50번째, 영국에서 두 번째로 가장 영향력을 지닌 여성으로 평가함.

21. 브렉시트(Brexit): British와 exit의 합성어(portmanteau). 2016년 6월 국민 투표에서 52퍼센트가 유럽연합(EU) 탈퇴를 찬성한 뒤 테레사 메이(Theresa May)가 수상으로 선임되어 2017년 3월 말까지 유럽연합 탈퇴를 위한 공식 절차에 들어간 상태로, 유럽연합조약 제50조에 따라 2019년 3월 말까지는 영국이 유럽연합에서 탈퇴하는 계획임. 참고로, 영국은 1973년 유럽연합의 전신인 유럽경제공동체(European Economic Community: EEC)에 가입하고 67퍼센트의 국민 투표 찬성으로 EEC의 회원국이 되어 오늘에 이르고 있음.

제10장 켈트어의 기층 · 켈트 영어

10.1. '켈트어'의 의미 변화

이 장에서는 우리가 영어와 관련하여 영어권 국가에서 쓰이는 영미영어나 호주영어, 캐나다영어는 물론 비영어권 국가에서 쓰이는는 자메이카영어, 하와이영어 등 우리가 흔히 들어온 영어 말고 켈트인들이 정착한 지역(아일랜드, 웨일즈, 스코틀랜드, 맨섬, 콘월 등)에서 사용한 켈트어가 오랜 역사 속에서 상층(上層) 언어인 영어의 역사와 문화 속에서도 살아남아 오늘날 지역에 따라 기층(基層) 또는 방층(傍層) 언어로 잔존(殘存)하여 이른바 켈트영어(Celtic Englishes)라는 이름으로 일부 지역에서 쓰이게 된 역사와 그 변천 과정을 좀 더 상세하게 살펴보려고 한다.[1]

우선 '켈트어'라고 할 때 쓰이는 'Celtic'이란 용어에 대해 간단히 살펴보기로 한다. 이 용어(그리스어 *χελτοι*; 라틴어 *celtae*)는 19세기 후반에 이루어진 문헌학 연구 성과에 힘입어 등장한 것으로, 대륙의 야만 민족들, 곧 알프스 산맥 북부와 서부 및 동부가 그들의 고향이며 영토를 확장하려는 욕망을 충족시키려고 지중해 연안의 여러 민족을 반복해서 공격하여 괴롭혔던 민족을 지칭하기 위해 중세 이전의 시대 특히, 그리스, 로마 시대에 사용된 말로 언어와는 특별한 연관이 없는 말이었다.

그러나 17세기 후반, 한 무리의 서부 유럽의 언어들을 묶어 '켈트어(Celtic)'로 분류하려는 개념이 나타나고, 19세기에 문헌학(philology : 후에 언어학이란 개념과 동일시됨)의 출현으로 이러한 개념이 과학적으로 확증되기에 이르렀다.

그리하여 19세기 중엽부터 켈트어를 사용하는 화자(話者)들이 거주하는 국가들은 '켈트' 국가로 알려지게 되었다. 이것은 곧 'Celtic'이란 말이 '민족'에서 '언어'로, 그리고 '국가'로 의미변화(semantic shift)가 일어났음을 나타낸다. 이러한 변화에 이어지는 것은 '정체성'의 변화로, 오늘날 '켈트어'를 일상적으로 사용하는 화자는 더 이상 남아 있지 않아도 오래 전에 켈트어가 쓰였던 이들 국가들은 '켈트 국가', '켈트어 변방' 또는 '켈트어 주변국' 등으로 알려지고 있다.

10.2. 켈트어와 다른 언어와의 연관성

문헌학이 출현하기 전, 오늘날 도서(島嶼) 켈트어(Insular Celtic languages)로 칭하는 분류법에 관심을 가진 학자들은 이들 켈트어를 히브리어 또는 독일어와 함께 분류하였다. 히브리어와 켈트어의 연관성은 매우 오래 전부터 있어온 일이다. 게일어(Gaelic)에 관한 한, 기원후 7세기로 거슬러 올라갈 수 있다. 독일어와의 연관성은 후기 르네상스와 계몽주의 시대에 일어난 것으로 보인다.[2]

고대 아일랜드어(Old Irish)와 고대 웨일즈어(Old Welsh) 사이에 어떤 연관성이 있음을 알게 된 것은 기원 900년 무렵에 만들어진 것으로 여겨지는 어원 백과사전인 《코맥 어휘해설서》(*Cormac's Glossary*)에 이미 나와 있으나, 켈트어 사이의 특수한 연관성을 알고 있었는지는 1707년에 발행된 에드워드 루이드(Edward Lhuyd)의 *Archaeologica Britannica*(브리타니카 고고학) 이전에 존재했다는 증거가 전혀 없다. 그러나 체계적이고 공시적인 어휘 대응관계를 알고 있다는 것만으로는 켈트어 사이의 연관성을 인식하기에는 충분치 못하였다. 이것을 해결하기 위해서는 내적 재구(internal reconstruction)[3]라는 역사적 방법이 필요하였다.

프랑스, 영국 및 스코틀랜드에서 일어난 17-8세기 유럽의 계몽주의 사상운동은 '국가'를 그 나라의 '언어'와 동일시하는 개념을 만들어 내었다. 일단 이른바 '켈트' 언어들 사이에 역사적인 내적 관계가 성립되면 국가의 정체성과 정치적 독립에 대한 주장이 제기되기 마련이었다.

그러나 이것은 문헌학자들이 켈트 언어들 사이의 친족관계(genetic relationships)를[4] 실제로 가정하기 이전인 19세기 초까지는 일어나지 않았다. 켈트어들 사이에 나타나는 문법상의 관련성을 체계적으로 설명하고 이들 언어의 대응관계에 적절한 역사적인 기초를 처음으로 마련한 학자는 제임스 프리차드(James C. Prichard)[5] 및 아돌프 피크테트(Adolphe Pictet)였다.[6] 프리차드는 그의 저서(1831, [2]1857)에 나타난 제목 그대로 언어와 국가의 성립 사이의 동일관계를 확고하게 보여주었다.

10.3. 보프의 학설을 뒤집은 켈트어의 계보

프란츠 보프(Franz Bopp)는[7] 켈트어가 독자적으로 인도유럽어(인구어)족에서 독자적으로 갈라져 나온 서부 갈래, 또는 그 당시 분류하던 방식대로 '인도-게르만어족'(Gm. indo-germanische Sprachfamilie)을 이루고 있다는 것을 받아들이는 데 주저하였다.

그는 인구어족에 속하는 언어 가운데 산스크리트어를 다른 몇 개 언어와 비교한 자신의 1816년 및 1823년에 나온 독창적인 저서와 논문

〈자료 1〉 제임스 프리차드, 아돌프 피크테크, 프란츠 보프(왼쪽부터)

에 켈트어를 포함시키지 않았다. 보프는 켈트어가 다른 인구어와는 어휘 및 문법상의 친근관계를 인정하지 않았음에도 이러한 관계가 다른 인구어에 관해 알려진 언어들과는 매우 달랐기 때문에 켈트어 사이의 관계가 친근관계보다는 인접한 언어들과의 접촉의 영향에서 말미암은 것으로 생각하였다.

이와는 달리, 프리차드와 피크테트는 켈트어들 사이의 문법대응 관계에 대한 증거를 한층 더 발전시켰는데, 이 업적으로 보프는 결국 켈트어군이 인도유럽어족의 속한다는 것을 받아들일 수 밖에 없게 되었다. 이러한 일련의 사건은 1838년에 일어났다.

10.4. 기념비적인 저서, '켈트문법'의 영향

요한 제우스(Johann Kaspar Zeuss)가[8] 그의 기념비적인 저서인《켈트 문법》(*Grammatica celtica*, 1853)을 세상에 내놓았을 때 '켈트 민족'에 엄청난 충격을 가져다 주었다. 이 책은 켈트어에 대한 광범위한 비교 문법을 다룬 저서로 라틴어로 쓰여졌는데, 그는 자신의 모국어인 독일어로 쓸 경우 국제적으로 널리 읽혀지지 않을까 염려하였기 때문이었다.

그 뿐만 아니라 요한 헤르더(Johann
Gottfried von Herder)[9]에 의해 처음
으로 주창된 '언어', '민족' 및 '국가'
의 동일성으로 인해 제우스의 이
책은 켈트어와 관련된 민족 사이
에 '켈트인의 자의식'을 과학적으
로 인정하는 토대를 마련해 주었
다. 이것은 켈트인의 국가에 대한
정체성을 켈트인 스스로 느끼게 해
준 하나의 작은 단계에 지나지 않
았다.

그러나 이로 인해 켈트인들은 자
랑으로 여겨온 자신들의 고대 문화

〈자료 2〉요한 제우스

에 대한 자긍심을 제우스의 저서를 통해 느끼게 된 것이다. 실제로 켈
트인의 문화는 이들을 지배한 식민지 시절의 영국인이나 프랑스인의
문화에 견주어 훨씬 더 오래된 문화였으며, 따라서 켈트인들은 독립
국가로서의 지위를 차지할 권리가 충분하였다.

10.5. 계몽주의 시대와 켈트이즘

계몽주의 시기에는 이른바 '켈트이즘'(Celticism) 또는 '켈트주의'
라는 말이 떠오르는 때였다. 이 말은 런던대학 영어연구소(Institute
of English Studies: IES)의 상임연구원인 맥코맥(W. J. McCormack)이
1985년에 만든 용어이다.

이것은 에드워드 사이드(Edward Said)가[10] 자신의《오리엔탈리즘》

이란 저서명에서 힌트를 얻어 아일랜드 상황에 맞게 고쳐 만든 용어
이다. 사이드는 식민지배 민족이 동양 문화에 갖는 관심을 제국주의
적 편견에 사로잡힌 사람들로 간주하였는데, 맥코맥 또한 이와 똑같
은 원리가 이른바 '켈트' 국가들에게도 적용된다고 보았다.

　주지하는 것처럼 계몽주의는 18세기 유럽 사상의 세계를 지배한
지적 운동으로, 권위와 적법의 일차 자원으로서 이성(理性)에 중심을
둔 사상의 범위를 포함시키고 자유, 진보, 관용, 결사, 헌법상의
정부 그리고 교회와 국가의 분리와 같은 이념의 발전을 가져왔다.
계몽주의 사상은 1789년에 시작된 프랑스 혁명에 영감을 불어넣는
데 주요한 역할을 했으며, 혁명 이후에는 계몽주의와는 대립되는
로맨티시즘으로 알려진 지적운동이 뒤따랐다.

　맥코맥의 '켈트주의' 명명(命名) 이후 영국과 프랑스는 켈트인들을
더 잘 이해함으로써 자원 개발을 목적으로 한 효과적인 식민 지배가
가능하다고 보았기 때문에 '켈트주의'에 관심을 나타냈다. 켈트인들을
'더 잘 이해한다'는 것은 한편으로는 피식민지배자들이 이룩한 문화적
업적을 이해하려 함을 의미한다. 이처럼 지배자들의 이중적인 주도
권 다툼의 태도는 켈트인을 대상으로 프랑스와 영국에서 발달하였다.

　다른 한편으로는 켈트인들의 즉흥성과 상상력, 문화적 성취 그리
고 특히 그들의 이국적인 정서는 프랑스인과 영국인들의 존경의 대
상이었다. 그럼에도, 또 다른 한편으로 "켈트인들은 자신들보다
한층 더 발전한 식민 지배자들이 지닌 이성적인 정신 및 정치적으로
스스로 통제하는 능력이 부족하다"는 주장이 프랑스에서는 조제프
르낭(Joseph E. Renan: 1823–1892),[11] 영국에서는 매튜 아놀드(Matthew
Arnold: 1822–1888. 영국의 시인이자 문화비평가)에 의해 제기되었다.
르낭은 1854년 반계몽주의적인 인종주의로 가득찬《켈트인종의 시
가(詩歌)》(La poésie des races celtiques)라는 유명한 시(詩)를 내놓았고,
아놀드는 1865–66년에 '켈트문학 연구'라는 일련의 옥스퍼드 강연을
진행하였다. 이 두 인물이 끼친 영향력은 대단하였다.

켈트인에 대한 이들의 소개와 강연 이후 켈트철학과 이른바 '켈트주의'는 지금까지 외부 세계에서 신비와 전설에 싸인 켈트인을 바라보는 관점에서 벗어나 '객관적'이고 '과학적'인 관점으로 켈트인을 바라보는 계기가 되었다.

켈트어가 쓰인 개별 국가의 입장에서 볼 때에도 1798년 아일랜드에서 일어난 봉기를 기점으로 국가의 정체성을 회복하려는 정치적 투쟁이 이미 시작되었으며, 그 예로 대니얼 오코넬(Daniel O'Connell)[12]의 정치적인 행동주의를 들 수 있다. 켈트어가 쓰인 국가, 곧 '켈트국가'에서는 '켈트인의 기질'이란 개념이 지닌 반사이익을 신속하게 받아들여 여기에 특별한 자긍심을 부여하였다.

10.6. 켈트국가에서조차 켈트의식이 사라져 가고 있어

켈트철학과 켈트주의는 이른바 켈트어를 사용해온 민족인 켈트민족에게 문화적, 정치적으로 켈트인의 기질을 널리 알리기 위한 대중의 요구가 있었기 때문에 문화적인 민족주의(cultural nationalism)를 일으키기 위한 중요한 요인으로 작용하였다. 이러한 그들의 요구는 결국 정치적인 민족주의로 귀결되었다. 언어와 문화 그리고 국가는 모두 동등하며 그 어느 것이라고 할지라도 '켈트'인의 것[13]이 될 수 있었다.

크리스토퍼 하비(Christopher Harvie)는[14] 스코틀랜드의 고지대(하이랜드)에서 내려온 '고대전통(관습)' – 타탄, 파이프 밴드, 하이랜드 게임 등 – 은 철저하게 19세기에 만들어진 것이라고 지적하였다. 그의 주장에 따르면 켈트인의 문화적인 상황 또한 다른 켈트 국가들의 경우와 크게 다를 것이 없었다,

켈트인에 대한 의식, 곧 '켈트 의식'(Celtic consciousness)이 무엇

보다도 켈트 국가에서는 외부세계로부터의 지나친 관심으로 인해 널리 알려진 반면, 정작 켈트 국가 안에서는 켈트어에 대한 관심이 줄어들기 시작하여 오늘날 그동안 켈트어가 사라져 버린 이들 국가에서조차 많은 사람들이 그들 스스로 켈트인으로서의 '의식'을 잊어버리고 있다. 켈트인으로서 그들의 정체성 일부분이 그들이 사용한 언어(켈트어)와 함께 역사 속으로 사라져버려 유감스러운 점은 있으나, 콘월이나 맨섬에서처럼 이들 후손 가운데에는 그들의 조상이 사용한 켈트어를 되살리려는 노력을 꾸준히 지속해오는 이들이 있다.

그럼에도 '켈트 국가'에 거주하는 사람들의 상당수는 대부분 잃어버린 켈트어를 복원하려는 노력을 하지 않으려 하고 있다. 물론 '켈트인의 기질'이라는 것은 정도의 차이는 느낄 수 있을지 몰라도 켈트인의 정신에 여전히 살아 있는 것만은 틀림없다. 그리하여 'Celtic'이란 말은 언어에만 근거를 두고 있는 것이 아니라 대도시풍의 영국 문화가 지닌 개념과는 전혀 다른 켈트인만의 특별한 생활방식을 깨닫게 하고 이 생활방식을 열망하는 것과 관련되어 있다. 따라서 '켈트인의 기질 또는 속성'은 오늘날 스스로 자신감이 넘치는 민족의 주변적인 속성에 대해 스스로 정의를 내리는 데 도움이 되고 있다.

10.7. '켈트영어'의 정의

이제 '켈트영어'라는 명칭에 관해 좀 더 자세하게 살펴보기로 한다. '켈트영어'의 뜻은 "켈트 국가에서 쓰이는 영어"라고 하는 것이 좀 더 정확한 표현이 될 것이다. 또는 달리 표현하자면 언어적, 문화적 그리고 이데올로기적으로 켈트어가 영어 유형에 영향을 끼치면서 국가 및 지역에 거주하는 주민이 이해하고 알아차리는 영어를 줄여서 부르는 명칭이라고 할 수 있다.

그런데 '영국영어'나 '미국영어'와 같이 우리가 흔히 들어온 명칭과는 달리, 우리에게 다소 생소한 '켈트영어'가 지닌 몇 가지 문제점은 다음 세 가지로 요약할 수 있다(Tristram 1997: 4f).

첫째, 켈트어는 한때 쓰였다가 영어 사용으로 말미암아 오래 전 켈트어 화자들이 사용하지 않게 된 언어라는 점.
둘째, 켈트어가 여전히 쓰이고는 있으나 현재 상이한 소멸의 비율로 사라져 가고 있다는 점.
셋째, 켈트어를 사용한 일부 원주민이 영국이 식민지를 확장하던 시기에 북아메리카로 이주했다는 점.

위의 세 가지 문제점에서 제기되는 기본적인 문제는 영어의 한 유형에 속하는 것으로 볼 수 있는 이른바 '켈트영어'가 우리가 그동안 익숙하게 알아 온 다른 유형의 영어(영미영어, 호주영어, 캐나다영어 등)와는 달리, '켈트어'로서의 속성을 지닌 특별한 언어적 특징을 공유하고 있는가 하는 점이다. 또는 '켈트영어'라는 명칭이 여러 켈트어 사이에 어떤 언어상의 특성도 공유하고 있지 않으면서 18세기 말과 19세기에 문헌학 또는 언어학의 역사와 발달에 기초하여 학문적으로 그릇된 논의에서 비롯된 명칭은 아니었을까하는 점이다.

10.8. 켈트어 흔적을 남긴 곳에서 영어의 위상

우리가 대체로 알고 있는 아일랜드, 콘월, 웨일즈, 스코틀랜드, 맨섬 등 이른바 도서(島嶼) 켈트어(Insular Celtic languages) 말고도 노르웨이, 스위스, 핀란드, 캐나다에서도 한때 켈트어가 쓰인 흔적이 있다. 그렇다면 켈트어가 쓰였던 나라 또는 지역에서 사용되어 온 영어의

사회역사적 위상은 현재 어떤 위치에 와 있는지 일부 개별 국가 또는
지역을 예로 들어 살펴보기로 한다(cf. M. Görlach 1997: 27-28).

1. 오늘날 콘월 및 맨섬에서 쓰이는 언어는 영어가 유일하다.
   이것은 브리튼에서 유일하게 영어가 쓰이는 다른 모든 지역에도
   해당되며, 유일한 차이가 있다면 켈트어가 이들 지역에서 쓰였던
   시기는 이보다 훨씬 더 오래되었다는 점이다. 이 지역에서 켈트어
   가 지닌 특징은 만일 존재한다면 화석화하거나 변형된 모습,
   이를테면 오늘날 쓰이는 지역 영어(regional English)의 형태로
   '명칭'으로만 남아 쓰이고 있다는 것이다.
2. 아일랜드 공화국에서 현재 영어는 지배 언어로 쓰이고 있으나 70년
   이상 공식적인 지위를 누려온 게일어(Gaelic)와 공존하고 있다.
   아일랜드는 1922년 헌법 4조에서 게일어를 국어로 선포하였다. 이
   에 따라 대부분의 아일랜드인은 학교에서 켈트어와의 언어접촉으
   로 인해 게일어를 접하게 되는 것과 달리, 일부 지역(케리, 코네
   마라, 도너갈)에서는 켈트어를 제1언어(방언)로 사용하는 화자들
   과의 접촉이 이루어지는 인구가 다른 지역에 견주어 훨씬 미치지
   못하고 있다.
3. 영어는 스코틀랜드 서부 도서 및 웨일즈에서 필수적으로 쓰이는
   켈트어와 경합을 벌이고 있다. 브리튼의 이들 지역은 지역상 켈트
   어 기층의 영향을 받았음을 보여주고 있다.[15]
   이들 지역은 한때 켈트어가 쓰였다는 생생한 기억을 간직한 채
   더 이상 쓰이지 않는 지역이 되었고, 더 나아가 영어와 켈트어
   가운데 마을의 상황과 전달자에 따라 두 가지 언어가 각각 여전히
   쓰이고 있는 이중언어 지역도 생겨났다.
   그리하여 웨일즈 및 고지대 여러 지역은 켈트어 전반에 걸친
   사항과 부분적으로 수정된 여러 유형의 영어 어형에 켈트어가
   끼친 효과 또는 영향을 문자로 상세하게 기록하였으나, 각 지역에
   따라서는 이들 유형이 다소 무질서하게 배열되어 있다.
4. 만일 브르타뉴 원주민의 거주 지역인 브르타뉴(Brittany)가 여기에

포함된다면 이 지역은 켈트어가 아닌 프랑스어에 의해 위협을 받고 있는 지역이다. 브르타뉴는 선사시기부터 켈트인이 거주하고 있었던 지역으로 이곳에서 쓰이고 있는 브르타뉴어(Breton)가 외국어로서의 영어, 곧 학교 영어에 어떤 영향을 끼쳤는지 살펴보는 것 또한 켈트영어를 이해하는 데 다소 도움이 될 수 있을 것이다.

영국영어에 스며든 켈트어 기층은 어떠했을까? 영어의 오랜 역사로 볼 때 고대 및 중세영어에 끼친 켈트어의 영향이 놀라우리만치 미미했다는 것이 학계의 주장이다. 고대영어에 쓰인 켈트어 차용어는 십여 개 정도에 한정되어 있는데, 게르만 부족들이 정복한 여러 지역에 많은 켈트어 화자들이 거주해 왔다는 사실을 고려해볼 때 이 숫자는 놀라운 결과가 아닐 수 없다.

그러나 상당수 켈트인들이 게르만 부족을 피해 서쪽으로 밀려나서 다른 지역으로 갔으며 궁극적으로는 브르타뉴 지역까지 이민 가는 처지에 놓였다는 것 또한 영어의 오랜 역사에서 간과할 수 없는 사실(史實)이다. 그렇다면 5세기 이전 브리튼의 모든 지역에 살았던 켈트인이 남긴 흔적을 추적하는 거의 유일한 증거가 역사에 자주 등장하는 지명(place names)뿐이었을까(Cameron 1996: 31-49 참조)? 이 의문을 풀기 전에 우선 도서켈트어의 특징을 알아보도록 하자.

10.9. 도서켈트어의 특징(음운, 통사, 어휘)

모든 도서(島嶼) 켈트어에 나타나는 세 분야(음운, 통사, 어휘)에서 이들 언어 사이에 공유된 특징이 어떠했는지 간단히 살펴보겠다.

1) 음운상의 특징

우선, 음운상으로는 모든 도서 켈트어가 공유하고 있는 특별한 특징은 나타나지 않는다. 도서 켈트어의 경우 P-켈트어계 및 K-켈트어계 등 두 가지 음운 유형으로 나누어진다.

전자는 규칙적인 음운대응이 일어나는 웨일즈어, 코니시어 및 브르타뉴어의 경우를 말하며 후자는 아일랜드 게일어, 스코티시 게일어 및 맨섬어에 나타나는 음운대응을 의미한다. 이를테면 전자의 경우 잘 알려진 예로 *mac* 'son'(K-켈트어계) vs. *mab* 'son'(P-켈트어계) 또는 *cuig* 'five'(K-켈트어계) vs. *pimp* 'five'(P-켈트어계)를 들 수 있다.

기원후 6세기 브리튼, 스코틀랜드 및 아일랜드에서 양피지 사본 문서가 쓰이기 전에는 이러한 구분은 더 이상 생산적이지 못하였으며, 이주해 온 앵글로색슨인들의 언어에도 아무런 효과를 나타내지 못하였다. 예컨대, 랑카셔 주로 이주한 앵글로색슨인들에게는 P-켈트어계에서 쓰인 *penn* 'mountain'은 P-켈트어계 또는 K-켈트어계 가운데 어느 켈트어계에서 빌려온 것이든 상관없이 *pen-hyll*로 썼고 현재 *Pendle*이 되었다. 오늘날 '산'은 *Pendle Hill*이 되었고 이웃마을은 *Pendle*이 되었다(Tristram 1997: 9).

K-켈트어계에서는 구개음의 상관관계를 보여주고 있다. 다시 말하면 단자음(monophthong)은 각각 구개화된 음(/t - t'/, /p - p'/, /k - k'/)을 가지고 있는데, 이것은 사실상 K-켈트어계에 속하는 언어들이 구개음의 상관관계가 없는 다른 켈트어들에 견주어 두 배나 많은 자음을 가지고 있다는 것을 의미한다. 단자음과 구개음화한 자음 사이의 구분은 문법상의 목적, 곧 주격 단수, 속격 단수 및 복수 명사형 사이의 구분과 같은 목적을 이루기 위해 사용되었다.

한편 P-켈트어계와 K-켈트어계 사이의 음운상의 또 다른 구분은 어강세(word stress)와 관련되어 있다. 곧 K-켈트어계에서 강세는 대체로 다음절어의 첫 번째 음절에 오는 것과 달리, P-켈트어계의 경우에는 대체로 끝에서 두 번째 음절에 강세가 오고 억양은 마지막 오는 두 개의 음절에서 올라간다.

이러한 현상을 P-켈트어계의 2음절 강세(bisyllabic stress)로 해석하는 학자도 있다(Pilch 1983/4, 1988/9, 1990 참조). 웨일즈어 및 브르타뉴어에 나타나는 오름조 억양(rising intonation)은 매우 특이하며 아마도 컴브리아어(Cumbric)[16]의 특징이기도 하였다. 이와는 달리, K-켈트어계에서는 굴절 어미를 어휘소(lexeme)의 어간에 첨가해도 어강세에 영향을 미치지 않는다.

그러나 P-켈트어계에서는 강세 이동이 일어나서 한 음절에 굴절 어미가 첨가되면 강세가 앞으로 이동하여 항상 끝에서 두 번째에 강세가 오는 음절이 된다. 그리하여 P-켈트어계에서는 끊임없이 강세 이동이 일어나서 그 결과 분절 조정이 이루어지게 된다.

2) 문법상의 특징

다음으로 통사론, 곧 문법분야에서 모든 도서 켈트어가 공유하는 문법상의 특징이 어떻게 나타나고 있는지 살펴보기로 한다(Ternes 1980; Tristram 1997 참조).

켈트어 학자들의 상당수는 모든 도서 켈트어가 공유하는 문법상의 특징을 대체로 다음과 같이 8가지로 정리하고 있다.

1) 모음변이: 일정한 형태/통사론상의 조건이 만족되면 세 가지 유형의 규칙적인 패러다임의 어두 자음의 교체가 일어난다.
2) 통사상 제약을 받은 동사 활용: 동사형의 음운상 유형은 문장이나 절 안에서 일어나는 문장 또는 절의 유형에 좌우되거나 동사형이 차지하는 위치에 나타나는 문장 또는 절의 유형에 따라 결정된다.
3) 전치사의 인칭 굴절형: 대명사는 인칭(6개의 인칭), 수(2개의 수), 및 성(性)(gender, 2개의 성)에 따라 굴절한다.

4) 명사 중심: 동사보다 명사구를 써서 감각, 느낌, 정신활동 및 능력
   등을 표현한다.

5) 소유: '소유'를 나타내는 'to have' 동사가 없음. 그 대신 굴절 전치
   사 및 동사 BE가 포함된 우언법상의 구문으로 표현한다.

6) 종속이 아닌 통사상의 대등절 선호: 복합 통사유형을 써서 종속
   구문을 피한다.

7) 복수 주어와 술부 사이의 수의 일치가 없음: 복수 명사로 주어를
   나타낼 경우, 동사는 단수형을 사용한다.

8) 수사 다음에 복수 명사가 굴절하지 않음: 모든 수사는 명사와
   결합할 때 단수형을 사용함. 그러나 아일랜드 게일어 및 스코티시
   게일어에서는 이 현상이 다소 복잡하다. 곧 어떤 경우에는 단수가
   쓰이고 다른 경우에는 복수가 쓰인다. 이것은 수사 또는 명사 유형
   에 따라 좌우되는 경우가 많다.

켈트어 학자인 포츠담대학의 트리스트람(H. L. Tristram)은 위에
열거한 문법상의 특징 말고 소멸되었거나 현재 소멸이 진행되면
서도 오늘날까지 여전히 그 효력을 지니고 있는 도서 켈트어의 훨씬
오래된 단계(시기)에서 나타나는 공유된 특징과 구조에 주목하고,
이것을 다섯 가지로 추가한 내용을 다음과 같이 요약하고 있다(cf.
Tristram 1997: 6-7).

1) 동사의 굴절: 옛 도서 켈트어에는 불완전완료형과 과거형(preterite)
   에 쓰인 특수한 굴절형 및 BE 동사에 습관을 표시하는 특수한 어형
   이 있다.

2) 굴절 수동형: 이 수동형은 자치 구문을 표현하고자 문법화한 굴절
   형으로 발달한다.

3) VSO 어순: 문장이나 절의 어두 위치는 동사 범주에 의해 선택된다.

4) 후치: 한정 형용사 다음에 수식하는 명사가 온다.

5) '계사(copula)' 및 동사 BE의 '존재동사(*verbum substantivum*)': 켈트어
는 계사와 존재동사를 나타내고자 상이한 형태상의 교체형을 구
분하여 사용하는데 이것은 스페인어의 *ser* 및 *estar*와 유사하다.

통사(문법이나 구문) 분야에서 고대영어에 두드러지게 나타나는
특징은 켈트어 기층에서 이어져 내려온 것이 아니라 상당 부분 라틴
어 또는 고대영어 내부의 발달에 기인한 것이라는 점이다.

이런 현상에 대해 반론을 주장하는 학자도 있다(cf. Poussa 1990).
푸사의 가설에 따르면 잉글랜드 남서부의 현대 방언에 쓰이는 우언동
사 do는 켈트어 기층에서 온 발현형(reflex)이며, 아일랜드 영어에
쓰이는 do의 특수한 쓰임과 다소 연관되어 있다는 주장이다. 그러나
그의 가설은 게르만어 및 켈트어의 어느 쪽의 역사에서도 그 증거를
찾을 수 없는 주장이라는 것이 학자들의 공통된 견해이다(Tristram
1997: 29 fn. 2 참조).

3) 어휘상의 특징

어휘(lexis) 분야에서는 어떤가? 켈트어 학계에서는 영어 어휘 가
운데 많아야 4퍼센트 정도의 어휘에서 켈트어의 흔적을 찾을 수
있다고 주장해 왔으나, 실제로는 어원이 분명치 않거나 어원을 전혀
찾을 수 없다는 것이 학계의 오랜 전통이었으며, 최근의 연구에서도
켈트어 흔적을 입증할 수 없다는 것이 밝혀지기도 하였다(cf. Todd
1990).

켈트어 기층에 관한 가장 철저한 연구(Förster 1921: 119-242)에
따르면 영어 어휘에 끼친 켈트어의 영향이 어떻게 되었든지 간에
우리가 기대하는 영어 어휘에 대한 효과나 영향은 그리 크지 않고
최소한에 그친다는 것이다. 이러한 사실(史實)은 이미 영어의 지명을
연구한 학자의 저술에서도 입증된 바 있다(Cameron 1996 참조).

그렇다면 이처럼 초기 켈트어의 영향이 영어 어휘에 크게 반영되지 않은 이유는 무엇일까? 우리는 이것을 다음 세 가지로 나누어 고려해 볼 수 있다(cf. Görlach 1997: 27-54).

우선 7세기 북부 지역의 고대영어에 끼친 아일랜드 선교의 영향이 미미했는데, 그것은 당시 선교사들이 선교를 위해 켈트어 대신 고대영어를 사용했을 수도 있었기 때문이다. 그리하여 역사상 서색슨어(West Saxon)로 옮긴 〈크리스마스 이야기〉에서 예수(Jesus)가 켈트어인 *bin* 'box'에서[17] 인생을 시작하여 켈트어의 *cross* '십자가'에서 삶을 마감하였다는 사실에 대해 언급하는 것은 오늘날 하나의 사실(史實)이 되었다.

게일인(스코틀랜드 고지인)들이 북부 지역에 제한적이기는 해도 읽고 쓰는 능력을 가져오기는 하였으나 고대영어의 문자 체계에 미친 영향은 주로 문자에서 눈에 띠게 나타나고 있는데, *eth* 〈ð〉 및 확실치는 않으나 〈e〉의 구개음화한 문자 *sceolde*가 [ʃoldə]로 해석되는 것 정도에 지나지 않았다(현대영어의 should에 해당).

다음으로 로마-켈트인 사회의 상류층과 게르만 침략자들 사이의 접촉은 제한되어 있었을 것이고 도시 지역의 켈트인들은 침입자들에게 죽임을 당하거나 서부 지역으로 쫓겨나갔을 것으로 여겨지고 있다. 여기서 주목해야 할 것은 앵글로색슨계 왕가의 계보에 켈트인과의 긴밀한 접촉이 있었음을 나타내는 켈트어 명칭이 포함되어 있었다는 점이다.

고대영어 시기의 수도승이었던 비드(Bede)와 올드햄(Aldhelm)에 따르면 당시 잉글랜드의 수도승과 왕자들은 이 시기에 아일랜드로 건너가서 그곳의 토착어인 켈트어를 배웠다고 하며, 고대영어의 주문(呪文)에는 고대 아일랜드어가 쓰여 있었다. 한편 도시에 거주한 많은 켈트인들은 지역 라틴어를 쓰는 화자들이었을 것으로 추측된다.

마지막으로 게르만 민족과 삼림지역의 고립된 지대에 거주하거나 또는 정복자인 게르만인의 고용인으로 일하던 켈트인들과의 사이에 일어난 접촉은 대등한 관계에서 이루어지지 않았다는 점이다. 그리하여 켈트인들은 빠르게 영국인으로 방향 전환을 하였을 것이고, 켈트인의 언어적 배경을 상기시켜 주는 켈트어의 여러 특징은 이제 더 이상 쓰이지 않고 사라져 버린 것으로 여겨지고 있다.

이러한 현상은 오늘날 브리튼의 여러 지역에서 흔하게 발견할 수 있다. 그 예로 '이방인' 및 '노예'라는 두 가지 의미를 지닌 *wealh*는 어원적으로는 토착민인 켈트인을 지칭하는 '브리튼인'(Briton), 또는 '웨일즈인'(Welshman)을 의미하는데, 이러한 명칭의 배경에는 켈트인들이 오랫동안 거주해온 브리튼(현재의 영국Britain)에서 이민족의 침략으로 인해 사방으로 쫓겨나서 사실상 '이방인'으로 살 수밖에 없었던 그들의 초기 역사에 적어도 주목할 필요가 있다.

켈트어가 영어에 끼친 영향은 앞에서도 살펴본 것처럼 초기 역사뿐만 아니라 후기 역사에서도 오랫동안 그리 크지 않았다. 5세기 중엽 브리튼을 침략한 게르만인인 앵글로색슨인들은 켈트인에 흥미를 느끼거나 그들로부터 많은 것을 배우는 데 관심이 없었다. 설령 그들이 무엇인가를 배운다고 해도 그 대상은 당시 유럽 문화의 중심을 이루는 언어였던 라틴어가 주요 대상언어였으며, 피정복자였던 켈트인의 언어인 켈트어를 매개체로 하여 배우는 경우는 극히 드물었다.

10.10. '켈트영어' 사용 국가의 언어상황

그러면 켈트어가 쓰인 나라에서 오랫동안 영어와 접촉하면서 많거나 적거나 간에 켈트어의 기층이 스며들어간 영어, 곧 켈트어계통의 영어인 '켈트영어'가 쓰인 나라에서의 언어상황은 어떠했을까? 다음에 켈트영어가 쓰이는 아일랜드와 스코틀랜드의 경우를 예로 들어 이들 국가의 언어 상황을 하나씩 좀 더 구체적으로 살펴보기로 한다.

   1) 아일랜드

   아일랜드의 정치적인 정착사(定着史)에는 오늘날 아일랜드에서 쓰이는 켈트영어의 언어적 다양성을 엿볼 수 있는 풍부한 단서가 포함되어 있다. 켈트영어에 관한 한, 아일랜드의 언어 상황은 네 개의 층위(層位 layer)로 구분하여 살펴볼 필요가 있다.

a) 중세시기에 앵글로-노르만인의 정착으로 아일랜드의 여러 지역 특히 더블린, 킬데어(Kildare: 아일랜드 동부의 주), 킬케니(Kilkenny: 아일랜드 남동부의 주), 워터포드(Waterford: 아일랜드 남부의 주도)의 여러 마을에서 영어가 쓰이게 되었으며, 영어뿐만 아니라 프랑스어, 라틴어 및 아일랜드어 등 복잡하고 역동적인 4개의 언어가 쓰이는 상황이 되었다.
   15세기에 지방 정부에서는 아일랜드어의 사용으로 영어가 쇠퇴하는 것에 대해 우려의 목소리를 내기도 하였으나, 영어가 사라질 위험에 처하지는 않았었다(Kallen 1994: 155-6). 지방의 여러 지역의 경우 페일(Pale: 영국의 지배 아래 있던 아일랜드의 동부지역)을 비롯하여 더블린의 북동지역, 웩스포드 주의 포스 앤 바기 방언 지역(Forth and Bargy dialect)만이[18] 영어가 쓰이면서 아일랜드어와의 언어간섭현상이 일어나서 그 결과 잡동사니 영어로 변질되었다.
   대부분 19세기에 기록된 옛 방언의 형태로 현존하는 자료에 나타난 전형적인 특징들은 대부분 켈트어의 영향으로 기록된 것이라기보다는 서부지역의 여러 영어 방언의 형태로 남아 있다. 웩스포스포드의 욜라 방언과 페일 방언은 18세기 및 19세기에 더 새로

로워진 아일랜드 영어로 대
체되었고, 결국 아일랜드
영어의 후기 역사에서 경계
선상에 머무르게 되었다.

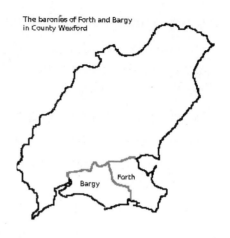

b) 16세기 후반 영국인의 아
일랜드 정복과 청교도 혁명
으로 권력을 장악한 크롬웰
의 아일랜드인에 대한 무자
비한 강화정책으로 영어는
동부와 중앙부에서 재확립되
었으나, 영어 사용자 수는 전

〈자료 3〉 Forth and Bargy 방언 지역

체 인구의 20퍼센트 아래에 머무는 데 그쳤다(Kallen 1994: 157-8
참조). 그리하여 아일랜드어와 영어 등 이중언어가 쓰이는 상황이
서서히 생겨났으며, 적어도 1800년까지는 영어를 포함한 두 개
이상의 언어 사용자 가운데 켈트계 아일랜드어 사용자가 압도적인
영향력을 행사하며 우위를 차지하게 된 것으로 보인다.

  17-18세기에는 아일랜드인들이 쓰는 제2언어로서의 비표준 언어
인 영어를 상세하게 기록한 광범위한 텍스트가 나돌았는데, 영어
발음에 섞여 쓰이는 심한 아일랜드 사투리가 대부분이었다. 그러
나 당시 언어 상황을 이처럼 있는 그대로 나타낸 것이 얼마나
상투적이고 고정관념에 사로잡힌 것인지, 그리고 일률적으로 골라
낸 특징들이라고 해도 모든 경우에 화자의 토착 아일랜드어와 명
백하게 관련되어 있을 수 없다는 것을 브리스(Bliss 1979)의 연구가
보여 주었다.

c) 17세기 영국왕 제임스 1세 통치 시기에 영국인과 스코틀랜드인
개신교도들이 게일어를 쓰는 구교도인 아일랜드인에게서 몰수한

토지에 정착하면서 시작된 얼스터의 조림지(Plantation of Ulster), 곧 얼스터의 식민지화 정책으로 인해 이들은 오늘날까지도 아일랜드 북부인 얼스터의 경계가 분명한 여러 지역에 흩어져 정착하였다.

이들이 몰수한 지역은 티르코넬, 티론, 카반 등 50만 에이커(2,000 km²)에 달하는 여러 지역에 걸쳐 있었다. 20세기 초까지 상당수 게일어 사용자들은 티론을 비롯하여 카반, 모나간, 안트림의 여러 협곡과 라스린섬(Rathlin Island)[19]에 거주하였다. 19-20세기에 대규모의 이민이 북아일랜드의 수도인 벨파스트(Belfast)에 유입되면서 지역 영어에 게일어의 영향이 강하게 작용하는 언어 접촉이 이루어지게 되었다. 이러한 언어상황은 사회언어학자인 밀로이의 여러 논문에 반영되어 있다(J. Milroy 1981b; L. Milroy 1980b 참조).

d) 아일랜드인들 사이에서 아일랜드어가 서서히 사라지게 된 발단은 아마도 18세기에 영어를 제2언어로 받아들이게 된 아일랜드의 일반적인 언어 상황이었을 것이다. 그러나 19세기 중엽에 아일랜드에서 영어로 재빠른 언어 전환이 이루어지게 된 것은 다름 아닌 1845-1849년에 일어난 대기근(Great Famine)이 주된 원인이었다.[20] 이로 말미암아 아일랜드인들은 조국을 떠나 밖으로 나가는 것만이 유일한 도피라고 생각하였고 해외에서의 영어는 생존을 위한 필수 언어라고 여기게 되었다.

언어사에서는 아일랜드인들 사이에서처럼 그토록 신속하고 철저하게 언어가 아일랜드어에서 영어로 바뀌는 현상을 기록하지는 않는다. 해외로 이주한 이들의 언어는 비난의 대상이 되어 이들이 잉글랜드의 서부, 오스트레일리아, 미국 및 캐나다로 이주한 뒤에 1세대를 넘어서까지 계속 쓰이지 않았다. 다만 이들 해외 이주자들이 민족의 특성상 집중적으로 모여 언어공동체를 이루며 다른 지역과 고립되어 생존한 적임지로 가장 주목할 만한 지역이 뉴펀들랜드(Newfoundland)였다.

아일랜드에서는 여전히 '새로운' 영어가 비표준 언어를 지배하는 기초가 되었으며, 또한 에지워스(M. Edgeworth: 1768-1849. 영국계 아일랜드 여류작가)의 소설에서 싱(John M. Synge: 1871-1909. 아일랜드의 극작가, 시인. 여행 작가)의 희곡에 이르기까지 여러 장르의 문학을 표현하는 자원이 되었다.

1921년 아일랜드 자유국에 이어 1949년 아일랜드 공화국이 선포된 후 영어를 사용해 온 아일랜드에서는 자신들의 고유 언어인 아일랜드어(흔히 아일랜드 게일어(Irish Gaelic)라고도 함)를 부흥시키고 게일타흐트 지역(얼스터, 코나흐트, 문스터 지역을 지칭)을 구하려는 문화운동이 일어났다(Fennell 1981: 32-39; 박영배 외 2016: 50-52 참조). 이와 함께 학교와 기관에서는 아일랜드어를 사실상 제2언어로 제도화하여 사용하도록 하였고 의무교육과정 가운데 아일랜드어를 필수과목으로 하였다. 그러나 서부 일부 해안지역에 산재하는 게일타흐트가 아닌 대부분의 지역에서는 사용자 수가 계속 줄어들었다.

지금까지 아일랜드에서 쓰인 켈트영어의 언어 상황을 네 개의 층으로 나누어 살펴보았는데, 학자에 따라 켈트영어를 나타내는 용어가 매우 다양하여 혼동의 여지가 있다. 따라서 설명의 편의상 아일랜드에서 쓰이는 다양한 켈트영어의 명칭과 그 의미에 대해 간단히 설명할 필요가 있을 것 같다(Croghan 1988, 1990 참조).

아일랜드에서 쓰이는 영어(켈트영어)를 나타내는 종래의 용어는 앵글로-아이리시(Anglo-Irish)로, 넓은 의미에서 영어의 다양성을 나타내기 위해 헨리(P. L. Henry 1977, 1978)에 의해 사용되었다. 헨리는 Anglo-Irish를 아이리시 게일어(Irish Gaelic)의 한 유형, 곧 기저(基底)를 이루는 문법구조가 기본적으로 아일랜드어(Irish)였으므로 영어 어휘를 바탕으로 사용하는 켈트어라고 여겼다. 그는 자신의 입장을 다음과 같이 서술하고 있다.

여기에 인용한 언어자료는 일종의 아일랜드어라고 불러야 할까 아니면 일종의 영어라고 불러야 할까? 이 언어자료가 실제로 일종의 English-Irish 또는 Anglo-Irish라는 입장은 생성적이고 창의적인 언어 측면에 대한 관심에서 유래한다. 이 언어자료가 일종의 영어라는 입장은 영어 자료의 효용성 여부 및 전부는 아니라고는 해도 대부분 고전 앵글로-아일랜드어 안에 아일랜드어의 다양한 요소가 결국 녹아 있을 것이라는 기대 여부에 달려 있다(Henry 1977: 36).

헨리는 1986년 골웨이(Galway)에서[21] 개최된 〈아일랜드어(Irish)와 영어: 언어유형의 한 연구〉라는 주제의 소수언어에 관한 제3차 국제학술대회에서 행한 강연에서 켈트어의 입장을 지지하였다. 그리하여 그는 Anglo-Irish를 새롭게 정의하여 '신-켈트어'(neo-Celtic language)라고 부르고 다음과 같은 분류를 제안하기에 이르렀다.

아일랜드의 소수 언어들은 아일랜드어 및 그 하위 언어군, 여러 개의 유형을 지닌 Anglo-Irish, Hiberno-English,[22] 그리고 얼스터-스코트어(Ulster-Scots)이다.[23] 이와 함께 여행자들의 구어체 변말(cant), 수사체의 앵글로-아일랜드어로 고양(高揚)시켜 표현한 싱(J.M. Synge)의 문학 언어; 그리고 앵글로-아일랜드어의 요소가 명백하게 포함된 《피네간의 경야》(*Finnegans Wake*)에[24] 나타난 제임스 조이스(J. Joyce)의 다차원적인 음악 언어처럼 특별하게 쓰이는 언어도 있다(강연 요약).

앵글로-아일랜드어가 아일랜드 게일어(Irish Gaelic)의 현대판 하위 유형이라는 헨리의 주장에 반론을 제기하는 이들도 있다(*Séamus Ó Maoileáin*의 견해. Tristram, 1997: 18에서 재인용). 이 견해에 따르면 Irish English, Hiberno-English와 Anglo-Irish 사이에 경계가 필요하다는 주장이다. 곧 Anglo-Irish 및 Hiberno-English는 역사상 서로 다른 과정에 의해 형성되었는데, Anglo-Irish는 지역에서 쓰인 영어로서

원언어인 아일랜드어를 영어로 전환하려는 이들이 자연스럽게 습득하게 되는 언어이며, Hiberno-English는 아일랜드에 정착한 식민자들의 영어로 본질적으로는 중산층의 언어이다.

이 주장에 따르면 중산층 사회(교육 정도, 부의 정도, 유동성 등)로 진입하려는 인구 유인 정책으로 Irish-Gaelic과 Anglo-Irish는 오늘날 점차 사라져가고 있다고 보았다. 따라서 아일랜드에는 정반대로 진행하는 어떤 특정 유형의 속물근성이 여전히 존재하고 있다는 사실에도 불구하고 현재 표준화하려는 비율이 동질적이고 심할 정도로 영어화한 규범을 향해 매우 빠른 속도로 진행되고 있어서, Hiberno-English는 결국 아일랜드 공화국의 표준 언어가 될 것이라고 내다보았다.

아일랜드의 중산층은 독립 이후 처음으로 이제 막 안정을 찾아가고 있었고 그 뒤에 새로 형성된 중산층은 언어사용에 관한 한, 항상 극도로 노심초사하였다.

Irish English(D. Crystal의 용어)라는 용어는 아일랜드인들에게 몇 가지 문제점을 제기하고 있다. 곧 Irish라는 말이 이데올로기상의 여러 이유로 인해 이미 (아일랜드) 게일어(Gaelic)라는 의미로 사용되고 있으며 공인된 어법이라는 점이다.

Irish가 지닌 모호한 의미(중의성重義性)도 간과할 수 없다. 즉 이 용어가 '국민'을 가리킬 경우 공식 언어 사용자 곧 아일랜드의 원주민을 지칭하며, '문학'을 가리킬 경우에는 Irish English로 쓰인 문학과 Irish Gaelic으로 쓰인 문학 모두를 지칭하게 된다. 그러나 이 말이 '언어'를 가리킬 경우에 Irish Gaelic만을 지칭하는 것이 된다(Tristram 1997: 20).

원래 Gaelic이란 말은 아일랜드 게일어(Irish Gaelic)를 가리킬 경우에는 /'geilik/, 스코티시 게일어(Scottish Gaelic)를 가리킬 때에는 /'gaːlik/으로 발음하는 것이 관례이다. 이들 언어의 서체형은 약 3세기 전에야 비로소 분화되었다. 이것은 마치 미국영어가 유럽영어에서 갈라져 나온 시기와 거의 일치한다고 할 수 있으며, 두 영어 사용자들은 어느 정도 애를 써야만 서로 이해할 수 있어서 똑같은 언어에서 갈라져 나온 변이형으로 간주할 수 있게 된다.

아일랜드에서 쓰인 영어, 곧 켈트영어를 언급할 때 아일랜드 공화국에서 쓰인 두 개의 공식 언어인 Irish English 및 Irish Gaelic에 대해 몇 가지 부연해서 설명할 필요가 있다. 전자는 12세기 이후 아일랜드에서 쓰여 온 유형의 영어를 지칭하며, 변이형으로는 Welsh English, Manx English, Scots, Highland and Island English, Ulster Scots, Ulster English, Cornish English 등 다양한 유형으로 나타나 있다. 또한 켈트인과의 접촉으로 형성된 캐나다영어의 한 유형인 Canadian Scottish English 및 Canadian Irish English도 여기에 포함시킬 수 있다.

2) 스코틀랜드

켈트어의 영향권에 있던 스코틀랜드 영어의 경우, 게르만어 방언과 켈트어 방언 사이의 언어 접촉은 천 년 이상 지속되어 상당수 켈트어 유형이 초기 단계에서 게르만어 방언에 포함되었으나, 픽트어(Pictish)의 경우에서 알 수 있듯이 이들 유형의 정체성이 불투명하고 다른 경우에도 입증할 자료가 충분치 않다는 문제점을 남겼다. 게르만어 편에서 보면 영어와 스코틀랜드어(Scots)라는[25] 두 개의 상이한 언어가 쓰였는데, 스코틀랜드어에 끼친 게일어의 영향은 영어에도 적용되며 그 반대의 경우도 여전히 유효하였다.

역사적인 발달과정의 결과에서 볼 때 켈트어의 영향 및 그 결과 나타난 영어의 유형에 관한 한, 적어도 네 개의 상이한 유형이 쓰이는 지역으로 나누어 생각할 수 있다.

1. **저지대(Lowlands):** 500년까지는 켈트어를 사용하는 화자는 그 수가 불과 소수에 지나지 않았다. 지역 방언이나 표준화가 덜 이루어진 스코틀랜드어에 게일어의 영향이 미칠 뿐이었다(17세기까지 골웨이

지역에는 켈트어가 여전히 쓰였다).

2. **셔틀랜드 및 오크니(Shetland and Orkney)**: 이 제도(諸島)에는 어느 시기를 막론하고 켈트어를 쓴 인구가 거주하였다는 기록이 없다. 스코틀랜드어 및 영어는 영국과 스코틀랜드의 선거구에 편입된 뒤에 이들 제도에 유입된 것으로 추측하고 있다.

3. **고지대(Highlands)**: 17세기 초(1609년의 이오나 법령), 이 지역이 성공적으로 영어화한 뒤 1745년 망명한 영국왕 제임스 2세파의 스튜어트 왕가를 지지하는 세력의 봉기(Jacobite Rising)가[26] 실패로 끝난 다음 이 지역의 정복이 이루어졌으며, 주로 학교 의무교육으로 표준영어가 고지대인들(Highlanders)에게 강요되었다. 그러나 켈트어인 스코티시 게일어의 간섭현상은 여전히 상당할 만큼 일어났고, 고지대 영어(Highland English)로 전환된 것은 매우 최근의 일이었다.

4. **스코틀랜드 서부**: 여러 섬 가운데 일부가 매우 이른 시기에 영어화하기는 했으나 헤브리디즈 제도(본토와 가까운 곳은 Inner Hebrides, 먼 곳은 Outer Hebrides)는 게일어의 요새로서 동쪽 및 스토너웨이(Stornoway)를[27] 포함, 일부 마을로부터 영어가 전염병처럼 끊임없이 퍼져 나가는 위험에 처해 왔다. 학교 영어와 게일어 방언은 2개 언어로 된 모든 종류의 문서 자료에서 찾을 수 있으며, 이중언어에 대한 화자의 언어능력은 이들 화자의 우수성 여하 및 연령, 교육 정도, 직업, 거주지, 화자의 네트워크, 미디어 등 여부에 따라 좌우되었다. 그럼에도 영어에 대한 게일어의 간섭은 특히 게일어가 우세한 지역의 화자들에게는 매우 강하게 나타나고 있다.

10.11. 켈트국가에 켈트영어가 쓰인 이유

그렇다면 아일랜드와 스코틀랜드를 포함한 일부 켈트 국가나 지역에서 영어의 유입으로 말미암아 오랫동안 이들의 토착 언어였던 켈트어가 빠르게 소멸하고 켈트어의 기층을 지닌 켈트영어가 널리 쓰이게 된 것은 언제쯤 일어난 것일까?

독일의 언어학자인 궤어라크(M. Görlach 1997: 37)에 따르면 콘월 지역(잉글랜드 남서부의 주)에서 쓰인 언어인 코니시어Cornish)는 16-17세기에, 맨섬어(Manx)는[28] 1850-1880년, 웨일즈어(Welsh)는 산업화한 남서지역의 이민 및 도시화로 1850-1870년에, 그리고 나중에 현대화가 진행되는 과정에서 1920년부터 웨일즈에서 급격하게 쇠락하였고, 스코티시 게일어는 스코틀랜드 고지의 씨족구조의 몰락과 영어 학교의 우세, 다른 나라에의 이주 등으로 18세기와 19세기 초에 점차 쇠락의 길을 걸었다. 아일랜드 게일어의 경우에는 감자 대기근과 타국으로의 이주 및 영어교육의 확대로 19세기 중엽에 켈트어 사용 인구가 급격하게 감소하였다.

이처럼 켈트어의 쇠락에 따른 언어 변화가 진행되면서 가난하고 접근이 그리 용이하지 않은 시골의 촌락지역으로 켈트어의 중심지역이 이동하는 결과를 초래하였다. 심지어 웨일즈어의 경우 2011년 인구조사가 실시될 때까지 켈트어인 웨일즈어를 사용한 인구가 대부분이었던 웨일즈 서부의 행정타운으로 마켓타운(market town: 장이 서는 도시)이며 해안 휴양지인 애버리스트위스(Aberystwyth: /ˌæbəˈrɪstwɪθ/로 발음)는 웨일즈어 사용의 마지막 보루로 여겨졌음에도 내륙지역보다도 훨씬 영어화하였다.

그리하여 홍수처럼 밀려드는 영어로 켈트어 화자의 사용지역은 점점 더 줄어들게 되고 그 결과 의사소통이 감소하게 되었으며, 일부 소수 지역에서 나타난 방언의 다양화는 쉽게 가라앉지 않게 되었다.

아일랜드 서부지역에서 한때 시종일관 사용된 켈트어 지역인 게일타흐트(Gaeltacht)는[29] 오늘날 11개의 소규모 게일어 사용지역으로 나뉘어졌다(Hindley 1990 참조).

이러한 현상은 웨일즈에서도 진행되고 있다. 개발이 덜 된 이들 지역에서의 높은 실업률(가동성의 전제조건으로 영어의 수요가 생긴 결과임)이 최근 관광객의 관심과 아직 오염되지 않은 시골에 거주하는 연금생

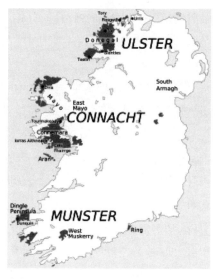

〈자료 4〉 공식적인 게일타흐트 지역

활자들과 연합을 이루면서 아직까지도 남아있는 켈트어의 요새(보루)로 불리는 지역 가운데 많은 지역에서 켈트어가 쇠퇴하고 (영어에) 잠식당하고 있다(Hindley 1990: 179-220).

지금까지 우리는 켈트어의 기층을 지닌 영어, 곧 켈트영어가 오랫동안 켈트어가 쓰인 나라 또는 지역에서 어떤 위상으로 사용되어 왔으며 여러 가지 이유로 영어에 잠식당하면서 점차 쇠퇴 위기에 이르렀는지 살펴보았다.

10.12. 대륙의 켈트어와 게르만어의 언어접촉

대륙의 켈트인은 청동기 시기와 철기 시기에 대륙의 게르만 부족들과 이미 접촉이 이루어졌다. 켈트어와 게르만어에는 iron을 의미하는 공통 명칭인 *isarn이 쓰였는데, 라틴어 ferrum과는 달리 고대

아일랜드어(Old Irish)에서는 iarn, 고트어(Gothic)에서는 eisarn으로 쓰였으며 게르만 어형은 켈트어에서 빌어온 것이라는 것이 분명하였다.

켈트어와 게르만어의 접촉이 이루어지면서 특히 기원전 마지막 천 년의 후반에 이르러 켈트 문화와 게르만 문화가 상당할 정도로 유사성을 갖게 되는 결과가 나타났다(Birkhan 1997 참조). 켈트인과 게르만인의 언어 접촉은 특히 라인강 지역에서 심하게 일어났다. 이들 두 민족의 언어접촉 현상을 언어연합(Sprachbund)[30]으로 논의하면서 언어상의 증거로 뒷받침하려는 학자(van Coetsem 1994 참조)도 있다. 언어연합은 원래 친근 관계가 없는 여러 언어가 서로 인접하고 있을 때 음운, 어휘, 문법상 서로 영향을 미쳐서 공통된 특징을 공유하는 언어군이 성립하게 되는 것을 의미한다.

켈트인들은 청동기시기에 브리튼으로 건너와서 대체로 그곳에서 철기시기를 맞이한 것으로 여겨지고 있다. 그들은 오랜 세월이 지난 뒤 일부는 거주민을 받아들이고 일부는 거주민을 더 먼 지역으로 내쫓는 방식으로 여러 갈래에 걸쳐 이른바 훗날 이 땅의 주인이 된 '영국인'의 토양에 발을 들여 놓았다.

그리하여 이들이 사용한 켈트어는 점차 다른 언어를 대체하기에 이르게 되는데 이러한 과정이 언제 완성되었는지는 분명치 않다. 그러나 한 가지 분명한 것은 켈트어가 쓰이기 이전의 언어는 그것이 인구어이든, 선인구어이든 선켈트어(pre-Celtic)였다는 것이다(Schmid 1994: 118 - 133).

이 점은 7세기가 저물어갈 무렵 이오나의 수도원장인 아돔난(Ad-omnán)이 쓴 《콜롬바의 전기》(*Vita Columbae, Life of Columba*)에서 그 일부를 엿볼 수 있다(Mourant and Watkin 1952: 13-36).

콜롬바는 아일랜드의 북부에서 브리튼으로 건너와서 네스강 어귀 근방에 요새가 있던 픽트족의 왕인 브루드를 개종시키려는 사명을 띠고 만나러 갔다. 그는 왕과 왕의 신하들과 소통하는 데에는 전혀 문제가 없었으나, 내륙으로 들어가면서 농부들에게 설교할 때에는 통역의 도움을 받아야만 하였다. 그 뒤 스카이섬(isle of Skye)[31]에서 두 명의 젊은이가 아버지를 콜롬바에게 데리고 와서 세례받기를 요청하였다. 그는 개종자가 켈트어로 된 인명(Artbrannan)을 지니고 있었지만 통역의 도움을 받지 않으면 안 되었다.

켈트영어가 쓰인 나라 또는 지역에서 공통된 켈트어의 배경을 어느 정도 알고 있는지, 아니면 이들 켈트어가 공유하고 있는 특징이 무엇인지, 그리고 더 나아가서 켈트어의 영향을 받아 지금까지 사용되어 온 개별 영어인 켈트영어의 특징이 어떠한지에 관해 쓴 수많은 자료와 간행물에서 '켈트영어'에 대한 연구가 부족했다고 하는 것은 지금까지 많은 켈트어 학자들이 지적하고 있다(참고문헌 참조).

다만 켈트어의 많은 특징이 대부분의 문학 작품 속에서 부정적으로 묘사되어온 것은 얼마든지 찾아볼 수 있다. 그 예로 셰익스피어의 희극 《윈저의 명랑한 아낙네들》에 등장하는 웨일즈인 에번즈(웨일즈 태생의 목사)와 사극(史劇)인 《헨리 5세》의 플루엘렌(국왕 군대의 장교)을 비롯하여 조너던 스위프트의 작품에 등장하는 영어 발음에 섞여 나오는 심한 아일랜드 사투리를 쓰는 아일랜드 농부에서 스코틀랜드 고지대인(Highlanders)의 대사에 이르기까지 켈트어보다 영어가 한층 더 우수하다는 영국인의 우월한 감정을 표현하는 작품이 줄을 이었다.

그러나 스코틀랜드의 르네상스(Scottish Renaissance)가[32] 시작되면서 이러한 영국문학 작품상의 켈트식 묘사는 오래가지 못하였고, 작가들은 대부분 스코티시 게일어(Scottish Gaelic)보다는 게르만어계 스코틀랜드어(Germanic Scots)에 바탕을 둔 문학 언어를 구사하여 작품을 썼다.

10.13. 켈트영어는 존재하는가

이제 근원적인 문제로 돌아가서 이 장을 마무리하고자 한다. 오늘날 켈트어 학자들의 주장처럼 '켈트영어'는 과연 존재하는가? 만일 존재한다면 켈트영어는 하나의 공통 켈트영어의 여러 하위 유형인가? 이러한 의문에는 확실한 답보다도 더 많은 문제를 지니고 있는데, 다음과 같은 세 가지 이유로 요약할 수 있다.

우선 웨일즈영어, 아일랜드영어 등에서처럼 켈트어의 기층을 지닌 '켈트영어'의 유형으로 여겨지는 여러 언어들의 동질성과 안정성(또는 지속성)에 관한 것이다. 해당 지역에서 쓰이는 영어의 특징을 나타내는 것으로 여겨지는 대부분의 속성(features)이 이중언어 화자들에게서 찾아볼 수 있으며, 영어만을 사용해 온 1세대 화자들에게서는 이 속성이 사라져 버렸다.

이러한 현상은 도서 영어(島嶼英語, Island English)를 구사하는 나이 든 이중언어 화자들 가운데에서 찾아볼 수 있는 전형적인 특징이다(Sabban 1982). 가령 토마스(A. R. Thomas 1994: 145f)는 웨일즈영어에 대해 "이중언어 공동체가 지배하는 사회와 특별하게 연관된 과도기적인 현상이며 또한 문법에 나타난 방언의 차이가 일반적으로 침식되는 현상으로, 웨일즈어는 점차 뚜렷한 악센트를 지닌 특징적인 언어로 발전할 것"임을 주장하고 있다. 맨섬에서 쓰이는 맨섬영어 방언은 기층상의 특징을 포함하여 점차 사라져가고 있으며, 맨섬어(Manx)는 이전에 이미 소멸되었다. 다만 아일랜드영어만이 비록 안정된 규범과는 거리가 멀고 아일랜드영어가 지닌 특징이 모두 '켈트어'로서의 요소를 갖추고 있는 것은 아니지만, 적어도 드러나지 않은 채 한층 더 명성을 얻게 된 것으로 여겨지고 있다.

다음으로 켈트영어 가운데 아일랜드영어와 스코틀랜드영어는 서로 중복되는 경향이 다른 켈트영어에 견주어 훨씬 심하나, 이들 두 게일어형이 밀접한 유사성을 지니고 있다는 점을 고려할 때 그리 놀라운 일이 아니다. 켈트계열의 영어 사이에 이러한 중복현상이 체계적으로 이루어진 것은 아니나, 앵글로-맨섬 방언에 대한 무어 (Moore et al. 1924)의 어휘비교 연구에서는 다른 켈트영어 방언의 경우에도 어휘중복 현상이 최소에 그친다고 나와 있다.

마지막으로 영어의 범-켈트어형(pan-Celtic form)에 대한 인지도나 이 어형에 대한 일반 대중의 지지가 거의 없는 것이 현실이다. 다양한 '켈트영어' 유형에 대한 유사성과 대조관계는 장차 언어학자들의 연구 대상으로, 사회역사적이고 사회언어학적인 사실을 무시한 채 통시적인 편견으로만 접근해서는 안 되는 분야임에는 틀림없는 사실이다.

제10장의 주(註)

1. 기층, 방층 및 상층 언어는 김방한(1988: 266-270)을 참고하기 바람.
2. 게일어와 독일어와의 연관성에 관해서는 Poppe 1986: 65-84; Droixhe 1996: 21-34를 참고하기 바람.
3. 내적 재구(內的再構): 전통 역사언어학의 자료에 적용한 새로운 방법으로, 어느 한 언어의 공시적 기술에서 이용할 수 있는 자료에 의해서 그리고 그 자료에만 의존하여 그 언어의 역사의 한 부분을 추정하는 연구 절차임. 내적 재구의 원리와 방법에 관해서는 김방한(1988, 제9장)을 참조하기 바람.
4. 친족관계: 비교언어학에서 쓰는 용어로 인도유럽어족의 연구에서 사용된 방법임. 친근관계(Verbandshaft)라고도 하며 이러한 관계가 있다고 생각되는 여러 언어를 비교하여 그 계통을 규명하는 데 쓰임. 인도유럽어의 계통을 규명하는 데 큰 공헌을 함.
5. 제임스 프리차드(James C. Frichard: 1786-1848): 형질인류학과 정신분석학에도 다양한 관심을 가진 영국의 물리학자이며 민족학자. 노인성 치매(senile dementia)라는 용어를 맨 처음 사용한 인물이기도 함.
6. 아돌프 피크테트(Adolphe Pictet: 1799-1875): 비교언어학 분야의 연구로 유명한 스위스 태생의 언어학자. 소쉬르 이론을 발전시키는 데 결정적인 역할을 함.
7. 프란츠 보프(Franz Bopp: 1791-1867): 독일의 비교언어학자로 인구어 비교 연구의 광범위하고 선구적인 업적을 남김. 공식적으로 때로는 영어화한 철자인 Francis Bopp로도 씀.
8. 요한 제우스(Johann Kaspar Zeuss: 1806-1856): 독일의 언어학자로 켈트 어학의 창시자.
9. 요한 헤르더(Johann Gottfried von Herder: 1744-1803): 독일의 철학자, 신학자, 시인. 유럽의 계몽주의, 폭풍노도의 시대 및 바이마르 고전주의

시기와 관련됨.

10. 에드워드 사이드(Edward Said: 1935- 2003): 팔레스타인 태생의 미국 컬럼비아대 영문학자, 문명비평론자로 후기식민주의 연구 분야의 개척자. 《오리엔탈리즘》이 대표 저서임.

11. 조셉 르낭: 9장 각주 18을 참조할 것.

12. 대니얼 오코넬(Daniel O'Connell: 1775-1847): 19세기 전반에 활동한 아일랜드인 정치 지도자로 흔히 자유주의자 또는 해방론자로도 불림. 그레이트 브리튼과 아일랜드 합병법인 연합법(Act of Union) 철회운동을 주장해 온 인물.

13. '켈트인'의 것: 여기에는 켈트 시, 켈트 동화, 켈트 음악, 켈트 무용, 켈트 디자인, 켈트 보석류, 켈트 도자기, 켈트 휴일, 켈트 의약, 켈트 신비주의, 켈트 종교 등 일체의 것이 포함됨.

14. 크리스토퍼 하비(Christopher Harvie: 1944-): 스코틀랜드의 역사가, 스코틀랜드 국민당 소속 정치가. 정치가로 나서기 전 그는 독일 튀빙겐 대학의 아일랜드 및 영국 연구의 교수를 지냈음.

15. 이전에 켈트인의 변경 서쪽이었던 스코틀랜드 고지대나 몬머스셔 주의 경우를 예로 들 수 있다.

16. 컴브리아어(Cumbric): 이전에 잉글랜드의 북서부 및 스코틀랜드 남부 저지대에서 사용된 P-켈트어계의 언어. 초기 중세시기에 쓰인 공통 브리손어의 한 유형. 고대 웨일즈어와 가장 밀접하게 연관되어 있음. 언어학자들은 컴브리어는 반독립국이던 스트라스클라이드 왕국(Kingdom of Strathclyde)이 스코틀랜드 왕국으로 합쳐진 뒤 12세기에 소멸된 것으로 여기고 있음. 오늘날 지명(Bathgate, Carlisle, Glasgow, Penrith 등)에 남음.

17. *bin* 'box': 고대영어로는 *binne* '여물통, 구유'로 아마도 켈트어에서 유래 한 것으로 750년쯤에 쓰여진 키네울프의 시에 나타남. 웨일즈어로 *ben* 'wagon, cart'란 뜻. 중세라틴어로는 *benna* 'basket'이라고 함.

18. 포스 앤 바기 방언지역(Forth and Bargy dialect): 욜라(Yola)방언으로도 잘 알려진 영어의 한 방언. 중세영어에서 발달한 것으로 1169년 초 노르만 인의 브리튼 침입시기에 아일랜드로 건너와서 쓰이다가 19세기에 사라지

고 Hiberno-English로 대체됨.

19. 라스린섬(Rathlin Island): 아일랜드어로 Reachlainn. 스코틀랜드어로는 Racherie로 씀. 안트림 주 해안에서 멀리 떨어진 교구로, 북 아일랜드의 북쪽으로 가장 끄트머리에 위치하며 L자를 거꾸로 뒤집은 모양을 하고 있는 유인도임.

20. 대기근(Great Famine): 1845-1852년 사이 아일랜드에서 일어난 대량 기아, 질병 및 해외 이민으로 나타난 현상. 아일랜드 밖에서는 흔히 감자 기근(Irish Potato Famine)으로 부르기도 하는데, 이 시기에 약 5분의 2에 해당하는 아일랜드인이 값싼 곡물인 감자에만 의존하였기 때문임. 아일랜드어로는 an Gorta Mór[anˠ ˈgɔɾˠtˠa mˠoːɾˠ]로 쓰고 읽음.

21. 골웨이(Galway): /ˈgɔːlweɪ/로 발음. 아일랜드어로는 Gaillimh으로 쓰고 [ˈgalʲ ɪvʲ]로 발음. 아일랜드 서부 코나흐트 주에 위치한 도시.

22. Hiberno-English: Hiberno는 라틴어로 '아일랜드인'을 뜻하는 Hibernia 에서 온 말로서 아일랜드 공화국 및 북부 아일랜드를 모두 포함하여 아일랜드 전역에서 서체어 및 일상대화체로 쓰이는 영어 방언을 지칭할 때 쓰임. Irish English라고도 함.

23. 얼스터-스코트어(Ulster-Scots): 대체로 아일랜드의 얼스터 일부 지역 에서 쓰이는 스코틀랜드 저지대 방언을 가리킴. 이 방언은 17세기 초 해밀턴과 몽고메리 정착지 그리고 얼스터 식민지정책(Ulster Plantation/Colonisation)에 의해 스코틀랜드어를 쓰는 대규모 스코틀랜드인들이 얼스터 지역으로 유입되면서 쓰이기 시작하였음.

24. 《피네간의 경야》(Finnegans Wake): 제임스 조이스의 난해하기로 유명한 작품으로 손꼽히는 소설. 국내에서는 김종건(고려대 명예교수)의 번역(초역1985, 정음사)이 나와 있고, 제2판은 2002년 범우사에서 출판됨.

25. 스코틀랜드어(Scots)와 스코티시(Scottish): Scots는 스코틀랜드 태생의 국민을 지칭할 때에는 Scottish people이라고 쓰고, 스코티시 게일어와 구분하기 위해 스코틀랜드 저지대에서 쓰이는 언어를 가리킬 때에는 Scots language라고 쓴다. 서로 다른 용어를 쓰는 데 유의. Scots language는 서게르만어, Scottish Gaelic은 스코틀랜드인의 조상이 사용한 토착

켈트어를 지칭할 때 쓰임. 스코틀랜드인의 정체성과 공통 문화를 가리킬
때에는 Scottish national identity라고 함.

26. 자코바이트 봉기에 관해서는 9장 각주 10을 참고하기 바람.

27. 스토너웨이(Stornoway): ['stɔːrnəweɪ]로 읽음. Scottish Gaelic으로는
Steòrnabhagh로 씀. Outer Hebridges에 있는 루이스섬의 마을로 헤브리
디즈 제도에서는 가장 큰 규모의 마을로 인구 8천 명이 거주함.

28. 맨섬어(Manx): 현대 아일랜드어나 스코티시 게일어처럼 고이델어계
에 속한 켈트어로 고대 아일랜드어Old Irish에서 발전해 내려온 언어임.

29. 게일타흐트(Gaeltacht): 아일랜드에서 아일랜드어가 우선적으로 쓰인
지역을 일컫는 말임. 이 지역에는 지도에 나와 있는 얼스터, 코나흐트 및
문스터 지역이 포함됨.

30. 언어연합(Sprachbund): 인접하고 있는 언어 또는 방언이 서로
영향을 미칠 때 이것을 '방층'의 영향이라고 한다. 바스크어와 이베리아
반도의 스페인어가 여기에 속한다. 그런데 방층언어가 서로 인접하여
장기간 서로 영향을 미치면 흥미있는 결과가 생겨난다. 곧 서로 먼
친근관계에 있거나 또는 친근관계가 없는 방층언어는 상호 영향에 의해
어떤 구조적 공통성을 가지게 되는데, 그 구조는 친근 관계에 있는
다른 언어의 구조와 다른 것이 된다. 이러한 언어군을 역사언어학에서
'언어연합'이라고 한다. 이탈리아의 저명한 언어학자인 피사니(Pisani,
1966)에 따르면 인도유럽어(인구어로 약칭)는 하나의 어족이 아니라
하나의 연어연합으로 규정하고 있다(김방한 1988: 266-270 참조).

31. 스카이섬(isle of Skye): 스코틀랜드의 내륙 헤브리디즈 제도(Inner He-
brides)에서 가장 크고 가장 북쪽에 위치한 섬.

32. 스코틀랜드의 르네상스(Scottish Renaissance): 20세기 초-중반
스코틀랜드판 모더니즘으로 여겨지는 문학 운동으로 일명 '스코틀랜드의
문학 르네상스'라고도 함. 이 르네상스의 영향은 문학을 넘어 음악,
시각예술, 정치로 퍼져 나갔으며 사라져 가는 스코틀랜드의 여러 언어의
운명에 대한 강한 우려, 근대 철학과 기술에 대해 깊은 관심을 갖는
계기가 되었음.

제11장 켈트인 - 그들은 과연 누구였는가?

11.1. 켈트인은 누구인가

고고학과 선사(先史)시기에 따르면 켈트인은 청동기 시기의 고분문화(기원전 1550-1250) 및 도요지 문화(기원전 13세기)에서 유래한 민족이다. 오늘날 프랑스 동부와 스위스의 북 알프스 산맥 그리고 독일 남서부에 거주한 켈트인은 철기시기의 할슈타트(B.C. 8세기부터) 및 라떼느(B.C. 5세기부터) 시기를 거치면서 영토 확장을 위해 유럽 전체 및 소아시아로 퍼져 나갔다.

이들이 유럽대륙을 넘어 맨 처음 아일랜드에 정착한 시기는 분명치 않으나 기원전 1000년 이전의 청동기 시기로 거슬러 올라간다는 견해가 지배적이다(Chadwick 1963). 켈트인은 할슈타트 시기인 기원전 8-7세기에 처음으로 이베리아 반도는 물론 영국 해협을 건너 잉글랜드로 건너가 정착하였다.

이 시기는 켈트인의 영토 확장이 정점을 이루는 시기로 기록된다. 이들은 이 시기에 이탈리아, 발칸반도 및 소아시아를 침략하고 보헤미아와 실레시아[1] 상류 및 헝가리에 정착하였다. 켈트인의 프랑스 정복은 고올(Gaul)이라는 명칭에 잘 반영되어 있다.

한편 켈트인은 라떼느 시기에 브리튼과 아일랜드 및 스페인에 이르러 각각 그곳에 정착하면서 아일랜드 및 이베리아 반도에 이미 거주해 온 인구에서 켈트인의 기층을 확인하였다.

그렇다면 선사시기에 유럽 최초로 위대한 국가를 세웠던 켈트인은 과연 어떤 민족이었을까?

그리스어로는 '켈토이', 라틴어로는 '켈타이'라고 불리고 알프스 산맥의 북부, 서부 및 동부를 근거지로 하는 야만 민족(barbarians)을 지칭하며, 청동기시기와 철기시기에 영토 확장을 위해 유럽 대부분을 휩쓸며 힘과 용맹을 과시하고 지중해에 속한 여러 민족들을 끊임없이 약탈하여 유럽을 공포로 몰아넣은 민족으로 서술되었던 켈트인. 그리스 및 로마의 사가(史家)들까지 '야만인'으로 묘사한 켈트인 - 그들은 앞에서 설명한 대로 실제 야만인들[2]이었을까? 그리고 켈트 사회는 무식하고 교양이 없는 문맹 사회였을까?

기원전 4세기 신성로마제국은 이미 막강한 국가였으며 로마 지배자들은 자신들을 문명의 전달자라고 생각하였다. 로마인에 따르면 당시에는 로마인이 아니면 야만인이었다. 그리하여 현대 유럽과 중동의 조상 대부분이 야만인이 되는 셈이었다.

야만인이란 문명화되지 않은 미개한 사람을 의미하였다. 로마인은 문명의 국경 저 너머에 거주하는 보잘것없는 사람들을 경멸하고 두려워하였는데, 로마를 화나게 한 민족, 특히 켈트인은 로마인에게는 경멸의 대상이었다. 또한 켈트인은 로마의 정신적인 취약점을 공격하는 도깨비들이었다. 기원전 389년 신성로마제국이 켈트인들로부터 뜻밖의 공격을 받았을 때 질서정연한 로마는 경악하였다. 야만인이라고 여겼던 켈트인들이 그들 앞에 서 있었기 때문이었다.

고올 지역의 사령관이었던 로마의 장군 시저는 "드루이드교인들은 켈트인들이 공적인 일과 사적인 일과 같은 다른 목적을 위해 그리스 알파벳을 사용하기는 했으나, 그들의 가르침을 기록으로 남기는 것을 금하였다. 그리하여 그들의 교리가 공유 재산이 되지 않게 하고 학생들에게는 기록에 의존하지 않고 기억력을 훈련시킬 것을 원하였다."고 서술하고 있다. 시저는 켈트인을 무식한 민족으로 평가한 것이다.

시저가 인용한 부분과 고전 작가들의 서술과는 달리, 켈트인은 철학이나 역사 등과 같은 그들 고유의 책을 쓰지는 않았으나 당시 고올 지역에 거주하는 켈트인들과 함께 그리스어를 사용하는 교양을 갖춘 문명인들이었다.

고고학의 성과로 드러난 것만 해도 이들은 다양한 방언을 이용한 텍스트를 남기고자 텍스트의 원출처에 따라 페니키아어를 비롯하여 에트루리아어, 그리스어 및 라틴 문자를 두루 사용하였다. 실제 연대상으로는 기원전 6-1세기 사이에 500개 가량의 켈트어 명각과 텍스트 일부가 발견되면서 이러한 사실(史實)이 알려지게 되었다.

11.2. 대륙 켈트인의 영토 확장

기원전 5세기부터 흔히 고고학에서 라떼느(La Téne)라고 칭하는 문화를 누린 라떼느 켈트인이 고전 작가들의 작품에 그 모습을 드러내면서 선사 유럽의 마지막 단계를 훌쩍 뛰어넘어 마침내 역사의 첫 무대로 화려하고 찬란하게 등장한 것은 우연한 일이 아니었다(박영배 2001: 26-43).

이들 켈트인은 그들의 선조인 도요지 및 할슈타트인이 차지하고 있던 지역을 넘어 영토 확장의 야심을 품고 약탈을 계속하며 이탈리아 북부의 포강 계곡(Po Valley)으로 진출하였고, 이어서 이탈리아 남쪽으로 질풍노도와 같이 내려가 아풀리아, 그리고 시칠리아 해안까지 진출하기에 이르렀다.

기원전 389년 영원의 도시로 불리는 로마는 켈트인의 공격을 받는다. 켈트 지도자 가운데 한 사람인 세논족의 추장 브레누스(Brennus)[3]와 그의 동료들이 켈트인을 지휘하였고 약탈, 방화, 그리고 강간이 도시에 만연하였다. 로마인이 카피톨리노 언덕에서 피난처를 찾고 있는 동안 켈트인은 450kg의 금을 내놓게 만들고 그곳에 코를 비벼대고 금의 무게를 저울로 쟀다. 로마인이 항의하자, 브레누스는 자신의 긴 칼을 평형추 위에 얹고 오만무례한 어조로 "패자에게 재앙이 있을지어다!"를 외쳤다. 로마인에게는 결코 잊을 수 없는 치욕이었다.

기원전 279년 나중에 갈라티아인(Galatians)[4]으로 불리우며 소아시아에 정착하게 된 켈트인은 불과 반세기전만 해도 고대세계에서는 가장 위대한 제국의 중심이었던 마케도니아를 초토화하였고, 가장 신성한 지역인 델파이(Delphi)를 약탈하였다. 그들은 계속해서 그리스 동부지방인 테살리아(Thessaly)를 뚫고 들어갔으며, 테르모필레(Thermopylae)에서는 페르시아인이 수세기 전 그러하였던 것처럼 아테네인들을 만났다. 기원전 270년 켈트인은 앙카라 근처의 지역을 차지하였으며 이것이 갈라티아, 곧 고올 왕국이 되어 기독교시대까지 존속하였다.[5]

켈트인은 하나의 세력으로 이탈리아에 남아 있었으나, 기원전 295년 로마인에게 철저히 패배하여 점차 북쪽으로 밀려났으며, 기원전 225년 마침내 로마군은 텔라몬(Telamon) 전투에서 북부 이탈리아로 의기양양하게 진군하였다. 기원전 82년 독재자 술라(Sulla)의 통치시대에 이르러 북부 이탈리아는 로마에서 바라볼 때 알프스 남쪽인 고올 지방으로 정해졌으며, 켈트인의 오랜 전성기는 마침내 종지부를 찍었다.

11.3. 대륙 켈트세계의 쇠퇴

대륙에서의 켈트세계는 기원전 3세기부터 줄어들기 시작하였다. 기원전 2세기에 켈트인과 로마인은 킴브리(Cimbri)로 알려진 유틀랜드 북부에서 내려온 또 다른 야만인인 게르만인의 위협을 느꼈다. 게르만인은 켈트 튜튼족과 세력을 규합하여 켈트인의 땅을 약탈하였다. 이들은 기원전 107년과 105년 이탈리아반도로 밀고 내려갔으나, 102년 로마의 마리우스장군이 이들을 격퇴하여 불안한 평화가 계속되었다.

기원전 1세기의 전반기에 걸쳐 로마군은 켈트인의 영역을 무자비하게 침략하였으며, 기원전 58년에 이르러서는 옛 왕국들이 몰락하고 신생 부족들이 출현하면서 고올에는 일련의 정치적인 위기가 조성되었다.

이런 혼란은 줄리어스 시저에게 고올을 정복할 절호의 기회를 제공하였다. 켈트 부족의 도움으로 시저는 오늘날 스위스로 알려진 곳에 있는 헬베티(Helvetti)를 정복하고, 아리오비스투스(Ariovistus)가 지휘하는 연합 게르만인을 라인강을 가로 건너 밀어냈다.

고올 부족들은 탁월한 영도자인 베르킨게토릭스(Vercingetorix)를 중심으로 동맹을 맺었으나, 아바리쿰(Avaricum)에서 패하고 게르고비아(Gergovia)에서도 이기지 못하였다. 베르킨게토릭스는 비브락테(Bibracte)에서 스스로 켈트인의 최고 지도자로 선포한 뒤 알레시아에서 시저와 최후의 항전(抗戰)을 벌였으나 결국 패하고 말았다. 기원전 52년 시저는 알레시아 전투에서 승리한 뒤 의기양양하게 로마로 개선하였다.

알레시아에서 수 킬로미터 떨어진 곳에 또 다른 켈트인의 마을인 비브락테가 있다. 마을은 사라지고 농지와 숲으로 변해버린 이곳의 발달된 문명에 대한 증거를 찾으려고 고고학자들이 발굴을 진행하다가 로마의 잔해(殘骸) 아래 깊숙이 묻혀 있던 켈트 세계를 찾아냈다. 고올 부족의 켈트인 아이두이 부족(the Aedui. Haedui 또는 Hedui라고도 씀)의 요새였던 이곳은 시저가 후에 '가장 크고 가장 풍요로운 요새도시(oppidum, citadelle)'란 명칭을 부여한 곳이다.

비브락테는 철기시대의 산업도시였다. 이곳에서 발굴된 지하 저장실은 와인, 직물, 식량, 금속공예품과 같은 것들이 쌓여 있던 저장고였다. 비브락테의 켈트인들은 대장장이와 무역상이었는데 켈트인들 사이에서 보석과 무기 무역이 번성했다는 사실을 알려주는 고고학적 증거가 많이 출토되었다. 이들은 로마와도 거래를 하였다.

비브락테에서는 발굴된 단지(jug) 수십만 개가 발견되었는데, 이탈리아 중부에서 온 것으로 추정되었다. 이들은 단지에 와인을 가득 담고 코르크 마개로 막아서 비브락테까지 수송했을 것이다. 갈리아인은 대규모로 이탈리아 와인을 수입하였다. 로마인은 이 수요에 부응하기 위해 와인 생산을 늘려야 했다. 이처럼 켈트인과 로마 사이에 와인을 통한 국제 교역은 수세기 동안 계속되었다.

비브락테의 요새는 후기 철기시대의 전형적인 요새로 켈트 세계 전체에 퍼져 있었으며 비브락테와 같은 요새도시가 10개 정도 더 있었다. 비브락테는 12개의 대도시 가운데 하나였으며, 켈트 세계에는 수백 개의 다른 마을이 흩어져 있었는데 이들은 고립된 것이 아니라 마을끼리는 말할 것도 없고, 로마를 포함하여 심지어 멀리 지중해 너머까지 교역을 하였다.

11.4. 유럽 최초의 도로 건축가, 켈트인

켈트인은 유럽 최초의 도로 건축가였다. 1980년대 초 아일랜드 중부의 광범위한 지역에 퍼져 있던 습지대인 콜레이 늪지(Corlea bog)에서[6] 고고학자들에 의해 도로의 흔적이 발견되었다. 1857년에도 이곳에서 1킬로미터 이상 떨어진 곳에서 이와 유사한 도로가 발견되었으며, 나이테로 환산하면 기원전 156년 즈음에 건축된 것이었다.

이 두 개의 도로는 켈트인이 만든 똑같은 주요 고속도로의 일부인 것이 드러났으며, 고대 켈트인이 세련된 기술을 가진 도로 건축가(road builder)였음이 입증되었다.

켈트연구의 권위자인 엘리스(P. B. Ellis 1998: 129)는 아일랜드의 고고학자 라프터리(Barry Raftery 1994)[7]의 말을 인용하여 콜레이(Corlea)에서 발견된 켈트인의 도로에 관해 다음과 같은 글을 남겼다.

콜레이에 세워진 도로는 전혀 평범한 도로가 아니었다. . .콜레이 도로의 건설은 평형을 이루는 토목공사장 건설이나 거대한 왕실 중심부를 조성하는 데 들인 노력과 견줄 만큼 엄청난 사업이었다.

콜레이는 오늘날 남아 있는 켈트인 초기의 도로 가운데 가장 넓게 뻗은 도로이다. 그러나 이와 유사한 도로가 켈트 세계의 다른 지역, 예컨대 독일의 저지 작센 주(영어로는 Lower Saxony)의 올덴부르크 남부에 위치한 뒴머(Dümmer)에서도 발견되었는데, 아일랜드의 도로와 정확히 같은 시기에 만들어졌다는 것은 매우 흥미로운 일이다. 한편 켈트인이 세운 가장 오래된 도로는 남부 웨일즈에 있는 그웬트(Gwent)에서 발견되었는데, 이들 도로는 목재로 건설되었고 세번강에 인접한 진흙 바닥을 가로질러 놓여 있었다.

독일에 아일랜드에서와 똑같은 도로가 세워졌다는 것은 켈트인의 도로 공학기술이 국제적이었음을 보여주는데, 이것은 바퀴를 이용하여 수송하려고 만들어진 도로였다. 켈트인은 아일랜드뿐만 아니라 유럽대륙 전체에 걸쳐 도로를 건설하였다. 지중해를 세계의 중심이라고 생각한 로마인의 도로는 켈트인이 건설한 것으로, 군대를 내보내고 식량을 들여오는 데 사용되었다.

로마인에게 모든 길은 로마로 통했다. 로마사회가 중앙집권화된 사회였기 때문이다. 그러나 켈트 세계는 로마인의 생각과는 전혀 달랐다. 켈트인은 사물을 약간 다르게 보았다. 켈트인에게 도로는 한 곳을 향해 연결되는 것이 아니었다. 켈트인은 권력의 집중과 타민족 지배에 집착하지 않았다. 오히려 그들의 사회는 로마보다 훨씬 광범위하게 연결되고 활발한 교역이 이루어진 열린 사회였다.

어떤 면에서는 켈트인이 로마보다 훨씬 더 세련된 사회로 꾸준히 발전하였다. 그들이 점령한 영토에는 주석과 납, 철, 은이 풍부하였고 이런 것들을 값진 물건으로 바꿔서 만들어내는 기술을 가진 대장장이와 금속공예사가 있었다. 켈트인은 아프리카나 중국처럼 먼 곳에 있는 나라들과 교역을 할 수 있도록 무기와 정교한 장신구를 만들었다. 그러나 당시 이들의 주요 교역국은 다름 아닌 로마였다.

11.5. 켈트인 여성의 지위

1952년 한 고고학자가 켈트인의 후기 할슈타트 및 초기 라떼느 시기의 중요한 선사유적지인 프랑스 동부의 꼬뜨 도르(Côte-d'Or)의 자치구에[8] 있는 기원전 500년 무렵으로 거슬러 올라가는 빅스 무덤(흔히 '빅스의 여인 또는 공주무덤'으로 알려짐)을 발굴하였다.

이 무덤은 부유하고 권력을 지닌 여성의 무덤으로 유럽의 무덤에서 발견된 것 가운데 가장 큰 것이었다. 이 무덤에는 수레도 함께 매장되었는데, 바퀴를 분리해서 무덤 옆에 놓았고 마차 위에 여자의 시체가 누운 채로 놓여 있는 것이 확인되었다.

흥미로운 사실은 로마에서는 이런 식으로 매장된 로마 여인은 없었다는 것이다. 로마세계에서 여성은 죽을 때까지 남자 형제나 남편, 그리고 아버지의 권위에 눌려 살았으므로 불평등하였다. 이와는 달리, 켈트세계에서는 여성이 최고 지위에 오르는 일이 가능하였다. 이러한 일은 그리스나 로마와 같은 전통적인 세계에서는 도무지 일어날 수 없는 일이었다.

빅스 무덤의 여인이 사망한 후 거의 천 년이 지나서야 켈트인은 비로소 책을 만들기 시작하였다. 현존하는 가장 오래된 켈트인의 책은 아일랜드의 트리니티 대학 도서관에 비치되어 있다. 아일랜드의 역사가인 오커란 교수(D. O'corráin)에 따르면 이곳에 보관된 시와 소설 속에 나타난 여성에 대한 태도가 빅스 무덤 발굴 결과와 일치한다.

로마에서 여성의 지위는 낮았지만 켈트사회에서 여성은 사회적 역할이 더 컸다. 초기 아일랜드 문학에서 강한 여성이 많이 등장하는 이유이다. 최초의 아일랜드 법률은 7세기에 기록되었는데, 이 법률에서는 여성에게 어떤 지위를 부여하고 있다. 가령 여자는 이혼할 수 있고 이혼을 제안할 수 있다. 남편이 무능력하거나 아내 말고 다른 여자들과 자는 것을 좋아하거나 여성을 때리면 이혼이 가능하였다. 여성이 이혼할 경우에는 결혼지참금을 돌려받을 수 있고 다시 결혼할 자유를 얻게 된다.

한편으로 켈트 법률은 여성뿐만 아니라 고령이거나 정신적으로 정상이 아니거나 육체적으로 노쇠한 사람들까지도 보호하였다. 그뿐만 아니라 원치 않는 아이를 쓰레기장에 버릴 수 있었던 로마와는 달리, 어린 아이들은 성직자로부터 보호를 받았다. 켈트인들은 아이를 버려도 된다는 로마인의 사상을 경멸하였다. 따라서 켈트 법률은 공동체에 속한 모든 켈트인들이 가진 권리와 의무를 규정한 것으로, 권위적인 로마의 법률과는 확연히 다른 것이었다.

로마인은 삶과 법률, 그리고 역사를 문서화하여 수백 권의 책으로 후세에 남겼으나, 켈트인은 책으로 기록을 남기기 훨씬 이전까지만 해도 기록된 것을 전혀 믿지 않았고 구전(口傳)으로 전하기 위해 법률과 문학을 전부 기억에만 의존한 민족이었다.

대륙에서의 켈트세계는 기원전 3세기부터 기울어지기 시작하였다. 기원전 52년 시저가 알레시아 전투에서 갈리아(고올) 부족의 영도자인 베르킨게토릭스에게 승리함으로써 대륙에서의 켈트인의 역사는 마침내 사라졌다. 고올의 변경을 벗어난 켈트 문화는 중앙 유럽에 여전히 남아 있었으나 점차 로마 문화에 예속되어 갔다.

11.6. 켈트인 특유의 예술을 발전시키다

선시시대 브리튼(영국)에 들어온 켈트인은 후에 영국 제도(諸島), 곧 아일랜드 어스어(Erse)의 여러 방언, 스코틀랜드 고지에서 쓰인 게일어 그리고 맨섬어 등을 사용한 민족들의 조상이 된 고이델인 (Goidels)을 비롯, 시저가 본토 켈트인이라고 부른 브리손인(Brythons) 이었다.

이들이 사용한 언어는 웨일즈어, 프랑스 최서부에서 쓰이는 브르타뉴어 및 현재 사어(死語)가 된 코니시어 등 여러 방언으로 갈라졌다. 브리튼에 들어온 마지막 켈트인은 라틴어로 쓰인 시저의 기록에 남아 있는 벨가이인이었다.

벨가이인들은 로마세계와 활발한 교역을 펼쳤고, 켈트 문화가 유럽대륙에서 거의 사라졌을 때 섬나라에서만 엿볼 수 있는 그들 나름대로의 정교하고 독특한 예술을 발전시켰다(박영배 2001: 160-215; 300-317 참조).

이들은 새로운 형태의 검(劍 sword)을 브리튼에 도입하였고 대륙과 활발한 교역으로 할슈타트와 라떼느에서 제품을 수입해 들여왔다. 그리하여 철기시대의 브리튼은 켈트 문화의 전성기로, 한편으로는 로마와의 접촉으로 교역로를 개방하여 후에 로마가 기원후 43년 브리튼을 정복하고 켈트 시대의 잉글랜드와 웨일즈가 로마인의 브리타니아로 변하는 결과를 초래하였다. 따라서 기원후 43년 로마가 영국을 정복하기 이전 150년 동안 영국은 많은 면에서 가장 찬란한 켈트시대의 신기원을 이룩한 시기였다.

기원후 47년 브리튼은 험버강에서 브리스톨 해협에 이르는 경계선 남쪽까지 로마의 지배 아래에 들어갔으며, 기원후 60년대에는 웨일즈가 정복되고 그 세기의 말에 이르러 후에 잉글랜드라고 불리게 된 지역과 웨일즈는 그 후 300년 동안 사실상 로마의 영토가 되었다. 이

지역에 거주한 대부분의 켈트인은 로마의 시민이 되었다. 그리하여 로마의 시민이 된 켈트인을 로마의 지배 아래에 있지 않은 순수 켈트인과 구분하여 역사가들은 로만-브리튼인(Romano-Britons)이라고 불렀다.[9]

11.7. 켈트인의 정체성과 켈트 사회

이제 이 장을 끝내면서 켈트인의 정체성과 켈트 사회에 대해 다음과 같은 의문을 다시 던지고자 한다.

기원전 4세기 초까지만 해도 온대기후인 유럽 지역에 거주한 켈트인에 관해 직접 알 수 있는 지식이 제한되어 있었는데, 바로 이 시기부터 지중해 세계는 켈트인을 관찰할 만한 충분한 기회를 얻게 되었다. 그것은 곧 이들이 이주민, 침략자 그리고 용병이란 다양한 유형으로 지중해 세계의 여러 국가에 등장하게 되었으며, 일부는 알프스 산맥을 넘어 포강 계곡에 정착하거나 또는 그 너머에 있는 이탈리아를 침략해 들어가기도 하고, 또 다른 이들은 중부 다뉴브를 거쳐 발칸반도, 그리스 및 소아시아로 들어가면서 나타난 자연스러운 현상 때문이었다.

아리스토텔레스, 플라톤, 에포러스와 같은 그리스와 로마의 고전 작가나 철학자 그리고 역사가들은 켈트인을 '타자(other people)'로 규정하는 데 주저하지 않았고, 폴리비우스, 리비우스 및 포사니아스와 같은 작가들은 로마와 그리스를 '문명국가' 및 '질서'를 존중하는 국가로, 켈트인을 '야만인' 및 '전쟁광'으로 묘사하고 있다.

그렇다면, 게르만족인 앵글로색슨족이 영국에 들어오기 훨씬 이전, 고대 영국의 선(先)주민이었던 켈트인, 그들은 진정 야만인으로 전쟁광이었을까? 앞의 여러 장에서 제기한 의문대로 켈트 사회는 로마 및 그리스의 역사가들이 서술한 것처럼 '무식한 문맹 사회'였을까? 그리고 그리스와 로마의 고전 작가들이 기록한 것처럼 이들은 실제로 호전적인 야만인이었을까?

우리는 앞에서 그리스와 로마의 역사가들이 서술한 것과는 달리, 고고학 성과 및 언어상으로 나타난 자료에 근거하여 켈트인이 문명인이었음을 언급한 바 있으나, 이러한 의문을 풀고자 우선 고고학상 입증된 켈트인의 출토물에 대해 좀 더 살펴보기로 한다.

가장 초기에 출토된 켈트인의 명각(inscription)은 에트루리아어로 쓰인 알파벳이었다. 에트루리아인들은 기원전 7세기 중엽에 이르러 서체법을 배웠는데, 현존하는 에트루리아 서체(문자)는 약 13,000개의 명각으로 남아 전해지고 있다. 에트루리아어는 인도유럽어에 속하지 않으므로 이 명각을 해석할 수 있는 단서가 없으나, 켈트인은 에트루리아 알파벳(자모)를 이용하여 기원전 6세기 무렵 가장 오래된 명각을 새겨 넣은 기념비를 완성하였다.

20세기 초, 포강의 지류인 티치노강(Ticino)과 아다강(Adda) 사이에서 초기시기에 만들어진 것으로 추정되는 명각 33개가 발견되었다. 웨일즈 출신의 저명한 켈트학자인 존 리스경(Sir John Rhys: 1840-1915)이 이들 명각에 대한 연구[10]를 처음으로 진행한 뒤, 일부 학자들이 켈트인의 명각 여부를 놓고 이견(異見)을 벌였으나, 나중에 켈트어가 하나의 동질적인 언어가 아니며, 이들 명각과 출토된 다른 켈트어 유물에 쓰인 문자 사이에 방언의 차이가 있다는 사실을 확인하기에 이르렀다.

1912년 중앙 유럽 남부에 있는 드라우강(Drau, Drava)에 있는 마부르크에서 그리 멀지않은 스티리아 공국의 네가우(Negau)에서 이른바 네가우 헬멧(Negau Helmet)이 발견되었다. 이 헬멧에는 앞에서 언급한 명각 이외에 추가로 2개의 명각이 더 새겨져 있었는데, 에트루리아어 문자로 새겨 넣은 켈트인 고유명사로, 기원전 6세기에 만들어진 것으로 추정되었다.

　라틴어가 켈트인의 거주 지역에 그 영향을 미치기 시작하면서 에트루리아 문자에서 라틴어 문자로 대체되는 언어 변화도 함께 나타났다. 켈트인이 만든 도기에는 그라피티(graffiti 그림이나 문자),[11] 제조자의 이름과 낙인 그리고 장례를 상징하는 명각이 등장하였다. 이런 것들로 미루어볼 때, 켈트인은 우리가 품었던 의문과는 달리 문맹과는 거리가 멀었다. 이탈리아의 토디(Todi) 자치구에서 발견된 장례 명각에는 실제로 켈트어와 라틴어 두 개 언어가 나란히 새겨져 있었다.

　고대 켈트세계에서는 음유시인, 이야기꾼, 역사가, 시인, 계보학자 그리고 법률가들이 특별한 위상을 차지하였다. 그뿐만 아니라, 켈트 세계가 지속되는 동안 로마제국이 유럽 전체에 군사적인 힘을 과시하고 기독교로 바뀌어 나가는 과정에서 켈트인은 그들의 고유 언어인 켈트어와 함께 라틴어를 공통어(lingua franca)로 받아들였고, 이들의 저술에는 시(詩) 뿐만 아니라 역사, 자서전 및 철학이 포함되었다.

　그러나 켈트어로 쓰여진 학문과 이야기 전개 및 역사의 상당수는 기독교 시기가 시작할 때까지는 구전(口傳 oral tradition)에 머물러 있었으며, 후에 켈트어를 계승한 아일랜드어(Irish)가 그리스어 및 라틴어 다음으로 유럽에서 세 번째로 가장 오래된 학문 언어의 위치를 차지하게 된 것은 결코 우연한 일이 아니었다.

　기원후 9세기부터 켈트어의 후예인 웨일즈어로 쓰여진 문학이 아일랜드어의 뒤를 이어 현존하는 필사본으로 등장하게 된다. 웨일즈어(Welsh)는 기원후 8세기에 이르러 문학언어로 번성하였다. 웨일즈어로 쓰여진 현존하는 가장 오래된 책인 《카마덴 서(書)》(Llfyr Du Caerfyrddin 'Black Book of Carmarthen')의 일부 필사본은 13세기 중엽까지 거슬러 올라간다.[12]

　위에서 살펴본 대로 켈트사회는 고전 작가들의 서술과는 달리 무식한 문맹 사회가 아니었다. 이것은 고고학은 물론 언어학상으로도 입증되고 있다. 고전 작가들이 고대 켈트인과 사회에 관해 정복자의 입장에서 편견을 가지고 어떤 비판적인 서술로 폄하했던 간에 켈트인은 여러 입증된 사료에서도 엿볼 수 있듯이 상당할 정도의 규모를 갖춘 문명인으로, 한때 정교한 예술을 발전시키고 다른 한편으로는 유럽 국가들과 활발한 교역으로 번영을 누린 부족이었다.

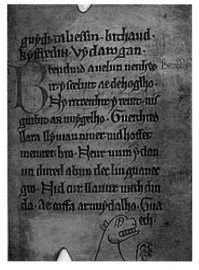

〈자료 1〉 카마덴 書

켈트인의 정체성에 대해서는 당시 유럽을 지배한 로마인조차 궁금하게 여겼다. 다음에 역사적인 사실을 인용하여 켈트인의 정체성을 간단히 설명하고자 한다.

베르킨게토릭스가 이끈 켈트인 최후의 보루인 알레시아를 시저가 함락시키려고 노인, 여성, 어린 아이들이 거주한 요새를 포위하였는데, 그 결과 켈트인은 굶주림과 탈수로 7만 명이 사망하였다. 로마가 요새를 함락하고 전투에서 승리를 거둔 뒤 고올 지역은 로마의 속주가 되었고 켈트인(고올인) 백만 명이 노예가 되었다.

로마의 역사가인 타키투스는 알레시아에서 패배한 켈트인이 외친 말을 다음과 같이 기록하고 있는데, 이것이야말로 켈트인이 실제로 누구였는지를 잘 대변해 준다고 할 수 있을 것이다.

> 누구든지 세계를 지배하고 싶어한다면
> 다른 사람들이 기꺼이 노예가 되어 따라야 할까?
> 강도, 도살, 약탈에 '자유'라는 거짓된 이름을 부여하여
> 황무지를 만들어 놓고 그것을 '평화'라고 불렀으니.

제11장의 주(註)

1. 실레시아(Silesia): 영어로는/saɪliːʒə/ 또는 /saɪliːʃə/로 발음. 현재 체코슬로바키아 북부 및 대부분 폴란드에 위치한 중앙 유럽 지역. 광물과 천연자원이 풍부함. 수도는 브로츠와프(Wroclaw). 폴란드어로는 [ˈvrɔtswaf]로 발음. 영어로는 Breslaw로 씀.

2. 헤로도투스의 사후 약 사반세기가 지난 뒤 북부 이태리를 침략한 야만인들인 켈트인을 로마인들은 Galli(고올인)이라고 불렀는데, 그로부터 2세기가 지난 뒤 폴리비우스(Polybius)가 그의 책에서 이들을 Galatae라고 지칭하면서부터 그리스 작가들이 이 말을 널리 사용하였다. 그러나 디오도루스 시쿨루스(Diodorus Siculus), 시저, 스트라보(Strabo)와 같은 이들은 Galli와 Galatae는 Keltoi/Celtae를 나타내는 말과 동의어로 보았고, 시저는 그의 시대에 살던 Galli인은 그들 스스로 Celtae인이라고 불렀다고 적고 있다. 시쿨루스는 이들 여러 명칭을 구분하지 않고 사용하였으나, Keltoi가 이들 부족 이름을 가리키는 데에는 더 정확한 말이라고 생각하였다(Powell, 1980:18; 박영배 2001: 26).

3. 브레누스(Brennus): 현재 마른강(Seine-et-Marne), 르와르강 및 욘강으로 알려진 프랑스의 여러 지역에서 온 갈리아 부족인 세논족의 추장. 기원전 387년 알리아 전투(Battle of Allia)에서 로마 공격을 위해 알프스 산맥의 남쪽 지역의 갈리아군(켈트군)을 이끈 지도자. 기원전 389년 로마를 공격하여 승리함.

4. 갈라티아인(Galatians): 오늘날 터키 갈라티아(Galatia)로 알려진 소아시아 또는 아나톨리아의 북 중앙 지역에 주로 거주한 켈트인을 지칭함. 이들은 원래 브레누스의 지휘 아래 고대 그리스 북쪽에 있던 마케돈 왕국을 침략한 켈트인의 대이주민(great imiation)의 한 축이었음.

5. 신약성서에 나오는 갈라디아서(Galatians)는 사도 바울이 갈라디아 지방의 여러 교회에 보낸 복음 서신임.

6. 콜레이 늪지(Corlea bog): 아일랜드 롱포드 카운티의 작은 마을인 키나지 Keenagh 또는 Kenagh. 아일랜드어로는 Caonach로 씀.

7. 라프터리(Barry Raftery 1944-2010): 아일랜드의 고고학자로 아일랜드 철기 시기에 관한 연구로 널리 알려진 켈트 연구의 권위자. 아일랜드 후기 선사 사회의 고고학 분야에서 아일랜드를 대표하는 학자로 명성을 얻었고, 1996년 더블린 대학 켈트고고학과의 학과장으로 임명됨. 오랫동안 아일랜드와 유럽 고고학 분야에 기여하였음.

8. 꼬트 도르(Côte-d'Or): 프랑스 동부에 있는 자치구. 문자 그대로의 의미는 '금빛 경사지'(golden slope)임. 1790년 3월 프랑스 혁명 기간에 만들어진 83개의 자치구 가운데 하나로 이전에는 부르고뉴 지역의 일부로 형성되었음.

9. 기원 43년 로마가 브리튼을 정복하면서 켈트인이 거주한 브리튼이 브리타니아 속주로 탄생하고 로마제국 아래 나타나게 된 문화가 곧 로만-브리튼인이 이룩한 문화 곧 로만-브리튼 문화(Romano-British Culture)임. 이 문화는 켈트어와 켈트 관습을 사용한 토착민인 브리튼인(Britons)의 문화와 로마에서 수입한 로마인의 문화를 혼합하여 등장하였음. 미국의 저명한 유럽사 전공 교수인 크리스토퍼 스니더(Christopher A. Snyder)에 따르면 기원후 410년 로마군단이 브리튼에서 철수한 시기부터 캔터베리의 성 어거스틴이 기원후 597년 브리튼에 도착한 시기까지 브리튼 남부는 로마의 하위문화를 적극적으로 보존하였으며, 이러한 현상은 앵글로색슨족의 침입을 받을 때에도 살아남았다. 그들은 서체어의 경우에도 로마인 특유의 라틴어를 사용하기까지 하였음.

10. 이 연구에 대해서는 그의 저서인 *Celtic Britain*(1908), 4th ed.을 참조하기 바람.

11. 켈트인의 의사 전달은 주로 구전(口傳)에 의존하였으며 그림문자(graffiti)를 써서 서로의 의사를 전달하였다. 런던에서 발견된 켈트인의 그림문자는 로마화한 켈트인(Romano-Britons)이 새로운 문자 매체인 라틴어에 불만을 토로하자 이에 심술이 난 교육받은 타일공이 새겨 넣었을 것으로 추정됨. 박영배(2001: 68-9 참조).

12. 《카마텐 서(書)》: 웨일즈어로 *Llyfr Du Caefyrddin*이라고 하는 이 책은 웨일즈어로만 쓰여진 현존하는 가장 초기의 필사본으로 알려진 것으로 13세기 중엽으로 거슬러 올라감. Carmarthen은 /ˌkɑːrˈmɑːrðən/으로 읽음. 웨일즈, 카마텐셔(Carmarthenshire)의 카운티 타운으로 웨일즈에서 가장 오래된 마을로 16-18세기에 웨일즈에서 가장 인구가 많은 자치시였음. 이 책의 제본이 검은색으로 되어 있어서 Black Book이란 명칭이 붙었음. 이 필사본은 카마텐 수도분원에서 나온 것으로, 맨 처음 성 다윗 성당의 보물 보관원이 영국 왕 헨리 8세가 해산한 웨일즈의 수도원 연구를 진행하던 브레컨의 존 프라이스경(Sir John Price of Brecon: 1502? - 1555)의 소유로 되었음. 202년에는 《카마텐 서》의 스캔이 이루어져서 인터넷 온라인으로도 검색이 가능해졌음.

참고문헌

Adamson, S. et al eds. 1990. *Papers on the 5th International Conference on English Historical Linguistics*, Cambridge, 6–9 April 1987, Amsterdam.

Alcock, Leslie. 'Was there an Irish Sea culture–province in the Dark Ages?' in Donald Moore(ed.), *The Irish Sea Province* in Archaeological Association, 1970, pp.55–65.

Alcock, Leslie, *Arthur's Britain: history and archaeology, AD 367–634*. London: Allen Lane, 1973.

Alcock, Leslie, *Economy, society and warfare among the Britons and Saxons*. Cardiff: University of Wales Press, 1987.

Anglo–Saxon Chronicle. translated with an introduction by G. N. Garmonsway. 2nd ed. London: Dent, 1955.

Anglo–Saxon Chronicle. translated and edited by Michael Swanton. London: J. M. Dent, 1996.

Armit, Ian, *Celtic Scotland*. London: B. T. Batsford, 1997.

Arnold, C. J. *An archaeology of the early Anglo–Saxon kingdoms*. London:Routledge, 1988.

Arribas, A. *The Iberians*. London, Thames & Hudson, 1964.

Awbery, G. M. 'Welsh', in Trudgill, 1984, 259–77.

Ball, Martin & Nocole Muller eds. *The Celtic Languages*. Routledge, 2003.

Barnett, L. K. *The treasure of our tongue; the story of English from its obscure beginnings to it present eminence as the most widely spoken language*. London: Secker and Warburg(f. 1909), 1966.

Beekes, Robert S.P. *Comparative Indo–European Linguistics. An Introduction*. Amsterdam/Philadelphia: John Benjamins, 1995.

Bede, the Venerable, The Ecclesiastical History of the English People, Oxford University Press, 1969.

Beekes, Robert S.P. *Comparative Indo–European Linguistics. An Introduciton*. Amsterdam/Philadelphia: John Benjamins, 1995.

Bellin, W. 'Welsh and English in Wales', in Trudgill, 1984, 449–79.

Biggam, C. P. *Anglo–Saxon studies: a select bibliography*, 2nd ed. Worthing: Pa Engliscan Gesipas, 1995.

Blair, Peter Hunter, *Roman Britain and Early England*. Edinburgh: Thomas Nelson and Sons Ltd, 1963.

Blench, Roger and Matthew Spriggs, eds. *Archaeology and Language* I: Theoretical and Methodological Orientations. London and New York: Routledge, 1997.

Bowen, E. G. 'Race and culture', in E. G. Bowen(ed.), *Wales: A Physical, Historical and Regional Geography*. London: Methuen, 1957, pp.131–40.

Bliss, A. J. *Spoken English in Ireland 1600–1740*. Dublin, 1979.

Bopp, Franz, *Ueber das Conjugationssystem der Sanscritsprache in Vergleichung mit jenem der griechischen, lateinischen ersischen und germanischen Sprache, Frankfurt*, 1816.

Bopp, F. *Die Celtischen Sprachen in ihrem Verhaltnisse zum Sanskrit, Zend, Griechischen, Lateinischen, Germanishen, Litauischen und Slawisdchen*. Berlin, 1839.

Bramsbäck, B. & M. J. Croghan, eds. *Anglo–Irish and Irish Literature: Aspects of Language and Culture*, vol. 1, Uppsala, 1988.

Bresler, Fenton, *Napoleon III: A Life*, London: Harper Collins, 1999.

British Museum, Dept of British and Mediaeval Antiquaries. Anglo–Saxon ornamental megtalwork, 700–1000, in the British Museum. *Catalogue of antiquities of the later Saxon period*, v. 1. London: Trustees of the British Museum, 1964.

Brown, T. ed. *Celticism*. Amsterdam, 1996.

Browne, G. F. *The Venerable Bede*. Studies in Church History. London: Society for Promoting Christian Knowledge. New York: the

Macmillan Co, 1919.

Brunaux, J. L. *The Celtic Gauls: Gods, Rites and Sanctuaries*. London: Seaby, 1988.

Bruneaux, Jean Louis, *The Celtic Gauls, Gods, Rites and Sanctuaries*, 1988. London: Seaby.

Burchfield, R. W. ed. *English in Britain and Overseas: Origins and Development*[vol. V. *The Cambridge History of the English Language*], Cambridge University Press, 1994.

Cameron, K. *English Place Names*. London: B T Batsford, 1996(3장: Celtic Place-names and River-names 참조).

Campbell, James, *The Anglo-Saxons*. Ithaca, N.Y.: Cornell University Press, 1982.

Campbell, John B. *The Upper Palaeolithic of Britain. A Study of Man and Nature in the later Ice Age*. 2 vols. Oxford: Clarendon Press, 1977.

Catford, T. C. 'The Linguistic Survey of Scotland', in *Orbis* 6. 1957, 105-21.

Chadwick, N. K. *Celtic Britain*. Thames and Hudson, 1963.

Chadwick, Nora, *Celtic Britain*. 2nd impression, revised. London: Thames & Hudson(f.1963), 1964.

Chadwick, Nora, The Druids. Cardiff: University of Wales Press, 1966.

Chadwick, Nora, *The Celts*. Penguin Books, 1970.

Chambers, Robert, *History of the Rebellion of 1745-6*(W. & R. Chambers, 1869.

Chambers, R. W. *England before the Norman Conquest*. University of London Intermediate Sourcebooks of History. No. VII. London: Longmans, Green and Co. Ltd, 1926.

Chapman, M. *The Celts. The Construction of a Myth*. New York: St Martin's Press, 1992.

Cheshire, J. L. ed. *English around the World: Sociolinguistic Perspectives*. Cambridge, 1991.

Chronological studies of Anglo-Saxon England, Lombard Italy and Vendel period Sweden. Arkfologiske skrifter, 5. Copenhagen: Institute of Prehistoric and Classical Archaeology, University of Copenhagen, 1992.

Clark, J. M. *The Vocabulary of Anglo-Irish*. St. Gall, 1917.

Clark, Grahame, *Prehistoric England*. London: B. T. Batsford Ltd, 1940.

Clarke, Helen, *The Archaeology of Medieval England*. A Colonnade Book. published by British Museum Publications, 1984.

Collingwood, R. G. *Roman Britain and the English Settlements*. 2nd ed. Oxford Clarendon Press, 1937.

Collis, J. R. *The European Iron Age*, London, Batsford, 1984.

Collis, J. R. 'Los Celtas en Europa', in M. Almagro Gorbea and G. Ruiz Zapatero (eds.) *Los Celtas: Hispania Europa*. Madrid: Actas, 1993, 63-76.

Collis, J. R. 'States without centres? The Middle La Tène Period in Temperte Europe', in B. Arnold and D. B. Gibson eds. *Celtic Chiefdom, Celtic State: The Evolution of Complex Social Systems*. Cambridge: Cambridge university Press, 1995, 75-80.

Constantine, M.-A. *Breton Ballads*. Aberystwyh: University of Wales Press, 1996.

Coxhead, Elizabeth, *Lady Gregory: a literary portrait*, Harcourt, Brace & World, 1961.

Cremin, Aedeen, *The Celts*. Sydney: Lansdowne, 1997.

Croghan, M. J. 1988. 'A bibliography of English in Ireland: Problems with names and boundaries', in Brambäck & Croghan, 1988, 103-15.

Crumley, C. L. *Celtic Social Structure: the Generation of Archaeologically Testable Hypotheses from Literary Evidence*. Anthropological Papers, Museum of Anthropology, University of Michigan 54, Ann Arbor, University of Michigan, 1974.

Crystal, D. *The Cambridge Encyclopedia of the English Language*. Cambridge, 1995.

Cunliffe, B. ed. *The Oxford Illustrated History of Prehistoric Europe*. Oxford: Oxford University Press, 1994.

Cunliffe, Barry, *Book of Iron Age Britain*. London: B. T.Batsford Ltd, 1995.

Cunliffe, B. *The Ancient Celts*. Oxford University Press. 2003. *The Celts*. a very short inroduction. OUP, 1997.

Cunliffe, B. *Facing the Ocean: The Atlantic and its Peoples*. Oxford: Oxford University Press, 2001.

David, R. *Celts and the Classical World*. London: Routledge, 1996.

Dalby, A. *Dictionary of Languages*. London: Bloomsbury, 1998.

Delargy, J. H. *The Gaelic Story-Teller: With Some Notes on Gaelic Folk-Tales*. Reprints in irish Studies 6. London: Cumberiege, 1945.

Delaney, F. *The Celts*. London and Toronto: BBC Publications, 1986.

Delaney, Frank, *The Celts*. London: BBC; Hodder and Stoughton, 1942.

Dillon, M. and N. Chadwick, *The Celtic Realms*. London: Weidenfeld and Nocolson, 1967.

Dillon, M. and N. Chadwick, *The Celtic Realms*, 2nd edn. London: Weidenfeld & Nicolson, 1972.

Dillon, M. *Early Irish Literature*. Chicago: Chicago University Press, 1948.

Dillon, Myles and Nora K. Chadwick, *The Celtic Realms*. 2nd ed. London: Weidenfeld & Nicolson(f. 1967), 1972.

Dillon, Myles, *Celts and Aryans: Survivals of Indo-European Speech and Society*. Indian Institute of Advanced Study, Simla, 1975.

Dodwell, C. R. *Anglo-Saxon art:* a new perspective. Manchester: Manchester University Press, 1982.

Dottin, Georges, *The Celts*. Genhve: Minerva, 1977.

Dorian, N. C. *Investigating Obsolescence: Studies in Language Contraction and Death*. Cambridge, 1989.

Droixhe, D. 'Ossian, Hermann and Jew's Harp: Images of the Celtic Languages from 1600-1800', in: Brown, 1996, ed. 21-34.

Ekwall, E. *English River-Names*. Oxford: Clarendon Press, 1928.

Ellis, P. B. *Caesar's Invasion of Britain*. London: Orbis Publishing Limited, 1978.

Ellis, P. B. *The Celtic Empire*. London: Constable, 1990.

Ellis, P. B. *Celtic Inheritance*. new ed. London: Constable[first published, 1985], 1992.

Ellis, P. B. *Dictionary of Celtic Mythology.* London: Constable, 1992.

Ellis, P. B. *Celt and Saxon. The Struggle for Britain. AD 410–937.* London: Constable, 1993.

Ellis, P. B. *Celtic Woman.* London: Constable, 1995.

Eliis, P. B. *The Celts: A History.* London: Running Press, 1998.

Elton, Charles L. *Origins of English History.* 2nd ed. revised. London: Bernard Quaritch[f. 1889], 1890.

Evans, D. E. The contribution of (non–Celtiberian) Continental Celtic to the reconstruction of the Celtic "Grundsprache" in K. H. Schmidt (ed.), *Indogermanisch und Keltisch*, Wiesbaden, Ludwig Reichert, 1977, 66–88.

Evans, D. E. 'The labyrinth of Continental Celtic', *Proceedings of the British Academy* 65, 1979, 497–538.

Evans, D. E. 'The Early Celts: The Evidence of Language', in M. J. Green ed., *The Celtic World.* London: Routledge, 1995, 8–20.

Evan, D. E. 'Linguistics and Celtic Ethnogenesis', in R. Black, W. Gillies and R. Ó Maolalaigh eds. *Celtic Connections* I. *Language, Literature, History, Culture.* East Linton: Tuckwell, 1999, 1–18.

Evans, Dewi W. and Brynley F. Roberts eds. *Archæologia Britannica: Texts and Translations.* Celtic Studies Publications 10, 2007.

Fennel, D. 'Can a shrinking minority be saved? Lessons from the irish experience', in Haugen, et al, eds. 1981, 32–39.

Filip, J. *Celtic Civilisation and its Heritage.* Welling borough, Collett's, 1977.

Fischer, J. and J. Dillon eds., *The Correspondence of Myles Dillon, 1922–1925: Irish German Relations and Celtic Studies.* Dublin: Four Courts Press, 1998.

Fisher, D.J.V. *The Anglo–Saxon Age 400–1042.* Longman, 1973.

Flaherty, P. J. *The English Language – Irish Style. 'As she do be spoke, proper, like, you know',* Galway, 1995.

Foote, Peter G. *The Viking achievement*; a survey of the society and culture of early medieval Scandinavia. [by] Peter G. Foote [and] David M. Wilson. New York: Praeger, 1970.

Ford, B. ed. *Early Britain*. The Cambridge Culture History of Britain, Vol I. Cambridge University Press, 1992.

Frank McLynn, *The Jacobite Army in England*. 1745-6. The Final Campaign John Donald Publishers Ltd. 1983.

Frere, Sheppard S. *Britannia, a history of Roman Britain*. Rev. ed. London: Routledge & Kegan Paul(f. 1967), 1978.

Giles, J. A. *History of the Ancient Britons*. from the Earliest Period to the invasion of the Saxons. London: George Bell, 1847.

Gneuss, Helmut, *Language and history in early England*. Aldershot, Great Britain, 1996.

Gould, S. Baring, *A Book of Brittany*. London: Methuen, 1901.

Gramham-Campbell, James, *The Viking World*. Foreword by David M Wilson. London: Frances Lincoln Publishers, 1980.

Green, John Richard, *The Conquest of England*. 2nd ed. London: Macmillan and Co., 1884.

Green, M. *The Gods of the Celts*. Gloucester: Alan Sutton, 1968.

Green, M. *Dictionary of Celtic Myth and Legend*. London: Thames and Hudson, 1992.

Green, M. J. *The Celtic World*. London: Routledge, 1995.

Greene, D. 'The Celtic languages', in: J. Raftery ed. *The Celts*. Cork: Mercier Press, 1964, 9-22.

Griscom, Acton, *The Historia Regum Britannie of Geoffrey Monmouth*. London, New York, and Toronto: Longmans, Green and Co. 1929.

Haywsood, J. *The Historical Atlas of the Celtic World*. London: Thames and Hudson, 2001.

Hamp, E. P. 'Misellanea Celtica I, II, III, IV', *Studia Celtica* 10-11: 54-73, 1975-76.

Haugen, E., J. D. McCure & D. M. Thomson eds., *Minority Languages* Today. Edinburgh, 1981.

Henry, P. L. 'Anglo-irish and its Irish background', in: Ó Muirithe, 20–36, 1977.

Hanson, W. S. *Agricola and the Conquest of the North*. London: B. T. Batsford, 1987.

Hawkes, Jacquetta and Christopher, *Prehistoric Britain*. London: Chatto & Windus, 1947.

Hawkes, C. Cumulative Celticity in pre-Roman Britain. *Études Celtiques* 13, 2, 1973, 607–28.

Hawkes, C. 'Celts aned cultures: wealth, power and art', in: P. –M. Duval and C. Hawkes eds. *Celtic Art in Ancient Europe*. London: Seminar Press, 1976, 1–21.

Higham, N. J. *The English conquest: Gildas and Briitain in the fifth century*. Manchester: Manchester University Press, c1994.

Hindley, R. *The Death of the Irish Language. A Qualified Orbituaty*, London, 1990.

Hodgkin, Thomas, *The History of England*. from the Earliest Times to the Norman Conquest. London, New York Coming of the Romans to the Norman Conquest. 55 BC to and Bombay: Longmans, Green and Co., 1906.

Hodgkin, R. H. *A History of the Anglo-Saxons*. 3rd ed. vol 1. Oxford University Press, 1952.

Holmes, T. Rice, *Ancient Britain and the Invasion of Julius Caesar*. Oxford At the Clarendon Press, 1907.

Hook, M. and Walter Ross, *The 'Forty-Five. The Last Jacobite Rebellion*. Edinburgh: HMSO, The National Library of Scotland, 1995.

Humble, R. *The Saxon Kings*. Introduction by Antonia Fraser. London: Weidenfeld and Nicolson, 1980.

Humble, Richard, *The Fall of* Saxon *England*. London: Arthur Barker

Limited, 1975.

Hubert, H. *The Rise of the Celts*. London: Kegan Paul, Trench & Trubner, 1934a.

Hubert, H. *The Greatness and Decline of* the Celts. London: Kegan Paul, Rench & Trubner, 1934b.

Ireland, Arthur J. *Episodes in the History of England*. AD 1066. New York and Toronto: Longmans, Green and Co. Ltd., 1926.

Jackson, K. 'Notes on the Ogam inscriptions of Southern Britain', in Sir Cyril Fox and Bruce Dickins eds., *The Early Cultures of North-West Europe*. Cambridge: University Press, 1950.

Jackson, K. *Language and History in Early Britain*. A Chronological Survey of the Brittonic Languages, 1st to 12th C. AD. Edinburgh: University Press, 1953.

Jackson, H. J. *The Oldest Irish Tradition*: *A Window on the Iron Age*. Cambridge: Cambridge University Press, 1964.

Jackson, K. H. 'The Pictish language,' in F. T. Wainwright, ed. *The Problem of the Picts*. Edinburgh: Nelson, 1955.

Jacobsthal, P. *Early Celtic Art*. Oxford, Clarendon, 1944.

James, S. *Exploring the World of the Celts*, London: Thames and Hudson. 1993.

James, S. *The Atlantic Celtic*: *Ancient People or Modern Invention*, London: British Museum Press, 1999.

Jansson, Sven B. F. *The Runes of Sweden*. translated by Peter G. Foote. New York: The Bedminster Press, 1962.

Jones, A. H. M. *The prosopography of the later Roman Empire*. Cambridge, University Press, 1971-[80].

Jones, J. Morris, 1899. 'Pre-Aryan syntax in insular Celtic'(dated 1899) in John Rhys and David Brynmore-Jones, *The Welsh People*. London: Fisher Unwin, 1900(4th ed. 1906), 617-641.

Joyce, P. W. *English As We Speak It in Ireland*. London & Dublin,

1988(1910).

Kendrick, T. D. *Anglo–Saxon art to A.D. 900*. London: Methuen, 1938.

Kendrick, T. D. *Late Saxon and Viking Art*. London: Thames and Hudson, 1949.

Kimmig, W. Die Herkunft der Kelten als historirisch–archäeologisches Problem in M. Renard(ed.), *Hommages à Albert Grenier* II, Bruxelles, Latomus, 1962, 884–99.

Kinsella, T(trans). *The Táin*. Oxford: Oxford University Press, 1969.

Klindt–Jensen, *Viking art*. 2d ed. London: G. Allen and Unwin, Ole 1980.

Koch, J. T. ed. *The Celtic Heroic Age*. Malden, MA: Studies Publication, 1994.

Koch, John T. & Antone Minard eds. *The Celts: History, Life, and Culture*. Santa Barbara, California: ABC–Clio, 2012.

Kristiansen, K. *Europe before History*. Cambridge: Cambridge University Press, 1998.

Kruta, V. et al. *The Celts*. Thames and Hudson, 1991.

Laing, Lloyd, *Celtic Britain*. London and Henley: Routledge, 1979.

Laing, Lloyd, *The Archaeology of Late Celtic Britain and Ireland, c. 400–1200 AD*. London: Methuen & Co Ltd., 1975.

Laing, Lloyd and Jennifer, *Celtic Britain and Ireland, AD 200–800. The Myth of the Dark Ages*. Dublin: Irish Academic Press, 1990.

Leerssen, Joep, 'Cellticism', in: Brown ed., 1996, 1–20.

Lloyd and Jennifer Laing, *Anglo–Saxon England*. London Routledge, 1975.

Macculloch, J. A. *The Religion of the Ancient Celts*, reprint. London: Constable, 1991.

McLynn, Frank, *The Jacobite Army in England. 1745. The Final Campaign*. John Donald, 1998.

Macmillan, D. *George Burchanan: A Biography*. London: Simpkin, Marshall & Co. Ltd., 1906.

Maier, B. *Celts: A History from Earliest Times to the Present*. University of

Notre Dame, 2003.

Marjorie & C.H.B. Quennell, *Everyday life in Anglo−Saxon, Viking and Norman Times*. The Everyday Life Series, IV. London: B. T. Batsford Ltd. 3rd ed., 1952.

Marsden, John, *Alba of the ravens: in search of the Celtic kingdom of the Scots*. London: Constable, 1946.

Marsden, John(1989), *The illustrated Bede*. London: Macmillan. Rev. ed. Edinburgh: Floris Books, 1996.

Marsden, John, *Northanhymbre saga: history of the Anglo−Saxon kings of Northumbria*. London: K. Cathie, 1992.

Martin−Clarke, D. Elizabeth, *Culture in Early Anglo−Saxon England*, A Study with Ilustrations. Baltimore: The Johns Hopkins Press, 1947.

McClure, J. D. *Why Scots Matters*. Edinburgh, 1997(1988).

Megaw, R. and V. Megaw, *Celtic Art from its Beginning to the Book of Kells*. 2nd edition. London: Thames and Hudson, 2001.

Michael Hook and Walter Ross, *The 'Forty−Five. The Last Jacobite Rebellion*. Edinburgh: HMSO, The National Library of Scotland, 1995.

Milroy, J. The Pronunciation of English in Belfast, Belfast. 1981b.

Milroy, L(2nd ed. 1987). *Language and Social Networks(LSoc 2)*, Oxford, 1980b.

Nicolaisen, W.F.H. *Scottish Place−names. Their Study and Significance*, London: Batsford, 1976.

Millett, Martin, *Roman Britain*. London: B. T. Batsford, 1995.

Moltke, Erik, *Runes and their origin, Denmark and elsewhere*. The National Museum of Denmark, 1985.

Moreau, J. *Die Welt der Kelten*. Stuttgart, Gustav Kilpper, 1958.

Morgan, Kenneth, *The Oxford History of Britain*. Oxford & New York: Oxford University Press(f. 1984), 1993.

Morris, John, *Nennius: British History and the Welsh Annals*. ed. and trans. London: Phillimore, 1980.

Morrison, A. H., *The art gallery of the English language*. Toronto:
Williamson, 1886.

Morrison, Alex, *Early Man in Britain and Ireland*. London: Croom Helm, 1980.

Moscati, S. *The Celts*. Milan: Bompiani, 1991.

Mourant, A.E. & I.M. Watkin, "Blood Groups, Anthropology and Language
in Wales and the Western Countries." Heredity 6: 13–36, 1952.

Myres, J. N. L. *Anglo–Saxon Pottery and Settlement of England*, Oxford At
the Clarendon Press, 1969.

Myres, J.N.L. *The Angles, the Saxons, and the Jutes*. The Raleigh Lecture on
history. From the Proceedings of the British Academy, volume LVI.
London: Oxford University Press, 1970.

Myres, J.N.L. *Angles, the Saxons, and the Jutes: Essays presented to J.N.L.
Myres*. ed. by Vera I. Evison. Oxford: Clarendon Press, 1981.

Myres, J.N.L. *The English Settlements*. Oxford: Clarendon Press, 1986.

Nettle, D. and S. Romaine, *Vanishing Voices: the extinction of the world's
languages*. Cambridge University Press, 2000.

Nigel and Mary Kerr, *A Guide to Anglo–Saxon Sites*. ondon, Toronto,
Sydney, New York: Granada, 1982.

Oman, Charles, *A History of England*, vol 1.:England before the Norman
Conquest in seven volumes. 3rd ed. London: Methuen & Co. Ltd. 1913.

Ó Muirithe, D. *The English Language in Ireland*. Dublin, 1977a.

Ó Muirithe, D. 'The Anglo–Normans and their English dialect of south–
east Wexford', in Ó Muirithe, 1977b, 37–55.

Ó Muirithe, D. *Dictionary of Irish English Words and Phrases from Gaelic*.
Dublin, 1996.

O'rahilly, Cecile, *Ireland and Wales: Their Historical and Literary Relations*.
London: Longman, 1924.

O'rahilly, Thomas F(1946). *Early Irish History and Mythology*. Dublin
Institute for Advanced Studies. new ed. 1964.

O'Rahilly, T. F. *irish Dialects Past and Present with Chapters on Scottish and*

Manx. Dublin, 1932.

O'Rahilly, Thomas F. *Early Irish History and Mythology*. Dublin: The Dublin Institute for Advanced Studies, 1946.

Padel, Oliver J. 'Inscriptions of Pictland.' Unpublished M. Litt. thesis, University of Edinburgh, 1972.

Page, R. I. *An Introduction to English Runes*. London: Methuen & Co., 1973.

Page, R. I. *Chronicles of the Vikings: records, memorials and myths*. Toronto: University of Toronto Press, 1995.

Page, R. I. *Runes and Runic Inscription*. collected essays on Anglo-Saxon and Viking Runes. ed. by David Parsons with a bibliography by Carl T. Berhut. Woodbridge, Suffolk: The Boydell Press, 1995.

Palgrave, Sir Francis, *History of the Anglo-Saxons*. London: Senate[Studio Editions, 1995], 1876.

Pethica, James L. "Gregory, (Isabella) Augusta, Lady Gregory(1852 – 1932)", *Oxford Dictionary of National Biography*, Oxford University Press, 2004.

Piggott, Stuart, *Ancient Europe, from the beginnings of agriculture to classical antiquity*; a survey. Edinburgh University Press, c1965.

Piggott, S. *The Druids*. London: Thames & Hudson, 1968.

Pisani, V. 'Entstehung von Einzelsprachen aus Sprachbünden' *Kratylos* II., 1966.

Plessis, Alain, *The Rise & Fall of the Second Empire 1852-1871*, Cambridge University Press, 1989.

Pokorny, J. 'Das nicht-indogermanische Substrat im Irischen.' *Zeitschrift für celtische Philologie*, 16(1926-27), 95-144, 231-66, 363-94; 17(1927-28), 373-88; 18(1929-30), 233-48, 1926-30.

Pollington, Stephen, *First Steps in Old English*. Anglo-Saxon Books, 1997.

Poussa, P(1990). 'A Contact-Universals Origin for Periphrastic Do, with Special Consideration of OE-Celtic Contact', in: Adamson, S. et al eds. *Papers from the 5th International Conference on English Historical Linguistics*, Cambridge, 6-9 April 1987(Current Issues in Linguistic

Theory 65), Amsterdam, 407–434.

Powell, T. G. E. *The Celts*. London, Thames & Hudson, 1958.

Powell, T. G. E. *The Celts*. New York, Thames & Hudson, 1997.

Powell, T. G. E. *The Celts*. New edition. London: Thames and Hudson(f. 1958), 1980.

Plessis, Alain, *The Rise & Fall of the Second Empire* 1852 – 1871. Cambridge University Press, 1989.

Price, Glanville, *The Languages of Britain*. London: Edward Arnold, 1984.

Prichard, J. C. *The Eastern Origin of the Celtic Nations, Proved by a Comparison of Their Dialects with the Sanscrit, Greek, Latin and Teutonic Languages*. London(ed. by R. G. Latham), 1831, ²1857.

Prigent, D. 'The Lorient Interceltic Festival', Carn, 115, 8, 2001.

Rafery, Joseph, ed., *The Celts*. Cork: The Mercier Press, 1964.

Raftery, Barry, *Pagan Celtic Ireland: The Enigma of the Irish Iron Age*. london: Thames & Hudson, 1994.

Rankin, H. D. *Celts and the Classical World*. London: Croom Helm, 1987.

Rankin, D. *Celts and the Classical World*. Routledge, 1996.

Rees, Alwyn and Brinley, *Celtic Heritage*. London: Thames and Hudson, 1961.

Renfrew, C. Ardchaeology and the Indo–European languages – an unresolved problem. Paper delivered at the Fiftieth Anniversary Conference of the Prehistoric Society, Norwich, 30 March 1985.

Renfrew, C. *Archaeology and Language: The Puzzle of Indo–European Origins*. London: Jonathan Cape Ltd., 1987.

Renfrew, Colin, *Archaeology and language*. Cambridge: Cambridge University Press, 1987.

Rhys, John, *The Welsh people*; chapters on their origin, history, laws, language, literature, and characteristics. London: T. F. Unwin, 1900.

Rhys, John, *Celtic Britain*, 4th ed. London: SPCK(f.1884), 1908.

Rhys, John, 'The inscriptions and language of the northern Picts,' *Proceedings of the Society of Antiquaries of Scotland*, 26: 263–351, 1982–93.

Rhys, John, 'A revised account of the inscriptions of the northern Picts.' *Proceedings of the Society of Antiquaries of Scotland*, 32: 324-98, 1997-98.

Rice, David Talbot, *The Byzantine element in late Saxon art*. London: Oxford University Press, 1947.

Rigney, A. 'Immemorial routines: the Celts and Their Resistance to History', in: Brown ed. 159-182, 1996.

Ross, Anne, *Pagan Celtic Britain*, revised ed. London: Constable, 1992.

Russell, P. *An Introduction to the Celtic Languages*. London: Longmans, 1995.

Sabban, A. *Gälisch-englischer Sprachkontakt*. Heidelberg, 1982.

Saklatvala, Beram, *The Origins of the English People*. Newton Abbot: David & Charles, 1969.

Salway, Peter, *Roman Britain*. Oxford: Clarendon Press, 1981.

Schmid, W.P. "Alteropäisch und Indogermanish,"in: Becher, J., et.al. eds.*Linguisticcae scientiae cellectanea, ausgewählte Schriften von Wolfgang P. Schmid anläßlicch seines* 65. 118-133, 1994.

Scott, A.F. The Saxon Age: commentaries of an era. London: Croom Helm, 1979.

Shennan, S. Central Europe in the third millennium B.C.: an evolutionary trajectory for the beginning of the European broze age. *Journal of Anthropological Archaeology* 5, 115-46, 1986.

Shore, T. W. *Origin of the Anglo-Saxon Race. A Story of the Settlement of England and the Tribal Origin of the Old English People*. ed. by his sons T. W. Shore and L. E. Shore. London: Elliot Stock, 1906.

Sims-Williams, P. 'The Visionary Celt: The Construction of an Ethnic Preconception', *Cambridge Medieval Celtic Studies* 11, 71-96, 1986.

Sims-Williams, P. 'The Celts and Nature: The Growth of an Idea', in: Brown ed. 97-124, 1996.

Sims-Williams, P. 'Celtomaia and Celtoscepticism', *Cambrian Medieval Celtic Studies*, 36, 1-35, 1998.

Sjoestedt, M.-L. *Gods and Heroes of the Celts.* Dublin: Four Courts Press, 1994.

Small, Alan, *St. Ninian's Isle and its treasure.* Aberdeen University studies series. no. 152. London. Published for the University of Aberdeen by Oxford University Press, 1973.

Smyth, Alfred P. *King the Great.* Oxford: Oxford University Press, 1995.

St John, James Augustus, *History of the Four Conquests of England.* two volumes. vol 1. London: Smith, Elder & Co., 1862.

Stead, I. M. *Celtic Art.* London: British Museum Publications, 1985.

Stenton, F. M. Anglo-Saxon *England.* 2nd ed. Oxford: At the Clarendon Press(f. 1943), 1947.

Stevenson, William H. ed. *Asser's Life of King Alfred.* together with Annals of Saint Noets. Oxford At the Clarendon Press, 1904.

Swanton, Michael, *The Anglo-Saxon Chronicle.* translated and edited by M. Swanton. London: J. M. Dent., 1996.

Szabó, M. *The Celtic Heritage in Hungary.* Budapest, Corvina, 1971.

Tatlock, J. S. P. *The Legendary History of Britain.* Geoffrey of Monmouth's Historia Regum Britanniae and its Early Vernacular Versions. Berkeley and Los Angeles: University of California Press, 1950.

Ternes, E. 'Some Characteristics of the Celtic Languages in Relation to other languages of the world and among each other'. in: *The Canadian Journal of Irish Studies* 6, 1980, 50–73.

The Archaeology of Anglo-Saxon England, London: Methuen, 1976.

Thomas, Alan R. "English in Wales," in: Burchfield, 94–147, 1994.

Thomas, Charles, *Britain and Ireland in Early Christian Times.* AD 400–800. New York: McGraw-Hill Book Co., 1971.

Thomas, Charles, *Celtic Britain.* London: Thames and Hudson, 1986.

Thomson, D. S. ed. *Gaelic in Scotland.* Glasgow, 1976.

Thomson, R. L. 'The history of the Celtic languages in the British Isles', in: Trudgill, 1984a, 241–58.

Thomson, R. L. 'Manx', in: Trudgill, 1984b, 306–17.

Todd, Malcolm, *Roman Britain. 55 BC – AD 410. The Province beyond Ocean*. Sussex: The Harvester Press, 1981.

Todd, L. *Words Apart: A Dictionary of Northern Ireland English*, Gerrards Cross, 1990.

Todd, L. *Green English. Ireland's Influence on the English Language*. Dublin, 1999.

Tolkien, J. R. R. 'On English and Welsh', in H. Lewis ed. *Angles and Britons: O'Donnell Lectures*. Cardiff: University of Wales Press, 1963.

Trevelyan, G. M. *Illustrated History of England*. London, New York and Toronto: Longmans, Green and Co., 1926.

Tristram, H. L. C. ed. *Deutsche, Kelten und Iren, 150 Jahre deutsche Keltologie. Gearóid Mac Eoin zum 60. Geburtstag gewidnet*. Hamburg, 1990, 293–309.

Tristram, H. L. C. ed. *The Celtic Englishes* I. II, III. Universitätsverlag C. Winter, GmbH. Heidelberg, 1997, 2000, 2003.

Trudgill, P. ed. *Language in the British Isles*. Cambridge, 1984.

Turner, Sharon, *The History of the Anglo–Saxons from the Earliest*. 1852.

Period to the Norman Conquest. three volumes. vol 1. London: Longman, Brown, Green, and Longmans.

Wakelin, M. F. *Language and History* in Cornwall. Leicester, 1974.

Wakelin, M. F. 'Cornish English', in: Trudgill, 1984, 195–8.

Wells, P. *Culture Contact and Culture Change: Early Iron Age Central Europe and the Mediterranean World*. Cambridge University Press, 1980.

Whatmough, J. *The Dialects of Ancient Gaul*. Harvard: Harvard University Press, 1970.

Whitelock, Dorothy ed. *The Anglo–Saxon Chronicle*. A Revised Translation. London: Eyre and Spottiswoode, 1961.

Whittle, A. *Neolithic Europe, a Survey*. Cambridge: Cambridge University

Press, 1985.

Whittock, Martyn J. *The Origins of England 410-600*. London & Sydney: Croom Helm, 1986.

Williams, Ann, *The English and the Norman conquest*. Woodbridge, 1937. Suffolk, UK; Rochester, N.Y.: Boydell Press, 1995.

Williams, D. *Modern Wales*. London, 1950.

Williams, Joseph M. Origins of the English Language. A Social & Linguistic History. New York & London: The Free Press, 1975.

Wilson, David M. *The Bayeux tapestry*: the complete tapestry in colour with introduction, description and commentary. London: Thames and Hudson, 1931.

Wilson, David M. *The Vikings and their origins*: Scandinavia in the first millenium. London: Thames & Hudson, 1931.

Wilson, David M. *The Viking art*. Ithaca, N.Y.: Cornell University Press, 1931.

Wilson, David M. *The Anglo-Saxons*. Penguin Books, 1971.

Wilson, David M. *Anglo-Saxon art*: *from the seventh century to the Norman Conquest*. London: Thames & Hudson, 1984.

Wood, I. S. *Scotland and Ulster*. Edinburgh, 1994.

Zachrisson, R. E. *Romans, Celts and Saxons in Ancient Britain*. Uppsala, 1927.

강성용, 《빠니니 읽기: 인도 문법전통의 이해》. 한길사. 2011.

김방한, 《역사-비교언어학》. 대우학술총서 인문과학 31. 민음사, 1988.

나종일 · 송규범 지음, 《영국의 역사》. (상 · 하). 한울아카데미, 2005.

박광순 옮김, 《타키투스의 연대기Annals》. 범우, 2005.

박영배, 《앵글로색슨족의 역사와 언어》. 지식산업사, 2001.

박영배, 《영어사》. 개정증보판. 한국문화사[초판 1998], 2010.

박영배, 《영어 어휘변천사연구》. 한국문화사, 2011.

시오노 나나미 지음/ 송태욱 옮김, 2010.《십자군 이야기》, 1-3권. 문학동네,

에드워드 기번 지음/ 한은미 옮김, 《로마제국 흥망사》. 북프렌즈, 2004.

에드워드 기번 지음/ 송은주 · 윤수인 · 김희용 옮김, 《로마제국쇠망사》 1,
    2권. 민음사, 2008.

장 이브 보리오 지음/ 박명숙 옮김, 《로마의 역사》. 궁리, 2007.

찰스 스콰이어 지음/ 나영균 · 전수용 옮김, 《켈트신화와 전설》. 황소자리,
    2009.

케이트 길리버 · 에이드리언 골드워디 · 마이클 휘트비 지음/김홍래 옮김,
    《로마 전쟁》. 플래닛 미디어, 2010.

크리스티안 엘뤼에르 지음/ 박상률 옮김, 《켈트족》. 시공사, 1998.

헤로도토스 지음/ 김봉철 옮김, 《역사》. 도서출판 길, 2016.

찾아보기

앵글로색슨족의 역사와 언어
박영배
신국판(반양장) / 439쪽 / 20,000원

역사학과 고고학적 지식을 바탕으로 고대 영어를 사용한 앵글로색슨족의 역사와 언어를 집중 조명한 대작. 각종 도표와 희귀한 사진, 문자 등 시각 자료를 활용하여 선사 시대부터 초기·후기 앵글로색슨 시대를 거쳐서 노르만 왕조와 그 이후까지 영국문화와 역사 및 그 언어를 다루어 고대영어사에 알기 쉽게 접근할 수 있게 도왔다. 영어의 변천뿐만 아니라 초기 앵글로색슨족들이 사용한 룬 문자(rune script)까지도 상세하게 다뤄진다. 런던과 토론토를 오가는 치밀한 연구 생활의 성과인 이 책은 한국 영어학 가운데 영어사라는 학문의 나아갈 방향을 굳건하게 정립하는 데 큰 기여를 했다고 하겠다.

서정시 동서고금 모두 하나 1-6 시리즈
조동일
변형신국판(반양장) /각권 224~256쪽 안팎/ 각권 15,000원

《한국문학통사》의 저자가 7개 언어(韓·漢·日·英·佛·中·獨)로 된 세계의 명시를 엮어 빼어나게 해석한 시엮음집. 그는 국문학과 세계문학 탐구로 얻은 식견으로 상징과 비유가 가득한 시들을 한 단계 깊이 통찰하여 변주한다. 작자, 시대 등의 지식에 의존하기보다는 작품 자체로서 시를 이해함으로써 독자들은 실향, 이별, 유랑, 위안, 자성, 항변 등 시의 바다에서 내면과 조우하기도 하고, 저너머 세계로 여행할 수도 있는 혜택을 누린다.